नई कहानी : सन्दर्भ और प्रकृति

[आलोचना]

नई कहानी

सन्दर्भ और प्रकृति

सम्पादक

देवीशंकर अवस्थी

राजकमल प्रकाशन

पहली बार अक्षर प्रकाशन प्रा. लि. द्वारा 1966 में प्रकाशित

ISBN : 978-81-267-1521-3

मूल्य : ₹895

पहला राजकमल संस्करण : 1973
सातवाँ संस्करण : 2026

प्रकाशक : राजकमल प्रकाशन प्रा. लि.
1-बी, नेताजी सुभाष मार्ग, दरियागंज
नई दिल्ली-110 002
शाख़ाएँ : अशोक राजपथ, साइंस कॉलेज के सामने, पटना-800 006
पहली मंज़िल, दरबारी बिल्डिंग, महात्मा गांधी मार्ग, प्रयागराज-211 001
1, अनमोल सोराबजी सन्तुक लेन, धोबी तलाव, मरीन लाइंस, मुम्बई-400 002
वेबसाइट : www.rajkamalprakashan.com
ई-मेल : info@rajkamalprakashan.com

मुद्रक : विकास कम्प्यूटर एंड प्रिंटर्स
ट्रॉनिका सिटी-201 102

NAI KAHANI : SANDARBHA AUR PRAKRITI
(Criticism) Edited by Devi Shankar Awasthi

कथाकार अज्ञेय को

क्रम

सर्वेक्षण और मूल्यांकन

भूमिका

हिन्दी में ही नहीं, विश्व की तमाम समृद्ध भाषाओं में कथा-साहित्य को गम्भीर साहित्य-रूप की प्रतिष्ठा मिले बहुत दिन नहीं बीते। कथा-साहित्य में भी उपन्यास को अपेक्षाकृत जल्दी स्वीकार कर लिया गया था—पश्चिमी देशों में 16वीं शती में उपन्यास को ख़ासी प्रतिष्ठा मिल गई थी। पर कहानी को इस स्वीकृति के लिए, क़रीब-क़रीब बीसवीं शती की बाट जोहनी पड़ी है। हिन्दी में तो, ख़ैर, कहानी का जन्म ही बीसवीं शती की घटना है। यह बात दूसरी है कि साठ साल प्राप्त करने के पहले ही हिन्दी के कुछ आलोचक उसे रिटायर कर देना चाहते हैं—युग-संवेदना को वहन करने में अक्षम मानकर।

ऐसी स्थिति में आश्चर्य न होना चाहिए यदि आज भी हिन्दी के दिग्गज पंडितों के लिए कहानी केवल हल्के-फुल्के मनोरंजन का साधन ही है और जिसे मनोरंजन-विरोधी गम्भीरताधारी ये पंडितजन इसीलिए पढ़ना भी पसन्द नहीं करते। उच्चतर अध्ययन-अध्यापन के क्षेत्रों में उसे पाठ्यक्रमों या शोधविषयों की सूची में स्थान भले ही मिल गया हो, पर कहानी वैसे ही पढ़ी-पढ़ाई जा सकती है जैसे कविता, यह बात अधिकांश लोगों के गले के तले नहीं उतरती। पढ़ तो विद्यार्थी घर से आते हैं, केवल संस्कृत शब्दावली, कुछ दार्शनिक लहजे में दिये गए वक्तव्यों या काव्यात्मक वर्णन-प्रसंगों को 'व्याख्या' के लिए कक्षा में पढ़ा दिया जाता है और संक्षेप में कथानक लिख देने का गुरुमंत्र दे दिया जाता है। इससे कुछ आगे बढ़े तो फिर कहानी हो या नाटक या उपन्यास, सभी को बने-बनाए छह तत्त्वों वाले साँचे में ढालने की बेढंगी कोशिशें होती हैं। प्रभावान्विति इत्यादि की बात साहित्य-रूपों वाले प्रश्नों के बाद वास्तविक विश्लेषण या आलोचना के प्रसंग में याद ही नहीं रखी जाती। किसी भी भारतीय विश्वविद्यालय के एम.ए. के प्रश्न-पत्रों से यदि कहानी-सम्बन्धी प्रश्नों को लेकर विश्लेषण किया जाए तो अध्ययन रोचक ही नहीं होगा, विश्वविद्यालयों के पीठस्थ पंडितों के कहानी-सम्बन्धी रुख़ को भी स्पष्ट करेगा। अभी कुछ समय पूर्व तक कहानी-सम्बन्धी चर्चा कोर्स के लिए

तैयार किये जानेवाले संग्रहों की भूमिकाओं तक ही सीमित रही है। इन संग्रहों में घूम-फिरकर वही कहानियाँ ही नहीं आतीं वही बातें भी दुहराई जाती हैं और दी गई कहानियों के विश्लेषण या पाठ-प्रक्रिया की कोई व्यवस्थित रूपरेखा या दृष्टि देने के स्थान पर हिन्दी कहानी के इतिहास पर चलताऊ टिप्पणी-भर रहती है, जिसे एक संग्रह में पढ़ लेने के बाद अन्यत्र पढ़ने की आवश्यकता नहीं है क्योंकि वही बात हर भूमिका में कही गई होगी। ये ही टिप्पणियाँ इतिहास-ग्रन्थों में भी पाई जाती हैं और हाँ, साहित्यशास्त्र की पुस्तकों में जहाँ साहित्य-रूप विवेचित होते हैं वहाँ भी कहानी के लिए थोड़ी-सी जगह सुरक्षित कर दी जाती है—हडसन को प्रमाण-पुरुष मानकर। पर सिद्धान्त-चर्चा आलोचना नहीं होती।

शायद यह कहने की आवश्यकता नहीं है कि हिन्दी में नाटक की समीक्षा के समान ही कथा समीक्षा भी बहुत पिछड़ी हुई अवस्था में थी। कविता की आलोचना छायावादी युग में ही बहुत ऊँचाई पर पहुँच गई थी। आचार्य रामचन्द्र शुक्ल ने काव्यालोचन को जिस शिखर पर स्थापित कर दिया था, बाद को साहित्य-सन्देश घराने के तमाम कुंजीवादी आलोचकों की चेष्टाएँ भी उसे नीचे नहीं ला सकीं। इसे यों भी कहा जा सकता है कि काव्य-समीक्षा का आतंक इस क़दर फैला हुआ था कि समीक्षक यश:प्रार्थी कोई भी व्यक्ति कविता को बग़ैर स्पर्श किये स्वीकृति प्राप्त करने का साहस ही नहीं कर सकता था। हमारे अधिकांश प्रगतिवादियों ने यदि कविता के स्थान पर केवल गद्य (या कथा) साहित्य की समीक्षा में लगन लगाई होती तो उनका, कविता का और गद्य-साहित्य—सभी का अधिक हित हुआ होता।

इस स्थिति के लिए ज़िम्मेवार कौन था? समय, लेखक, पाठक या आलोचक? शायद ये सभी। कविता हमारे साहित्य की मुख्य परम्परा थी, उसे अभूतपूर्व प्रतिष्ठा प्राप्त चली आ रही थी, ऐसी स्थिति में एक नये साहित्य रूप को अपनी हैसियत बनाने में देर लगती ही है। शायद यह एक प्रमुख कारण रहा है कि प्रेमचन्द जैसी रचनात्मक क्षमता सम्पन्न लेखक के कृतित्व की ओर आचार्य शुक्ल भी ध्यान नहीं दे सके। प्रसाद या पंत से प्रेमचन्द का कृतित्व न्यून (गुण और परिमाण दोनों में) न होने पर भी शुक्ल जी उनके बारे में कुछ चलते हुए प्रशंसात्मक वाक्य ही कह पाते हैं। यों शुक्ल जी जब यह कहते हैं कि "हमारे निपुण उपन्यासकारों को केवल राजनीतिक दलों द्वारा प्रचारित बातें लेकर ही न चलना चाहिए, वस्तुस्थिति पर अपनी व्यापक दृष्टि भी डालनी चाहिए" तो प्रकारान्तर से वे फ़ॉर्मूलों या प्रचारित यथार्थ के स्थान पर लेखक के अपने अनुभव

की प्रामाणिकता पर ज़ोर दे रहे थे। शायद यह बताने की ज़रूरत नहीं है कि 'नई कहानी' ने पुन: अनुभव की वास्तविकता (actuality of experience) को प्रतिष्ठापित किया है। इसी प्रकार पहली बार प्रेमचन्द में जो जीवित समकालीन मनुष्य की प्रतिमा दिखी थी, उसे भी शुक्ल जी ने पहचाना था। पर शुक्ल जी का न तो यहाँ मन रमता है और न ही तब तक आलोचना की उस भाषा का निर्माण ही हो सका था जो उपन्यासों या कहानियों की मीमांसा कर सके। पाठक-आलोचक इन्हें सामान्यत: गप्पों का विकसित रूप मानकर मनोरंजनपरक गम्भीर साहित्य-रूप की उपेक्षा देते रहे! पर इस क्षेत्र के लेखकों का दोष भी कम नहीं है। 'पल्लव' की भूमिका जिस प्रखरता और शक्ति से नये काव्यान्दोलन के उन्मेष को सूचित करती है, वैसी प्रखरता, स्पष्टता या मौलिकता प्रेमचन्द के उपन्यास-कहानी-सम्बन्धी विचारों में न मिलेगी। प्रेमचन्द ही नहीं जैनेन्द्र, इलाचन्द्र जोशी, यशपाल या अज्ञेय भी इस सम्बन्ध में उतने ही उदासीन और असम्पृक्त दिखते हैं। प्रगतिवादी आन्दोलन के दौरान जब इन रूपों की ओर ध्यान गया भी तो इन्हें कला रूप के बजाय सामाजिक इतिहास, वर्ग संघर्ष का शास्त्र या कान्तासम्मित उपदेश-जैसी स्थिति में ही रखा गया। प्रेमचन्द को तो सुधारवादी कहा ही जाता है। स्वयं शुक्ल जी ने सुधार का दायित्व कथाकारों को सौंपा था। रामविलास जी की पुस्तक 'प्रेमचन्द और उनका युग' इस प्रकार की आलोचनाओं में क्लासिक मानी जा सकती है। वे एक-एक समस्या और उसके समाधान को कच्ची-पक्की रोकड़ों में खतियाते चलते हैं। पर प्रेमचन्द के एक भी उपन्यास (कहानियों की ओर तो उनका ध्यान गया ही नहीं) के रूपबन्ध का विश्लेषण करते हुए उसकी आन्तरिक कलात्मक सत्ता, एकान्विति आदि के विश्लेषण की कोई चेष्टा नहीं करते। उन्होंने इस तथ्य पर ध्यान नहीं दिया कि इस प्रकार के प्रसंगों को अपेक्षाकृत बहुत साधारण उपन्यासों से भी छाँटकर अलग किया जा सकता है—प्रेमचन्द की महत्ता इन सभी समस्याओं के लिए है या इन्हीं को एक कलादृष्टि में पिरोने के लिए? हेनरी जेम्स की इस उक्ति की याद दिलाई जा सकती है कि "उपन्यास अपनी व्यापक परिभाषा में ज़िन्दगी का वैयक्तिक और सीधा प्रभाव है।" यह निदानपरक या 'वैज्ञानिक' न होकर कलाकार के कल्पनात्मक भवन पर निर्भर करता है; और ज़िन्दगी के बारे में सामान्य विचारों या फ़ॉर्मूलों के माध्यम से न होकर 'डाइरेक्ट' होता है। 'किसी अन्य आरनिज़्म की तरह उपन्यास को एक साथ और सातत्य में ही भावन करना होता है।' पर रामविलास जी ही क्यों, ख़ासे व्यक्तिवादी और कलावादी अज्ञेय भी प्रेमचन्द की महत्ता

का निर्धारण मानवीय सहानुभूति की व्यापकता के आधार पर करते हैं। यह मानवीय सहानुभूति क्या है? फ्लाबेयर की मानवीय सहानुभूति और प्रेमचन्द की मानवीय सहानुभूति में क्या अन्तर है? क्या इस आधार पर इन दो में से किसी को बड़ा-छोटा कलाकार सिद्ध किया जा सकता है? अनजाने ही स्वयं अज्ञेय भी प्रगतिवाद द्वारा दिये गए औज़ार का ही इस्तेमाल करते हैं; स्वयं उस समीक्षात्मक औज़ार या पद्धति को विकसित नहीं कर पाते जो प्रेमचन्द को कथा के कलामूल्यों की कसौटी पर जाँच सकता। इसी प्रकार की स्थिति में आचार्य हजारीप्रसाद द्विवेदी प्रेमचन्द को इसलिए महत्त्वपूर्ण मानते दिखते हैं कि वे उत्तर भारत के जनजीवन के प्रामाणिक गाइड हैं।

इस प्रकार कथा-साहित्य की आलोचना प्रारम्भ से ही अनेक विकृतियों में फँस गई। एक ओर एकेडेमिक सुविधावाद या सरलीकरण का फ़ॉर्मूला था, जिसकी शिकार समृद्ध समीक्षा-परम्परा वाली कविता तक हुई। दूसरी ओर कथा-साहित्य के प्रति एक अगम्भीर भाव था और तीसरी ओर आलोचक द्वारा प्रस्तुत की जानेवाली समस्याओं की कभी न ख़त्म होनेवाली एक सूची थी, जिनके समाधान भी वे समाज में न पाकर साहित्य में प्राप्त करके परितृप्त होना चाहते थे। सब मिलाकर हेनरी जेम्स के ही आधार पर कहें कि न तो कोई सिद्धान्त था और न ऐसी आस्था या चेतना कि 'एक कलात्मक विश्वास की अभिव्यक्ति' की जा रही है। इन रूपों की समीक्षा-सम्बन्धी अपनी समस्याएँ या मानदंड हो सकते हैं—शायद इस ओर बहुत ध्यान ही नहीं गया। कहानी के साथ एक और दुखद स्थिति यह भी रही कि उसे उपन्यास का ख़ासा ग़रीब सम्बन्धी माना जाता रहा। उपन्यास को यदि सामाजिक इतिहास मानकर विवेचित किया गया तो कहानी को तो कुछ विषयवस्तु या शैली-सम्बन्धी वर्गीकरणों के भीतर नाम दे देना ही पर्याप्त समझा गया। प्रेमचन्द ने 'कहानी' नामक पत्रिका भले ही 1938 में निकाली हो पर चर्चा उनके उपन्यासों की ही हुई है। जैनेन्द्र के कहानी-संग्रह 'दो चिड़ियाँ' की समीक्षा लिखते हुए जनवरी, 1935 के 'विशाल भारत' में अज्ञेय ने लिखा था, "जो लोग कहानी सिर्फ़ वक़्त बिताने के लिए नहीं पढ़ते, उन्हें यह संग्रह अवश्य पढ़ना चाहिए।" पर ऐसी बातें पवित्र आकांक्षाओं तक ही सीमित रहीं, हमारी बौद्धिक चेतना का अंग नहीं बन सकीं।

स्वातंत्र्योत्तर दशक में तमाम राष्ट्रीय सजग बोध के समानान्तर नवलेखन का आन्दोलन जिस सतर्कता तथा साहित्यशास्त्र के बने-बनाए एकेडेमिक

तंत्र के प्रति अवज्ञा और विरोध को जन्म देता है उसी ने कहानी के महत्त्व को भी पहचाना था। इस प्रकार हिन्दी में कहानी की वास्तविक चर्चा सन् 1955 के आसपास आरम्भ होती है—'कहानी' पत्रिका के पुनर्प्रकाशन के बाद ही। मोहन राकेश के कहानी-संग्रह 'नये बादल' (जनवरी 1957) और राजेन्द्र यादव के कहानी-संग्रह 'जहाँ लक्ष्मी क़ैद है' (अगस्त 1957) की भूमिकाएँ इस कहानी-सम्बन्धी नई समीक्षा-चेतना को व्यक्त करती हैं। यों सम्पादक के रूप में भैरवप्रसाद गुप्त और समीक्षक के रूप में नामवर सिंह ने कहानी-सम्बन्धी चर्चा को शुरू से ही विशिष्ट योग दिया है। आरोप लगाया जा सकता है कि कहानी की चर्चा धीरे-धीरे अतिरिक्त स्फीत-रूप में होने लगी और उपन्यास लगभग उपेक्षित हो गया। पर शायद उत्तर में कहा जा सकता है कि रचना के केन्द्रबिन्दु पर कविता और कहानी ही थीं और आलोचनात्मक विवेक सही पहचान का परिचय दे रहा था। बहरहाल, पिछले दशक की समाप्ति तक कहानी को लेकर काफ़ी गरमाहट ही नहीं आ गई थी, 'नई' विशेषण न रहकर संज्ञा का अंग बन गया था। 'नई कहानी' के अस्तित्व का प्रश्न यदि 1956 में उठाया गया था तो दिसम्बर, 1957 में प्रयाग में होनेवाले 'साहित्यकार सम्मेलन' तक 'नई कहानी' अभिधान को लगभग स्वीकार कर लिया गया था। इस सम्मेलन में पठित तीनों निबन्धों (शिवप्रसाद सिंह, हरिशंकर परसाई और मोहन राकेश लिखित) के पहले ही वाक्यों में 'नई कहानी' का प्रयोग किया गया है। पर 'नई' को लेकर आरम्भ होनेवाले विवाद के साथ ही से ग्राम-कथा बनाम नगर-कथा का झगड़ा सामने आ चुका था। वस्तुतः यह विवाद भी मूलतः नयेपन को लेकर था—किस प्रकार के लेखक नये यथार्थ को अधिक शक्ति और दृष्टि के साथ ग्रहण कर पा रहे हैं, यह समस्या लेखकों के सामने भी थी और आलोचकों के भी। राकेश पहले ही 'नये बादल' की भूमिका में अपेक्षाकृत ठहरे हुए यथार्थ के बजाय निरन्तर कुलबुलाते हुए यथार्थ का सवाल उठा चुके थे; और यादव 'उफनते बलबलाते जीवन' के सन्दर्भ में 'ज़िन्दगी और जोंक' की जिजीविषा की दाद दे चुके थे। बहरहाल 1957 के साहित्यकार सम्मेलन में ग्राम-कथा-लेखक शिवप्रसाद सिंह और नगर-कथा-लेखक राकेश या यादव इस प्रकार के विभाजनों के मिथ्यात्व को स्वीकार करके दोनों ही प्रकार की कहानियों को 'नई कहानी' के अन्तर्गत रखते नज़र आते हैं—यह बात दूसरी है कि चलते-चलाते अपनी कहानियों के बारे में एकाध दलीलें दे ही देते हैं। इस सम्मेलन में पढ़े गए लेखों में परसाई और राकेश दोनों ही में कहानी को पुरानी परम्परा से जोड़े रहने

की उत्कट अभिलाषा दिखती है। नई कविता से नई कहानी को इस परम्परा के प्रश्न पर अलगाते हुए परसाई ने लिखा है, "हिन्दी में कहानी की एक पुष्ट और स्वस्थ परम्परा है और वर्तमान कहानी उसका एक विकसित रूप है।" राकेश ने भी बहुत कुछ यही कहना चाहा है। पर जैसा कि अपनी एक टिप्पणी में इन पंक्तियों के लेखक ने अन्यत्र (अणिमा : 1 जनवरी, 1965) कहा है कि 'नई कविता' के कवियों-समीक्षकों को इस बात का बराबर एहसास रहा कि वे पूर्ववर्ती काव्यरूढ़ियों को तोड़ रहे हैं—उनसे हट रहे हैं। इसलिए जहाँ एक ओर नई रचनाशीलता का उन्मेष प्रकट होता है वहीं तमाम छायावादी काव्य-सिद्धान्तों पर आक्रमण करते हुए नई कविता के काव्य-सिद्धान्तों की स्थापना भी होती चलती है।" पर कहानी में चूँकि अपने को अलगाने की चेष्टा बहुत बाद में शुरू हुई है, परिणामस्वरूप इसका साहित्यशास्त्र भी बहुत कुछ अविकसित रहा और कहानी में पुरानेपन की चौखट को पूरी तरह से तोड़ने का काम नये कहानीकारों के बाद आनेवाली नई पीढ़ी कर रही है। उस समय केवल राजेन्द्र यादव ने ही परम्परा को एक सीमा तक अस्वीकार करने का साहस दिखाया था—कम-से-कम कहानी-विचार की दृष्टि से।

1957 के आसपास ही यह पुकार भी उठने लगी थी कि नई कहानी को "समझने-समझानेवाले आलोचकों का प्राय: अभाव है।" शायद इसीलिए 1959 में 'कहानी' में 'आज की कहानी' शीर्षक से एक और लेखमाला आरम्भ की गई। बताया गया कि "इस माला का उद्देश्य आज की हिन्दी कहानी की उपलब्धियों तथा उनकी विभिन्न धाराओं पर कहानीकारों की ही दृष्टि से प्रकाश डालना है। इसी कारण इस माला के अधिकतर लेखक लाज के वे कहानीकार ही होंगे, जिनका योग आज के कहानी-साहित्य में महत्त्वपूर्ण है।" पर अन्तत: माला में चार कहानीकारों और तीन आलोचकों ने लिखा—शायद सम्पादक गुप्त जी ने सन्तुलन बनाना चाहा। यह माला किसी एक प्रश्न या विवाद्य विषय के आसपास न होकर एक चौतरफ़ा लेखा-जोखा लेने का प्रयास करती है और इसी अर्थ में महत्त्वपूर्ण भी है।

कहानी की उड़ती चर्चाओं से आगे बढ़कर उसे समझने की ठोस प्रक्रिया की शुरुआत हुई जनवरी, 1961 की नई कहानियों में 'हाशिये पर' स्तम्भ से। नामवर सिंह ने 'कहानी-पाठ की प्रक्रिया' के मद्देनज़र तमाम नई कहानियों को अलग-अलग विश्लेषित किया। पुरानी कहानियों से उनका अन्तर स्पष्ट किया और रचना-तंत्र पर नये सिरे से विचार किया। कहानी के पूरे विवाद में इस लेखमाला का बहुत अधिक महत्त्व है। इसी

लेखमाला के अन्तर्गत 'कहानी : अच्छी और नई' परिसंवाद में पहली बार जमकर परम्परा आदि के बोझ को त्यागकर नई कहानी के स्वतंत्र अस्तित्व को स्थापित किया जा सका तथा उसकी कमज़ोरियों का स्वयं नये लेखकों-समीक्षकों द्वारा निर्मम उद्घाटन भी हुआ। 1962 में हुआ यह विवाद नई कहानी को एस्टैब्लिश ही नहीं करता, एस्टैब्लिशमेंट का हिस्सा भी बना देता है। इसके बाद नेतृत्व की छीना-झपटी ही नहीं आती, नई कविता बनाम नई कहानी, नई कहानी बनाम सचेतन कहानी आदि के ऐसे विवाद भी उठते हैं जो आलोचनात्मक विवेक के उदाहरण नहीं कहे जा सकते। 'नई कहानी' एस्टैब्लिशमेंट का हिस्सा अगर बनी तो एक और नई पीढ़ी भी सामने दिखाई देने लगी जिसने बात ही क़िस्सागोई के अस्वीकार से शुरू की। अगर कविता के लिए संगीत या चित्र के लिए फ़ोटोग्राफ़ी ख़तरा है तो कहानी के लिए क़िस्सागोई सबसे अधिक बाधक है—यह विवेक धीरे-धीरे विकसित हो रहा है। अस्तु, एक नया मिज़ाज कहानी में फिर उभरता लगता है। कहा जा सकता है कि यह एक ऐसा समय है जब 'नई कहानी' सम्बन्धी तमाम समीक्षापरक आपाधापी का जायज़ा ले लिया जाए। प्रस्तुत संकलन इसी दिशा में एक छोटा-सा प्रयत्न है।

नई कहानी को लेकर उठनेवाली इन हलचलों और क्रियाशीलता के फलस्वरूप 'कहानी' को बेहद साहित्यिक प्रतिष्ठा मिली। इसके पूर्व हिन्दी में तो ख़ैर ऐसे सम्मान का प्रश्न ही नहीं उठता, अन्य साहित्यों में भी समसामयिक कहानी को ऐसा ही सम्मान मिला है, मैं नहीं जानता। पुराने प्रतिष्ठित साहित्य-रूपों में नाटक तो ख़ैर हमारे यहाँ था ही नहीं, पर कविता भी उपेक्षित हो गई। इस सम्मान प्राप्ति के साथ ही कहानी-समीक्षा के मानदंडों या पद्धति का प्रश्न उठता है। यों नई आलोचना ने मानदंडों का प्रश्न बहुत कुछ अप्रासंगिक क़रार दे दिया है, और उसके स्थान पर वह पद्धति के नवीकरण पर बल देती है (देखिए : मई 1964 में दिल्ली में 'नवलेखन के भावबोध' पर आयोजित गोष्ठी की 'माध्यम : जुलाई, 1964 और 'धर्मयुग : जून, 1964 में प्रकाशित रिपोर्ट) पर जैसा कि अभी संकेत किया जा चुका है कि नई कविता में जिस प्रकार तमाम शास्त्रीय मानदंडों को अप्रासंगिक सिद्ध करके उसकी मूल्यसत्ता को नये सिरे से खोजा गया; विश्लेषण की पद्धति और समीक्षा की शब्दावली आविष्कृत हुई, वैसा आरम्भ में कहानी-समीक्षा में सम्भव नहीं हो सका। ऊपर बताए गए कारण के अतिरिक्त एक तथ्य शायद यह भी था कि काव्य-समीक्षा में जिन सिद्धान्तों को अस्वीकार किया गया उनकी एक बड़ी शक्ति को

आत्मसात भी कर लिया गया, पर कथा-समीक्षा के पहले से प्रचलित मानदंड इतने लचर थे कि बहुत कुछ नये सिरे से ही शुरू करना था और इस शुरुआत में ग्राम-कथा, नगर-कथा जैसे बेमानी वर्गीकरण पुराने प्रभावों के फलस्वरूप उत्पन्न कमज़ोरियों के उदाहरण हैं।

अस्तु, कथा-समीक्षा की नई पद्धतियों या औज़ारों को विकसित करते समय पश्चिम के फ़िक्शन क्रिटिसिज़्म से भी सहायता ली गई और काव्य-समीक्षा की कोटियों को (हिन्दी से भी और पश्चिम में 'न्यू क्रिटिसिज़्म' के प्रभाव-तले लिखी जानेवाली कहानी-समीक्षा, जोकि मूलत: कविता के लिए अधिक उपयुक्त है,) भी लागू किया गया। यहीं यह कह देना मुझे प्रासंगिक लगता है कि पश्चिम से आयातित किये जाने पर मुझे तनिक भी आपत्ति नहीं है। हम सभी पश्चिम की विकसित समीक्षा-पद्धतियों से जाने-अनजाने प्रभावित होते रहते हैं। आपत्ति केवल वहाँ पर की जा सकती है जहाँ उन कोटियों को लागू करते समय प्रसंगानुकूलता या औचित्य का ध्यान नहीं रखा जाता। यों हमारे रचनाकारों के प्रेरणास्रोत भी वहाँ कम नहीं हैं। पर कुछेक विसंगतियों की ओर ध्यान दिलाना आवश्यक है। पहली बात तो यह कि पश्चिम में फ़िक्शन क्रिटिसिज़्म अधिकांशत: उपन्यासों और कहानियों के पूरे सन्दर्भ में लिखा गया है। पर हिन्दी में कुछ तो उपन्यासों के अपेक्षाकृत अभाव के कारण, और कुछ पूरे परिदृश्य को ध्यान में रखने के लिए जिस परिश्रम एवं योग्यता की आवश्यकता होती है उससे बचने के कारण, केवल कहानियों को ही चर्चा का आधार बनाया गया। इसका स्पष्ट परिणाम है कि अक्सर कहानी से उन चीज़ों की माँग की जाती है जिनकी माँग उपन्यास से ही की जा सकती है। यों दोनों के रूपगत अन्तरों की कतिपय ऐतिहासिक अनिवार्यताओं के बावजूद दोनों के समीक्षा-मूल्यों के सेट अलग-अलग नहीं किये जा सकते। और यदि अलग करने की चेष्टा की जाती है तो फिर उपन्यास-सम्बन्धी प्रतिपत्तियों को लागू करने से बचना होगा। दूसरी बात यह कि पश्चिम में उपन्यास को 'समाज के भीतर स्थित व्यक्ति के पारस्परिक सम्बन्धगत तनाव' पर आधारित माना गया है जबकि कहानी को नितान्त आत्मपरक, लिरिकल आदि। आयरी लेखक फ्रेंक ओ. कोन्नोर ने उसे "समाज की सरहदों पर लड़ी जानेवाली गुरिल्ला लड़ाई माना है जिसमें बाहरी छोरों पर बैठे हुए व्यक्तियों का प्राधान्य होता है।" इस कसौटी के अनुसार हिन्दी प्रदेश में 'नॉवेल्स ऑफ़ मैनर्स' के लिए काफ़ी उपजाऊ भूमि होनी चाहिए थी; पर हुआ यह कि कहानी बनी मुख्य। और वह भी समाज से कटकर लड़ी जानेवाली गुरिल्ला लड़ाई के रूप में ही नहीं बल्कि पूरे

सामाजिक वस्तु-सत्य के भीतर मनुष्य के द्वंद्व, तनाव, आशा, आकांक्षा को भी समेटनेवाली। ऐसी स्थिति में हिन्दी कहानी को 'मानवीय नियति के सम्मुख गीतात्मक चीख़' या अत्यन्त 'वैयक्तिक अकेली प्रतिक्रिया' के रूप में देखना बहुत संगत न होगा।

कथाकृति के लिए ऊपर जिस कलात्मक आरगैनिक समग्रत की बात कही गई है वह अन्ततः एक निर्वैयक्तिक कला-सिद्धान्त की ओर ले जाती है यानी कि एक बार जन्म ले लेने के बाद कलाकृति का विकास अपने ही नियमों से होगा और कलाकार उसमें दख़लन्दाज़ी के लिए स्वतंत्र न रहेगा। इस प्रकार दृष्टि-बिन्दु (प्वाइंट ऑफ़ व्यू) को सँभालने की आवश्यकता सामने आती है। इस दृष्टि से आधुनिक कविता और आधुनिक कथा-कृतियों में समान प्रविधियों का उपयोग मिलता है। फ़्लाबेयर और हेनरी जेम्स के साहित्य-सिद्धान्त उन्हीं स्त्रोतों से उद्भूत होते हैं जिनसे कि ह्यूम, पाउंड या इलियट के। सम्भवतः इसी कारण कुछ लोग काव्य-समीक्षा की पद्धतियों एवं मूल्यों को कथाकृतियों पर भी लागू करने के लिए उतावले दिखते हैं। कथा-साहित्य के मानदंडों की चर्चा के सिलसिले में इस प्रकार कथा-प्रकृति (या कथाकृतियों की विविध प्रकृतियों) की उपेक्षा करके लाए जानेवाले इन मानदंडों के ख़तरों की भी चर्चा कर ली जाए। इससे शायद हमें अधिक व्यवस्थित इंगित मिल सकें।

काव्य-समीक्षा के आधार पर कहानी की चर्चा करनेवालों में नई कहानी के वे पैरोकार भी हैं जो प्रतीक, बिम्ब, लय, रूपक, मिथक, अन्योक्ति आदि की चर्चा करके उसके महत्त्व को जताते हैं। यह प्रयत्न वैसा ही है जैसा कि 16वीं शती में जोला या गान्कार्ट-बन्धुओं ने उपन्यास को विज्ञान का आसन देकर करना चाहा था। दूसरे वे लोग भी हैं जो भाषा संवेदना आदि की चर्चा करके कहानी मात्र को हेय या असमर्थ विधा सिद्ध करना चाहते हैं।

काव्य-समीक्षा के मानदंडों के आरोपित करने से जो ख़तरे सामने आते हैं उनकी चर्चा करते हुए फिलिप राह्न ने कहा है कि ऐसा करनेवाले तीन चीज़ों पर बहुत बल देते हैं—प्रतीक, मिथ, रूपक, अन्योक्ति आदि की खोज पर; भाषा पर; और टेकनीक को ही सब कुछ मानने में। चूँकि हिन्दी कविता पर 'न्यू-क्रिटिसिज़्म' की इन प्रविधियों को अभी बहुत अधिक लागू नहीं किया गया है इसीलिए कहानी की आलोचना में भी इनकी बहुतायत तो नहीं दिखती, परन्तु यत्र-तत्र इस प्रकार की चेष्टा के लक्षण दिखाई देते हैं और लगता यही है कि यह प्रवृत्ति बढ़ेगी। कविता के क्षेत्रों में प्रतीकों, मिथकों आदि को विशिष्ट महत्त्व प्राप्त है—ख़ास कर मुक्तक गीति-तत्त्व

वाली कविताओं में। ये कविता के पूरे रूपबन्ध के अनिवार्य अंग होते हैं और उसकी अर्थ-गरिमा को विस्तार और गहराई देते हैं। पर इन प्रतीकों या उनके पैटर्न के आधार पर कथाकृतियों के रूपबन्ध का विश्लेषण नहीं किया जा सकता। अच्छाई-बुराई का निर्णय तो इस कसौटी पर नितान्त असम्भव ही है। अच्छे-बुरे सभी प्रकार के उपन्यासों-कहानियों में उनकी खोज की जा सकती है। 'आर्द्रा' या 'अनदेखे-अनजाने पुल' के प्रतीक उनकी कलात्मक क्षमता या यथार्थबोध को कोई नया आयाम नहीं देते, केवल एक सामान्य-सा कौशलगत प्रभाव उत्पन्न करके रह जाते हैं। इस प्रकार के विवेचन का परिणाम यह होता है कि कृति के कथात्मक विकास की ओर ध्यान न देकर किसी एक स्थिति या भाषा प्रयोग का विश्लेषण ही कसौटी बन जाता है, जबकि कथाकृति में महत्त्वपूर्ण तत्त्व 'कथानक' (Plot) होता है (प्लाट घटनाओं और विवरणों के अर्थ में नहीं, बल्कि अरस्तू की सहमति से 'कार्य-व्यापार की आत्मा' के अर्थ में)। प्रतीक, मिथक, अन्योक्ति आदि की चर्चा वास्तविक का अवमूल्यन करती है। अनुभव की जो प्रत्यक्षता है उनके प्रति एक अवमानना का भाव प्रतीक-चर्चा में निहित रहता है। गोया कि जो प्रत्यक्ष है, वास्तविक है, तात्कालिक है, प्रयोगसिद्ध है, उस अनुभव का प्रस्तुतीकरण महत्त्वहीन या दिखावा मात्र है और असली अर्थ कहीं भीतर छिपा बैठा है जिसे प्रतीकों के उत्खनन के ज़रिये बाहर लाना होगा। कहना न होगा कि कथारूपों की मूल सम्पदा यह प्रत्यक्ष अनुभव ही होता है भले ही वह ऊबड़-खाबड़ या अपरिष्कृत हो। कहानी को अक्सर गीतिवत माना जाता है पर यह समानता आत्मपरकता तक ही सीमित है और उसे गीति की प्रतीक-योजना में घुलाने की चेष्टा सिर्फ़ स्मार्टनेस ही कही जा सकती है। कहानी में दिखावे और यथार्थ में गहरा अन्तराल नहीं होता और ज़्यादा प्रतीक चर्चा सचमुच ही न समझने की बात है और न व्यर्थ ही मगज़पच्ची करके दूसरे को समझाने की। दूर की कौड़ी लाने की चेष्टा, चाहे वह एडविन बैरी बर्गम के ही आधार पर क्यों न हो, अन्ततः यथार्थ को अस्वीकार कर रूपवादी वृत्ति को बढ़ावा देती है और अपनी तार्किक परिणति में भावपक्ष या कलापक्ष के पुराने द्वैत को पुनर्जीवित करती है। इसे अपनी मूल दृष्टि में उस भाववादी दर्शन की देन सिद्ध किया जा सकता है जिसे मार्क्स ने ही नहीं, क्वांटम फ़िजिक्स ने भी एकदम साखरहित कर दिया है। पर दर्शन में वह भले ही अस्वीकृत हो गया हो, आलोचना और सौन्दर्यशास्त्र में अब भी ज़ोर मारता रहता है। परन्तु इसका अर्थ यह नहीं है कि कथा-साहित्य में प्रतीक नहीं होते। प्रतीकों का वहाँ प्रचुरता से उपयोग होता है पर अनुभव की

वास्तविकता को अधिक-से-अधिक घटित करने के लिए, न कि इसके पार कुछ दिखाने के लिए। प्रतीक यहाँ सुराग या संकेत-सूत्र नहीं होते जिनके सहारे कहानी के तिलिस्मी संसार में पैठा जाए। कहानी में प्रतीक रहस्यपूर्ण न होकर, उसके अर्थ सम्भार का ही अतिरिक्त उच्छलन कहा जा सकता है। वह पूरे गद्य-विस्तार के सन्दर्भ में होता है न कि समस्त गद्य-विस्तार का तात्पर्य किसी प्रतीक या मिथक के लिए होता है। इसे यों भी कहा जा सकता है कि प्रतीक पूरे कथात्मक यथार्थ का आन्तरिक अंग होता है और इसकी नितान्त बौद्धिक व्याख्याएँ हेत्वाभासों की सृष्टि करती हैं। इसीलिए जब यह कहकर नई कहानी को स्थापित करने की चेष्टा की जाती है तो मुझे लगता है कि एक निहायत लचर दलील ही नहीं दी जा रही बल्कि नई कहानी की वास्तविक व्याख्या को कुछ परे हटाया जा रहा है। फिर मज़ा यह कि राकेश या राजेन्द्र यादव नामवर सिंह पर काव्य-समीक्षा के प्रतिमानों को आरोपित करने का अभियोग भी लगाते हैं और स्वयं भी सांकेतिकता की बात ही नहीं करते, अपनी कहानियों में ज़बरदस्ती कुछ प्रतीकों को बिठाने की चेष्टा भी करते हैं। आलोचनात्मक आतंक या त्रास का इससे अच्छा उदाहरण और क्या मिलेगा!

प्रतीकों तक तो ग़नीमत है; जब भाषा-संवेदना ही एकमात्र आधार बन जाती है तो और अधिक विचित्रताएँ देखने में आती हैं। एक आलोचक ने नई कहानी के अस्तित्व को तो अस्वीकार किया ही, कहानी की विधा मात्र को नई संवेदना के वहन करने में अक्षम बताया। उनके अनुसार यह स्थिति प्राय: सभी उन्नत साहित्यों में देखी जा सकती है—पता नहीं काफ़्का, हेमिंग्वे, फॉकनर, ट्रुमन कपोट, फ्रैंक ओ' कोन्नोर या इज़ाक बाबेल की कहानियों को वे कहाँ रखना चाहेंगे—चेख़व और मोपासाँ को उन्नीसवीं शती में फेंक देने के बाद भी। अस्तु, इस निष्कर्ष पर पहुँचने के लिए वे कहानी को बच्चनोत्तर गीतों के समकक्ष रखते हैं और तर्क देते हैं कि 'दोनों की ही भाषा प्रयोग-विधि एक जैसी है। नये कहानीकार और गीतकार, दोनों सरल भाषा और अभिव्यक्ति की सादगी पर बल देते हैं।' लगता है कि निर्मल, यादव, कृष्ण बलदेव वैद, रामकुमार आदि की कहानियों को पढ़े बग़ैर यह मन्तव्य प्रगट किया गया है। (याद दिलाना अनुचित न समझा जाए तो हेमिंग्वे की सरल भाषा और अभिव्यक्ति की सादगी की संकुलता और आधुनिकता पर भी ग़ौर कर लेना चाहिए।) इस सरलता को लोक-साहित्य से जोड़ते हुए आलोचक ने बताया है कि 'शिष्ट साहित्य भाषा के सृजनात्मक (क्रिएटिव) रूप का प्रयोग करता है। इस सृजनात्मक रूप में लेखक प्रतीक और बिम्ब-विधान के माध्यम से

अपनी बात कहता है और यहीं उसकी भाषा सामान्य भाषा की तुलना में कठिन हो जाती है।' तथा विपिन अग्रवाल जैसे कवियों में 'सरल शब्द होने पर भी उनका बिम्ब-विधान सूक्ष्म है।' भाषा का यह रूप न होने के कारण रामस्वरूप चतुर्वेदी के अनुसार नई कहानी में युग-संवेदना नहीं है, आधुनिकता नहीं है; लोकप्रियता है, बौद्धिक वृत्ति है आदि-आदि। शब्दों, जार्गनों का ख़ासा चमचमाता हुआ वाग्जाल बिछाया गया है। वस्तुत: सूक्ष्म बिम्बों और प्रतीकों को ही भाषा का सृजनात्मक रूप मानना गद्य के अपने स्वभाव को अस्वीकार करना है जिसकी 'वर्णनात्मक' प्रकृति को विपिनकुमार अग्रवाल तक स्वीकार करते हैं। पर जहाँ कविता की कोटियों को ही लागू करने की धुन सवार हो वहाँ आप कर ही क्या सकते हैं! ऐसे ही लोग बॉल्ज़ाक, टॉल्सटाय, प्रेमचन्द या टॉमस मान से जेन ऑस्टिन, हेनरी जेम्स, जैनेन्द्र या पियरे लुई को बड़ा उपन्यासकार भी सिद्ध कर सकते हैं।

कथाकृति की पूरी समझ या व्याख्या के लिए उस जीवन की गहराई की माप आवश्यक है जहाँ से लेखक की कला-दृष्टि (और इसीलिए नैतिक दृष्टि भी) उदित होती है। इसीलिए भाषा वाली कसौटी की अपेक्षा अनुभव की दुर्निवारता या प्रामाणिकता की टोह के लिए प्रतीकों या बिम्बों का नहीं चरित्र-निर्माण क्षमता, कथानक-संघटन-शक्ति आदि का विश्लेषण ही कथा-समीक्षा के लिए महत्त्वपूर्ण होता है। कहना न होगा कि इसके लिए जिस समीक्षा-भाषा की आवश्यकता होगी वह कविता की भाषा से अलग ही होगी। इस प्रसंग में रूसी रूपवादी आलोचक विक्टर झिरमुन्स्की की याद दिलाई जा सकती है : "एक उपन्यास और एक गीति कविता को शाब्दिक कला की कृतियों के रूप में समतोल नहीं किया जाना है क्योंकि उनमें थीम और रचना-संघटन के मध्य सम्बन्ध बिलकुल भिन्न हैं। एक उपन्यास, जैसे कि टॉल्सटाय या स्टेंढाल-रचित, में शब्द दैनिक बोलचाल की भाषा के निकटतर होते हैं और अपने व्यापार में खुले तौर पर प्रेषणीय होते हैं जबकि एक कविता में शब्द-विधान पूरी तौर पर लालित्य की परिकल्पना (ऐस्थेटिक डिज़ाइन) से निश्चित होता है और इस रूप में वह अपने-आप में लक्ष्य (साध्य) भी होता है।" यों अज्ञेय या निर्मल या रेणु की कथाकृतियों से ऐसे रूपवादी अलंकृत गद्य के प्रचुर उदाहरण दिये जा सकते हैं जो अपनी शब्द-योजना, बिम्ब-विधान, लाक्षणिकता आदि में अत्यन्त आकर्षक हैं पर ऐसे अंश साधारणत: उस गद्य के प्रवाह में ही बाधा नहीं डालते, कथा के अभिप्रायों को भी बाधित करते हैं; अथवा यों भी कहें कि कथा के अर्थसंभार की शक्ति का गोपन करते हैं।

यद्यपि एफ. आर. लीविस ने स्वयं इस कविता-विधि को कथा-समीक्षा में लागू किया है—शायद दूसरा रास्ता न स्वीकार करने के कारण; पर वे स्वयं इसके ख़तरों से आगाह करते हुए कह चुके हैं कि "उपन्यास और आलोचनात्मक पद्धति से इस बोध को लागू करना कहीं अधिक दुरूहतर है कि रचनाकार जो कुछ करता है वह 'यहीं, यहीं और यहीं' शब्दों द्वारा ही करता है और उसे एक कलाकार के रूप में (अगर वह है) उसी प्रकार के कारण से निर्णीत करना है जिससे कि एक कवि को किया जाता है। कविता एकाग्रता (कन्सेंट्रेशन) से कार्य करती है, उनमें सफलता या असफलता अधिकांशतः स्थानिक होती है लेकिन गद्य साधारणतः समन्वित प्रभाव पर निर्भर करता है; इस प्रकार से कि उपन्यास का एक पृष्ठ जो पूरे सन्दर्भ में महत्त्वपूर्ण हो, अपने-आप में भद्दा या अमहत्त्वपूर्ण दिखाई पड़ सकता है।" वस्तुतः गद्य और कविता की भाषा प्रयोगविधियाँ भिन्न-भिन्न होती हैं। एक की इकाइयों को दूसरे पर लागू कर एक 'कॉमन लिटरेरीनेस' भले ही खोजी जा सके, पर इससे विधाओं का जो एक ऐतिहासिक साहित्यिक अस्तित्व है वह समाप्त होने लगता है। और हम मूल्यांकन के स्थान पर एक प्रकार के प्रभाववादी समीक्षण के निकट पहुँच जाते हैं। आख़िर कविता की अपेक्षा गद्य में शब्दार्थ-सम्बन्ध कहीं अधिक दृढ़ता और अनिवार्यता के साथ परम्पराप्रथित रूप में निश्चित होते हैं। इसीलिए शब्द के स्थान पर शब्दों से बननेवाले चरित्र सम्बन्धों और स्थितियों के गुम्फन का उद्घाटन ही यहाँ पर मुख्य होता है। कहानी या उपन्यास का सम्बन्ध भाषिक प्रयोगों पर आधारित न होकर उस बाह्य यथार्थ से चुनी गई छवियों और उन छवियों को चुननेवाली दृष्टि-शक्ति पर निर्भर करता है। यहाँ तादात्म्य शब्दों से नहीं, शब्दों के माध्यम से प्रभासित होनेवाले यथार्थ से होता है। इस यथार्थ के लिए दृश्यों, व्यापारों, वस्तुओं और व्यक्तियों से ही कथा समीक्षक का मुख्य सरोकार होता है—न कि लय, प्रतीक, बिम्ब या शैली के जंगल से। फिलिप राह्व ने ठीक ही कहा है कि "कलाकार की मुख्य समस्या शैली की न होकर 'दृष्टिबिन्दु', 'कथात्मक परिदृश्य' आदि से सम्बन्धित बातों से ही रही है—यानी कि अपनी विषयवस्तु को परिभाषित करना, अपने कथानक के भीतर से रास्ता बनाना ही कथाकार की मुख्य समस्या है।"

भाषिक विधि के इस विरोध का तात्पर्य यह नहीं कि कथा-चर्चा के लिए भाषा को नितान्त अप्रासंगिक ठहरा दिया जाए। कथ्य के अनुरूप भाषा की खोज की समस्या हर कलाकार को ललकारती है। 'गोदान' और 'नदी के द्वीप' की भाषा का अन्तर दो कथ्यों के अनुरूप ही है।

यही नहीं, अगर भारती की विषयवस्तु महेन्द्र भल्ला से पुरानी है तो दोनों की भाषाओं के मिज़ाज में स्पष्ट अन्तर दिखाई पड़ता है। कमलेश्वर या काशीनाथ सिंह की भाषा निश्चित ही अमरकान्त या शिवप्रसाद सिंह से भिन्न है। फिर इतना ही नहीं, कुछ लोग अपनी कथावस्तु का भावन अधिक काव्यात्मक विधि से करते हैं। यथार्थ का ग्रहण दोनों प्रकार से सम्भव है—काव्य-विधि से भी और गद्य-विधि से भी। इस सम्बन्ध में स्टीफेन स्पेंडर ने काफ़ी विस्तार से विचार किया है। पर काव्य-विधि और गद्य-विधि सापेक्षिक शब्द हैं और इसका अर्थ यह नहीं कि इन पर कथामूल्यों के बजाय काव्यमूल्यों का आरोपण किया जाए। अन्ततः मूल्य कथा के रहेंगे—यानी चरित्रों या स्थितियों के अन्त:सम्बन्धों के, पर साहित्यिक कौशलों (लिटरेरी डिवाइसेज़) की छानबीन करते समय इन प्रविधियों को भी ध्यान में रखना किसी भी समीक्षक के लिए अनिवार्य है।

कहानी-चर्चा में शिल्प शब्द भी ख़ासा केन्द्रस्थ रहा है। वस्तुतः यह भी बहुत कुछ भाषावाली बात का बढ़ाव है। जब विपिनकुमार अग्रवाल लिखते हैं, "गद्य का स्वभाव वर्णनात्मक है। कहानी गद्य में बाँधी जाती है। इसलिए वर्णन उसका अभिन्न अंग है। कहानी का सारा दारोमदार इस पर निर्भर करता है कि वर्णन कितना सार्थक हो सका। वही वर्णन सार्थक है जो कहानी के आन्तरिक संघटन को पुष्ट करता है, उसमें नया निर्माण करता है या प्रभाव को पुनः संयोजित करता है। कहानी लिखना इस प्रकार के वर्णन का सृजन करना है।" आन्तरिक संगठन जैसे शब्द यहाँ अपरिभाषित और जार्गनधर्मी तो हैं ही, मुझे यह भी लगता है भाषा-विधि का ही बढ़ाव जिस टेकनीक प्रधानता की ओर ले जाता है वही इसमें भी निहित है। यहाँ पर वर्णन-संघटन के नाम पर टेकनीक को ही परम मानने का आग्रह निहित है। बहरहाल, इसके बाद अग्रवाल जी विज्ञान और साहित्यिक अध्ययनों के अन्तर को मिटाते हुए वैज्ञानिक फ़ॉर्मूलों में बात करते-करते कुछ फ़ॉर्मूले इस नये संघटन के भी बता देते हैं। विज्ञान में भले ही फ़ॉर्मूले रटने पड़ते हों पर 'फ़ॉर्मूला-विरोधी' नई कहानी जिस कथात्मक यथार्थ से जूझती है उसमें इस प्रकार के फ़ॉर्मूले एक ऐब्सट्रैक्शन से अधिक महत्त्व रखेंगे—इसमें सन्देह है। भाषा और टेकनीक पर ज़ोर देकर कथा-दृष्टि और उससे संभूत सृजनात्मकता को उपेक्षित करने का एक उदाहरण अभी हाल में ही 'कल्पना : 163' में प्रकाशित 'वे दिन' की समीक्षा के सिलसिले में दिखाई पड़ा। प्रयाग शुक्ल ने जहाँ अपनी समीक्षा में कथा-दृष्टि की कमज़ोरी, वर्णनों की आवश्यकता या चरित्रों के अन्त:सम्बन्धों की सपाटता की ओर इंगित करते हुए शिल्पगत

कमज़ोरियों का निर्देश किया था, वहीं प्रतिक्रियास्वरूप महेन्द्र कुलश्रेष्ठ ने (कल्पना : 165) शिल्प और भाषा को मुख्य मानकर 'वे दिन' का औचित्य सिद्ध करना चाहा है। व्यक्तिगत रूप से मुझे प्रयाग शुक्ल की समोक्षाविधि अधिक प्रसंगतिपूर्ण लगती है। कहना न होगा कि टेकनीक पर बहुत ज़ोर देनेवाले समीक्षक कहानी में रचे-बसे यथार्थ को अनदेखा कर उसे रूपवाद की ओर ही ले जाएँगे। टेकनीक की दृष्टि से बहुत ही सफल, जानकार लेखक को क्या सचमुच ही महत्त्वपूर्ण कहानीकार भी सिद्ध किया जा सकता है? शायद नहीं; मुख्य समस्या तो उस संसार के भूगोल, इतिहास, प्रकृति और उसकी पैमाइश के पैमाने की है जो कहानी के भीतर मौजूद है।

इस सम्बन्ध में श्रीकान्त वर्मा की यह बात ज़्यादा सही समझ का परिचय देती है कि "कहानी का सम्बन्ध अनुभव से है और चरित्र कहानीकार के अनुभव का ही प्रतिबिम्ब है। कहानी की गति और कहानी की नियति, कहानी का चरित्र है। चरित्र का गठन ही, वास्तव में, कहानी का गठन है। चरित्र और चरित्र-रचना के मूल्यों में परिवर्तन ही कहानी की भाषा में परिवर्तन उत्पन्न करता है।" ऐसी स्थिति में क्या यह कहना उचित न होगा कि कहानी में आया नया चरित्र किस बात या किस सचाई के लिए स्टैंड करता है, इसकी खोज का रास्ता कहानी के संसार में पैठने का द्वार बन सकता है? शायद ज़्यादा महत्त्वपूर्ण यह पूछताछ होगी कि कहानी में आए इस समकालीन मनुष्य के 'स्व' (आत्म) का स्वभाव क्या है? कर्मरत होने पर, दबाव पड़ने पर, कठिनाइयाँ उपस्थिति होने पर, मुक्त रहने पर, स्वीकृति के समय, अस्वीकृति के समय, मुक़ाबला करते समय या समझौता करते समय विभिन्न परिस्थितियों में इनकी स्वभावगत प्रतिक्रियाएँ क्या होंगी? मुझे लगता है कि इस समकालीन मनुष्य के 'स्व' के कार्य या पलायन यथार्थ के उस सघन और सान्द्र क्षेत्र से सम्बन्धित हैं जिससे सांस्कृतिक ज़िन्दगी के तमाम तनाव या विश्रान्तियाँ उदित होती हैं। और इसी भूमि पर युगबोध और उन साहित्यिक विधाओं का सम्मिलन होता है जिनका विश्लेषण और मूल्यांकन समीक्षा की अनिवार्य नियति है।

इस संकलन की उपयोगिता के बारे में तर्क देने की आवश्यकता मुझे नहीं प्रतीत होती। स्वस्थ हो या अस्वस्थ, पर पिछले 8-10 वर्षों में नई कहानी को लेकर जो क्रियाशीलता रही है उसमें से कुछ महत्त्वपूर्ण अंशों को चुनकर एक जगह इकट्ठा कर दिया गया है। इससे 'नई कहानी' का रूप भी अधिक परिभाषित हो सकेगा और हमारी वह विवेक-बुद्धि भी आसानी से कसौटी पर चढ़ाई जा सकेगी जो इस विवाद में हिस्सा

लेती रही है। संकलन में बहुत-सी कमियाँ हो सकती हैं—कुछ से तो मैं ही परिचित हूँ, पर अपनी साम्प्रतिक सामर्थ्य और साधनों के अनुसार जो कर सका, उसे संकलित रूप में उपस्थित किया जा रहा है।

संकलन तीन खंडों में विभाजित है : 'पहचान और प्रतिष्ठापन', 'विवाद और विश्लेषण' तथा 'सर्वेक्षण और मूल्यांकन'। जहाँ तक लेखों के क्रम-निर्धारण का प्रश्न है सामान्यतः प्रकाशन तिथि को प्रत्येक खंड में ध्यान में रखा गया है। पर इसका पालन पूरी तौर पर नहीं किया जा सका। इस क्रम का उल्लंघन एक प्रकार की विषयगत संगति को भी ध्यान में रखने के कारण हुआ है।

पहले दो लेख संकलन की भूमिका के रूप में देखे जा सकते हैं। नई पीढ़ी के कहानीकार मार्कण्डेय पुरानी पीढ़ी के तीन सर्वाधिक प्रमुख कहानीकारों—यशपाल, जैनेन्द्र, अज्ञेय—के कृतित्व की चर्चा करते हैं और पुरानी पीढ़ी के एक प्रमुख रचनाकार अश्क 'नई कहानी' पर अपनी प्रतिक्रिया व्यक्त करते हैं। सावधानी से पढ़नेवाले को दोनों दृष्टिकोणों के अन्तर में नई कहानी की सैद्धान्तिक दृष्टि का संकेत मिल सकेगा। मार्कण्डेय का लेख वस्तुतः अलग-अलग समयों में प्रकाशित उनकी तीन टिप्पणियों का एकत्रीकरण है—तीनों खंडों के प्रकाशन वर्षों का संकेत कर दिया गया है। वस्तुतः इन प्रारम्भिक दो लेखों को अलग एक खंड के रूप में भी देखा जा सकता है। पहचान और प्रतिष्ठापन की प्रक्रिया तो तीसरे लेख से शुरू होती है। इनमें पहचानवाले अंश को तीसरे, चौथे, पाँचवें लेख तक ही सीमित माना जा सकता है। छठा लेख प्रकाशन की दृष्टि से काफ़ी बाद, 1963 का है, पर रचना-प्रक्रिया से सम्बिन्धित होने के कारण इस स्थान पर रखा गया है। इसके बाद कुछ रचनाकारों और फिर समीक्षकों के प्रतिष्ठापन प्रयत्न का संकलन है। इस खंड में केवल प्रतिष्ठापन प्रयत्न ही नहीं है, रामस्वरूप चतुर्वेदी और विपिनकुमार अग्रवाल के लेख में नई कहानी के अस्तित्व पर कुछ शंकाएँ भी उठाई गई हैं। यहाँ रचनाकारों और समीक्षकों के प्रकाशन-क्रमों का अलग-अलग निर्वाह किया गया है। दूसरे खंड में प्रकाशन-क्रम को पूरी तौर पर निभाया गया है तीसरे खंड में प्रकाशन-तिथि की दृष्टि से पूर्ववर्ती होते हुए भी नामवर सिंह का लेख अन्तिम है। वस्तुतः यह लेख व्यतीत के परिदृश्य को ही नहीं उपस्थित करता, नई सम्भावनाओं की ओर भी इंगित करता है। इसलिए इसे अन्तिम लेख के रूप में देना अधिक उपयुक्त लगा।

इस संकलन में संकलित विभिन्न लेखों का विश्लेषण करके इन लेखों के महत्त्व का निर्धारण, या चुनने के औचित्य की चर्चा भी की

जा सकती है तथा इनके आधार पर नये 'कथाशास्त्र' की रूपरेखा का विवेचन भी सम्भव है। पर भूमिका अभी ख़ासी बड़ी हो गई—अतः यह कार्य किसी अन्य द्वारा या अन्यत्र ही।

आभार-स्वीकार

संकलित लेखों के लेखकों ने जिस आत्मीयता के साथ योजना का स्वागत करते हुए अपना सहयोग दिया है, वह किसी भी सम्पादक के लिए ईर्ष्या की बात हो सकती है। मैं सचमुच ही इन सभी लेखकों के प्रति आभारी हूँ। सोचा था कि जवाहर भाई से क्षमा माँगूँगा पांडुलिपि देने में ख़ासा परेशान करने के लिए, पर अब धन्यवाद दूँगा—सुरुचिपूर्ण प्रकाशन पर। राजेन्द्र यादव को भी धन्यवाद देना बुरा न रहेगा—आख़िर योजना पर पहले-पहल विचार-विमर्श तो उन्हीं के साथ हुआ था।

—देवीशंकर अवस्थी

दिल्ली,
12 नवम्बर, 1965

पहचान और प्रतिष्ठापन

यशपाल, जैनेन्द्र और अज्ञेय

मार्कण्डेय

यशपाल : कहानी जीवन के लिए

जीवन कुछ अजीब-सा शब्द है—विशेषत: कहानी पर बातचीत के सिलसिले में। अगर यह कहा जाता कि कहानी राम के लिए, कहानी मनोहर के लिए या कल्लू-मल्लू अथवा सेठ गोपीचन्द के लिए—तो बात समझ में आती क्योंकि इनमें से किसी-न-किसी को आप ज़रूर जानते हैं। हो सकता है कि आप ख़ुद इनमें से कोई एक हों, और यह जानकर निराश हो उठें कि भाई, यह कहानी तो मेरे लिए नहीं। जीवन साहब तो ज़रा ऊँचे आदमी हैं, चलते-फिरते, खाते-पीते। सुना ज़रूर है उनके बारे में, लेकिन देखा नहीं। देखा भी हो, तो पहचाना नहीं! कई लोग बातें करते-करते कहते हैं, 'भाई, यही जीवन है!' शायद कोई थानेदार नौकरी से रिटायर होने के बाद रात-दिन राम-नाम जपता है, और घूस के रुपयों से निर्मित महल से दूर एक झोंपड़ी लगाकर रहने लगा है। लेकिन दवा के बिना जब उस औरत का बच्चा मर गया, तो वहाँ भी लोगों को कहते सुना, 'भाई, धीरज धरो। ससुरा जीवन है ही ऐसा।' साफ़ लगता है कि वही जीवन साहब यहाँ भी हैं लेकिन कुछ अजीब रूप में, कुछ दूसरी ही परिस्थिति में।

कुल मिलाकर सामान्य आदमी के लिए जीवन किसी बड़ी घटना अथवा परिवर्तन के आसपास ही दिखाई देता है, जैसे देर तक किसी विस्तृत नदी के बहाव पर निगाह जमाए रहिए, तो आपको लगेगा, जैसे नदी को देख ही नहीं रहे हैं। पता तब चलता है, जब सहसा लहरें उछलने लगती हैं, भँवर पड़ जाती है, तूफ़ान आ जाते हैं, अथवा कोई बड़ी मछली या दूसरे जलचर पानी को कहीं उछाल देते हैं।

ऐसे ही समय आदमी पल-भर को अपनी ओर लौटता है। कुछ सवाल वह करना चाहता है। लेकिन उसके इतने उत्तर दिये जा चुके हैं कि उसका ख़ुद का जीवन इन्हीं उत्तरों की दीवार पर खड़ा हो गया है। 'ईश्वर की यही मर्ज़ी थी। भाग्य में यही लिखा था। आदमी अपने किये का फल भोग रहा है।' आशय यह कि शायद

अगले जीवन में उसे राहत मिल सकेगी। अभिप्राय यह कि उसका जीवन है, और उसके परिवर्तन की सारी ज़िम्मेदारी, उसकी भलाई-बुराई, सब उसी पर निर्भर है, और वह है अनामा अज्ञात। इस तरह आदमी अपनी सारी उलझनों को सुलझाकर फिर अपने पुराने रास्ते पर लौट जाता है—प्रश्नहीनता के रास्ते पर।

सवाल यह है कि क्या वह कभी अपने जीवन की मूल सच्चाइयों तक पहुँच सकता है, जहाँ से वह सामाजिक एवं आर्थिक क्रान्ति के रास्ते पर अग्रसर हो सके? यशपाल उत्तर देते हैं, 'फ़िलहाल नहीं। मनुष्य रूढ़ परम्परा, अन्धविश्वास, अज्ञान और कुंठा का पुंज बन गया है। आर्थिक और सामाजिक दबाव से शोषक समाज ने उसकी मूल चेतना और उसके जीवन के बीच एक अनुर्वर पठार बना दिया है, जहाँ कोई भी बीज नहीं उगता। लाख जोतिये, बोइए, श्रम कीजिए, कोई लाभ नहीं। इसलिए जिन्हें जीवन प्रिय है, जो उसे बदलना चाहते हैं उनका एकमात्र कर्तव्य है इस पठार को तोड़ना, रचना-दृष्टि और जीवन के यथार्थ के बीच पड़े धार्मिक अन्धविश्वास, रूढ़ परम्परा और कुंठा की परत को जड़ से उखाड़ फेंकना।

नतीजा वही जो आदर्शवादियों का हुआ। वहाँ लेखक ने जीवन से ऊपर एक ऐसी आदर्श स्थिति को अपनी मान्यता का आधार बनाया, जो लेखक की दृष्टि में सत्यों की परम स्थिति थी। जीवन कल्पना के साँचों की वस्तु बन गया, और सहज सामाजिक तर्क से कोई अर्थ न दे सकने के कारण रचना के सन्दर्भ से ही च्युत नहीं हुआ, रचनाकार की दृष्टि से भी ओझल हो गया।

यशपाल ने मान्यताएँ बदल दीं। सामाजिक यथार्थ के ऊपर पड़ी परत को काटने के लिए उन्होंने ऐसे प्रतीक निर्मित किये, जिनमें अर्थवत्ता तो थी लेकिन देह और प्राण-शक्ति पर कल्पना हावी होती गई। पात्र और परिस्थितियाँ मानी हुईं और नक़ली होने लगीं क्योंकि यशपाल की दृष्टि जीवन के बदलते हुए यथार्थ से नहीं, वरन् उस पठार से ही टकराती रही जिसे उन्होंने मनुष्य के यथार्थवादी बोध के मार्ग में बाधक के रूप में स्वीकार कर लिया था। तनिक ध्यान से देखें तो साफ़ लगेगा कि यशपाल जीवन के प्रति नहीं, उन बाधाओं के प्रति प्रतिश्रुत हैं जो जीवन के विकास के मार्ग में आ पड़ी हैं।

फलतः, यशपाल ने जाहिरा तौर पर जीवन की जिन समस्याओं का चुनाव किया, वे प्रगतिशील तो थीं लेकिन उनसे कहानी की मूल प्रकृति पर कोई असर नहीं आया। कल्पना की देह पर जहाँ आदर्शों की सफ़ेद टोपी थी, वहीं अब लाल कर दी गई। नतीजा यह हुआ कि कहानी न घर की रही, न घाट की। आदर्शवादियों के साथ थोथी कल्पनाओं के नक़ली कथानकों का एक हद तक मेल इस मानी में था कि कहानी परम्परा से चले आनेवाले पारिवारिक भावुकतापूर्ण सम्बन्धों का पूरी तरह शोषण करके एक भीगा-भीगा-सा वातावरण उपस्थित करने में समर्थ थी, और इस युग के लेखकों ने शायद इसी कारण परिवार की सीमाओं का जमकर उपयोग

भी किया। यशपाल को इन परम्परा विहित मान्यताओं से विरोध था, कहानी की मूल धारणा से नहीं, इसलिए जीवन की विषमताओं में उभरनेवाले यथार्थ चरित्रों की सृष्टि उनके लिए सम्भव नहीं हो सकी।

'पराया सुख' नामक कहानी में ठेकेदार सेठी से अप्रत्याशित परिस्थिति में मुलाक़ात होने के बाद उसके सौम्य व्यवहार और पैसों का सुख तो विवाहित उर्मिला लेती रही लेकिन वह यह नहीं कर सकी कि अपने पति मदन को छोड़कर सेठी से ब्याह करने की बात सोचती, जबकि मदन के बारे में (चाहे अपनी बेवफ़ाई के सन्दर्भ ही में सही) पूरी कहानी में वह एक बार भी सहानुभूतिपूर्वक नहीं सोचती। यदि इस कहानी में यशपाल ने अपनी प्रगतिशील दृष्टि को वास्तविकताओं के अन्त:संघर्ष में डाला होता, तो शायद परम्पराओं और रूढ़ियों में जकड़ी नारी की लाचारी का यह मार्मिक पक्ष सामने आता कि वह चाहे किसी अन्य को कितना ही प्यार क्यों न करे, चाहे उसकी शारीरिक और मानसिक सम्भावनाएँ कितनी ही प्रबल क्यों न हों, वह तो उसी की होकर रह सकेगी, जिसके साथ उसकी सप्तपदी हो चुकी है। कहानी में वर्णित जीवन का तर्क चूँकि इस निहायत किताबी नुस्खे पर चल रहा था कि आर्थिक बन्धन व्यक्तिगत नैतिकता पर किस क़दर प्रभाव डालते हैं, जीवन की एक अधिक गहरी समस्या लेखक के हाथों से बिछल गई, और चरित्र जीवन के वास्तविक धरातल से फिसलकर नकली हो उठे।

असल में मान्यताओं को स्थिर वस्तु-सत्य मान लेनेवाले लोग जीवन को भूल जाते हैं, या यों कहें कि जीवन से कट जाने के कारण ही बोध में स्थिरता आ जाती है, और रचना एक रट में दुहराई हुई अनुभूतियों के अन्वेषण और उद्घाटन का काम करने लगती है, और लेखक मान्यताओं के खूँटे गाड़कर कल्पना की रस्सी से जीवन को कावा कटाने लगता है।

इसलिए, यदि 'पराया सुख' का सेठी ठीक उतना ही कर सकता है जितना यशपाल चाहते हैं, और अपने पति मदन के प्रति संवेदनहीन उर्मिला, सेठी के प्रेम में लीन होकर भी अपनी आत्मा के सम्मुख (उसी से) इनकार का हक़ चाहती है, फिर अपनी कोख पर ताला लगवाने पर भी बाध्य हो जाती है, तो उर्मिला को समझना तनिक मुश्किल हो उठता है। उर्मिला के प्रति पाठक की संवेदना के सन्दर्भ में सेठी के पैसों का दोष उतना नहीं रह जाता, जितना कि उसकी स्वयं की आन्तरिक कमज़ोरी का। नतीजा यह होता है कि कहानी दोनों छोरों से कट जाती है। एक ओर चरित्र की स्वाभाविक दिशा विच्छिन्न हो जाती है, और दूसरी ओर यशपाल की मान्यता सन्दर्भ से बाहर होकर अलग जा पड़ती है।

विचारों का बोझ ढोने के लिए ऐसे ही आत्म-निर्मित चरित्रों की ज़रूरत पड़ती है। जीवन के तर्क से संचालित चरित्रों में वह लोच कहाँ जो लाख हथौड़े पड़ने पर भी झुकने का नाम नहीं लेती। हथौड़े टूटकर इतिहास के पन्नों में भद्दे दृश्य-चित्र

भले ही बने रहें पर जीवन अपनी ही दिशा में, अपने ही तर्कों की धारा में अबाध गति से प्रवहमान होता रहता है। जो द्रष्टा हैं, वे उसी धारा के वास्तविक आधारों की खोज करते हैं। और शायद तभी वे उसे परिवर्तित दिशा में मोड़ने लायक़ मार्ग का अन्वेषण कर पाते हैं, और स्रष्टा अपनी रचना के महल की नींव इन्हीं ठोस आधारों पर चलकर जीवन और जगत की अमूर्त सच्चाइयों को रचनात्मक रूप दे पाते हैं।

यशपाल दूसरे छोर से चलते हैं। वे जीवन की वास्तविकताओं के बुद्धिवादी व्याख्याता हैं, इसीलिए उनके चरित्र कठपुतलियों की तरह लगते हैं, तो क्या हुआ, देखना यह है कि मंच पर इनका कौशल क्या जादू करता है। इस सिलसिले में यह बात बार-बार दुहराई गई है कि पाठकों में वे प्रिय हैं। ख़ुद उनका भी कथन यही है, और यह ठीक भी है। थोथी और परम्परागत रूढ़ियों से चले आनेवाले शिल्प और बासी सन्दर्भों की भूलभुलैया से पाठक ऊब चुका था। उसे जीवन की खोज थी। यशपाल के स्वर ने पाठक के विस्मय के साथ बार-बार जीवन की समस्याओं को जोड़ा, और उसकी अपनी ही कमज़ोरियों और मजबूरियों के आधार पर उसके ही प्रतिरूप मंच पर आए, और रूढ़ परम्पराओं और धार्मिक अन्धविश्वासों के कारण हास्यास्पद और प्रताड़ित होते रहे। पाठक इन प्रतिरूपों को जानता था लेकिन यह कहकर टाल देता था कि 'भाई, यह तो जीवन है। यह तो है ही ऐसा। आदमी करे तो क्या करे! उसके हाथ में है ही क्या!' कहानी पढ़ने वह कुतूहल के लिए आया था लेकिन यहाँ तो उसे कुछ ऐसा मिला जो पहले उसे अप्राप्य था। वह तालियाँ बजाता रहा लेकिन दृष्टि उसके पास इस लायक़ नहीं थी कि वह कठपुतलियों के कन्धे में बँधे हुए महीन सूत्रों को देख सके क्योंकि कुतूहल और चमत्कार के समय ही अब तक उसे जीवन का ख़याल आता रहा था। अब इन कहानियों से निकले नतीजों ने उसे और भी चमत्कृत करना शुरू किया।

'पहाड़ की स्मृति' की पहाड़िन, 'धर्मयुद्ध' के क्लर्क कन्हैयालाल, 'आतिथ्य' के क्लर्क रामशरण, 'अपनी-अपनी ज़िम्मेवारी' की साधारण मध्यवर्गीय कन्या प्रभा, 'हलाल का टुकड़ा' के देशप्रेमी रावत और 'तुमने क्यों कहा था कि मैं सुन्दर हूँ' की क्षयरोग से ग्रस्त माया, और जाने कितने ही ऐसे चरित्र यशपाल ने पेश किये जो रचना के स्तर पर कल्पना की बेजोड़ मिसाल हैं; इसलिए नहीं कि आदमी ऐसा हो ही नहीं सकता, और यशपाल ने असम्भावनाओं का निर्माण किया, बल्कि इसलिए कि कुछ देर के लिए इमली के पेड़ में आम के फल लगने का सा प्रत्याभास इन पात्रों ने उपस्थित किया। बात कुछ अजीब-सी लगेगी लेकिन क्षण-भर विचार करके देखें, तो प्रकृति को अनुरूप दृश्यपट में रखना और उसे कहीं भी टाँग देने में अन्तर है। अनुरूप दृश्यपट में ही आकृति का सही मूल्यांकन सम्भव है, क्योंकि रंग, टोन और रीझ के साथ ही रेखाएँ सम्भावित भावबोध उत्पन्न कर सकने में समर्थ होती हैं। सामान्य प्रत्ययों को उनकी जातिगत विशेषताओं के द्वारा ही नये

अर्थों तक ले जाकर विश्वसनीय अथवा उनकी किसी विशेष प्रतिनिधि अन्तर्धारा के उद्घाटन का माध्यम बनाया जा सकता है। चेख़व ने जब 'एक क्लर्क की मृत्यु' में क्लर्क को पात्र के रूप में चुना, तो सही मानी में उसके सामने क्लर्क जाति का समूचा जीवन और उस जीवन का परम्परागत विक्षोभ मौजूद था। यशपाल इन उलझनों में नहीं फँसते। वे किसी भी पात्र के हाथ में एक परिचय-पत्र थमाकर, उससे अपना काम निकलवा लेते हैं। इसे और सफ़ाई से कहें, तो उसे स्वयं के जीवन-धरातल से उठाकर सामान्य प्रत्यय बना देते हैं, और वह सर्वपरिचित आम की तरह अन्य किसी पेड़ में लटककर जहाँ एक ओर पाठक को चकित करता है, वहीं आम के रूप और गुण-सम्बन्धी सहज बोध के कारण बार-बार के छने-छनाए मानव-सत्यों के नुस्खे उसकी समझ में आने लगते हैं। सहज ही माना जा सकता है कि जहाँ एक ओर यशपाल ने हिन्दी पाठक की शिक्षा-दीक्षा को देखते हुए अपनी बातें कहने का एक आसान तरीक़ा अपनाया, वहीं इससे भी इनकार नहीं किया जा सकता कि उन्होंने ग़ुलामी, अशिक्षा और अन्धकार की राख में अमूर्त और आदर्श वाक्य-सी लगनेवाली प्रगतिशील मान्यताओं को काल्पनिक कथानकों का जामा पहनाकर पाठक की उदासीनता की सतह तोड़ी, उसे सजग और सचेत रहने का आधार प्रदान किया।

स्पष्ट ही इन कहानियों का शिल्प निबन्ध का ही होना था, दूसरा हो भी नहीं सकता क्योंकि लेखक हर पात्र के पीछे तैनात है। इसलिए भूमिका-स्वरूप लम्बे-लम्बे उद्धरणों द्वारा लेखक पहले कहानी का पूरा पट-निर्देश प्रस्तुत करता है और जब पाठक चरित्र की पूरी जानकारी प्राप्त कर लेता है, तो किसी एक कोने से कहानी उठती है, और उसी पट-निर्देश के अनुरूप आगे बढ़ने लगती है। पात्र का अपना निजी जीवन यशपाल के यहाँ विरल है, इसलिए कथोपकथन, भाषा अथवा प्रासंगिक वर्णनों में किसी प्रकार की यथार्थगत भिन्नता की आवश्यकता स्वभावत: समाप्त हो जाती है। एक ही जीवन के विभिन्न पहलुओं और स्तरों के बोध से भाषा को नई अर्थवत्ता और नया संगीत प्राप्त होता है। एक ही शब्द अपने अर्थ में कितने ही 'शेड्स' खोलता है, और वाक्य साँसों की तरह छोटे-बड़े होकर कभी टूट जाते हैं, और कभी हिचकियों की तरह लँगड़ाने लगते हैं। वस्तुत: सृजन का मूल बोध एक ऐसी प्रक्रिया है जो स्वयं को खो देने पर ही प्राप्त होती है। यशपाल अपने को खोकर ऐसी भूलभुलैया में जाने को तैयार नहीं हैं, इसलिए कहानी वे स्वयं कहते हैं, और आवश्यकता पड़ते ही काव्यमय उपमाओं की झड़ी लगा देते हैं, और पात्र को एकदम भूल जाते हैं। 'पराया सुख' के साधारण पढ़े-लिखे ठेकेदार सेठ को बच्चे के साथ प्लेटफ़ॉर्म पर घूमती उर्मिला का जीवन "एक सजल मेघ की भाँति लगा जो बरसकर फ़सल से भरे श्यामल खेत पर छा रहा था। उस बालक की छोटी-छोटी गुदगुदी टाँगें, लटपटी चाल, माँ की अँगुली से लटके-लटके चलना,

माँ की सन्तुष्ट, गम्भीर और स्थिर गति वाणिज्य से लदी हुई नौका की भाँति थी, जो प्रवाह में गम्भीर चाल से चली जाती है।"

ऐसे ही कितने काव्यमय प्रसंग यशपाल की कहानियों में यत्र-तत्र बिखरे हैं। ऐसा लगता है जैसे संस्कृत की भावोच्छ्वासमयी शैली का प्रभाव उनकी अन्तश्चेतना पर कहीं अंकित है। और कई बार तो ऐसा भी लगता है कि अपनी कलात्मक धारणाओं में भी वे वहीं से बहुत प्रभावित हैं। परम्परागत कथानकों एवं पात्रों को अपनी मान्यताओं के अनुरूप प्रस्तुत करके, उन्हें अपने व्यक्तिगत सौन्दर्यबोध से अनुप्राणित करनेवाला हमारा प्राचीन साहित्य नई यथार्थवादी धारणाओं से मूलत: भिन्न है। स्पष्टत: जहाँ यथार्थवादी मान्यताएँ सामान्य जीवन के अन्तर्मार्ग से सत्यों के खोज की माँग करती हैं, वहीं हमारा प्राचीन साहित्य वैयक्तिक साधना अथवा आदर्शों से प्राप्त नैतिक मूल्यों के द्वारा जीवन का भाष्य उपस्थित करता है। 'पंचतंत्र' की कहानियों में वर्णित जीवन का कोई महत्त्व नहीं, महत्त्व है उन नतीजों का, जो इन कहानियों में नीतिकुशल लेखक श्रोताओं की भलाई के लिए निकालते हैं। अन्तर सिर्फ़ इतना है कि पशु-पक्षियों का माध्यम अपनाकर वे जहाँ शिल्पगत कुशलता का परिचय देते हैं, वहीं यशपाल आदमी की काल्पनिक कहानियाँ कहकर सामान्य यथार्थ जीवन के मनोविज्ञान के प्रति अपनी उदासीनता प्रकट करते हैं। सामान्य जीवन की पकड़ ढीली होने का सबसे बड़ा प्रमाण यशपाल पौराणिक चरित्रों के मूल्यांकन और प्राचीन कथाओं के पुनर्भाष्य द्वारा ख़ुद देने लगे हैं।

कुल मिलाकर प्रेमचन्द की भाँति यशपाल की रचना-दृष्टि के विकास का एक स्पष्ट और सहज तर्क है। युवा अवस्था में जिस क्रान्ति की चेष्टा देश के नवयुवकों ने बिना यह सोचे की, कि देश क्रान्ति के लिए तैयार है अथवा नहीं, उसका उत्तर उन्हें यह मिला कि क्रान्ति के रास्ते में बाधाएँ थीं, कुसंस्कार और धार्मिक अन्धविश्वास थे। बिना इन्हें हटाए, मनुष्य को बिना उसके आर्थिक, सामाजिक परिवेश के प्रति सचेत किये क्रान्ति सम्भव नहीं है। उत्तर नया नहीं था लेकिन यशपाल इसी को लेकर साहित्य में आ गए। प्रश्न और प्रश्न का सन्दर्भ जीवन वहीं छूट गया, जहाँ था। काश, वे प्रश्नों को लेकर आए होते तो ख़ुद जीवन और उसकी सारी परिस्थितियाँ और परिवेश भी उनके साथ आ जाते! लेकिन जीवन आता ही कहाँ है? वह तो बुलाता है और रचनाकार के लिए निकष बन जाता है। फिर अपने को कस और परख लेने का काम भी उसी पर छोड़ देता है।

'चौरासी लाख जोनि' जैसी कहानी में जब वे गंडाराम और उनकी बहू की कल्पना करते हैं तो इसलिए नहीं कि वे इस प्रश्न का उत्तर देना चाहते हैं कि मृत्यु के बाद आत्मा का क्या होता है, बल्कि इसलिए कि वे एक दिये हुए और बार-बार के दिये उत्तर की व्याख्या प्रस्तुत करते हैं। आत्मा चौरासी लाख योनियों में कहीं भी भटककर पड़ सकती है।

यशपाल स्थितियों का निरूपण करके दिखला देते हैं, "भाई, यही क्यों, मान लो कि इस कुतिया की पिल्ली ही में गंडाराम की माँ की आत्मा आा बसी?" और तर्क को तनिक और खींचकर कुतिया के पास कुत्ते को बुलाते हैं, और यह स्पष्ट कर देते हैं कि आख़िर वह कुत्ता गंडाराम का बाप क्यों नहीं हो सकता, तो खिसियाहट सिर्फ़ गंडाराम की पत्नी ही को नहीं होती, वरन् वह कुत्ता इन विश्वासों के क़ायल कितने ही गंडारामों का बाप बन जाता है। यशपाल ऐसी ही साहसपूर्ण और गहरी चोटों से जीवन के विकास के ऊपर छाए हुए पठार को तोड़ना चाहते हैं। जीवन की वास्तविकताएँ तो उनसे कब की छूट चुकी हैं। लेकिन उनकी रचनाएँ जीवन के लिए हैं। गो, जीवन अभी शोषण की शक्तियों का ग़ुलाम होने के कारण सामान्य आदमी से कभी-कभार मिलने पर उसे भ्रम में डालकर रफू-चक्कर हो जाता है। यशपाल ख़ुद उससे मिलने के लिए, उसे बदलने के लिए प्रतिबद्ध हैं। उनकी दृष्टि ने उस खोल को पहचान लिया है जिसे ओढ़कर वह लोगों को रिझाता है, भ्रम में डालता है, और फिर उस पठार के नीचे छिप जाता है जिसे तोड़ते रहने का व्रत लेकर वे साहित्य में आए थे; और कहना न होगा कि उन्होंने अपने व्रत का पालन करने में जिस शक्ति, आत्मविश्वास और निष्ठा का परिचय दिया है, वह हिन्दी ही नहीं, भारतीय भाषाओं में विरल है। ('माया', 1964)

जैनेन्द्र : कहानी, वहाँ की

"वह सात समुन्दर पार जो नीलम का देश है, वहाँ की कहानी है।" जैनेन्द्र के संग्रह में 'नीलम द्वीप की राजकन्या'। पहली कहानी है और ऊपर कहा गया वाक्य, पहला ही वाक्य है। यह तो रहा कहानी का स्थान, अब ज़रा पात्र से मिलिए। "वहाँ की राजकन्या को एकाएक किन्नरी बालाओं का हास-कौतुक जाने क्यों फीका लगने लगा है।" यानी राजकन्या ही नहीं—ऐसी राजकन्या पात्र है, जिसका जी जाने कैसा रहने लगा है!

इस तरह जाने कितनी परतें हैं—प्याज़ के छिलकों की तरह, जिनके भीतर कहानी का मर्म ही नहीं, पूरा जीवन छिपा हुआ है; और अगर इन परतों को एक-एक कर उतारें और जीवन को खोजें तो अन्त में 'सप्तभंगी नय' नाम का न्याय ही काम में लाना पड़ेगा—(1) शायद है, (2) शायद नहीं है, (3) शायद है और शायद नहीं है, (4) शायद अकथित है, (5) शायद है और अकथित है, (6) शायद नहीं है और अकथित है और (7) शायद है और नहीं है और अकथित है।

राजकन्या को किसी का इन्तज़ार है। इसलिए वह अकेली हो गई है और इस अकेलेपन के भीषण त्रास में भी वह यह नहीं मानना चाहती कि 'कोई नहीं है'। वह कहती है, "जिसके लिए मैं हूँ, वह तो है, वह है। नहीं तो मैं नहीं हूँ।..." "तू है। नहीं आया, तो भी तू आ रहा है। तू आने के लिए नहीं आया है।"

कहानी के पूरे विवरण के अनुसार राजकुमार राजकन्या के 'नहीं में भी है।' और जब राजकन्या को इस सत्य का बोध हो जाता है तो उसे जीवन की सार्थकता प्राप्त हो जाती है—पर पाठक को तो अब तक राजकुमार की खोज बनी हुई है, और पूछने पर सहसा वह सप्तभंगी न्याय का ही प्रयोग कर बैठता है और चेतना के स्तर पर स्वीकृति की बात उठती है तो वह कहेगा, "मुझे भ्रम हो गया है। नीलम का द्वीप हो, न हो राजकन्या हो, न हो उसे किसी का इन्तज़ार हो न हो; और उसे जिसका इन्तज़ार है, वह भी हो, न हो; लेकिन जो कहानी अभी कही गई है, उससे एक भ्रम की सृष्टि ज़रूर हो गई है। अगर भ्रम की जगह वास्तविकता अथवा सच्चाई की सृष्टि होती तो राजकुमार होता, राजकन्या होती और होता वह नीलम द्वीप, जिसमें उस राजकन्या के अलावा हम सब भी होते और जान सकते कि आख़िर वह राजकुमार कैसा बेवफ़ा है, जो इतनी गहरी मुहब्बत को स्वीकार नहीं करता। अगर राजकुमार न होता तो राजकन्या को इन्तज़ार न होता, क्योंकि "बिना राग के उसका बोध कैसा? बिना वस्तु के रूप-बोध एक तो सम्भव नहीं, और यदि हो भी तो वह मात्र बोध करनेवाले को होगा और अन्य के लिए बोधगम्यता से परे ही रहेगा या मात्र भ्रम का निर्माण करेगा।"

यही भ्रम जैनेन्द्र का अभीष्ट है। क्योंकि वे स्याद्वाद की उपज हैं, इसलिए 'जो वास्तविक है' तो दूर रहा, 'जो है' का भी वे सात बार परीक्षण करके उसे भ्रम का रूप दे देते हैं। वस्तुत: वे वैचारिक विकास की पूँछ की ओर जाते हुए दिखते हैं। जैन दर्शन के जिस संशयवाद में उनका निर्माण हुआ है, वह स्वयं अपने ही तर्कों की काट नहीं सह पाता। अगर कोई पदार्थ हो, तो वह नहीं कैसे हो सकता है? और जो अकथित हो वह कहा नहीं जा सकता, परन्तु कहा गया है, और अकथित है, यह तो परस्पर विरोधी कथन हुआ। इस तरह तो जो मिथ्या ज्ञान है, वह भी है; और जो ज्ञान है, वह नहीं भी है।

वस्तुत: यह स्थल जैन दर्शन के विवेचन का नहीं है, न उसकी बारीकियों में जाकर यहाँ आलोचना ही अभीष्ट है। लेकिन इतरा ज़रूर है कि जैनेन्द्र की मरीचिका का मृग यही चिन्तन-प्रणाली है जिसने उनकी रचना-प्रक्रिया को सर्वाधिक प्रभावित किया है और हथेली पर पैसा रखकर उसे ग़ायब कर देने और फिर मंत्र फूँककर उसे हथेली पर ला रखनेवाले मदारी की तरह उन्हें पाठकों की एक भीड़ में ला खड़ा किया है। वैसे हथेली पर रखे पैसे की तो बात दूर रही, उन्हें स्वयं अपनी हथेली पर भी सन्देह है कि वह है या नहीं है।

जैसा हमने अभी ऊपर कहा है कि जीवन की सहज सच्चाइयों को कहानी की वस्तु बनाने का मतलब है, किन्हीं सुनिश्चित नतीजों पर पहुँचना लेकिन जो संशयमात्र की सृष्टि ही अपनी रचना का परम उद्देश्य मानता है, उसे एक काल्पनिक जगत का निर्माण करना होगा। 'नीलम का द्वीप' जैनेन्द्र की कल्पना का वही नगर

है—जिससे चलकर वह संशय के सत्य तक पहुँच सकते हैं। यह दूसरी बात है कि हवा में अँगुलियों से बनाया गया उनका यह नगर, कोई नगर न होकर, नगर की कल्पना मात्र हो, उसकी रेखाएँ धुएँ की हों, और हाथ लगते ही पिघलकर मिट जाती हों लेकिन है वह कल्पना का नगर और रहेगा कल्पना का! वस्तु-जगत में तर्क-प्रणाली पर खरा उतरकर किसी भी युग और मानव विकास के किसी भी स्तर पर विचार बना रहनेवाला तत्त्व-दर्शन ही रचना के लिए ग्राह्य हो सकता है और उसे ही मानव-जीवन के नये रहस्यों के उद्घाटन और अन्वेषण के लिए काम में लाया जा सकता है। नतीजों पर बहस हो सकती है लेकिन चिन्तन-प्रणाली का तर्कसम्मत होना ज़रूरी है।

ऐसा नहीं कि वस्तु-जगत का यह काल्पनिक निर्माण ही इन कहानियों का दोष है, वरन् हिन्दी कहानी के विकास को देखा जाए तो जैनेन्द्र पहले लेखक होंगे, जिन्होंने अपनी मान्यताओं के लिए कल्पना की एक नई दुनिया खड़ी की और उसमें रक्त-मांसहीन पात्रों की परछाइयाँ दिखाकर कथानक का धोखा खड़ा किया और कथ्य को उसके भीतर से उभारने की चेष्टा की।

काश, जीवन की अमूर्त सच्चाइयों को वाणी देने के लिए—उसे एक रूप देकर अधिक सहज और सम्यक् बनाने के लिए उन्होंने अपनी इस निर्माण-प्रतिभा का उपयोग किया होता! तब शायद 'नीलम का द्वीप' हमारा भी नगर होता और उसकी राजकन्या के स्नेह-भाव में हम हिस्सा बँटा सकते।

बात मात्र जीवन के साथ गहरे तादात्म्य की है। यदि लेखक ने अपनी यात्रा विचार-सूत्रों की ओर से की और जीवन को मात्र एक माध्यम माना तो वह निश्चय ही नक़ली अनुभूतियों के बल पर काल्पनिक चरित्रों की सृष्टि करेगा, गढ़ी हुई परिस्थितियों को जन्म देगा, निर्जीव भाषा के चमकते हुए वाक्य गढ़ेगा और घुमा-फिराकर अपने वैचारिक नुस्खों को रचना पर लादकर उसे मेकैनिकल और निर्जीव बना देगा।

विचारदर्शी जैनेन्द्र को जीवन के प्रति भारी संशय है। इसलिए जब वे 'रत्नप्रभा' जैसी कहानी में एक नारी की कल्पना करते हैं तो लगता है, वह मोम की गुड़िया है। कुल मिलाकर हमें इतना ही मिलता है कि उसके पास मोटर है, जाती है और आती है और एक कमाल तो तब होता है, जब वह शोफर है, महल है और रुपये हैं—वह जमुना जाती है और आती है और किताब बेचनेवाले के प्रति सदय हो जाती है। उसे हंटरों से पिटवाती है। फिर उसे घर ले जाती है और नौकर बनाती है, फिर प्रेम-निवेदन करती है। लगता है, जैसे लेखक के पास कोई ऐसी रील है जिससे वह कथानक को फुर-फुर करके छोड़ता चला जाता है—एक मशीन की तरह। ध्यान देने की बात है कि रत्नप्रभा के मार्ग में कहीं भी कोई बाधा नहीं है। वह प्रश्नों की सीमा में आती ही नहीं। इसलिए दुनियावी स्तर पर वह जो चाह

लेती है, वही होता है। ऐसा लगता है कि इस विस्तृत भूभाग में केवल रत्नप्रभा है—जो अन्य हैं भी, वे रत्नप्रभा के लिए हैं। इसलिए रत्नप्रभा के बारे में संशय पैदा होता है और तनिक-सी गहराई में उतरने पर लगता है कि अरे, यह तो जैनेन्द्र ने अपनी कल्पना को ही एक दूसरा नाम दे रखा है! लेकिन क्या कल्पना एकदम स्वच्छन्द है? उत्तर अगर हाँ में दिया जाए तो जीवनानुभव को आदमी से अलग करके ही ऐसा कहा जाएगा। जितना ही जीवनानुभव कम होगा, कल्पना उतनी ही निरंकुश होगी। सूर्य को लीलने के लिए उद्यत बालक हनुमान की कल्पना हमारे मन्तव्य को कितना स्पष्ट कर देती है! जैनेन्द्र की कल्पना (रत्नप्रभा) ऐसी ही अवास्तविक और नक़ली है, जो अपने रचनाकार को एक तरुण दिवा-स्वप्नदर्शी बालक की बग़ल में ला बैठाती है।

जीवन-दर्शन की निर्जीव सूत्रात्मकता को कल्पना द्वारा एक सीमा तक ही नया जामा पहनाया जा सकता है। जहाँ रचना की प्रतिज्ञा में जीवन का सागर नहीं लहराता, वहाँ कल्पना व्यक्ति-मन की उड़ानों के पंख पर चढ़कर कुछ देर चाहे नई बनी रह सके, लेकिन अन्ततः उसे बसियाना ही पड़ेगा और लेखक पुनरावृत्ति के द्वारा रचना-प्रक्रिया में एक सेट चरित्रों, एक सेट घटनाओं और सीमित संवेदनाओं का चित्रक बनकर रह जाएगा। फलतः नवीनता की खोज में वह बहुत दूर जाएगा तो कभी ट्रिक, कभी चांस की सृष्टि करके अपने पाठक को विश्वस्त बनाए रखने की कोशिश करेगा। 'पाजेब' और 'अपना-पराया' जैसी रचनाओं में लेखक इस आँख-मिचौनी वाली पद्धति द्वारा कहानी बुनता है। लेकिन अगर आप पाठक हैं तो यह मानकर कहानी के इस खेल में हिस्सा लीजिए कि चोर हमेशा आप होंगे और जैनेन्द्र कभी आपकी पकड़ में नहीं आएँगे। बाल-मनोविज्ञान की बारीकियों में घुसकर वे छोटे बच्चे को नाहक सताते जाएँगे और आपको इस बात का विश्वास दिलाते रहेंगे कि पाजेब बेचकर बच्चे ने पतंग ख़रीदी है। लेकिन अन्त में जब आपकी आँख खुलेगी तो देखेंगे कि पाजेब तो बुआ की जेब में पड़ी है। 'अपना-पराया' में तो यह चांस और भी कच्चे और निहायत सतही स्तर पर सामने आता है। जब वर्षों बाद लड़ाई से लौटते हुए सरदार को सराय में अपनी ही पत्नी और बच्चा मिल जाते हैं—उस समय वह उनका स्वप्न देखकर उठा ही होता है।

जैनेन्द्र आत्मप्रक्षेपण करते हैं—कमोबेश सभी लेखक रचना में इस सिद्धान्त का प्रयोग करते हैं। इसी कारण किसी रचना और रचनाकार का व्यक्तित्व बनता है। एक रचना दूसरी रचना से भिन्न भी इसी कारण हो पाती है। जीवन के नये-नये सत्य और सच्चाइयों के नये-नये स्तर तोड़ने में भी लेखक के इस 'आत्म' का महत्त्वपूर्ण योग होता है। लेखक भाव-अनुभाव को रूप देकर कठोर सच्चाइयों के निकट ले जाने और उसे अधिक स्पष्ट और प्रभावपूर्ण बनाने के लिए कभी-कभी आत्म-प्रक्षेपण द्वारा ऐसे निर्माण भी करने लगे हैं जो वैयक्तिकता की गहरी छाप के

कारण दुरूह हो उठते हैं। लेकिन जीवन ही इतना सहज कहाँ है! सहजीकरण के नारे ने कला और साहित्य के आगे जो लक्ष्मण-रेखा खींच रखी थी, वह टूट रही है और नया लेखक सच्चाइयों के नये-नये स्तर तोड़ने की ओर उन्मुख है। स्पष्टत: उसकी दृष्टि के पीछे जीवन का सहज दर्शन है, जो मनुष्य को सामाजिक विकास के पूरे सन्दर्भ में रखकर निरन्तर परिवर्तित होनेवाली सामाजिक सच्चाइयों के प्रकाश में देखता है। इसलिए उसके 'सेल्फ़ प्रोजेक्शन' में आदमी एक बड़े भुनगे का रूप पाकर भी अधिक जीवन्त और प्राणवान बन जाता है, क्योंकि सामाजिक सम्बन्धों की क्रिया-प्रतिक्रिया के लिए वह अधिक उद्घाटित हो जाता है। परम्परा की राख में दबे-छिपे भावों की वास्तविकताएँ नंगी और वस्तु-सत्य की तरह कठोर हो उठती हैं। आर्थिक सम्बन्धों के ऊपर से रूमानी परदा जैसे आप ही खिंच जाता है। लेकिन वह भुनगा क्या भुनगा है? काफ़्का की 'मेटामार्फोसिस' में उसे कितनी सहज और शुद्ध मानवीय भाव प्रक्रिया मिली है, यह कहने की बात नहीं। अपनी बहिन और माँ के सूक्ष्मतम भावावेगों के प्रति उसकी सजगता पर सैकड़ों मनुष्य निछावर किये जा सकते हैं और संगीत के प्रभाव से उसे संवेदित, और अपनी बहिन के कला-दर्शन के प्रति नासमझों की उपेक्षा से क्षुब्ध होते देखकर तो लेखक की गहरी समझ और जीवन की सहज सच्चाइयों के प्रति महान आस्था का लोहा मानना पड़ता है।

जैनेन्द्र, आत्मप्रक्षेपण द्वारा अगर बाल्टी को कुआँ कहते तो भी उसके परीक्षण की गुंजाइश होती। वे तो आँखों में धूल झोंकते हैं और गम्भीर मुद्रा में कहते हैं कि "जो आप देख रहे हैं, वह है भी, और नहीं भी है और फिर वही 'सप्तभंगी नय'! फलत: सामने आता है एक भ्रम और वह भी कल्पना के पंखों पर चढ़ा हुआ, और सारी रचना-प्रक्रिया को अवास्तविक और कोरी गढ़ी हुई बनाकर कहानी को वहाँ की बना देता है, जहाँ 'शायद' है और हम दुनिया में रहनेवालों के लिए यह 'शायद' भ्रम का बेटा है।

['नई कहानियाँ', 1962]

अज्ञेय : शेखूपुरे के शरणार्थी

"हर व्यक्ति अद्वितीय है, हर चेहरा स्मरणीय। सवाल यही है कि हम उसके विशिष्ट पहलू को देखने की आँखें रखते हों।" 'खितीन बाबू' को अज्ञेय शायद इसी निगाह के कारण प्राप्त कर सके हैं। लेकिन हमारे मन में बार-बार एक सवाल उठता है कि क्या सचमुच बस यही एक सवाल है? उत्तर शायद 'हाँ' में ही होगा, और अगर 'नहीं' में भी हो तो इतना मान लेने में आपत्ति नहीं होनी चाहिए कि यह एक अहम सवाल है, रचना के निर्माण के लिए; और चूँकि यहाँ कहानी के दायरे में ही

बात करनी है और अज्ञेय ने व्यक्ति को देखने की बात कही है, इसलिए उसे और भी केन्द्रित करके हम चरित्रांकन तक ही सीमित रखेंगे।

असल में जो सबको दिखाई देता है, वह कहानी का पात्र नहीं है—कहानी का पात्र तो सिर्फ़ वह है जो कथाकार को दिखाई दे।

खितीन बाबू को कितने ही लोगों ने देखा होगा, लेकिन सबने तो कहानी नहीं लिखी, लिखी मात्र अज्ञेय ने, और सिर्फ़ इसलिए ही नहीं कि खितीन बाबू के हाथ-पाँव लगातार दुर्घटनाओं के कारण कटते गए और कहानी में, एक समय पर पहुँचकर कटी हुई बाँहें भी कन्धे तक कट गईं और "शरीर के अवयव जितने ही कम होते गए, उनमें आत्मा की कान्ति मानो उतनी ही बढ़ती गई," बल्कि इसलिए कि "रोटी, कपड़ा, आसरा हम चिल्लाते हैं, निःसन्देह जीवन के एक स्तर पर ये सब निहायत ज़रूरी हैं, लेकिन मानव-जीवन की मौलिक प्रतिज्ञा ये नहीं हैं, वह है केवल मानव का अदम्य, अटूट संकल्प" इस तरह कुल मिलाकर सब कुछ विचित्र रहा खितीन बाबू के साथ। नायक बनने की सारी विचित्रताएँ एक जगह इकट्ठी कर दीं अज्ञेय ने। वैसे भी, अगर सड़क पर इतना बड़ा क्षत-विक्षत योद्धा दिखाई पड़ जाए तो आप उसके पीछे किसी कहानी की कल्पना ज़रूर कर लेंगे और अगर उसके विचार जानने का मौक़ा भी लग जाए कि दो हाथों में से एक अतिरिक्त है, इसलिए इस भार को साथ रखने से फ़ायदा क्या, तो शायद आप अपना हाथ भी कटाने को उत्सुक हो उठें। पर, भाईजान, अगर आप आदमी हैं और समाज में जीवन व्यतीत कर रहे हैं तो इन सारी विचित्रताओं को देखते ही एक बात आपके मन में उठेगी—बेचारा, भला, काम कैसे करता होगा? खाता क्या होगा? कौन होगा इसके आगे-पीछे?...

यही हम आपसे पूछेंगे कि आख़िर ये प्रश्न क्यों? किसी कनकटे को देखकर आप यह नहीं सोचेंगे, दूसरी ही बातें आपके मन में आएँगी, पर हाथ-पाँव के साथ आपकी इतनी ममता क्यों है? शायद उत्तर वही है जो अज्ञेय का 'हम' सोचता है, 'रोटी, कपड़ा और आसरा'; लेकिन उनका 'मैं' पीछे-पीछे दुम दबाए, अपनी आँखें माथे पर चिपकाए आता है और कहता है, 'ठीक है, लेकिन मानव-जीवन की मूल प्रतिज्ञा यह नहीं है।'

सतह और आग्रह की सच्चाइयाँ कभी मानव-जीवन की सच्चाइयाँ नहीं बन पातीं—सफल कलाकार कभी भी इस सन्दर्भ में इतनी हलकी बात कह गुज़रने का ख़तरा मोल नहीं लेगा, न वह खितीन बाबू की पीठ से एक लाल निशान ही बाँध देगा। आरोपित आग्रह रचनाकार के विचारों का परिचय ज़रूर देते हैं, पर वे रचना ही में क्यों आएँ? उनके लिए भाषण और लेख का माध्यम क्या बुरा है? बेचारे खितीन बाबू अच्छे-भले आदमी भी हो सकते थे। ऐसा भी सम्भव हो सकता था कि उन्हें प्यार करनेवाला कोई ऐसा व्यक्ति कहीं बैठा हो या उनके स्वर्गीय बाप ही

उनके लिए तीन लाख का बैंक बैलेंस छोड़ गए हों, जिससे अंग-पर-अंग कटते जाने पर भी वह उत्साहित नज़र आते हैं और उनके मुखमंडल की दीप्ति उभरती आती है। लेकिन लेखक अपनी ओर से उनके अदम्य, अटूट संकल्प की सफ़ाई देते हुए यह बताने में भी नहीं चूकते कि खितीन बाबू एक साधारण क्लर्क थे। इतना जानते ही पाठक के सामने से लेखक का रचा हुआ सारा भ्रम-जाल क्षण-भर में टूट जाता है और अब तक का सारा पात्र-परिचय नक़ली लगने लगता है। आख़िर यह आया कहाँ से उत्साह, कैसे खितीन बाबू को वह दफ़्तर बरदाश्त रहा, जिसमें क्लर्क का अर्थ होता है कुछ लिखने का काम करनेवाला? दोनों पैरों के बग़ैर खितीन बाबू भला दफ़्तर कैसे पहुँचते रहे होंगे और कैसी, कितने रुपयों की क्लर्की थी वह? आदि पाठक के लिए बहुत-सी बातें उठ खड़ी होती हैं, क्योंकि वह जीवन की सच्चाइयों का भोक्ता है। इसलिए शायद हवा पीकर अदम्य अटूट संकल्प रखनेवाले की कल्पना भी वह नहीं कर सकेगा।

चरित्रों के लिए सच्चाइयाँ इसी तरह विचित्र और भयानक हो उठती हैं, अगर उनका रचनाकार उनकी सहज प्रकृति का भोक्ता अथवा जानकार नहीं है।

अज्ञेय की कई कहानियाँ पढ़ते-पढ़ते मन में यह विचार बार-बार आया कि लेखक की अपनी विशेषता क्या है? 'परम्परा' में कभी 'सिगनेलर' पढ़ी थी। 'सन्ध्या' की सहजता आज भी वैसी ही मन में व्याप्त है, पर जाने क्यों दिन-पर-दिन अज्ञेय का रचनाकार जीवन और जगत की ओर से उदास होता चला गया और 'कलाकार की मुक्ति' तक पहुँचते-पहुँचते उसमें इतनी असमर्थता आ गई कि वह किंवदन्तियों और पौराणिक कथाओं के शिल्प पर उतर आया। सम्भव है, जीवन की सहज गति से रचनाकार का व्यक्तित्व किनारे पड़ गया हो, अथवा विचारों के दुरूह, अस्वाभाविक प्रतिमानों के कारण मन की वे परतें ही सूख गई हों, जिन पर सच्चाइयों के अक्स आकर नक़्श होते हैं अथवा वैयक्तिक कुंठाओं ने अपने चारों ओर एक ऐसा खोल ओढ़ लिया हो कि सब कुछ में उसे अपने ही आरोपों की तस्वीरें दिखने लगी हों; कुछ ठीक कह पाना मुश्किल लगता है, क्योंकि संयोग की बात है कि 'ये तेरे प्रतिरूप' की कहानियाँ पढ़ते हुए मेरी मुलाक़ात उस 'शेखूपुरे' के शरणार्थी से भी हुई, जिसे मैं इधर भूलने-सा लगा था। शरणार्थी उस समय बहुत से देखे थे और गरम उबलती हुई क़लमों से साम्प्रदायिक दंगों के बयान भी पढ़े थे, पर 'शरणदाता' की 'जैबू', 'लेटरबक्स' का बच्चा 'रोशन', 'बदला' का 'सरदार' और 'मुस्लिम-मुस्लिम भाई-भाई' की वह स्पेशल ट्रेन, जो सकीना, अमीना और जमीला को प्लेटफ़ॉर्म पर छोड़कर दहाड़ती हुई चली गई थी, आज भी मन में एक लकीर की तरह खिंची रह गई है।

यह सच है कि अज्ञेय तब भी भोक्ता नहीं थे लेकिन उनका कलाकार यथार्थ के सजग सम्पर्क में था। शिल्प की सहजता का हाथ से छूट जाना भी रचना की

असफलता का बहुत कुछ कारण बन जाता है। आदर्श तब भी उनके अपने ही थे और आँखों की रोशनी भी वही थी, पर तेज़ और इतनी कि जब 'शरणदाता' के देविन्दर सिंह को भोजन में विष भेजा और उसकी लड़की 'जैबू' ने रोटियों में ख़त छिपा दिया और देविन्दर सिंह ने पत्र के अनुसार लाचार होकर उस भोजन को अपनी पालतू बिल्ली के आगे डाल दिया, तब ज़रा लेखक का यह वर्णन देखिए—

"सहसा बिलार ज़ोर से ग़ुस्से से चीख़ा और उछलकर गोद से बाहर जा कूदा, चीख़ता-गुर्राता-सा कूदकर दीवार पर चढ़ा और गैराज की छत पर जा पहुँचा। वहाँ से थोड़ी देर तक उसके कानों में अपने-आप से ही लड़ने की आवाज़ आती रही। फिर धीरे-धीरे ग़ुस्से का स्वर दर्द के स्वर में परिणत हुआ, फिर एक करुण रिरियाहट में, एक दुर्बल चीख़ में, एक बुझती हुई-सी कराह में, फिर सहसा चुप हो जानेवाली लम्बी साँस में..."

पात्रों के कथोपकथन और चरित्रों के बारीक, भिन्न पहलुओं को थोड़े-से शब्दों में उभारने की कला को देखना हो तो 'नारंगियाँ' देखें—दो भिन्न मानव-चरित्र अपनी सारी सहजता के साथ कहानी के शिल्प को पूर्णता तक ले जाते हैं। आसानी से पाठक यह सोच भी नहीं सकते कि अज्ञेय निचली सतह के जीवन से इस सीमा तक परिचित हैं।

यहाँ दो भिन्न कहानियों का उल्लेख ज़रूरी है। एक है 'देवीसिंह' और दूसरी 'हजामत का साबुन'।

'देवीसिंह' के मि. अस्थाना के इस वाक्य से अज्ञेय कहानी बुन लेते हैं कि "एक आदमी का स्ट्रगिल कोई माने नहीं रखता, असल चीज़ वर्गों का संघर्ष है।" लेकिन इसका तात्पर्य शायद, उनके नज़दीक यह है कि सामूहिक संघर्ष की बात को प्रधानता देनेवाला ख़ुद संघर्ष करता ही नहीं। असल में बात बेहद हैकनीड है और निहायत पिटे-पिटाये ढंग से अज्ञेय ने कहानी शायद इसलिए चुनी है कि अस्थाना की इस साम्यवादी फ़ैशनपरस्त बात का उन्हें विरोध करना है। भीख माँगना या देना कोई ऐसा प्रतिमान नहीं हो सकता, जिससे वर्गों के संघर्ष की बात का खंडन हो सके। अस्थाना का भीख देने से मना करना और लेखक का दुअनी दे देना, दोनों ही बातें इस कहानी के आधार में कोई अवदान नहीं करतीं। यह सही है कि सामाजिक जीवन और व्यवस्था को गहराई से समझनेवाले के लिए भीख देना, फिर उसके लिए अपने को उदार समझ लेना और दया से आर्द्र हो लेना कोई विशेष महत्त्व नहीं रखता। उसका ध्यान तो भीख माँगनेवालों की मूल समस्या पर रहता है। बेचारी गाँव में बैठी एक ठकुराइन बुढ़िया रोज़ ही इस बात की डींग मारा करती है कि आज तक उसके दरवाज़े से कोई भिखारी ख़ाली हाथ नहीं लौटा। हाँ, अगर देवीसिंह, जिसे भीख देने के लिए अस्थाना मना करते थे, वही अब अख़बार बेचता और ख़रीदारों की रुचि की आलोचना भी करता है, तो निःसन्देह उसने व्यक्तिगत

स्ट्रगिल किया है और रुचि के कर्म के मर्म तक पहुँच सका है। काश, वह किसी दिन अस्थाना की पार्टी के किसी जुलूस में आगे-आगे झंडा उठाए नारा लगाता दिख जाता तो शायद अस्थाना की इस सतही बात के मुँह पर ज़ोरों का तमाचा लगता और लेखक के मन्तव्य के साथ ही, कहानी का स्तर भी ऊँचा हो जाता। लेकिन देवीसिंह तो अज्ञेय का मानव-पात्र है। ऐसा करने पर उसकी पात्रता ही नष्ट हो जाती, क्योंकि वह वास्तविक हो उठता और स्वजन्मा का स्वाधीन और यथार्थ रूप देखने के लिए मात्र नज़र नहीं, एक नज़रिया भी चाहिए।

हैरत की बात है कि अज्ञेय ने जहाँ भी एक राजनीति का विरोध किया है, वहीं एक दूसरी कमज़ोर राजनीति ने जन्म लेकर उनकी रचना को पंगु और प्रचारात्मक बना दिया है। वस्तुतः वे राजनीतिक सन्दर्भों को अपनी रचना-प्रक्रिया में समेट ही नहीं पाते और भावुकतापूर्ण बातों को आधार बनाकर चरित्रों को तोड़-मरोड़ देते हैं। लेकिन जहाँ वे आग्रहों से मुक्त होकर अपने व्यक्तित्व को चरित्र और उसकी रचना-प्रक्रिया से अलग कर लेते हैं वहीं उनकी रचना उत्कृष्ट हो उठती है। 'हजामत का साबुन' उन्हीं कुछ एक रचनाओं में से एक है। फिर भी वह चरित्रों के चयन में, जाने क्यों, इस बात की ख़ास ज़रूरत समझते हैं कि उन्हें कहीं-न-कहीं सामान्य मनुष्य से अलग तरह का ही चित्रित किया जाए! यह तो बहुत पुरानी और स्टेल-सी परिपाटी है कि 'टाइप' ही को कथा-नायक बनाया जाए।

वस्तुतः कथा-नायक के चुनाव का यह अत्यन्त आरम्भिक ढंग है। शायद ख़याल यह होगा इसके पीछे कि व्यक्ति की साधारण-सी विचित्रता लोगों को आकृष्ट कर लेगी और कहानी सुपाठ्य हो जाएगी। बहरहाल, 'हजामत का साबुन' के लालाजी इतने ही विचित्र हैं कि वह कोट-पैंट पहनकर दुकान पर बैठते हैं।

कहानी में इतना ही है लालाजी अपने नौकर को पीट रहे हैं, सिर्फ़ इसलिए कि जब उनका लड़का लापता हो गया था तो उसने उन्हें फ़ोन क्यों नहीं कर दिया; और कथाकार मारे प्रवेश के दुकान तक पहुँच अपनी प्रतिक्रिया को ख़ून के घूँट की तरह पी रहा है। बड़ी गहराई से लेखक ने मनुष्य की संस्कारगत, वर्गगत और समाजगत लाचारी का चित्रण किया है—"यह लाला जैसे इनसानियत के घावों पर जमा हुआ कच्चा खुरंट है, जिसके सम्पर्क में आने की बात ही घिनौनी जान पड़ती है। लाला के हाथों बालक नौकर को पिटते देखकर लेखक की प्रतिक्रिया इतनी ही नहीं। जब लाला नौकर को पीटना बन्द करके उससे पूछता है कि "हाँ साब, आपको क्या चाहिए?" तो लेखक प्रत्यक्ष कुछ नहीं बोलता, लेकिन मन में कहता है, "मुझे? अच्छी तश्तरी पर रखा हुआ तुम्हारा कटा हुआ सिर..."

इतने पर भी समाज की विषमता और व्यवस्था की हीनता ने लेखक की ज़बान बन्द कर रखी है—कौन इसमें बोलकर हंगामा खड़ा करे और एक नई बला मोल ले! यह तो राह चलते झगड़ा मोल लेने की बात हुई। पूँजीशाही में अपनी सुरक्षा,

अपना लाभ, अपनी गति सबको प्यारी है, क्या लेना है मुझे किसी से? जिससे लेना है, वही माई-बाप है—अज्ञेय ने इस सच्चाई की तहें उधेड़कर उसे नंगी कर दिया है। नौकर को नौकरी प्यारी है, इसलिए इतना पिटने पर भी वह लाला को 'माई-बाप' ही कहता है और स्वयं लाला, जिसे दर्शक लेखक की जेब प्यारी है, उसे कुछ उदास और नाराज़ देखकर बगलें झाँकने लगता है और कहता है, "जो भी हो सा'ब, आप बिना कुछ लिये न जाएँ, नहीं तो मुझे बड़ा मलाल रहेगा।" लेखक ने पूरी परिस्थिति की विडम्बना को इस दुहरे आघात से और भी जीवित बना दिया है, जब वह अपने ही अन्दर कुछ ख़रीदने का बहाना निकालता है और चाय का एक छोटा-सा पैकेट और हजामत का सस्ता साबुन माँग बैठता है। संवेगों का क्षणिक तनाव इस समाज में कितना बेमानी है और इसे बेमानी बनानेवाली शक्तियाँ किस तरह कहीं न कहीं एक-दूसरे के आसरे के लिए लाचार हैं!

कुल मिलाकर, एक अजीब तरह का मिला-जुला प्रभाव इस संग्रह की कहानियाँ मन पर छोड़ जाती हैं। विचार, शिल्प और वस्तु की दृष्टि से इनमें इतनी भिन्नता है और स्तर में इतनी असमानता कि सहसा इन्हें एक ही लेखक की कृतियों के रूप में पढ़ते हुए उसे पहचान पाना भी मुश्किल हो जाता है। कारण बहुत साधारण है—'शरणार्थी' (1948) की कहानियाँ, 'परम्परा' (1944) से 'सेव और देव' (1937) 'बन्दों का ख़ुदा, ख़ुदा के बन्दे' (1949) और 'कविता और जीवन—एक कहानी' (1937) तथा कुछ इधर की लिखी हुई कहानियाँ, सब एक जगह आ मिली हैं। इस तरह इस संग्रह की कहानियों के लेखन का काल अज्ञेय के समूचे रचनात्मक जीवन के लम्बे विस्तार में फैला हुआ है, जिसमें कितने ही मोड़ हैं, कितनी ही अन्तर्धाराएँ हैं, जो परस्पर एक-दूसरे को काटती चली जाती हैं। वैचारिक प्रतिरोधों के प्रति घुटन और प्रतिक्रिया का एक ऐसा आघात भी स्पष्ट लक्षित होता है जब वह 'कविता और जीवन-कहानी' में पहले ही मान लेते हैं कि उनकी रचना पढ़कर लोग उन्हें गाली देंगे। कहानी समाप्त करके वह फिर दुहराते हैं, 'अब मौक़ा है, आप गाली दे लें!' किसी भी कलाकार की यह पूर्व धारणा उसकी रचना पर कैसा विषैला प्रभाव डालेगी, यह कहने की बात नहीं। लेकिन साथ ही यह भी अनुमान लगाने में देर नहीं लगती कि इतनी विपुल शक्तियों के लेखक की संवेदना को कहीं गहरी चोट लगी है। फिर भी विकास की दिशा भ्रान्त हो जाए और उसके कारण रचना का स्तर इतना असम हो उठे, यह मूल प्रतिज्ञा तो कलाकार की नहीं होनी चाहिए। निराशा और आघात तो 'आँख' वालों को और भी पैना करते हैं। 'खितीन बाबू' ही क्या कम हैं उदाहरण के लिए और 'बदला' के 'सरदार जी' के होते हुए प्रतिक्रिया कैसी!

['नई कहानियाँ', 1962]

नई कहानी : एक पर्यवेक्षण

उपेन्द्रनाथ अश्क

"नई कहानी में वस्तु और प्रकार की कोई सार्थक उपलब्धि है?" इस प्रश्न को लेकर पिछले दिनों इलाहाबाद-रेडियो से एक परिसंवाद ब्रॉडकास्ट हुआ। जिन 'नये' कलाकारों ने उसमें भाग लिया, उनके नाम हैं—इलाचन्द्र जोशी, भगवतीचरण वर्मा, यशपाल, अमृतराय, विजयदेव नारायण साही और अश्क। इन नामों का उल्लेख मैंने इसलिए किया है कि जब मुझसे परिचर्चा में भाग लेने के लिए कहा गया था और मुझे नामों का पता चला था तो मैंने आपत्ति की थी कि इनमें नये कथाकारों का प्रतिनिधित्व करनेवाला कोई नहीं, पुराने कथाकार 'नई कहानी' का अस्तित्व या उपलब्धि कुछ मानेंगे नहीं और यह सेमिनार 'नई कहानी' के सम्बन्ध में पुराने कथाकारों के विपरीत फतवों पर ख़त्म होगा।

और यदि सेमिनार वाले दिन स्थानीय नये कथाकारों ने आदरणीय जोशी जी को कॉफ़ी-हाउस में घेरा न होता तो बात वही होती, जिसका मैंने उल्लेख किया। सेमिनार से आध-एक घंटा पहले जब मैं पहुँचा तो रेडियो के लॉन में बिछे कोचों पर सेमिनार में भाग लेनेवाले आदरणीय कथाकार बैठे थे। यशपाल अभी पहुँचे न थे और शेष इस बात पर आश्चर्य प्रकट कर रहे थे कि आख़िर यह 'नई कहानी' है क्या! उन्हें उसके अस्तित्व तक से इनकार था, पर जब सेमिनार के लिए सब अन्दर स्टूडियो में गए और जोशी जी ने एनाउंसमेंट देखा—'नई कहानी में वस्तु और प्रकार की..." तो बोले—इसमें तो 'नई कहानी है', यह मानकर हो चला गया है। हमें केवल यह देखना है कि उसकी वस्तु और प्रकार की कोई सार्थक उपलब्धि है या नहीं। अपने उद्‌घाटन भाषण में उन्होंने यही बात दोहराई और बाईं ओर बैठे सज्जन से कहा कि आप शुरू कीजिए।

उन सज्जन ने कहा कि नई कहानी प्रेमचन्द की 'कफ़न' से ही शुरू हो गई थी। और तब से लेकर आज तक 'नई' कहानियाँ सदा लिखी जाती रही हैं। उन्होंने नई वस्तु और शिल्प का उल्लेख कर, राजेन्द्र यादव की 'अभिमन्यु की आत्महत्या' के नितान्त प्रयोगात्मक प्रयास तक बात को पहुँचा, बाईं ओर बैठे दूसरे सज्जन की

ओर विषय को ठेल दिया। उन दूसरे सज्जन ने 'अभिमन्यु की आत्महत्या' या किसी दूसरे प्रयोग पर राय देने के बदले अपने सामने बैठे लखनऊ-वासी तीसरे कथाकार मित्र से अपनी पुरानी बहस का उल्लेख किया कि वे नई कहानी के अस्तित्व को नहीं मानते, जबकि मैं मानता हूँ। बिना किसी नई कहानी या प्रयोग का उल्लेख किये उन्होंने कहा कि वे नई कहानी की उपलब्धि से आश्वस्त हैं। तीसरे महानुभाव ने उसी बहस का उल्लेख किया जो वे लखनऊ में उन दूसरे सज्जन से किया करते थे (और चूँकि उन्होंने एक भी नई कहानी न पढ़ी थी) इसलिए कुछ कहानी के आधारभूत तत्त्वों और कुछ भूले-बिसरे ज़माने में लिखी अपनी कहानियों का उल्लेख कर इधर-उधर की बातों में दो के बदले आठ मिनट लगा दिए (तय यह था, पहले दौर में सब लोग दो-दो मिनट बोलेंगे, फिर दूसरे दौर में सबको दो-दो मिनट दिये जाएँगे) और बड़े ज़ोर से कहा कि नई कहानी की कोई सार्थक उपलब्धि वे नहीं मानते। चौथे ने उनका समर्थन किया कि उनकी समझ में नहीं आता, नई कहानी में नया क्या है। उन्होंने प्रेमचन्द की कुछ कहानियाँ गिनाईं और पूछा कि वे कैसे नई नहीं हैं? और नये कथाकारों की आठ-दस कहानियों के नाम लिए और पूछा कि वे कैसे नई हैं? पाँचवें साहब ने उनका उत्तर देने के बदले नई कहानी के मानवीय पक्ष का उल्लेख कर यह दर्शाया कि उन्होंने कम-से-कम दो 'नई' कहानियाँ—कमलेश्वर की 'राजा निरबंसिया' और शेखर जोशी की 'कोसी का घटवार' ध्यान से पढ़ी हैं। इसी सब में सारा समय समाप्त हो गया। तब आदरणीय जोशी जी ने, जो बहस सुनने के बदले घड़ी और लालबत्ती की ओर देखते रहे थे, उनको ख़त्म करने का संकेत किया और परम उल्लास से घोषणा की कि आज के परिसंवाद से वे इस परिणाम पर पहुँचे हैं कि नई कहानी की उपलब्धि ख़ूब घनी और सार्थक है और सभी उपस्थित जन उससे परम सन्तुष्ट हैं।...और जब रेडियो की लालबत्ती चली गई तो रेडियो से संलग्न श्रोताओं ने ऐसे सफल और मनोरंजक परिसंवाद पर उन्हें ढेरों बधाइयाँ दीं।

मन की बात कहूँ तो ऐसा हास्यास्पद और निरर्थक परिसंवाद मैंने कभी नहीं सुना। तो भी जिन महानुभाव ने नये कहानीकारों की आठ-दस कहानियों का उल्लेख कर पूछा था कि वे कैसे नई हैं, और कैसे प्रेमचन्द से आगे हैं, उन्होंने एक आधारभूत प्रश्न उठाया था और मेरे ख़याल में उस पर पूरी तरह विचार करके उस प्रश्न का उत्तर देना चाहिए था।

जहाँ तक हिन्दी की नई कहानी के आरम्भ और विकास का सम्बन्ध है, 'नई' के नाम को लेकर वही एक प्रश्न नहीं, प्रश्नों की एक श्रृंखला सामने आ खड़ी होती है।

नई कहानी का आरम्भ कहाँ से माना जाए? क्या प्रेमचन्द के यहाँ नई कहानी नाम की कोई चीज़ है?

यदि प्रेमचन्द को पुरानी कहानी का प्रतिनिधि माना जाए और उनसे भिन्न—मनोवैज्ञानिक यथार्थ—विशेषकर सेक्स को लेकर जो कहानियाँ उन्हीं के समय में

लिखी जाने लगी थीं, उन्हें 'नई' की संज्ञा दी जाए तो क्या इस दृष्टि से जैनेन्द्र और अज्ञेय नये कहानीकार नहीं हैं? क्योंकि प्रेमचन्द की तुलना में इन दोनों की कहानियाँ वस्तु और शिल्प के लिहाज़ से एकदम भिन्न हैं।

यदि इन दोनों को भी पुराने कहानीकार माना जाए तो क्या यशपाल से नई कहानी का आविर्भाव हुआ? क्योंकि यशपाल के यहाँ वस्तु और उसे देखनेवाली जो दृष्टि है, वह पहले तीनों के यहाँ नहीं है।

और फिर अमृतराय...? (जिन्होंने 'आह्वान' को छोड़कर शायद कोई भी कहानी पुराने शिल्प में नहीं लिखी और सभी तरह के प्रयोग किये।)

यदि इन सबको ही 'पुराने कथाकार' मान लिया जाए तो नई कहानी 'किससे' या 'किनसे' शुरू हुई? नई कविता के सम्बन्ध में निश्चित रूप से कहा जा सकता है (सप्रमाण) कि उसे शमशेर और प्रभाकर माचवे ने शुरू किया, मुक्तिबोध और नेमिचन्द जैन ने उसके समारम्भ में योग दिया और अज्ञेय ने उसका समन्वित रूप प्रस्तुत किया (नामों के आगे-पीछे के बारे में विवाद हो सकता है, पर मूल बात से कोई इनकार नहीं कर सकता।) क्या 'नई कहानी' के सम्बन्ध में भी कोई ऐसी बात कही जा सकती है?

घूम-फिरकर वही दो प्रमुख प्रश्न फिर सामने आते हैं :

1. क्या प्रेमचन्द के यहाँ भी कुछ ऐसी कहानियाँ नहीं, जो उनके सतत प्रगतिशील और जागरूक कथाकार ने अपने अन्तिम दिनों में लिखीं, जो हर लिहाज़ से उनकी पुरानी आदर्शोन्मुख कहानियों से भिन्न हैं और जिन्हें 'नई' की संज्ञा, वस्तु और शिल्प दोनों के लिहाज़ से, दी जा सकती है? मिसाल के लिए 'नशा', 'बड़े भाईसाहब', 'मनोवृत्तियाँ' और 'कफ़न'।
2. इसके विपरीत क्या आज के कथाकारों के यहाँ कुछ ऐसी कहानियाँ नहीं हैं, जिनमें चाहे कुछ उच्च कोटि की हैं, लेकिन शिल्प और शैली के लिहाज़ से पुरानी कहानी से भिन्न नहीं? उदाहरण के लिए मोहन राकेश की 'मलबे का मालिक', राजेन्द्र यादव की 'जहाँ लक्ष्मी क़ैद है', शिवप्रसाद सिंह की 'नन्हों', मार्कण्डेय की 'गुलरा के बाबा', भीष्म साहनी की 'चीफ़ की दावत', अमरकान्त की 'डिप्टी कलक्टरी', कृष्णा सोबती की 'सिक्का बदल गया', कमलेश्वर की 'देवा की माँ' आदि...आदि...।

रेडियो के उपर्युक्त सेमिनार में उठाए गए प्रश्न ही का नहीं, इन सभी प्रश्नों का कोई-न-कोई उत्तर दिये बिना हम आगे नहीं बढ़ सकते।

जहाँ तक शिल्प और वस्तुगत प्रयोगों का सम्बन्ध है, इसमें कोई सन्देह नहीं कि ये प्रयोग निश्चित रूप से (बदलते हुए राजनीतिक और सामाजिक माहौल

के कारण) प्रेमचन्द के यहाँ आरम्भ हो गए थे और प्रेमचन्द की उपर्युक्त चारों कहानियाँ मेरे इस कथन का प्रमाण हैं। 'कजन' और 'बड़े भाईसाहब' में पात्रों का चरित्र-चित्रण, कथा की कथानकहीनता और यथार्थ की पकड़ आज की किसी भी नई कहानी की उपलब्धि मानी जा सकती है।

लेकिन इस पर भी 'नया' सब कुछ प्रेमचन्द के यहाँ ही समाप्त नहीं हो गया। जैनेन्द्र ने 'बड़े भाईसाहब' की मनोवैज्ञानिकता को दूसरे धरातलों पर (और भी गहरे पैठकर) उठाया। जैनेन्द्र की 'अपना पराया', 'फाँसी' अथवा 'पाजेब' आदि पुरानी तरह की कहानियाँ हैं, लेकिन 'राजीव और उसकी भाभी', 'बिल्ली बच्चा', 'एक रात', 'नीलम देश की राजकन्या' और 'रत्नप्रभा' उस नयेपन को और भी आगे बढ़ाती हैं।

इसी कड़ी में अज्ञेय की 'जीवनी-शक्ति', 'रोज़', 'लैटर बक्स' और 'हीलीबोन की बतख़ें' आती हैं और यह निर्विवाद कहा जा सकता है कि 'हीलीबोन की बतख़ें' में यह शैली अपने चरमोत्कर्ष पर पहुँची।

यशपाल ने पुराने वस्तु-सत्य को मार्क्सवादी दृष्टि से देखा और परखा। जैनेन्द्र और अज्ञेय ने जहाँ तन और उसकी सहज आवश्यकताओं की गहराई में डुबकी लगाकर, खुर्दबीन से देखी जानेवाली मन की स्थितियों को अपनी गहरी अन्तर्दृष्टि से उजागर किया, वहाँ यशपाल ने शरीर और मन के साथ अर्थ को जोड़कर सामाजिक अथवा वैयक्तिक सम्बन्धों को परखा और उस परख के परिणाम हमारे सामने रखे। उनकी कहानी 'पराया सुख' उनकी कला का सर्वोत्कृष्ट उदाहरण है और यशपाल की सूझ-बूझ, अकाट्य तर्क और गहरी अन्तर्दृष्टि का परिचायक है।

और यों प्रेमचन्द के ज़माने ही से नई कहानी पुरानी के साथ-साथ अपने नये शिल्प, शैली और दृष्टि को लिये हुए चलने लगी और यदि मैं कहूँ कि यह विकास अभी जारी है, नई कहानी दो-चार दिशाओं में ही नहीं, दसों दिशाओं में विकास कर रही है तो ग़लत न होगा। बेशुमार लेखक जिनका नाम, चाहे उतना सामने न आए, इस विधा में प्रयोग कर रहे हैं। लेखक का नाम (बार-बार सामने न आने के कारण) याद नहीं रहता, पर कहानी याद रह जाती है। यह प्रगति इतनी बहुमुखी है कि इसे शब्दों अथवा शब्दगत रूढ़ियों में बाँध पाना कठिन लगता है और किसी नई दिशा में बढ़नेवाला हर कथाकार समझता है कि उसी की दिशा वास्तव में नई है—पिछले दिनों नई कहानी के देहाती और शहरी पक्ष को लेकर जो शोर मचा, वह इसी धारणा का परिणाम था।

वास्तव में दो महायुद्धों ने संसार-भर को जैसे झकझोरकर रख दिया। आज के लेखक ने पूरे के पूरे राष्ट्रों को दूसरी जातियों अथवा राष्ट्रों से एक अन्धी, क्रूर पाशविकता का व्यवहार करते हुए, एक अमानवीय कठोरता से उसे पद-दलित करते हुए, उनका अस्तित्व तक मिटते हुए देखा और अजाने ही उसकी पुरानी

मान्यताएँ बदल गईं। ऐसी पाशविकता, ऐसी क्रूरता तो पहले कहानियों में कहीं नहीं थी। साहित्य में तो क्रूर से क्रूर व्यक्ति के मन में भी ममता को खोज दिखाया जाता था। इस सामूहिक पाशविकता का कारण जानने के लिए समूह की इकाई—व्यक्ति, उसकी उत्पत्ति, विकास, उसके मनोभावों और उद्योगों की ओर लेखक की दृष्टि गई। डार्विन, मार्क्स और फ्रायड ने इस काम में उसका पथ-निर्देश किया एक ने मानव की उत्पत्ति, दूसरे ने उसके क्रिया-कलाप और तीसरे ने उसके मनोविज्ञान के सम्बन्ध में पुरानी धारणाओं को बदल दिया और मानव के कृत्यों का कारण पशु से उसके विकास, मानव-समाज की ऐतिहासिक और आर्थिक यथार्थताओं अथवा उसके विकसित या अविकसित मन की गहराइयों में खोजा जाने लगा।

इस तेहरी दृष्टि से देखने पर पुराने माने हुए सत्य झूठे दिखाई देने लगे।—भाई अपनी बहिनों से उतना प्यार नहीं करते, जितना बहिनें अपने भाइयों से, हमारे यहाँ यह एक माना हुआ सत्य था। पर युद्ध की विभीषिका, दिनों-दिन बढ़ती क़ीमतों और देश के विभाजन के बाद, जब लड़कियाँ नौकरी करने लगीं, वे न केवल आर्थिक रूप से स्वावलम्बी हुईं, वरन् माता-पिता और छोटे भाई-बहिनों की पालक बनीं, तो घर में उनकी स्थिति अनायास बदल गई। और बेरोज़गार भाइयों के लिए कहीं-कहीं उनका व्यवहार वैसा ही उपेक्षापूर्ण हो गया, जैसा कभी पहले भाइयों का बहिनों के प्रति होता था। न केवल यह, बल्कि माता-पिता को भी उनके इस व्यवहार में कोई असंगति दिखाई नहीं दी। उषा प्रियंवदा ने अपनी कहानी 'ज़िन्दगी और गुलाब के फूल' में इसी वस्तु-सत्य को नई दृष्टि से परखा है।

दसियों पुराने राजनीतिक, सामाजिक अथवा वैयक्तिक सत्य इस तेहरी दृष्टि के प्रकाश में झूठे दिखाई देने लगे। मानव की सद्‍वृत्तियों ही को देखते रहने के बदले, लेखक का ध्यान उसकी ग्रंथियों, कुप्रवृत्तियों और स्वभाव की विषमताओं की ओर भी गया। जब पुरानी कहानियों के आदर्श पात्र और उनकी स्थितियाँ जीवन में कहीं दृष्टिगोचर न हुईं, तो वैसी कहानियों से वितृष्णा होने लगी। लेखक के साथ-साथ पाठक भी कहानी से मनोरंजन की अपेक्षा कुछ अधिक की माँग करने लगे। तब गढ़े-गढ़ाये काल्पनिक कथानकों का जादू टूटा, कथाकार ने बदलते जीवन के तक़ाज़े को मान, पहले निर्वैयक्तिक यथार्थवादी दृष्टि से मानव और समाज को देखा और ऐसी कहानियाँ लिखीं जो, जीवन का एक जीता-जागता, उसकी गति से स्पन्दित खंड-मात्र दिखाई देती थीं। ऐसी कहानियाँ प्रेमचन्द के वक़्त ही से लिखी जाने लगी थीं। प्रेमचन्द की 'बड़े भाईसाहब', अज्ञेय की 'रोज़', अमृतराय की 'क़स्बे का एक दिन' ऐसी ही कहानियाँ हैं। नये कथाकारों में अमरकान्त की 'दोपहर का भोजन' इस शैली का सर्वोत्कृष्ट उदाहरण है।...फिर कथाकार ने वैयक्तिक दृष्टि से अपने पात्रों के अन्तर में झाँका और अर्धचेतन, उपचेतन और अवचेतन तक में गोते लगाकर मानव की ग्रन्थियों, विकृतियों और कुप्रवृत्तियों से पर्दा उठाया।

जैनेन्द्र की 'रत्नप्रभा' और अज्ञेय की 'हीलीबोन की बतख़ें' से लेकर मोहन राकेश की 'मिस पाल', मार्कण्डेय की 'उत्तराधिकार', राजेन्द्र यादव की 'जहाँ लक्ष्मी क़ैद है' और राजकमल चौधरी की 'बस स्टॉप' तक इन कहानियों की लम्बी शृंखला है। यही नहीं, नये कथाकार ने उस वैयक्तिकता में भी नि:संग दृष्टि अपनाई और अपने ही मन के भावों का एक निरपेक्ष द्रष्टा की तरह विश्लेषण करने का प्रयास किया। जितेन्द्र की 'ये घर : ये लोग' और राजेन्द्र यादव की 'अभिमन्यु की आत्महत्या' इसके उदाहरण हैं।

दृष्टि बदली, मानव और जीवन को देखने के ढंग बदले, तो कहानी का शिल्प भी बदला। पहले की-सी कथानक प्रधान, भटका देने और मधुर टीस उत्पन्न करनेवाली, गठी-गठाई कहानियों के बदले जीवन की गहमागहमी, रंगारंगी, कटु यथार्थता, जटिलता, संश्लिष्टता का प्रतिबिम्ब लिये हुए[1], सीधे-सादे स्केच की-सी[2], निबन्ध की-सी[3], संस्मरण[4] या यात्रा विवरण की-सी[5], कुछ प्रभावों अथवा स्मृतियों का गुम्फन-मात्र[6], वर्णनात्मक[7], चित्रात्मक[8], डायरी के पन्नों[9], अथवा पत्रों का रूप लिये हुए[10], एक ओर लोक कथाएँ और दूसरी ओर उपन्यास की हदों को छूती हुई[11] तरह-तरह की कहानियाँ लिखी जाने लगीं। पहले कहानियों में उपमाओं का प्रयोग होता था, जिससे उनकी सरलता और सुगमता द्विगुणित हो जाती थी। अब उनमें स्पष्ट अथवा अस्पष्ट बिम्बों और प्रतीकों का प्रयोग होने लगा, जिससे उनकी जटिलता और संश्लिष्टता बढ़ी। निर्मल वर्मा की 'परिन्दे', मार्कण्डेय की 'घुन', राजेन्द्र यादव की 'अभिमन्यु की आत्महत्या', अमृतराय की 'मंगलाचरण' ऐसी ही कहानियाँ हैं। लेकिन कहानी के नये शिल्प में प्रतीकों की आवश्यकता थी। उपमाएँ प्राय: बाहर की स्थितियों को समझने में सहायता देती हैं, बिम्ब और प्रतीक मन की स्थितियों को समझने में सहायक होते हैं। कई बार जिस मानसिक

1. ज़िन्दगी और जोंक (अमरकान्त), जानवर और जानवर (मोहन राकेश), प्लाट का मोर्चा (शमशेर बहादुर सिंह)
2. खेल (रघुवीर सहाय), नंगा आदमी : नंगा ज़ख़्म (अमृतराय)
3. समाप्ति (जैनेन्द्र)
4. अंकल (रामकुमार), घरउआ (भैरवप्रसाद गुप्त), द्रौपदी (लक्ष्मीनारायण लाल)
5. पहाड़ की स्मृति (यशपाल)
6. ख़ुशबू (राजेन्द्र यादव)
7. शिमले के क्लर्क की कहानी (रामकुमार)
8. निशा जी (नरेश मेहता)
9. तिष्यरक्षिता की डायरी (नरेश मेहता)
10. सईदा के ख़त (अमृतराय)
11. नीलम देश की राजकन्या (जैनेन्द्र), नीली झील (कमलेश्वर)

स्थिति को समझाने के लिए पैरे और पृष्ठ रँगने की आवश्यकता होती है, वह एक बिम्ब अथवा प्रतीक के माध्यम से समझा दी जाती है।

लेकिन वस्तु और शिल्प के ये प्रयोग, जैसाकि इन तथा दूसरे उदाहरणों से पता चलता है, पुराने कथाकारों में भी मिलते हैं और गठी-गठाई, झटका देकर ख़त्म होने या मन में एक टीस-सी छोड़ देनेवाली कहानियाँ नये कथाकारों ने भी लिखी हैं। राकेश के यहाँ 'मलबे का मालिक' और 'नये बादल', राजेन्द्र यादव के यहाँ 'जहाँ लक्ष्मी क़ैद है' और 'ख़ुशबू', रेणु के यहाँ 'तीर्थोदक' और 'मारे गए गुलफ़ाम', कृष्णा सोबती के यहाँ 'सिक्का बदल गया' और 'गुलाबजल गँडेरियाँ', मन्नू भंडारी के यहाँ 'सियानी बुआ' और 'यह भी सच है', मार्कण्डेय के यहाँ 'गुलरा के बाबा' और 'माही', अमरकान्त के यहाँ 'डिप्टी कलक्टरी' और 'दोपहर का भोजन', भीष्म साहनी के यहाँ 'चीफ़ की दावत' और 'इमला'—पुरानी और नई कहानियाँ साथ-साथ मिलती हैं।

नये कथाकारों को मैं तीन श्रेणियों में बाँटना चाहूँगा :

1. वे कथाकार, जिन्होंने चाहे दो-एक नये प्रयोग किये हों, लेकिन साधारणत: उनकी कहानियाँ नख से शिख तक चुस्त और दुरुस्त, पुरानी शैली के पूरे मँजाव के साथ लिखी जाती हैं। इनमें राकेश, शिवप्रसाद सिंह, रेणु, मन्नू भंडारी, उषा प्रियंवदा और शानी प्रमुख हैं।
2. वे कथाकार, जिन्होंने चाहे चार-छह कहानियाँ पुरानी शैली की लिखी हों, पर जिनका रुझान नये शिल्प और नई वस्तु की ओर है। इनमें राजेन्द्र यादव, मार्कण्डेय, राजकमल चौधरी, रामनारायण शुक्ल और प्रयाग शुक्ल के नाम उल्लेखनीय हैं।
3. वे कथाकार, जिन्होंने एकदम नया शिल्प और नई वस्तु अपनाई है। इनमें रामकुमार, निर्मल वर्मा, रघुवीर सहाय, नरेश मेहता, राजेन्द्र किशोर, मुद्राराक्षस, रणधीर सिन्हा, वीरेन्द्र मेंहदीरत्ता, शरद जोशी आदि के नाम लिये जा सकते हैं।

ऐसे बेगिनती नये कथाकार, जिनकी दो-एक कहानियाँ ही मैंने पढ़ी हैं और जिनकी कहानियों की तो याद है, पर लेखकों की नहीं, इन्हीं तीन श्रेणियों के अन्तर्गत आते हैं। दयानन्द अनन्त या ऐसा ही कुछ नाम याद आता है जिनकी बड़ी ही सुन्दर नख से शिख तक दुरुस्त कहानी 'गुइयाँ गले न गले' मैंने पढ़ी थी और रवीन्द्रनाथ श्रीवास्तव की कहानी 'वेश्या नहीं बनूँगी' अभी पढ़ी है, जिसमें शिल्पगत नया प्रयोग है। इन सभी कथाकारों के सम्मिलित प्रयत्नों से नई कहानी का जो रूप सामने आता है, वह उज्ज्वल दीखता है। पुरानी परम्परा से हटकर लिखनेवालों ने भी कुछ बड़ी सुन्दर कहानियाँ दी हैं—मार्कण्डेय की 'माही', रामकुमार की 'हुस्ना बीबी',

निर्मल वर्मा की 'परिन्दे,' नरेश मेहता की 'तथापि', अमरकान्त की 'दोपहर का भोजन', राजकमल चौधरी की 'बस स्टॉप'—इस कथन की सबल प्रमाण हैं। एक ख़तरा अवश्य है कि नई कहानी नई कविता की तरह पश्चिम की वस्तुस्थितियों और मनोभावनाओं को अपने ऊपर लादकर दुर्बोध, दुर्गम और अवास्तविक न हो जाए! विशिष्टता के चक्कर में कुछ नये कथाकार, इसका भी प्रयास कर रहे हैं। श्रीकान्त वर्मा की कहानी 'टोसो' इसका उदाहरण है। उसका पुरुष न यहाँ का पुरुष लगता है, न युवती यहाँ की युवती। मार्कण्डेय की 'घुन' और अमृतराय की 'मंगलाचरण' का प्रतीक इतना दुर्बोध है कि लेखक के समझाए ही समझ में आता है और इस पर भी वह कथा से स्वत: नि:सृत नहीं, ऊपर से लदा हुआ प्रतीत होता है। फिर पद्य तो आत्मरत होकर जी सकता है (यद्यपि इसमें मुझे सन्देह है) लेकिन गद्य के लिए दुर्बोध होकर जीना मुश्किल है। अच्छी बात यही है कि कथाकारों में राकेश, शिवप्रसाद सिंह, राजेन्द्र यादव, भीष्म साहनी, कृष्णा सोबती, मार्कण्डेय, कमलेश्वर, शानी, मन्नू भंडारी, उषा प्रियंवदा आदि के रूप में ऐसे सक्षम कथाकार हैं जो परम्परा से कटे नहीं, वरन् पुरानी परम्परा के गुणों को अपनी शैली में समोकर, नई वस्तु को अत्यन्त मनोरंजक और हृदयग्राही ढंग से दे रहे हैं।

जहाँ तक विगत की तुलना में वर्तमान कहानियों के सामर्थ्य का प्रश्न है, पुराने कथाकार के नाते मेरे लिए उस पर कोई राय देना संगत नहीं है। नये कथाकारों और आलोचकों को कफ़न, मनोवृत्तियाँ, बड़े भाई साहब, नशा, एक रात, रत्नप्रभा, पाज़ेब, राजीव और उसकी भाभी, जीवनी-शक्ति, रोज़, लैटर बक्स, हीलीबोन की बतख़ें, पराया सुख, राज, पहाड़ की स्मृति, अपनी-अपनी ज़िम्मेदारी, धर्मयुद्ध, आह्वान और समय जैसी उच्चकोटि की पुराने लेखकों की नई कहानियाँ पढ़कर अपनी राय बनानी चाहिए। बड़ी झिझक के साथ मैं केवल इतना ही कह सकता हूँ कि नये लेखकों की कुछ कहानियाँ इनके बराबर चाहे पड़ जाएँ, पर इन पर भारी कम ही पड़ेंगी। लेकिन साहित्य में तुलना कुछ अच्छी चीज़ नहीं है। एक सुन्दर रचना की तुलना दूसरी सुन्दर रचना से की ही नहीं जा सकती। केवल दोनों का रस लिया जा सकता है। नये कथाकारों में नये ढंग से बात कहने की जो लालसा है, नये रूपाकार को ढूँढ़ने या अपनाने की जो छटपटाहट है, पुराने के प्रति जो खिझलाहट अथवा आक्रोश है, वह उनकी युवावस्था का ही प्रतीक है और इसीलिए आश्वस्त भी करता है। क्योंकि पुराने के प्रति आक्रोश और नये की खोज ज़िन्दगी का परिचय देती है। नये लेखकों में जो लोग प्रयोग को महज़ प्रयोग के लिए अपनी विशिष्टता सिद्ध करने या दूसरों को चौंकाने के लिए लेंगे, वे शायद दूर तक नहीं जा सकेंगे। जो विभिन्न प्रयोग करके ही ऐसी शैली अपना लेंगे, जिसमें वे अपनी अनुभूतियों को अपने विशिष्ट ढंग से व्यक्त कर सकेंगे और ज़िन्दगी भर टामकटोये न मारेंगे, वे ज़रूर साहित्य पर अपनी शैली की अमिट छाप छोड़ जाएँगे।

इसके अतिरिक्त नये लेखक के लिए इस बात का भी ध्यान रखना ज़रूरी है कि वह कैसा भी नया प्रयोग क्यों न करे, उसकी दृष्टि साफ़ रहे और जो वह कहना चाहता है वह ज़रूर कह दे। यह नहीं कि वह कहना कुछ चाहे और छपी कहानी कुछ कहे। 'अभिमन्यु की आत्महत्या' में ऐसी ही बात हुई है। कथ्य वहाँ बोधगम्य नहीं रहा और लेखक जो कहना चाहता है, वह नहीं कह पाया। कहानी की अन्तिम पंक्ति—'वह मेरी आत्मा की लाश थी' सारे कथ्य को झुठला देती है। मेरे ख़याल में आत्मा की हत्या करके जो आदमी लौटता, वह यह कहानी न कहता। हुआ वास्तव में यह कि कथा का नायक आत्मा की हत्या करने गया था, पर लाश नहीं, सजीव आत्म को अपने कन्धे पर लादे लौट आया। सुभद्रा—उसके अन्तर की माँ, यानी सृजन शक्ति, यानी आत्म, और भी गहरे में जाएँ तो—आत्मा ही का प्रतीक है। उसने उसे छोड़ा कहाँ? ख़त्म कहाँ किया? डुबाया कहाँ? उसे तो वह लेकर चला आया है अपने शिशुओं के लिए, यानी अपनी रचनाओं के पालन-पोषण के लिए। ऐसा ही किंचित् धुँधलापन मार्कण्डेय के 'घुन' में भी है, लेकिन राजेन्द्र यादव ने अपनी कहानी 'खुले पंख, टूटे डैने' में थीम को बड़ी कुशलता से निभाया है और मार्कण्डेय की 'माही' तो छोटी होने पर भी प्रयोग के नयेपन और संकेत के (सजेशन) अति सूक्ष्म होने के बावजूद, मन पर अमिट प्रभाव छोड़ जाती है। क्योंकि जो बात मार्कण्डेय उस कहानी में कहना चाहता है, वह उसने बड़ी बारीकी, लेकिन पूरी सफ़ाई से कह दी है।

जहाँ तक मेरे मत का प्रश्न है, मैं समझता हूँ कि सबसे महत्त्व की चीज़ वस्तु और देखनेवाली दृष्टि है। उसके बाद शिल्प का स्थान है। 1938 से 48 तक उर्दू-कहानी में लगभग वे सभी प्रयोग किये जा रहे थे, जोकि आज हिन्दी में किये जा रहे हैं (कोई अन्वेषी बड़े शौक़ से उस वक़्त की पत्रिकाओं को देखकर मेरे कथन की सच्चाई को जान सकता है), और उस वक़्त आज की हिन्दी कहानी की तरह उर्दू-कहानी की गति में बाढ़ पर आई नदी का वेग था और कथाकारों की तीन पीढ़ियाँ एक साथ, प्रतिस्पर्धा के साथ, सृजनरत थीं। नये-नये प्रयोग आए दिन हो रहे थे। ऐन उस वक़्त मोपासाँ और मॉम के शिल्प से प्रभावित होकर मंटो ने कहानियाँ लिखनी शुरू कीं और उसी पुराने शिल्प को पूरी तरह अपनाकर, अपनी वस्तु के नयेपन, दृष्टि की गहराई और गहन मानवीयता के साथ उर्दू कहानी पर छा गया।

नये कथाकारों के सामने मैं मंटो की मिसाल रखना चाहूँगा। शिल्प वे कोई भी अपनाएँ, यदि उनकी दृष्टि साफ़ और गहरी है, कहने के लिए उनके पास कुछ नया है, अपना है, अनुभूत है, चुराया या सयत्न अपने ऊपर लादा नहीं, और उनके हृदय में गहरी मानवीयता है, तो जो वे लिखेंगे, सीधा दिल पर असर करेगा। और हिन्दी-साहित्य ही नहीं, हिन्दी के माध्यम से विश्व-साहित्य पर अपना नक़्श छोड़ जाएगा।

['लहर', 1961]

नई कहानी

हरिशंकर परसाई

आज की कहानी को 'नई कविता' के ढंग पर 'नई कहानी' कहने लगे हैं। नई कविता तो विगत युग के काव्य से एक भिन्न शिल्प और संवेदन लेकर जन्मी और विकसित हो रही है, विगत युग के काव्य से उसका मौलिक विरोध भी है, कुछ हद तक वह विगत युग के काव्य की प्रतिक्रिया भी है, परन्तु आज की कहानी के सम्बन्ध में यह सही नहीं है। हिन्दी में कहानी की एक पुष्ट, समर्थ और स्वस्थ परम्परा है और वर्तमान कहानी उसका एक विकसित रूप है। किसी भी नाम से उसे पुकारा जाए, प्रश्न उठते ही हैं—कि आज की कहानी की विकास-दिशा क्या है? उसकी विशेष उपलब्धियाँ कौन-सी हैं? विगत युग की कहानियों से उसमें कहाँ भिन्नता है? जीवन के यथार्थ के प्रति उसकी दृष्टि क्या है? युग-सत्य को अभिव्यक्ति देने की उसकी क्या क्षमता और सीमा है? ऐसे अनेक प्रश्न हमारे सामने हैं।

कहानी के पाठक के नाते, तथा थोड़ा-बहुत लिखते रहने के नाते, मैं इस सम्बन्ध में जो सोच-समझ पाया हूँ, वह संक्षेप में यहाँ प्रस्तुत करता हूँ। ऐसा करने में मैं विशेष कहानीकारों या विशेष कहानियों का उल्लेख न करके, प्रवृत्तियों की ही चर्चा करूँगा।

जहाँ तक कहानी के शिल्प और तंत्र का प्रश्न है, यह सामान्यत: स्वीकार किया जाता है कि हम आगे बढ़े हैं। नये जीवन की विविधताओं को, मार्मिक प्रसंगों को, सूक्ष्मतर समस्याओं को चित्रित करने के लिए कहानी के शिल्प ने विविध रूप अपनाए हैं। हमसे पहले की कहानी का एक पूर्व-निश्चित चौखटा था; छन्दशास्त्र की तरह उसके भी पैटर्न तय थे। पर जैसे नवीन अभिव्यक्ति के आवेग से कविता में परम्परागत छन्द-बन्धन टूटे, वैसे ही अभिव्यक्ति की माँग करते हुए नये जीवन-प्रसंगों, नये यथार्थ ने, कहानी को इस चौखट से निकाला। आज जीवन का कोई भी खंड, मार्मिक क्षण, अपने में अर्थपूर्ण कोई भी घटना या प्रसंग कहानी के तंत्र में बँध सकता है। जीवन के एक अंश को अंकित करनेवाली हर गद्य-रचना, जिसमें कथा का तत्त्व हो, आज कहानी कहलाती है। रेखाचित्र, लघुकथा, रिपोर्ताज, डायरी,

पत्र-कथा, संस्मरण, मन:स्थिति, चित्रण, इंटरव्यू आदि विविध निर्वाह-पद्धति वाले गद्य खंड कहानी की परिधि में आ जाते हैं। सामाजिक जीवन की वर्तमान जटिलता, उसके अन्तर्विरोध, उसकी नई समस्याएँ अभिव्यक्त करने के लिए कहानी ने विभिन्न नवीन निर्वाह-पद्धतियाँ अपनाई हैं। उदाहरण के लिए, पौराणिक या लोक-कथाओं को नई दृष्टि से अर्थान्वित करके युग-सत्य को व्यंजित करना। इस सिलसिले में हमारी एक विशेष उपलब्धि व्यंग्य भी है। समाज के विरोधाभास, अर्थहीन आदर्श, खोखली जीवन-पद्धति, सामाजिक प्रवंचना, पाखंड और वैषम्य को प्रभावशाली ढंग से व्यक्त करने के लिए पहले भी विश्व के चिन्तकों, लेखकों और दार्शनिकों ने व्यंग्य का माध्यम अपनाया है। अभी तक हिन्दी में हास्य-व्यंग्य पारिवारिक जीवन तक ही सीमित था। अक्सर स्त्री, साला-साली या ससुराल को लेकर बड़े भोंडे-भद्दे मज़ाक़ लिखे जाते थे। तीखा सामाजिक व्यंग्य, जो जीवन में व्याप्त सामंजस्य, असन्तुलन और वैषम्य के बखिये उधेड़ता है, आज की कहानी की उपलब्धि है।

भाव और विचार की दृष्टि से प्रथम उल्लेखनीय परिवर्तन यह हुअ है कि हम गांधीवाद के प्रति आदर्शवादी प्रभाव से मुक्त होकर अधिक ठोस यथार्थ की भूमि पर खड़े हैं। आज हम जीवन को उसकी महत्ता, पूरी सुन्दरता और पूरी कुरूपता के साथ देखने के लिए आग्रहशील हैं। अति आदर्शवाद तथा अति भावुकता के कुहासे से निकल आने के कारण, तथा इन वर्षों में मनोविज्ञान, समाजविज्ञान और नृतृत्वशास्त्र आदि के विकास के कारण, हमारी दृष्टि अधिक वैज्ञानिक हो गई है। मनोविश्लेषण-प्रधान कहानियों में ही यह स्पष्ट अन्तर दिखता है—आज की इन कहानियों का चित्रण अधिक गहरा होता है। इसमें एक ख़राबी भी आई—कुछ लेखकों ने मानव-जीवन को विज्ञान का 'फ़ॉर्मूला' बना दिया और हिन्दी में ऐसी प्राणहीन, उबाऊ कहानियाँ भी कम नहीं लिखी गईं, जो कहानी कम हैं, मनोविज्ञान की पाठ्य पुस्तक का अध्याय अधिक। सच्चे मानव-संवेदन के अभाव में ये केवल प्राणहीन शिल्प का नमूना बनकर रह गईं।

स्वतंत्रता-प्राप्ति के पहले हमारे समाज की आकांक्षाएँ सीमित थीं और राष्ट्रीय स्वाधीनता के उद्देश्य पर पूरा ध्यान केन्द्रित होने के कारण अन्य अनेक समस्याएँ दब गई थीं। विदेशी साम्राज्यवाद ने जहाँ जनसाधारण के विकास के पथ को रुद्ध किया था, वहीं उसने भारतीय पूँजीवाद का भी अपने स्वाभाविक रूप में विकास नहीं होने दिया। फलत: हम पाते हैं कि स्वाधीनता के मोर्चे पर पूँजीवादी शक्तियों ने भी देश की जनवादी शक्तियों का साथ दिया। सरकार के प्रति असन्तोष की भावना ने दोनों को एक सूत्र में बाँध दिया था। आकांक्षाएँ भिन्न थीं, पर शत्रु एक था। राष्ट्रीयता की भावना इतनी तीव्र और व्यापक थी कि ये दो परस्पर-विरोधी शक्तियाँ भी अपने मूल द्वंद्व को भुलाकर एक-दूसरे का साथ दे सकीं। प्रेमचन्द में जो व्यापक सहानुभूति की भावना दिखाई पड़ती है—और अधुनातन साहित्य में जिसकी कमी

की, ऐतिहासिक दृष्टि से हीन आलोचक, शिकायतें किया करते हैं—उसके मूल में यही व्यापक राष्ट्रीयता और पूँजीवाद तथा जनवाद का सह-अस्तित्व है, यह भुला दिया जाता है।

अब स्वतंत्रता की प्राप्ति के साथ ही वह क्षीण सूत्र, जो दोनों परस्पर विरोधी शक्तियों को बाँधे था, टूट गया। अब केवल अन्तर्विरोध ही सामने आए। यह स्पष्ट हो गया कि दोनों शक्तियाँ हाथ-में-हाथ डाले अधिक दिनों तक नहीं चल सकतीं। राजनीतिक स्वतंत्रता की प्राप्ति के बाद आर्थिक सुसम्पन्नता की जायज़ माँग पेश की गई। निम्न-मध्यवर्ग के साहित्यकारों ने इस वैषम्य को, इस अन्तर्विरोध को समझा, और जनसाधारण की आकांक्षाओं को मूर्त रूप दिया। उच्च मध्यवर्ग और उससे भी ऊपर के साहित्यकारों में से अनेक ने ह्रासोन्मुख पूँजीवाद से सहयोग किया और 'व्यक्ति-स्वाधीनता', 'मानवता' जैसे आकर्षक नारे लगाकर इस अन्तर्विरोध को जैसा-का-तैसा स्वीकार करना चाहा। इसी कारण कहानी और कविता है दोनों में आपको स्पष्ट ही दो प्रकार का साहित्य मिलता है।

केवल यही नहीं, परम्परागत नैतिक मूल्यों का भी विघटन होने लगा। मध्ययुगीन सामन्तवादी नैतिकता हमारे काम की चीज़ नहीं रह गई। हमारे आदर्श, जीवन-पद्धति, समाज और परिवार—नीति, सब में युगानुकूल नये मूल्यों की प्रतिष्ठा की माँग थी। जीवन की व्याख्या ही नये सिरे से करने का आग्रह किया गया, परन्तु वह बहुत हद तक आर्थिक स्थिति में सुधार पर ही अवलम्बित था। वह हो नहीं पाया। शासक वर्ग ने समाज से फ़ासला बना लिया जो बढ़ता ही गया। जनता का विश्वास भी उठने लगा। चारित्रिक असंयम, भ्रष्टाचार, दायित्वहीनता और बेईमानी का नंगा नाच होने लगा। इसी समय यूरोप के साहित्य में महायुद्ध के पश्चात आशंका, भय, अनिश्चितता, मूल्यों का विघटन, पतनशील प्रवृत्तियों का उदय, जीवन के प्रति अनास्था, मृत्यु और वेदना की जीवन पर प्रतिष्ठा आदि-आदि ह्रासोन्मुख प्रवृत्तियाँ ही एक सिरे से प्रकट होने लगीं। इसका भी कुछ प्रभाव हम पर पड़ा।

राष्ट्रीय और अन्तर्राष्ट्रीय इन परिस्थितियों का प्रभाव नई हिन्दी कहानी पर दो रूपों में पड़ा। एक लेखक वर्ग ने इस दर्द, कुंठा और निराशा को ही जीवन का आवश्यक अंग मान लिया। समाज सन्दर्भ से हटकर ये लेखक एकान्तिक रूप से व्यक्ति मानव के मन की इन गुत्थियों का प्रदर्शन-विश्लेषण करने में लग गए। अपने आप में डूबे, अपने ही भीतर झाँकते, केवल व्यक्तिगत और एबनार्मल समस्याओं से अभिभूत इन कहानियों के पात्र विचित्र लगते हैं। इन्हें हर समय अपना 'व्यक्ति' संकटग्रस्त लगता है। मज़े की बात यह है कि यही लोग आस्था और व्यापक मानवता की ख़ूब बातें करते सुन पड़ते हैं।

दूसरे प्रकार के कहानी-लेखकों ने इस ह्रास और विघटन को जीवन मानने से इनकार कर दिया। वे इसे एक पतनशील युग की देन मानते हैं। और कार्य-कारण

के सम्बन्धों में बिना भूल किये, इसका सम्बन्ध सामाजिक और ऐतिहासिक कारणों से जोड़ते हैं। इसीलिए वे जीवन के लिए मृत्यु के ख़िलाफ़, सेहत के लिए कुंठा के ख़िलाफ़ और मानवता के लिए एकांगी व्यक्तिवादिता के ख़िलाफ़ 'जिहाद' बोल देते हैं। इनकी कहानियों में संघर्ष, विद्रोह और आस्था तीनों मिलेंगे। ख़ूब भावुकता और जोशख़रोश! पर इन लेखकों में भी कहीं-कहीं एक निर्जीव ढाँचे के आधार पर बिना कलाकार-सुलभ संवेदन के कहानियाँ लिखने की प्रवृत्ति भी दिखाई पड़ी; जिनमें ख़ूब आक्रोश है, उत्साह और भावुकता का अतिरेक है, ख़ूब घृणा है और बुलन्द नारे भी हैं। कालान्तर में इनमें से अनेक ने जीवन को निकट से देखा, संवेदन ग्रहण किया और उसे साहित्य में रूपायित किया।

एक तीसरे प्रकार के लेखकों ने यद्यपि इस सारी परिस्थिति को मानव-समाज की प्रवृत्ति के ऐतिहासिक परिप्रेक्ष्य में देखा, इसे क्षणिक थकन माना; यथार्थ को उसके समर्थ रूप में स्वीकारा भी; परन्तु किसी ढाँचे के आधार पर नहीं बल्कि जीवन से वास्तविक, निकट-सम्पर्क स्थापित कर, सच्चे अनुभव-संवेदन ग्रहण कर, कहानियाँ लिखी हैं, जिनमें यथार्थ के विभिन्न स्तर और विभिन्न कोण उभरे हैं।

आज की कहानी की यही भाव और विचार-भूमि है।

जीवन को अपनी सुन्दरता और कुरूपता के साथ अखंड रूप में स्वीकारने वाली, इन कहानियों के सम्बन्ध में शुभ और अशुभ के प्रश्न उठे हैं—मुख्य रूप है स्त्री-पुरुष के परस्पर सम्बन्धों को व्यक्त करनेवाली और पतन, कुरूपता, पीड़ा और विफलता के चित्रण करनेवाली कहानियों के सम्बन्ध में पहले प्रकार की कहानियों में श्लील का जो प्रश्न है, वह सहसा यहाँ हल नहीं हो सकता। इतना ही कहा जा सकता है कि इसका निर्णय चित्रण के संकेतों और लेखक के प्रयोजन पर निर्भर है। यह सब है कि अनेक लेखक ऐसा चित्रण किसी सामाजिक प्रयोजन के लिए नहीं, बल्कि ख़ुद रस लेने और चौंका देने के लिए करते हैं। इसी सन्दर्भ में उन कहानियों का ज़िक्र भी हो जाए, जो होती है—ग्राम-कन्या और शहरी बाबू की; कश्मीरी रमणी और पर्यटक की; पहाड़ी बाला और शहरी रईस की। पहले इन पर अच्छी कहानियाँ भी लिखी गई थीं, पर फिर वर्षों पहाड़ और गाँव नहीं गए। पर लिखना तो है ही; इसलिए जो कुछ रूमानियत दिमाग़ में है, उसी के सहारे कल्पना से बालाओं को निर्वस्त्र करना आरम्भ कर दिया। पहाड़ी स्त्रियों से साहित्य में ऐसा घृणित बर्ताव करने के विरुद्ध पहाड़ी इलाक़े के कुछ शिक्षित निवासियों ने एक साप्ताहिक में बड़े कड़े पत्र अभी हाल ही में लिखे थे। मज़ा यह है कि इस रूमानियत को जलवादी वस्त्र उढ़ा दिया जाता है। डॉ. रामविलास शर्मा ने कहीं एक विचारक का वाक्य उद्धृत किया है जिसका आशय है कि मार्क्सवादी और फ्रायडवाद का मेल उसी प्रकार है जैसे दर्शनशास्त्र और ठगविद्या का।

पतन, कुरूपता, विफलता आदि के चित्रण की आलोचना करनेवालों को पहले आज के यथार्थ के विभिन्न रूप देखना चाहिए। फिर चित्रण का प्रयोजन और लेखक की अपनी भावात्मक और बौद्धिक स्थिति। इसे एकदम 'सेडिज़्म' (पर-पीड़न-प्रमोद) कहकर नहीं अस्वीकारा जा सकता। मैंने ऊपर कहा है कि हमारा अधिकांश लेखक-वर्ग निम्न मध्यम श्रेणी का होता है। इसी वर्ग ने राष्ट्रीय स्वतंत्रता से सबसे अधिक अपेक्षाएँ की थीं, इसलिए सबसे अधिक निराशा और विकलता इसी को हुई है। इस वर्ग की ज़िन्दगी सबसे कष्टमय है, वह आन्तरिक और बाह्य संघर्षों से आक्रान्त है। इस वर्ग के लेखक सबसे अधिक अपने इसी वर्ग को जानते हैं। वे इसके साथ जीते हैं, इसकी समस्त पीड़ा और विफलता में हिस्सेदार हैं। स्वाभाविक है कि अपने इस मध्यवर्ग की ही कहानियाँ उन्होंने ज़्यादा लिखीं। इस वर्ग की ज़िन्दगी जितने रूपों में, जितनी सच्चाई से चित्रित हुई है, उतनी किसी अन्य वर्ग की नहीं और स्पष्ट है कि उसमें दर्द और पीड़ा, पतन और विफलता होगी ही। एक तबक़े का ऐसा सुविस्तृत चित्रण एक विशेष उपलब्धि है, इसमें कोई सन्देह नहीं। पर यह सीमा अच्छी नहीं है। मध्यवर्ग अब लुप्त अनुभव-संवेदन हो रहा है और दो वर्ग स्पष्ट उभर रहे हैं। अतएव हमारे अनुभव-संवेदन की सीमाएँ बढ़नी चाहिए। कई लेखक गाँवों की ओर बढ़े हैं, वहाँ के जीवन के चित्रण में काफ़ी सफलता और ख्याति अर्जित की है। पर मध्यवर्गीय शहरी चश्मे से ग्रामीण जीवन देखने की मजबूरी के कारण उनकी रचनाओं में कहीं-कहीं बड़ा अजब मिश्रण मिलता है।

मुझे स्वयं अपने से तथा और सहकर्मियों से भी एक शिकायत है कि हमारी कहानियों में वैविध्य कम होता है। इसका कारण एक तो मध्यवर्गीय लेखक की विवशता है जिसे मैंने इंगित किया है। दूसरा कारण अपने ही अनुभव से मुझे यह लगता है कि हम सचेत होकर नहीं जीते—एक धारा में बहे जाते हैं। सचेत होकर जीने का अर्थ है, अपने दैनिक अनुभव-संवेदनों के प्रति जागरूक होना, उन्हें बटोरना, उन पर विचार करना, उनका विश्लेषण करना और उनमें अर्थ खोजना। कितने ही मूल्यवान और अर्थवान विविध प्रकार के अनुभव-संवेदन हम खो देते हैं। जो हम ले लेते हैं, उसका निर्वाचन, दिमाग़ी आदत के कारण और पूर्वग्रह के कारण, एक ही प्रकार का हो जाता है। यह अपनी बात ही मैंने कही औरों को ऐसा लगता है या नहीं, मैं नहीं जानता।

प्रेम-कहानियों के सम्बन्ध में भी नवीन लेखकों को सोचना होगा। अति आधुनिक कहानीकारों में भी दो तरह की नारी मुझे दिखती है : एक तो छायावादी युग की 'नारी, तुम केवल श्रद्धा हो!' ढंग की बिलकुल भावाकुल, समर्पणशीला नारी जिसका प्रेम एकदम वायवी, अशरीरी। दूसरे प्रकार की नारी वह, जिसके पास केवल शरीर है। दोनों प्रकार के लेखकों ने नारी के व्यक्तित्व को नहीं स्वीकारा है। ऐसी बुद्धिहीन, व्यक्तित्वहीन नारी सामन्ती युग के निठल्ले धनिकों के यहाँ होती

होगी और उन दिनों ख़ूब फ़ुरसत से लोग 'होल-टाइम प्रेमी' भी रहे होंगे। नये युग में, नारी और प्रेम, दोनों पर हमें फिर से विचार करना होगा।

नई कहानी के शिल्प और भाव तथा विचार-सम्पदा पर मैंने अपनी कुछ धारणाएँ आपके सामने रखीं। कोई महान कहानीकार हुआ है या नहीं; कोई महान कहानी लिखी गई है या नहीं, ये बहुत बाद के सवाल हैं, और न ये इस मूल्यांकन के लिए ज़रूरी हैं। इतना निश्चित है कि कहानी ने इस नये मोड़ से काफ़ी प्रगति की है।

[साहित्यकार सम्मेलन में पठित; दिसम्बर, 1957]

नई कहानी : सफलता और सार्थकता

नामवर सिंह

'छोटे मुँह बड़ी बात' कहनेवाली कहानी के बारे में प्राय: 'बड़े मुँह छोटी बात' कही जाती है। कहानी का यह दुर्भाग्य है कि वह मनोरंजन के रूप में पढ़ी जाती है और शिल्प के रूप में आलोचित होती है। मनोरंजन उसकी सफलता है तो शिल्प सार्थकता! कहानी में अनेक आलोचकों की दिलचस्पी इतनी ही है कि वह साहित्य का एक 'रूप' है। इसलिए कहानी की ओर ध्यान जाता है या तो इतिहास (जिसमें साहित्य के वार्षिक और दशाब्दिक विवरण भी सम्मिलित हैं) लिखते समय या फिर साहित्य-रूपों का शास्त्रीय विवेचन करते समय। जहाँ साहित्य के मान और मूल्यों की चर्चा होती है, वहाँ कहानियों के हवाले नहीं मिलते। हवाले मिलते हैं प्राय: कविताओं के और कभी-कभी उपन्यासों के। यदि शास्त्रीय आलोचक कहानी को केवल साहित्य रूप समझते हैं तो मूल्यवादी आलोचक उसे जीवन की सार्थक अनुभूतियों के लिए असमर्थ मानते हैं। सम्भवत: जीवन के लघु प्रसंगों को लेकर लिखी जानेवाली कहानी स्वयं भी 'लघु' समझी जाती है। इसलिए 'व्यापक जीवन' पर दृष्टि रखनेवाले स्वभावत: कहानी-जैसी छोटी चीज़ को नज़रअन्दाज़ कर जाते हैं। आलोचकों की कुछ ऐसी धारणा है कि केवल कहानियाँ लिखकर कोई लेखक महान नहीं हो सकता। बहुत से लोगों के यह कहने पर भी कि प्रेमचन्द उपन्यासकार से अधिक सफल कहानीकार हैं, डॉ. रामविलास शर्मा जैसे आलोचक ने ज़ोर देकर कहानियों की अपेक्षा प्रेमचन्द के उपन्यासों को ही उनकी महानता का आधार माना है। कहानी की लघुता के सम्बन्ध में यह धारणा मोपासाँ, चेख़व, प्रो. हेनरी तथा रवीन्द्रनाथ, प्रेमचन्द, यशपाल, कृश्न चन्दर जैसे कहानीकारों के रहते हुए भी बनी हुई है।

दूसरी ओर, जिन लोगों ने हर तरह की 'लघुता' को 'सार्थकता' प्रदान करने का झंडा उठाया है, उनके यहाँ भी छोटी कहानी की सार्थकता नहीं दिखाई पड़ती। मूल्यों की विस्तृत चर्चा करते समय जहाँ वे नितान्त वैयक्तिक और अनुभूति क्षणों के लघु-लघु 'प्रयोगों' का हवाला देते चलते हैं, वहाँ भूलकर भी किसी कहानी का

ज़िक्र नहीं आता। यह विस्मरण क्या एकदम आकस्मिक है? यदि इन मूल्य-खोजी आलोचकों को अपने साथियों की कहानियों में मूल्यों के दर्शन नहीं होते तो क्या बाक़ी कहानी-साहित्य भी सूना है? या कि जीवन की वास्तविकता के चित्रण में आज की कहानियाँ कविताओं के पीछे हैं?

नये कहानीकारों में से बहुतों ने आजकल कहना शुरू कर दिया है कि इस पीढ़ी के कहानीकारों में 'मानवीय मूल्यों के संरक्षण, जीवन-शक्ति के परिप्रेषण एवं सामाजिक नवनिर्माण की उत्कट प्यास है।' इतना ही नहीं, बल्कि आज की कहानी 'नई भाव-भूमियों का सृजन' भी कर रही है। नये कवियों के दावे, इस तरह, नये कहानीकारों के कंठ से भी अनुगूँजित हो चले हैं। ऐसी स्थिति में यह आवश्यक हो गया है कि कहानी की आलोचना को एक नये स्तर पर उठाया जाए। टेकनीक की शास्त्रीय चर्चाओं और कहानियों का सारांश बतलाते हुए उनकी सामान्य समस्याओं के परिचयात्मक विवरणों का काम बहुत हो चुका; 'ये बहुत दूर जाएँगे' और 'भविष्य सुरक्षित है' जैसी सद्भावनाओं से भी अब सद्विवेक की माँग की जा सकती है।

आज इतना ही कहना काफ़ी नहीं है कि अमुक कहानी बहुत अच्छी है या अमुक कहानी सफल है, बल्कि इस 'अच्छेपन' को और 'सफलता' को अधिक ठोस और युक्तिसंगत रूप में उपस्थित करने की आवश्यकता है। दूसरे शब्दों में, आज कहानी की 'सफलता' का अर्थ है, कहानी की सार्थकता। आज किसी कहानी का शिल्प की दृष्टि से सफल होना ही काफ़ी नहीं है, बल्कि वर्तमान वास्तविकता के सम्मुख उसकी सार्थकता भी परखी जानी चाहिए। जीवन के जिन मूल्यों की कसौटी पर हम कविता, उपन्यास आदि साहित्य-रूपों की परीक्षा करते हैं, उन्हीं पर कहानी की परीक्षा भी होनी चाहिए। इससे कहानी-समीक्षा का एक ढाँचा तो तैयार होगा ही, साथ-साथ मानवीय मूल्यों के सम्बन्ध में हमारा ज्ञान भी बढ़ेगा और सम्पूर्ण साहित्य के मानों की अपर्याप्तता भी क्रमशः कम होगी। आज साहित्य के क्षेत्र में अनेक एकांगी विचारधाराएँ केवल इसलिए फैली हुई हैं कि वे केवल एक साहित्य-रूप, कविता, पर आधारित हैं। बहुत सम्भव है कि कहानियों का सत्य इनमें से कुछ को एकदम ग़लत ठहरा दे, कुछ की अनावश्यक नोकें मार दे और कुछ में नये कौंछे निकाल दे।

यह धारणा ग़लत है कि साहित्य के तमाम रूपों में एक ही बात कही जाती है। रूप की विशेषता से वस्तु में भी विशेषता आ जाती है। एक ही साहित्यकार कविता में वास्तविकता का एक पहलू दिखाता है, तो उपन्यास में दूसरा, और कहानी में तीसरा। उदाहरण के लिए, रवीन्द्रनाथ और प्रसाद का साहित्य प्रस्तुत है। इसी तरह एक ही युग की कविता, उपन्यास और कहानी में वास्तविकता के विभिन्न पहलुओं के दर्शन किये जा सकते हैं।

साहित्य के रूप केवल रूप नहीं हैं बल्कि जीवन को समझने के भिन्न-भिन्न माध्यम हैं। एक माध्यम जब चुकता दिखाई पड़ता है तो दूसरे माध्यम का निर्माण किया जाता है। अपनी महान जययात्रा में सत्य-सौन्दर्य-द्रष्टा मनुष्य ने इसी तरह समय-समय पर नये-नये कला रूपों की सृष्टि की ताकि वह नित्य विकासशील वास्तविकता को अधिक-से-अधिक समझे और समेट सके। हमारी इसी ऐतिहासिक आवश्यकता से एक समय कहानी भी उत्पन्न हुई और अपने रूप-सौन्दर्य के द्वारा इसने हमारे सत्य-सौन्दर्य-बोध को भी विकसित किया। कहानी की इसी ऐतिहासिक भूमिका की माँग है कि वर्तमान परिस्थिति में उसकी सार्थकता की परीक्षा व्यापक सन्दर्भ में की जाए।

इस कार्य में पहली बाधा है कहानी-सम्बन्धी सामान्य धारणा। कहानी-शिल्प-सम्बन्धी आलोचनाओं ने कहानी की जीवनी-शक्ति का अपहरण कर उसे निर्जीव 'शिल्प' ही नहीं बनाया है बल्कि उस शिल्प को विभिन्न अवयवों में काटकर बाँट दिया है। लिहाज़ा, हम कहानी को 'कथानक', 'चरित्र', 'वातावरण', 'भावात्मक प्रभाव', 'विषयवस्तु' आदि अलग-अलग 'अवयवों' के रूप में देखने के अभ्यस्त हो गए हैं। कॉलेज जीवन में 'डायग्राम' बनाकर कथानक के क्रमिक विकास की जो बात दिमाग़ में भर दी गई है, वह चलकर भी साथ नहीं छोड़ती। 'प्रधानता' के आधार पर कहानियों के जो 'कथानक-प्रधान', 'चरित्र-प्रधान', 'भाव-प्रधान', 'वातावरण-प्रधान', विविध प्रकारों का अभ्यास कराया गया, उसने लत का रूप धारण कर लिया। लिहाज़ा, हम हर नई कहानी में चरित्र, वातावरण या कथानक देखने के आदी हो गए। किसी कहानी-संग्रह की आलोचना उठाकर देख लीजिए, सबमें इसी तरह की बातें मिलेंगी : 'इस कहानी में अमुक का चरित्र बहुत उभरकर आया है', 'वातावरण का चित्रण बहुत सुन्दर बन पड़ा है', 'कथानक बहुत गठा हुआ है।' यह सारी आलोचना वैसी ही है, जैसे किसी भाषा का परिचय उसकी संज्ञा, सर्वनाम, विशेषण, क्रिया, क्रिया-विशेषण आदि परिभाषाओं में दिया जाए।

इस धारणा का यह असर पड़ा कि लोगों ने कहानी में जीवन-सत्य तथा भावबोध को देखना छोड़कर, उसे कहानी की पारिभाषिक संज्ञाओं के रूप में देखना शुरू कर दिया। 'प्रभावान्विति' और 'एकान्विति' की माला जपते हुए भी इस तरह के आलोचकों ने कहानी की अनुभूति को एक 'इकाई' के रूप में देखना छोड़ दिया। इस तरह उन्होंने कहानी के सत्य को ही नहीं बल्कि कहानी के 'कहानीपन' की समझ भी खो दी।

इस ग़लत धारणा का असर स्वयं आलोचना पर जो कुछ पड़ा वह तो स्पष्ट ही है कि न तो वह पाठक के काम की रही और न कहानी-लेखक के काम की, परन्तु इसके अतिरिक्त इस विभक्तिवाद ने कहानी के शिल्प को बिगाड़ने में भी बहुत काम किया। मेरा अनुमान है कि वर्तमान कहानियों में जहाँ कहीं शिल्पवादी

प्रवृत्ति का अतिरेक दिखाई पड़ता है, उसका सम्बन्ध किसी-न-किसी रूप में कहानी की इस विभक्त धारणा से अवश्य है। यदि कोई कहानीकार शिल्प के किसी विशेष अवयव की रचना करके सफलता का ढोल पीटता है तो यही समझना चाहिए कि वह कहानी को एक 'शिल्प' समझता है। श्रीपतराय का यह कथन इसी स्थिति की ओर संकेत करता है—"उनकी (आज के कहानीकारों की) कहानियाँ जैसे सफलता के पास पहुँचकर भी, या उसे मुट्ठी में पाकर उँगलियों के बीच से फिसल जाने देती हैं। किसी कहानी में वर्णन की ख़ूबी है, किसी में प्राकृतिक दृश्यों का जीता-जागता चित्र मन को लुभा लेता है, किसी में कोई मनोवैज्ञानिक रहस्य इस सजीवता और स्वाभाविकता से उद्घाटित होता है कि चित्त प्रसन्न हो जाए, पर ऐसा बहुत कम ही होता है कि किसी कहानी के सभी पक्ष निर्दोष हों। (कहानी, विशेषांक, 1956)

कहानी की असफलता परिश्रम और अभ्यास की कमी के कारण भी हो सकती है, लेकिन अभ्यस्त लेखकों के यहाँ यदि कहानी की ऐसी रूपहानि दिखाई पड़े तो क्या कहा जाएगा? यही कहानी के क्षेत्र में नये शिल्पवादियों की पहचान हो सकती है। 'नये भाव-सत्य' के अनुसार नये कहानी-शिल्प के नाम पर ये कहानी में कभी केवल वातावरण देते हैं, तो कभी केवल एक व्यक्ति का रेखाचित्र, तो कभी रोचक व्यंग्यों में फैलाकर आद्यन्त एक विचार। अज्ञेय की 'कलाकार की मुक्ति' और 'देवीसिंह' तथा अमृतराय का 'नंगा आदमी', 'नंगा ज़ख़्म' जैसी एक दर्जन कहानियाँ उदाहरण के लिए पेश की जा सकती हैं। फ़ॉर्मूले के अनुसार कहानियाँ लिखने की प्रवृत्ति भी इसी धारणा का प्रभाव है। नये भाव-सत्य के अनुसार कहानी का रूप बदलता ज़रूर है लेकिन इतना नहीं बदलता कि वह कहानी ही न रह जाए। कहानी का रूप कहानी के भीतर ही बदला जा सकता है जैसा कि समय-समय पर महान कहानीकारों ने किया है। कहानी का रूप प्रेमचन्द ने कब नहीं बदला? 'पूस की रात', 'कफ़न', 'ईदगाह', 'शतरंज के खिलाड़ी' और 'सवा सेर गेहूँ'—इन कहानियों का रूप एक-सा नहीं है और न एकदम पुराना ही है, लेकिन फिर भी ये कहानी हैं। कहानी का रूप चेख़व ने भी बदला और एकबारगी उसने कथानक-सम्बन्धी पूर्ववर्ती धारणा को तोड़कर अलग कर दिया, लेकिन उसने कहानीपन का दामन एकबारगी नहीं छोड़ दिया। इससे स्पष्ट है कि कहानी-शिल्प के भी मालिक वही हैं जो उसके ग़ुलाम हैं। क्या साहित्य, क्या जीवन, सभी क्षेत्रों में स्वाधीन होने की सामर्थ्य उन्हीं के लिए सम्भव है जिनमें अधीन रहने की योग्यता है।

कहानी में शिल्पगत नवीनता की सीमा को स्पष्ट करने के लिए साहित्य के एक दूसरे रूप 'गीत' का उदाहरण लें। नये कवियों ने नये गीत लिखे हैं लेकिन उन्होंने गीतात्मकता का ढाँचा एकदम तोड़ नहीं दिया। गीत-गोविन्द, विनय-पत्रिका, गीतिका और नये गीत-प्रयोगों की तुलना करके आसानी से देखा जा सकता है कि

'गीत' के एक ढाँचे की रक्षा करते हुए भी समर्थ कवियों ने समय-समय पर किस प्रकार उसके रूप में नवीनता उत्पन्न की है।

इसी प्रकार कहानी के कहानीपन की रक्षा करते हुए भी कहानी के शिल्प में नवीनता उत्पन्न की जा सकती है। जैसे कुछ दिन पहले प्रकाशित 'राजा निरबंसिया' (कमलेश्वर)। यहाँ एक लोककथा की पृष्ठभूमि में एक आधुनिक निम्न-मध्यवर्गीय परिवार की कहानी कही गई है। दो भिन्न-भिन्न युगों के दो निरबंसियों की जीवन-कथा दो रेखाओं की तरह एक-दूसरे को छूती और काटती हुई चलती चली जाती है। कहानी में लोक-कथा का यह उपयोग शिल्प-सम्बन्धी नवीनता कही जा सकती है; लेकिन यह कोरा शिल्प नहीं है, न इससे कहानी के कहानीपन में बाधा पड़ती है। इसके विपरीत, वह लोककथा मुख्य कथा को और भी मार्मिकता प्रदान करती है, जैसे दो समीपवर्ती तारों में से एक की झंकार दूसरे में भी सह-स्पन्दन उत्पन्न कर देती है। मुख्य कथा की गति में जैसे ही संवेदना की तीव्रता आती है, वह सहधर्मी लोककथा से छू जाती है और हम देखते हैं कि लोककथा का टूटा हुआ सूत्र अनजाने ही हाथ में आ गया है। शिल्प के लिए लाई हुई अतीत की कथा यह वर्तमान वास्तविकता को उभारने के साथ ही अतीत का अर्थ भी हमारे लिए बदल देती है। और अन्त में दो कथाओं की विषमता दो युगों की विषमता की गहरी खाई पर ही रोशनी नहीं डालती है, बल्कि वर्तमान वास्तविकता पर मीठा व्यंग्य भी करती है कि इतना विकास करने के बाद भी आज का निम्न-मध्यवर्गीय युवक है कि अपनी पत्नी को स्वीकार नहीं कर सकता, जबकि शताब्दियों पहले एक राजा ने सारी लोकमर्यादा छोड़कर अपनी रानी को अपना लिया। यह अन्तर दो युगों का है या दो वर्गों का या कल्पना और यथार्थ का? शिल्प-विधान का यह नया प्रयोग कहानी में अनेक अर्थों और व्याख्याओं की सम्भावना भर देता है और इस तरह एक विशेष घटना के भीतर से मानवीय सत्य की व्यापकता उद्‌भासित हो उठती है।

यहाँ इस एक कहानी के विस्तार में जाने का अवसर नहीं है और न तो इसका यही अर्थ है कि नये शिल्प-विधान के द्वारा कहानीपन की रक्षा करनेवाली यह एकमात्र नई कहानी है। कहानियाँ और भी हैं तथा फ़िल्म के नये विधान दूसरे-दूसरे भी हैं—यहाँ तक कि इनके लिए कोई सीमा नहीं बनाई जा सकती। असल बात है कहानी का कहानीपन। यह आकस्मिक नहीं है कि कहानीपन की उपेक्षा करके केवल फ़िल्म के लिए लिखी हुई एक भी श्रेष्ठ कहानी नहीं बन सकी। पत्र और डायरी-शैली में जाने कितनी कहानियाँ लिखी गईं, लेकिन उनमें से एक भी कहानी ऐसी नहीं है जिसका नाम श्रेष्ठ कहानियों में लिया जा सके या जो लोक-चित्त पर अमिट छाप छोड़ गई हो। इसके विपरीत पिछले आठ-दस वर्षों के भीतर की 'हत्या-भरन' (तेजबहादुर चौधरी), 'गदल' (रांगेय राघव), 'छोटा डॉक्टर' (निर्गुण), 'चीफ़ की दावत' (भीष्म साहनी), 'गिद्ध और सेवती के फूल' (शशि तिवारी),

'भैंस का कट्या' (विद्यासागर नौटियाल), ज़िन्दंगी और जोंक' (अमरकान्त) आदि श्रेष्ठ कहानियाँ सब की सब कहानी भी हैं।

कहानी का यह कहानीपन समझाने में कठिन होते हुए भी कोई 'रहस्य' नहीं है। कविता में जो स्थान लय का है, कहानी में वही स्थान कहानीपन का है। कविता चाहे जिस हद तक उन्मुक्त हो जाए, लेकिन वह लयमुक्त नहीं हो सकती। लयमुक्त रचना काव्य होते हुए भी कविता नहीं कहलाएगी। कहानीपन से रहित गद्य रचनाओं के बारे में भी यही बात लागू होती है। लय की तरह ही कहानी कहना मनुष्य की काफ़ी पुरानी कलात्मक वृत्ति है और इसकी रक्षा अपने-आप में स्वयं भी एक महत्त्वपूर्ण सांस्कृतिक कार्य है और इतिहास से प्रमाणित होता है कि नीति, लोक-व्यवहार, धर्म, राजनीति आदि विभिन्न उद्देश्यों की पूर्ति के लिए इस कला का उपयोग करते हुए भी मानव-जाति ने आज तक इसकी रक्षा की है। निःसन्देह इस कला का चरम विकास आधुनिक युग में हुआ जब उद्देश्य और कहानीपन दोनों घुल-मिलकर इस तरह एक हो गए कि उद्देश्य से अलग कहानी के रूप की कल्पना भी कठिन हो गई। कहानी के सम्बन्ध में आधुनिक युग के प्रथम कहानीकार एडगर एलन पो के 'एकान्विति' शब्द से निःसन्देह अनेक अर्थों की सम्भावनाएँ हैं। कहानी की यह आन्तरिक एकता केवल रूप-गठन तक ही सीमित नहीं है बल्कि उसकी वस्तु का भी समाहार करती है। जिस प्रकार कविता में अर्थ-व्यंजना अथवा वस्तु-व्यंजना से भिन्न लय की कल्पना नहीं की जा सकती, उसी प्रकार कहानी में भी वस्तु-व्यंजना से भिन्न कहानीपन की कल्पना करना ख़तरनाक है। वस्तु-व्यंजना से रहित लय कोरे पद्य को जन्म देती है, उससे रहित कहानीपन कोरी आख्यायिका को।

इसलिए कहानी के कहानीपन की सफलता का अर्थ है उसकी अर्थवत्ता या सार्थकता। नये कहानीकार कहानी की इस शक्ति से भलीभाँति परिचित हैं। 'राजा निरबंसिया' में कहानीपन की रक्षा करनेवाले लेखक ने स्पष्ट शब्दों में कहा है कि "केवल सोद्देश्यता की पृष्ठभूमि में ही आज के लेखक की कहानियों का अध्ययन किया जा सकता है।" इस सोद्देश्यता को मैं सार्थकता कहना चाहता हूँ क्योंकि आजकल सोद्देश्यता का बहुत-सीमित अर्थ किया जाने लगा है। लेकिन मूलतः इसका अर्थ है एक इशारा—इशारा एक दिशा की ओर या एक अनदेखी स्थिति की ओर। कहते हैं कि जब डॉक्टर को मर्ज़ का पता नहीं चला तो एक प्रसिद्ध चित्रकार ने उसके पास अपना नग्न चित्र बनाकर एक जगह छोटा-सा धब्बा लगाते हुए इस नोट के साथ भेज दिया था कि 'यहाँ दुखता है।' कहानी में इतना सा इशारा ही सोद्देश्यता है। दर्द से छटपटाते हुए जिस व्यक्ति अथवा समाज को यह पता न हो कि दर्द कहाँ है और क्या है, उसके लिए उसकी दुखती रग पर हाथ रख देना भी बहुत बड़ी बात है।

लेकिन कहानी में जब मैं सार्थकता की बात कहता हूँ तो इसका यह अर्थ है कि कहानी हमारे जीवन की छोटी-से-छोटी घटना में भी अर्थ खोज लेती है या उसे अर्थ प्रदान कर देती है। इस युग में, जबकि 'निरर्थकता' की भावना व्यापक रूप से फैली हुई है और एक वर्ग के लोगों द्वारा फैलाई भी जा रही है, कहानी-जैसे छोटे गद्य-रूप से सबसे पहले सार्थकता की माँग की जा सकती है। यह नहीं है कि छोटी-छोटी बातें ही अर्थहीन प्रतीत होती हों, कुछ लोगों को अपना सारा का सारा जीवन ही अर्थहीन मालूम होता है और कुछ को तो दुनिया का सारा कारोबार भी व्यर्थ लगता है। परन्तु लघुता में निरर्थकता का ख़तरा सबसे अधिक है। कहानी की सृष्टि इसी लघुता को सार्थकता प्रदान करने के लिए हुई थी।

लोगों की यह धारणा ग़लत है कि कहानी जीवन के एक टुकड़े को लेकर चलती है, इसलिए उसमें कोई बड़ी बात कही ही नहीं जा सकती। कहानी जीवन के टुकड़े में निहित 'अन्तर्विरोध', 'द्वंद्व', 'संक्रान्ति' अथवा 'क्राइसिस' को पकड़ने की कोशिश करती है और ठीक ढंग से पकड़ में आ जाने पर यह खंडगत अन्तर्विरोध भी बृहद अन्तर्विरोध के किसी-न-किसी पहलू का आभास दे जाता है। यह खंडगत अन्तर्विरोध की पकड़ श्रेष्ठ कहानियों के कथानक में कहीं नाटकीय मोड़ पैदा करता है तो कहीं चरित्र को वस्तुस्थिति के साथ संघर्ष करते दिखलाता है और कभी स्वयं उस चरित्र के भीतर संकल्प-विकल्प की दुविधा दरसाता है या फिर उसके चिन्तन और कार्य के बीच विडम्बना (आयरनी) को चित्रित करता है। यह एक विरोधाभास है कि कहानी-जैसा एकान्वित शिल्प अन्तर्विरोध पर निहित होता है। नये कहानीकारों में भीष्म साहनी में एक ही साथ इन दोनों विशेषताओं का सर्वोत्तम सामंजस्य मिलता है। इस दृष्टि से भीष्म साहनी सबसे सफल कहानीकार हैं। एक इकाई के रूप में उनकी कहानियाँ अत्यन्त गठित होती हैं, साथ ही प्राय: किसी-न-किसी प्रकार की विडम्बना (आयरनी) को व्यक्त करती हैं और यह विडम्बना किसी-न-किसी रूप में हमारे वर्तमान समाज के व्यापक अन्तर्विरोध की ओर संकेत करती है। उदाहरण के लिए, उनकी 'चीफ़ की दावत' कहानी ही लीजिए।

कहानी शुरू होते ही 'संकट-बिन्दु' उपस्थित हो जाता है या यों कहें कि 'संकट' से ही कहानी शुरू होती है :

"अब घर का फ़ालतू सामान आलमारियों के पीछे और पलंगों के नीचे छिपाया जाने लगा। तभी शामनाथ के सामने सहसा एक अड़चन खड़ी हो गई, माँ का क्या होगा?"

'चीफ़ की दावत' में अपनी निरक्षर और बूढ़ी माँ ही एक समस्या बन गई; जैसे घर के 'फ़ालतू सामान', बल्कि सामान से भी बड़ी समस्या। सामान को छिपाना तो आसान है लेकिन इस जीवित सामान का क्या करे? और इस तरह शामनाथ एक कूड़े की तरह अपनी माँ को इस घर या उस घर में छिपाता फिरता है। उधर माँ है

कि लड़के के इस व्यवहार का बुरा नहीं मानती, बल्कि स्वयं ही अपने अस्तित्व से संकुचित हुई जा रही है और लड़के के भले के लिए अपने को यहाँ से वहाँ छिपाती फिरती है। एक विडम्बना यह भी है। परन्तु हुआ यह कि शामनाथ ने जिस चीज़ को इतना छिपाया, आख़िर में वह खुल ही गई। चीफ़ ने माँ को देखा ही नहीं बल्कि बुरी हालत में देखा। परन्तु शामनाथ की घबराहट के बावजूद स्थिति सुधर गई। चीफ़ माँ से स्वयं मिले। और अन्त में शामनाथ ने देखा कि जिस 'सामान' को छिपाने के लिए उन्होंने इतनी परेशानियाँ उठाईं, वह खुल ही नहीं गया बल्कि हितकर भी साबित हुआ। यहाँ तक कि दावत से भी बढ़कर! यह सबसे बड़ी विडम्बना है। और गहरे जाकर देखें तो माँ केवल एक चरित्र नहीं बल्कि प्रतीक भी है—प्रतीक, सम्पूर्ण प्राचीन का!

इससे स्पष्ट हो सकता है कि एक समर्थ कहानीकार किस प्रकार जीवन की छोटी-से-छोटी घटना में अर्थ के स्तर-पर-स्तर उद्घाटित करता हुआ उसकी व्याप्ति को मानवीय सत्य की सीमा तक पहुँचा देता है। ऐसे अर्थगर्भत्व को मैं सार्थकता कहता हूँ।

हमारे सन्त कवियों ने इसी तरह पिंड के भीतर ब्रह्मांड का दर्शन कराया था और भक्त कवियों ने मानव-चरित्र के भीतर विराट की लीला को उद्घाटित किया था। हद में बेहद और मानव में भगवान की उद्भावना इसी अर्थवत्ता का मध्य-युगीन रूप है। काव्यशास्त्र के आचार्य ने मुख्यार्थ के भीतर से जो अर्थ की व्यंजना कराई थी, वह भी इसी का एक रूप है। जीवन का सत्य इसी तरह खंड के भीतर से, किन्तु उसे खंडित करता हुआ पूर्ण की ओर संकेत करता है, खंड की सीमा को तोड़कर पूर्ण से मिलता है, मुख्यार्थ को बाधित करके रसमय अर्थ को व्यंजित करता है, जीवन की हर छोटी घटना के भीतर से सम्पूर्ण जीवन की सार्थकता का अनुभव करता है।

इस प्रकार जीवन के प्रत्येक प्रसंग में निहित अन्तर्विरोध को पकड़कर जागरूक कहानीकार उसे सार्थकता प्रदान करते हैं। राजेन्द्र यादव के नवप्रकाशित कहानी-संग्रह 'जहाँ लक्ष्मी क़ैद है' की भूमिका के बीच भी हम 'द्वाभ्यां तृतीय:' होने का संकट उठाकर इसे 'ओवरहीयर' कर सकते हैं। अपनी 'एक कमज़ोर लड़की की कहानी' का अर्थ समझाते हुए वह वर्तमान जीवन के एक अन्तर्विरोध की ओर, संकेत करते हैं। वह प्रेमिका और पत्नी दोनों की भूमिकाएँ एक साथ ईमानदारी से निबटाने का ढोंग करती है—"ट्रेजेडी यह नहीं है कि वह दोनों के प्रति सच्ची क्यों नहीं है, ट्रेजेडी यह है कि वह दोनों में से किसी एक को अपने जीवन से झटककर नहीं निकाल सकती।"

जहाँ अन्तर्विरोध है, वहाँ विरोधी तत्त्वों में से किसी को भी झटककर नहीं निकाला जा सकता। यदि कहानीकार कहानी में एक विरोधी तत्त्व को निकाल देता है अथवा उसे ज़बर्दस्ती कमज़ोर कर देता है या उस द्वंद्व को जल्दी-जल्दी निपटाने

की कोशिश करता है तो वह कथानक को उत्सुकताहीन, चरित्रों को सपाट और वस्तु पर उद्देश्य का आरोप ही नहीं करता, बल्कि अपनी कहानी की सार्थकता भी नष्ट करता है। अन्तर्विरोध को अपनी सम्पूर्ण तीव्रता में ग्रहण करके ही किसी कहानी को सफल और सार्थक बनाया जा सकता है। लेकिन इसका अर्थ यह नहीं है कि किसी घटना-प्रसंग में निहित अन्तर्विरोध को कम करना सपाटता है तो उसे वास्तविकता से अधिक तीव्र करना भावुकता है या फिर दिमाग़ी ऐयाशी। अक्सर देखने में आता है कि जिन्हें अन्तर्विरोध के बीच ठीक दिशा मालूम है, वे कहानी को बिलकुल सपाट बना देते हैं और जिन्हें कोई दिशा नहीं सूझती, वे उसे और भी उलझा देते हैं। 'एक कमज़ोर लड़की की कहानी' में राजेन्द्र यादव ने इस सत्य को उलझा दिया है, जिसके लिए पाठकों पर उनका आरोप है कि कहानी को लोगों ने ग़लत समझा है। लोग तो ग़लत समझेंगे ही, लेकिन जिनके लिए वे लिखते हैं वे 'कमज़ोर लड़कियाँ' उसे ग़लत नहीं समझेंगी। कमज़ोरी उभारने के लिए ताक़त की बात कही जाती है तो उलझ ही जाती है। किसी आलोचक ने बिलकुल ठीक ही लिखा है कि राजेन्द्र यादव का लेखन बहुल उलझा हुआ होता है। यह बात राजेन्द्र यादव के शिल्प के बारे में जितनी सत्य है, उतनी ही वस्तु के बारे में भी। शायद इसीलिए वे प्राय: चक्करदार शिल्प गढ़ने के चक्कर में रहते हैं और उनकी भाषा की पेचीदगी भी सम्भवत: इसी का परिणाम है। 'खेल-खिलौने' कहानी से लेकर 'जहाँ लक्ष्मी क़ैद है' तक में इस पेचीदगी और उलझन को देखा जा सकता है। अपनी कहानियों के द्वारा वह एक अतिरिक्त तीव्रता उत्पन्न करना चाहते हैं, फलत: कहीं वह कथानक में पेच डालते हैं तो कहीं भावनाओं के स्तर पर मानसिक गुत्थियाँ। लिहाज़ा, उनके चरित्र विचित्र हो उठते हैं और कहानी अवास्तविक। जिन्हें समस्या को धैर्य के साथ धीरे-धीरे सुलझाने की अपेक्षा परिश्रम से उलझाने में ही एक सुख मिलता है, उनकी कला की यही गति होती है।

इस मामले में मोहन राकेश की स्थिति थोड़ी भिन्न है। जैसाकि उन्होंने 'नये बादल' कहानी-संग्रह की भूमिका में लिखा है, उनकी पैनी दृष्टि अपने आसपास की हर घटना में कहानी ढूँढ़ लेने की क्षमता रखती है—कहानी अर्थात कहानी की 'वस्तु' अथवा अर्थ। यह बहुत बड़ी बात है। आधुनिक कहानीकारों में यह सामर्थ्य हम केवल यशपाल में पाते हैं। जब कोई कवि हर चीज़ में कवित्व देखने लग जाए और कोई कहानीकार हर घटना में कहानीपन पा जाए तो उसमें बहुत बड़ी सम्भावना का बीज समझना चाहिए। लेकिन इसके बाद भी बहुत कुछ शेष रह जाता है। यथार्थ की इस विविधता में 'सुपरफ्लुअस' होने का बहुत बड़ा ख़तरा है। यह प्रवृत्ति, अन्धकार में उड़ते हुए जुगनुओं को पकड़ने जैसी है। अन्धकार के कणों से मिचमिचाती आँखों को बन्द कर लेने की अपेक्षा जुगनुओं को देखने का साहस कहीं अधिक सराहनीय है, लेकिन जुगनू रोशनी नहीं है।

अपने आसपास के वातावरण में उड़ती हुई कहानियों को पकड़कर निःसन्देह मोहन राकेश ने उन्हें उतनी ही तेज़ी के साथ व्यक्त किया है जो मन में एक 'क्लैश' की तरह कौंध जाती हैं। लेकिन लगता है कि उन्होंने अभी बिजली की कौंध ही पकड़ी है, बिजली की वह शक्ति नहीं पकड़ी है जिसका उपयोग हम अपनी सीमा में उष्णता तथा आलोक के लिए कर सकें जो कि मनुष्योचित सामर्थ्य का प्रतीक है। अतः कुछ लोग मोहन राकेश को 'डाकबँगलों का कहानीकार' कहते हैं। लोकप्रिय कहानीकार सामरसेट माम की तरह मोहन राकेश भी जैसे अपनी यात्राओं में कहानी बटोरते चलते हैं और यात्रा के दौरान प्राप्त कहानियों की तरह ही इनमें गहरी मानवीय संवेदना का प्रभाव मिलता है। वस्तुतः यात्रा की संवेदनशीलता बड़ी 'सुपरफिशल' होती है। यात्रा में या तो हम अतिरिक्त संवेदनशील होते हैं या फिर नितान्त संवेदनशील। हम परदेश में हैं, पराए लोगों के बीच हैं, 'अपने' लोगों से मुक्त हैं, यहाँ हमारे बारे में कोई कुछ नहीं जानता, आदि बातें मन की स्थिति को सहज नहीं रहने देतीं। इस तरह की कहानियों की सबसे बड़ी कमज़ोरी यह है कि वे दर्शक का सत्य हैं, द्रष्टा का सत्य नहीं।

बड़ी ईमानदारी के साथ मोहन राकेश ने स्वीकार किया है कि हमारी पीढ़ी ने यथार्थ के अपेक्षाकृत ठहरे हुए अर्थात वैयक्तिक और पारिवारिक रूप को अपनी रचनाओं में अधिक स्थान दिया है, जो समूची पीढ़ी के लिए तो सच नहीं है, लेकिन कई कहानीकारों पर ठीक बैठता है। यायावर को अपनी यात्रा में उड़ती हुई कहानियों का टूटा हुआ सत्य ही मिल पाता है, जिसे चाहें तो 'ठहरा हुआ' भी कह सकते हैं। निःसन्देह कुछ कहानीकार लम्बी यात्राएँ न करते हुए भी वर्तमान जीवन में वस्तुतः 'यायावर' हैं।

और यहाँ हम इस निष्कर्ष पर पहुँचते हैं कि जो कुछ हाथ लग जाए या दृष्टि में पड़ जाए वह सब सार्थक नहीं है। हर घटना में अन्तर्विरोध को लक्षित करना एक बात है लेकिन युग के मुख्य अन्तर्विरोध के प्रवाह में सार्थक घटनाओं को लक्षित करना बिलकुल दूसरी बात है। कहानीकार की सार्थकता इस बात में है कि वह अपने युग के मुख्य सामाजिक अन्तर्विरोध के सन्दर्भ में अपनी कहानियों की सामग्री चुनता है, ऐतिहासिक विकास के दौरान विरोधी शक्तियों के संघर्ष के फलस्वरूप जीवन के नये-नये क्षेत्र खुलते चलते हैं, पिछले युग की दबी हुई शक्तियाँ उभर आती हैं और उभरी हुई शक्तियाँ दब जाती हैं, गौण प्रधान हो जाता है और प्रधान गौण। इस प्रकार सामाजिक अन्तर्विरोध का रूप ही नहीं बदलता, बल्कि उसमें भाग लेनेवाली अथवा भाग न भी लेनेवाली किन्तु भाग होनेवाली, हर सामाजिक इकाई के भीतर अन्तर्विरोध के रूप में भी बदल जाते हैं।

वर्तमान वास्तविकता में मेहनत करनेवाले लोगों का उभरना और दूसरों की मेहनत पर जीने वालों का दबना ऐतिहासिक तथ्य है। स्वाभाविक है कि जीवन-शक्ति और

सौन्दर्य का आधार इस नई शक्ति के जीवन में दिखाई पड़े और इस नई शक्ति की समस्याओं की ओर जागरूक कहानीकारों का ध्यान जाए। जहाँ कुछ कहानीकारों ने अपनी मध्यवर्गीय वास्तविकताओं के चित्रण में ही अपनी कला की सार्थकता समझी, वहाँ दूसरे कहानीकारों ने इसमें सम्भवत: कोई रस न पाकर नये जीवन के प्रतीक गाँवों की ओर दृष्टि दौड़ाई। इसे अपनी वास्तविकता से पलायन नहीं कहा जा सकता। अपने वातावरण से लड़ने के लिए पहले भी मध्यवर्ग ने व्यापक जन-शक्ति का सहारा लिया है। इसलिए इन नये कहानीकारों की यह निर्वैयक्तिकता सराहनीय है। सम्भवत: शहरों के मध्यवर्गीय जीवन में जीवन और सौन्दर्य को न पाकर ही महत्त्वाकांक्षी कहानीकारों ने गाँवों की राह ली। जो जीवन स्वयं ही निष्कर्ष प्रतीत हो रहा हो उसमें सार्थकता की खोज कहाँ तक की जा सकती है? मध्यवर्गीय जीवन को लेकर लिखी हुई आज की शायद ही कोई वास्तविक कहानी ऐसी हो जिसमें जीवन का स्वस्थ सौन्दर्य और मानव की ऊर्जस्वित शक्ति मिले। इसके विपरीत गाँव के जीवन को लेकर लिखी हुई कुछ कम वास्तविक कहानी में भी ऐसे वातावरण तथा ऐसे चरित्रों के दर्शन हो सकते हैं। रांगेय राघव की 'गदल', मार्कण्डेय के 'गुलरा के बाबा', 'हंसा जाई अकेला' वाले 'हंसा', शिवप्रसाद सिंह की 'कर्मनाशा की हार' वाले 'भैरों पांडे' जैसे सशक्त व्यक्ति केवल चरित्र नहीं बल्कि आज की ऐतिहासिक शक्ति के प्रतीक हैं।

इन कहानियों ने निरर्थक प्रतीत होनेवाले वर्तमान जीवन में भी शक्ति और सौन्दर्य की झलक दिखाकर जीवन की सार्थकता में आशा बँधाई है। इसलिए देखते-देखते इस जीवन के चित्रकार नवोदित कहानीकारों ने कहानी के क्षेत्र में अपनी जगह बना ली। यह सफलता केवल नई सामग्री की सफलता नहीं है बल्कि वर्तमान जीवन के एक सार्थक सत्य को पहचानने की सफलता है।

इस कठिन कार्य में हमारे इन नये कहानीकारों को सचमुच उतनी सफलता नहीं मिली है, जितनी अन्य अनुभव-सत्यों के चित्रकार कहानी-लेखकों को मिल चुकी है। किन्तु इसका एक कारण यह है कि उन कहानीकारों को कहानी की एक बनी-बनाई परिपाटी प्राप्त है—वस्तु की भी और वस्तु के अनुरूप शिल्प की भी, जबकि इन नये कहानीकारों को बहुत कुछ अपने अनुभव और अभ्यास से निर्माण करना है। सचमुच 'इसे समझने के लिए पूरे दो युगों की सम्पूर्ण संयोजित चेतना का उपयोग करना पड़ेगा।'

अन्त में इस निबन्ध के उद्देश्य और सीमाओं का समाहार करते हुए निवेदन करना चाहूँगा कि नई कहानी कला को अपनी विशेषता के साथ ही सम्पूर्ण साहित्य के मान और मूल्यों के सन्दर्भ में देखने की आवश्यकता है और उसके लिए कहानी-समीक्षा की एक व्यापक और निश्चित 'भाषा' का निर्माण भी होना चाहिए। मेरी अपनी सीमा यह है कि मैं अब तक मुख्यत: काव्य का पाठक रहा हूँ

(जिसका आभास इस कहानी-सम्बन्धी लेख में भी लाचारी के कारण आ गया है।) कहानियाँ मैंने कम पढ़ी हैं और उनमें अन्तर्निहित सत्य को समझने तथा व्यक्त करने की 'भाषा' भी अब तक नहीं तय कर पाया हूँ। अपनी सीमाओं में संकोच का अनुभव करते हुए भी मेरा विश्वास है कि कहानियों के अधिक और समर्थ पाठकों के सहयोग से प्रस्तुत आधार पर कहानी-समीक्षा के सन्तुलित प्रतिमान तैयार हो सकते हैं।

['कहानी', 1958]

आज की हिन्दी कहानी : नई प्रवृत्तियाँ

हृषीकेश

आज की हिन्दी कहानी की प्रवृत्तियाँ, और वे प्रवृत्तियाँ नई हों तो, क्या हैं? इसकी समुचित व्याख्या के लिए किसी हद तक गहरे तात्त्विक चिन्तन की अपेक्षा होनी चाहिए। यानी, केवल यह बता देना कि आज की हिन्दी कहानी की अमुक-अमुक प्रवृत्तियाँ हैं, यह विषय की बाहरी चीज़ हुई। साथ ही उसमें किसी नई स्थापना के लिए गुंजाइश कम ही रहेगी। उदाहरण के लिए, आज की कोई प्रवृत्ति जिसे हम नई कहें, हो सकता है, किसी पुरानी प्रवृत्ति (तब भले ही वह 'प्रवृत्ति' न रही हो) का पुनः प्रस्तुतीकरण हो। प्रेमचन्दोत्तर काल में एक प्रदीर्घ मौन के पश्चात पुनः ग्राम-जीवन पर कहानियों का उदय नई उपलब्धि अस्तु, नई प्रवृत्ति के रूप में प्रचार पा रहा है, यद्यपि तह में देखा जाए तो यह एक स्वस्थ और प्रकृत प्रवृत्ति का अस्वाभाविक, परिवर्तित, कृत्रिम और डिस्टार्टेड पुनः प्रस्तुतीकरण ही है, जिसके अन्तर्भूत तथ्यों और सत्यों का गला मरोड़ दिया गया है। जिन बहुत सारी बातों को हम नई प्रवृत्ति कह या समझ रहे हैं, उनमें तीन-चौथाई ऐसी हैं, जिनमें पुनः प्रस्तुतीकरण का दोष व्याप्त है। प्रस्तुत निबन्ध में मैंने विषय को प्रवृत्तियों की ओर इंगित करने का साधन मात्र माना है।

हिन्दी कहानी में नई प्रवृत्तियों के आने की बात अभी कुल पिछले दो वर्षों से होने लगी है। अपने-आप में यह स्वयं एक प्रवृत्ति का काम पूरा करती है। प्रवृत्ति-मूलक होने के कारण हिन्दी कहानी को 'नई कहानी' कहा जा रहा है। यह प्रयास इसलिए प्रतीत होता है कि हिन्दी कहानी को हिन्दी कविता के समानान्तर, समान गुणों से प्रतिष्ठित कर दिया जाए। ऐसा लगता है, हिन्दी कहानी में प्रत्यक्ष रूप से नई प्रवृत्तियों के उद्‌भूत होने के पूर्व ही उसे नई प्रवृत्तियों से अभिभूत कर देने की आवश्यकता समझी गई है, क्योंकि कविता के मुक़ाबले कहानी बहस दौर में नहीं आई। कहानी-साहित्य का सर्वेक्षण और मूल्यांकन करते समय थोड़े उत्साही आलोचकों ने लगभग उसी शब्दावली का सहारा लिया है, जिसे कविता के लिए प्रयुक्त किया जाता रहा। कहानी-कविता को समानान्तर स्तर पर देखना

वर्तमान आलोचना में चिन्तन के गम्भीर प्रभाव का सूचक है। यहाँ वे दोनों शर्तें भी झूठी पड़ जाती हैं कि पहले कृतित्व तब समीक्षा, या पहले समीक्षा तब कृतित्व? कहानीकारों और आलोचकों के बीच इस दिशा में प्रायः समझौता दीखता है और इनके मिले-जुले प्रयासों ने कविता को कहानी पर हावी करा दिया है। कहानी में नई प्रवृत्तियाँ विकसित होने और उनकी परख करने के लिए स्वतंत्र मार्ग न खोजकर उसे कविता की पूँछ में बाँधकर घसीटना पड़ा। पर कहानी के लिए दुर्भाग्य इस बात में है कि वह कविता की तरह होना बनकर ही सही, अपनी सत्ता दृढ़ नहीं कर सकती। लेखक-आलोचक इस ख़याल में हैं कि अगर कविता में ध्वनि, नाद, विरामादि चिह्नों के विचित्र प्रयोग, प्रतीकभंगी व्यंजना, अभिव्यक्ति के सडेन ट्विस्ट और ख़ुशनुमा भड़कीले पोस्टरों की तरह अजनबी शीर्षक नई संवेदना उभारते हैं, तो कहानी में भी इन्हें क्यों नहीं आजमाया जा सकता? कहानी-संग्रहों की भूमिकाओं और आलोचनाओं के माध्यम से हिन्दी कहानी का प्रदीप्त मुख झलकाने के लिए उन तमाम मुश्किल टेकनिकल शब्दों को जोड़ा-बटोरा गया है, जो अब तक कविता के हिस्से में थे, और अब उपन्यास, नाटक आदि की नई प्रवृत्तियाँ भी इन्हीं चौखटों में गर्दन डालकर झाँकना शुरू कर दें, तो तौबा करने की आवश्यकता ही न रहे।

लेकिन कविता और कहानी की विकास-यात्रा में जो बड़ा भेद है, उसे उजागर कर देने पर कविता-कहानी की नागफाँस टूट जाती है। हिन्दी की नई कविता अपनी पिछली प्रवृत्ति की तीव्र प्रतिक्रिया, विद्रोह और उससे मुक्त होने के प्रयास का प्रतिफल है। नई कविता ने अपनी पूरी शास्त्रीयता का नवीनीकरण कर लेना अपना लक्ष्य माना है। हिन्दी कहानी के साथ प्रतिक्रिया और विद्रोह की ऐसी कहानी नहीं है। उसकी विकास-यात्रा में कोई ऐसा उलट-फेर नहीं, जो च्युत परम्परा अथवा विच्छिन्नता की सूचना दे। नई कविता ने सिर से पैर तक नये उपादान और नई प्रणाली ग्रहण की है और उसे द्विवेदी-काल से प्रगतिवाद-काल तक की काव्याभिव्यक्ति को क्षीण, असफल, झिलमिल, कर्कश और शुष्क बता देने में संकोच नहीं, उसका यह भी कहना है कि वास्तविक (कांक्रीट), श्रेष्ठ और उच्च कविता अब लिखी जाएगी। कहानी के न ऐसे दावे हैं, न हठधर्मी। थोड़ी आधुनिकता और शिल्प-चमत्कार के अलावा बाक़ी सभी मामलों में 'हिन्दी की वर्तमान कहानी पूर्ववर्तियों का अनुसरण करके चल रही है। हिन्दी कविता में हिन्दी कहानी की तरह 'प्रेमचन्द की परम्परा' के अनुरूप 'प्रसाद की परम्परा' नाम की चीज़ सुनने को कभी नहीं मिली। हिन्दी कहानी प्रेमचन्द की ऋणी है, कविता में प्रसादोत्तर अभिव्यक्तियाँ प्रसाद के लिए चुनौती-सदृश हैं। अगर हिन्दी कहानी की नई प्रवृत्तियों को सही रूप में देखना है तो उसे कविता के प्रभाव से हटना पड़ेगा और कहानी-साहित्य के मूल्यांकन के लिए स्वतंत्र समीक्षा-पद्धति बनानी पड़ेगी। मुझे हिन्दी कहानी की तथाकथित प्रवृत्तियाँ, जो कविता के साँचे में ढलकर आई

हैं, नई प्रवृत्तियों के रूप में स्वीकार्य नहीं। ख़ेद है, कहानी की बाबत कविता की चर्चा तनिक विस्तार से मुझे करनी पड़ी।

ऊपर पुनः प्रस्तुतीकरण की बात चलाई गई है। आज के कथाकारों के लिए इसके विभिन्न स्रोत हैं। देश-विदेश का साहित्य सहूलियत से प्राप्त है। अतः पुनः-प्रस्तुतीकरण के ज़रिये न केवल हिन्दी तथा हिन्दीतर भाषाओं के साहित्य हैं, वरन् यूरोपीय साहित्य भी है। कोई मोराविया की लच्छेदार, लम्बे-लम्बे वाक्यों वाली, भावुकतापूर्ण भाषा में रोमांस के अतीन्द्रिय सुख देनेवाले चित्र अंकित कर रहा है, कोई सारोयन-सदृश अमरीकी लेखकों के कथा-वस्तुविहीन कोई वर्णनात्मक और ख़याली वातावरण बुनकर कहानी में औत्सुक्य और उत्तेजना की सृष्टि कर रहा है, कोई हेमिंग्वे कामू आदि की ऋजु और निर्मल भाषा-शैली का प्रवाह लाने की धुन में स्वादहीन, लाइट स्टोरी के अम्बार खड़ा कर रहा है, कोई हार्डी के प्रकृति-चित्रण, लैंडस्केप और ग्रामयुवतियों के दर्द और अवसादमय वातावरण की अनुभूति बसा रहा है, कोई शरत की पीड़ा, मंटो की सेक्स विषयक पैठ पर क़ाबू पाने में लगा है और ऐसों की तो गिनती ही नहीं, जो कहानी को आज भी अप्रत्याशित रूप से अधर में डाल देना कहानी कला की इति मानते हैं। घरेलू और पारिवारिक जीवन पर इस समय काफ़ी कहानियाँ लिखी जा रही हैं, उन्हें नई प्रवृत्ति से सम्बोधित किया जा रहा है। और ऐसी समस्त कहानियाँ जीवन के द्वंद्व, संघर्ष और उद्वेलन चित्रित करने से दूर भागती हैं। स्वतंत्रता-प्राप्ति के बाद कहानीकारों ने अपनी रचनाओं में द्वंद्व और संघर्ष का उत्कट चित्रण ठप कर दिया और वैयक्तिक ऊहापोह भरे, राहत, थकान, लाचारी और ऐकान्तिक सुख के चित्र ज़्यादा दिये। विशेषकर आम-कहानियों में प्रेमचन्दयुगीन चरित्रों के उद्वेग, संघर्ष और उनकी साधना की जगह गाँव के रीति-रिवाज़ों, तौर-तरीक़ों और अटपटे चरित्रों को चित्रित करने पर ज़्यादा झुकाव हुआ है। वर्तमान हिन्दी कहानी ने अपने पूर्ववर्तियों से और सब कुछ लिया है, पर उनका साहस और उनकी कर्मठता को त्याग दिया है। आज की हिन्दी कहानी में, आम-कहानियों में विशेषकर, स्वान्तःसुखाय की भावना प्रबल है। पुनः प्रस्तुतीकरण की प्रवृत्ति ने तरुण कथाकारों को नुस्खापसन्द बनाया है और प्रायः सभी ज़्यादा-से-ज़्यादा चौंकाने और ध्यान आकृष्ट करने की कला को अपना ध्येय बना रहे हैं।

चौंकाने और ध्यान आकृष्ट करने के अर्थ में एक विशेष प्रवृत्ति ने हिन्दी कहानी में अपना मार्ग बनाया है, जिसके आग्रहपूर्ण और विवादग्रस्त लक्ष्यों का दुखद प्रभाव पड़ा है। वे हैं अंचल-विशेष पर लिखी गई कहानियाँ और लेखकों द्वारा उनकी सार्थकता सिद्ध करना और इस वर्गीकरण को खुलेआम प्रोत्साहन देते हुए भी छद्मवेष में अपने कैथोलिक सेन्स का इज़हार करना। लगभग वे समस्त लेखक इस बखेड़े में गहरी दिलचस्पी लेते हुए पंक्तिबद्ध हैं जिनका-लेखन अधिकांश में सामान्य कोटि का, असफल और क्षणकालिक है, क्योंकि वे अपने यश का

दारोमदार अपने कृतित्व की अपेक्षा इस प्रवृत्तिविशेष के विज्ञापन को मानते हैं, जिसके बिना उनका अस्तित्व असन्दिग्ध नहीं है। यह बात निर्ममता के साथ स्वीकार करनी पड़ती है कि प्रवृत्तिमूलक इस आग्रह-विशेष का जन्म देनेवाले हैं। कतिपय तरुण कथाकार, जिन्होंने ग्राम या नगर-कहानियाँ लिखने मात्र को विशेष महत्त्व का समझ लिया और इस सत्य को ग्रहण कर नहीं सके कि किसी भी सृजन का महत्त्व उसके सम्पूर्ण प्रभाव से आँका जाता है, जो जीवन के कुटिलतम और नाना विधि-पक्षों को सही-सही उद्घाटित करे। प्रेमचन्द की महानता ग्राम-कथाकार होने में नहीं; उनकी महानता जीवन के यथार्थ को पकड़कर उसे शक्ति-सम्पन्न दृष्टि से उद्घाटित कर देने में है। उनके लिए चिन्ता शहर या गाँव की चुनाव करने की न थी। उनका ज़ोर केवल इस बात पर था कि जीवन के जिस क्षेत्र और पक्ष के वह सन्निकट हैं, उसे वह कितनी सीमा तक व्यक्त कर सकते हैं। आश्चर्य की बात है, जो बात उनके समय में होनी चाहिए थी, वह तब तो सुनी नहीं गई और आज वही प्रवृत्ति बनकर सिर के बल खड़े हो ध्यान आकर्षित करना ही अपना चरम ध्येय मानती है। नये ग्राम-कथाकार प्रेमचन्द की पारदर्शी दृष्टि और जीवन को व्यक्त करने की क्षमता से शून्य हो, अपनी असमर्थता ढकने के लिए अनावश्यक अलंकरण, निरर्थक चमत्कार, भदेसपन, लोकल कलर, आंचलिकता, नितान्त अप्रचलित टेढ़े-सीधे लुंज-पुंज शब्दों की नुमाइश, रहस्यमय और अलौकिक पात्रों के सृजन इत्यादि बाह्याडम्बरों तथा उन तमाम शॉक एलिमेंट्स को इकट्ठा कर रचनाओं को ठस बनाए जा रहे हैं, जिनमें से किसी की भी आग्रह के साथ गुंजाइश कर सकना प्रेमचन्द के लिए असम्भव था। आज की ग्राम-कथाओं में ग्राम-जीवन के उत्कट संघर्ष का चित्रण सतही या न्यून हो गया है और उसके बदले स्वादप्रवृत्ति बढ़ गई है। प्रेमचन्द की परम्परा में आदर्श रूप 'गत्ती भगत', 'डाकुओं का सरदार' प्रभृति कुछेक उत्कृष्ट रचनाओं का लिखा जाना अपवाद, आश्चर्यजनक और प्रेरणाप्रद है। अन्यथा पिछले आठ-दस वर्षों में ढेर-की-ढेर लिखी ग्राम-कहानियाँ प्राय: निर्जीव, स्पन्दनहीन, रूक्ष तथा व्यक्तिगत रुचियों का कोरा प्रदर्शन हैं। इस बात को इतने विस्तार से कहने की आवश्यकता इसलिए पड़ी कि ग्राम-कथाकार गाँव के जीवन पर कहानियाँ बेशक लिखें, पर शहरी कथाओं से राग-द्वेष पैदा करने और अपनी प्रवृत्ति को जानबूझकर बहुत बड़ी बात मनवाने का प्रयास बन्द कर दें। तथाकथित 'शहरी कथाकारों से भी मैं यही कहना चाहता हूँ। कृतित्व का महत्त्व उसके पिजन-होल वाली छँटनी या वर्गीकरण में नहीं, बल्कि उसकी जीवनदायिनी शक्ति में मिलेगा। और इसके लिए दृष्टि पर आच्छादित उस मायोपिया का इलाज कराना पड़ेगा, जिसने देखने की शक्ति को धुँधला कर दिया है। प्रस्तुत पंक्तियों के लेखक को शहर और ग्राम, दोनों जीवनों पर लिखी कहानियाँ समान रूप से प्रिय हैं। पर वह उनके वर्तमान लटकों को अभी तक अपना समर्थन नहीं दे सका है।

वैसे ग्राम-कथाकार अब लोकल और आंचलिकता के बाद 'जातीय साहित्य' को तकियाक़लाम बना रहे हैं, जो उनके आत्मसन्तोष के लिए किसी भी दिन नाकाफ़ी पड़ जाएगा। बहरहाल, वह जादू क्या जो सिर पर चढ़कर न बोले?

जीवन के बदलते मान-मूल्यों के सन्दर्भ में हमारी हिन्दी कहानी ने युग-सत्य को किस तरह व्यक्त किया है, यह विचारणीय है। इसके लिए कथाकारों के मन में कम-से-कम वे समस्याएँ अवश्य उठनी चाहिए, जो आनेवाले कल का आभास दे सकें। किसी पुरानी इमारत को ढहते देखना सत्य का एक अंश है, पर पूर्ण सत्य वह तभी होगा, जब हम इसको भी देख सकें कि ढह जाने के बाद आख़िर उस जगह नींव कैसी ख़ुदेगी और खड़े होनेवाले ढाँचे का प्रारूप क्या होगा। जिसका काम सृजन करना है, उसके उत्तरदायित्व में जहाँ एक पुरानी वस्तु को गिराकर समाप्त कर देना और उसकी जड़ें उखाड़ फेंकना है, वहीं पूरक और अत्यधिक महत्त्व के रूप में नई सृष्टि के लिए नये सत्य का न्यास भी करना है। पिछले कुछ दिनों में हिन्दी में ऐसी ढेर-सी रचनाएँ आईं, जिनमें पूँजीवादी, महाजनी और रियासती सभ्यता पर लेखकों ने तीखा आक्रोश तो व्यक्त किया, पर यह पता नहीं चल सका कि आख़िर इस आक्रोश से उनके मन का सारा सन्देह धुल गया या नहीं। ग्राम-कथाकारों के बारे में तो ख़ैर इतना भी कहने भर को जगह नहीं, क्योंकि वे व्यक्तिमन के सौन्दर्य और विचित्र-विचित्र पात्रों के सृजन में ही लगे हैं। सामाजिक दृष्टिकोण चाहे पहले से जितना भी व्यापक हुआ हो, पर वह लेखक के मन में ही दबा पड़ा है। सृजन का एकान्तिक सुख लेखक के लिए मुख्य चीज़ बन गई है। प्रेम कहानियाँ जो काफ़ी संख्या में लिखी जा रही हैं, उनमें भी यही एकान्तिक सुख हिलोरें ले रहा है। ऐसी सारी कहानियाँ एक रस हैं। पर कुछ ऐसे लेखक हैं, जिनकी आश्चर्यजनक तटस्थता और तदनुसार अपनी प्रतिभा को एकदम मौलिक सृजन पर लगा देना बड़ी बात लगती है। इन लेखकों ने, कहानी की सबसे बड़ी शर्त, उसके कथानक को पूर्णरूपेण जीवित रखा है। हिन्दी में कथानक-शून्य कहानियाँ लिखने की रुचि पूर्ववत विद्यमान है। ये लेखक ख़यालों के गुहा-गह्वर में भटकते फिरने को ही यथार्थ समझ रहे हैं। कहने लायक़ उनके पास कुछ नहीं। इतना ही नहीं, कुछ बड़े नगरों में रहनेवाले कथाकार, जिन्होंने 'अध्ययन' तो अच्छा किया, पर अनुभव शायद कम, उन्होंने चक्करदार कथा कहने के लोभ में एक-एक कहानी में चार-पाँच कहानियों के मसाले भरे और परिणामस्वरूप उनकी कहानियाँ या तो अपठनीय बन गईं या शिल्प का कौशल बनकर महज़ ज़िच पैदा कर सकीं। ऐसों के बारे में मार्के की एक बात उनकी प्रणय-कहानियों में मिलती है, जिनकी नायिका का 'सिंड्रेला' गर्ल होना बुनियादी बात हो गई है। 'ईसा के घर इनसान' की लेखिका को भी इसी तरह का फ्रस्ट्रेशन है। होटल और चर्च के जीवन ने लेखकों को घेरा है। लेकिन बात तब भी प्रश्न बनकर रह जाती है कि क्या कोई भी लेखक प्रवृत्तियों

का आग्रह त्यागे बिना सफल कृतियाँ नहीं दे सकता? पूरे एक दशक के कहानी-साहित्य पर दृष्टिपात करने के बाद क्या यह सच नहीं लगता कि आग्रह-विशेष का ध्यान किये बिना जो रचनाएँ उत्कृष्ट मानी जा सकती हैं और जिनका किसी भी भाषा में उतना ही गौरव हो सकता है, उनकी संख्या कठिनता से एक दर्जन ही होगी। 'धरती अब भी घूम रही है', 'गदल', 'अपरिचित', 'माई', 'सांकल', 'डिप्टी कलक्टरी', 'ज़िन्दगी और जोंक', 'डाकुओं का सरदार', 'गत्ती भगत', 'भटके हुए लोग' इत्यादि कहानियाँ उदाहरण हैं। दो-चार और नाम भी आसानी से जोड़े जा सकते हैं। संयोगवश इन समस्त कहानियों में एक ऐसी जिजीविषा का भाव होता है, जो कला की मुझे एकमात्र कसौटी लगती है। इन कहानियों की भाषा का सौन्दर्य अपूर्व है। हो सकता है, ये परिश्रम-साध्य रचनाएँ हों, जो इनके लिए ठीक भी है। कहते हैं, बर्नार्ड शॉ, जिसे संगीत का विशद ज्ञान था और जिस पर मोजार्ट का सीधा प्रभाव पड़ा था, अपने एक-एक शब्द की ध्वन्यात्मकता बख़ूबी समझकर ही लिखता था। 'द एपल कार्ट' के दो-ढाई पृष्ठों वाले लम्बे-लम्बे डायलॉग पाठक के लिए ज़रा भी बोझिल नहीं प्रतीत होते। कितना अच्छा होता, यदि हमारे कथाकार भाषा के महत्त्व को समझते!

आज की हिन्दी कहानी में हमें अपेक्षा केवल प्रवृत्तियों की नहीं होनी चाहिए। हिन्दी कहानी में सृजन कम नहीं है। शायद अन्य भाषाओं से अधिक ही है। पर यह निःसंकोच कहना पड़ेगा कि सृजन की कोटियाँ उत्साहवर्धक नहीं हैं। प्रवृत्तियों के घटाटोप में जो शक्ति क्षीण हो रही है, उसे एकाग्र चित्त हो मौलिक सृजन करने में लगाना श्रेयस्कर होगा।

अन्त में मैं इतना कहूँगा कि प्रस्तुत लेख में मैंने हिन्दी कहानी के बारे में थोथी आदर्शवादिता और कोरी आशा के नाम पर 'सब कुछ अच्छा-ही-अच्छा' नहीं बताया है। वह मेरा इरादा ही नहीं रहा। हिन्दी कहानी ने जो सम्भावनाएँ और विकास के अगले चरण दिये हैं, उनसे पूरी तरह अवगत होते हुए मैंने केवल अतिवादी दृष्टियों पर विहंगम दृष्टि-भर डाली है।

समसामयिक कहानी : रचना की प्रक्रिया

सुरेन्द्र चौधरी

पिछले वर्षों में हिन्दी कहानी जिस तेज़ी से विकसित हुई है, उसकी सामान्य रचना-प्रक्रिया में जो गति आई है उसके कारणों पर विचार करना यहाँ उद्दिष्ट नहीं। यहाँ सिर्फ़ इतना-भर कहना काफ़ी होगा कि 1945 ई. के उपरान्त कहानी एक साथ ही अनेक दिशाओं में विकसित होने की सम्भावना बना लेती है। रचना-प्रक्रिया से चूँकि इस प्रश्न का सीधा सम्बन्ध है, इसलिए यहाँ सामयिक कहानी की विकास-दिशाओं पर ध्यान रखते हुए उसके उस सामान्य रूप की चर्चा करूँगा जो इस प्रक्रिया को विशिष्ट और तात्त्विक रूप प्रदान करता है। सामयिक परिस्थितियों का प्रभाव इस युग में रचनात्मक मानस पर दो रूपों में पड़ता है : एक रूप उसका शुद्ध मानसिक है और दूसरा बोधात्मक। सामयिक कहानी की रचना-प्रक्रिया पर ध्यान देने से ऐसा स्पष्ट हो जाता है कि उसके ये दोनों ही रूप समानान्तर ढंग से विकसित हो रहे हैं और उनकी सम्भावनाएँ अक्षय हैं।

अज्ञेय, जैनेन्द्र, पहाड़ी, इलाचन्द्र जोशी इत्यादि ने अपनी कहानियों के द्वारा उस प्रक्रिया को यथेष्ट रूप दे दिया था जो शुद्ध मानसिक सत्यों को लेकर कथा के निर्माण में प्रवृत्त थी। बोध-प्रधान कहानियों के लिए प्रेमचन्द और यशपाल ने एक निर्दिष्ट परम्परा ही निर्मित कर दी थी। परिणाम यह है कि सामयिक हिन्दी कहानी किसी एक ही प्रक्रिया का विकास नहीं है। जो लोग सामयिक हिन्दी कहानी को किसी एकात्मक रचना-प्रक्रिया का विकास मानते हैं उनके लिए आज दो धाराओं के उस मूल स्रोत को स्पष्ट करना मुश्किल हो रहा है जिसके आधार पर वे उसकी एकतानता सिद्ध कर सकें।

रचना-प्रक्रिया की इस समानान्तरता को स्वीकार कर आज की हिन्दी कहानी पर विचार करना उतना कष्टकर प्रतीत नहीं होगा। आज की हिन्दी कहानी की एक धारा ऐसी है जो अपनी आन्तरिक चेतना से वह रूप गढ़ती है जो प्रत्यक्ष सामाजिक शक्तियों की अन्तर्क्रिया से निर्मित नहीं है। दूसरी ओर एक दूसरी धारा है जो शुद्ध बोध के आधार पर सामाजिक शक्तियों, सम्बन्धों और जीवन-रूपों की व्याख्या

करती है। इन अलग-अलग रचना-प्रक्रियाओं पर स्वतंत्र रूप से आज विचार करने की आवश्यकता है। ऐसा करने के उपरान्त ही हम आधुनिक कहानियों के स्वरूप को समझ सकेंगे, ऐसा मेरा विश्वास है।

चूँकि कहानी की रचना-प्रक्रिया जीवन के व्यवहारों से ही सम्बद्ध है, इसलिए उसकी विधाओं के सम्बन्ध में आत्यन्तिक रूप से और झटके से कुछ कहना उचित नहीं है। आवश्यकता यहाँ इस बात की है कि कहानी की रचना-प्रक्रिया को समझने की चेष्टा में हम अधिक-से-अधिक व्यवस्थित रूप में जीवन के व्यवहारों के आन्तरिक और क्रियात्मक ढाँचे का परिज्ञान करें। रचनात्मक मानस इन समस्त जीवन-व्यवहारों को एक ही रूप में ग्रहण नहीं करता; वह कुछ को स्वीकार करता है और कुछ को अस्वीकार। ये दोनों ही प्रक्रिया रचयिता के अवधान और सामान्य जीवन-परिस्थितियों से उसके सम्बन्ध का परिणाम हैं।

यहाँ सबसे पहले मैं हिन्दी कहानी की उस रचना-प्रक्रिया की चर्चा करूँ जो जीवन-सत्य का अवधान मानसिक आयाम में करती है। इस रचना-प्रक्रिया के उत्थापन के विशेष कारण थे। प्रेमचन्द की अधिकांश कहानियों में विषय (Theme) की ऐसी विधि का विकास हुआ था जो समस्त सत्य को शुद्ध रूप से बहिर्गत सम्बन्ध के रूप में ही देखती मानती थी। यशपाल की कहानियों में यद्यपि थोड़ा विषयान्तर मिलता है, किन्तु इससे कोई विशेष अन्तर नहीं पड़ता। प्रेमचन्द ने सारे मानवीय सम्बन्धों को आँकड़ों (Measurable data) के स्तर तक सरल कर रखा था। परिणाम यह हो रहा था कि मानव व्यवहार के उन रूपों को कहानियों में जगह नहीं मिल पाती थी जिन्हें हम सामाजिक आँकड़ों तक सरलीकृत करने में समर्थ नहीं थे। जैनेन्द्र आदि की कहानियों में इसके लिए चेष्टा हुई, किन्तु संकेतों में। वस्तुतः, जैनेन्द्र आदि कहानीकारों ने भी मानवीय व्यवहार के इस मानसिक रूप को किसी विशिष्ट जीवन-प्रक्रिया के रूप में नहीं उभारा।

सामयिक हिन्दी कहानी में इस ओर कुछ अधिक सचेष्टता बरती जा रही है। नलिन विलोचन शर्मा (स्व.), विष्णु प्रभाकर, भिक्खु, मोहन राकेश, राजेन्द्र यादव, निर्मल वर्मा और राजकमल चौधरी की कहानियों की रचना-प्रक्रिया पर विचार करने से हमें इस बात का कुछ सही अन्दाज़ लग सकता है। स्व. नलिन विलोचन शर्मा की अधिकांश कहानियों में एक केन्द्रीय परिस्थिति का उत्थापन कारक-आवेगों (Motivation) से होता है जो मुख्य पात्र के अचेतन संस्कारों से कार्य करते हैं। इन कारक-आवेगों को पात्रों की परिस्थिति के अन्तर्विरोध में ढूँढ़ना उनकी कहानियों के अर्थ को विकृत करना होगा। जो लोग प्रत्येक व्यापार का कारण परिस्थिति में ढूँढ़ने के आदी हैं उन्हें ये कहानियाँ काफ़ी परेशान करती हैं। हमारी सामयिक जीवन परिस्थिति अपने प्रस्तार में जितनी जटिल है शायद उससे अधिक जटिल वह अपने आन्तरिक रूप में है। व्यक्ति के भोग के धरातल पर उसकी जटिलता का अन्दाज़

मोहन राकेश की कहानी 'मिस पाल' के पाठकों को होगा ही। 'जहाँ लक्ष्मी क़ैद है', 'परिन्दे', 'खामोश घाटियों के साँप' इत्यादि रचनाएँ भी इसी कोटि के अन्तर्गत आती हैं। इन सभी कहानियों में उस जीवन-परिस्थिति का चित्रण है जो मनुष्य को निरन्तर वैयक्तिकता में उलझाती जा रही है, जो व्यक्ति के सामाजिक व्यक्तित्व का सन्तुलन नष्ट कर रही है और इस प्रकार निरन्तर जीवन को क्षयग्रस्त करती चल रही है। मगर इन सभी कहानियों में इस परिस्थिति के प्रति लेखकों की प्रतिक्रियाएँ एक जैसी नहीं हैं; उनके अनेक धरातल हैं। सामान्यत: जीवन परिस्थितियों के दो ही रूप होते हैं, एक वह जहाँ घटनाएँ सार्वभौम रूप से एक ही प्रकार की प्रतिक्रिया उत्पन्न करती हैं। ऐसी घटनाओं को लेकर चलनेवाली रचना-प्रक्रिया अनुभव की दृष्टि से प्रत्यक्ष और विस्तृत रहती है। इसके विपरीत कुछ ऐसी घटनाएँ हैं जो व्यक्ति मानस पर अलग-अलग गहराइयों में प्रभाव उत्पन्न करती हैं। किन्तु दोनों में कोई भी परिस्थिति ऐसी नहीं है जिससे लेखक तटस्थ रहकर काम चला सके। एक काल में यदि एक प्रकार के अनुभव रचना की प्रक्रिया में उभरते हैं तो दूसरे काल में ठीक उससे दूसरे प्रकार के अनुभवों का उभार होता है।

ऊपर मैंने रचना की मानसिक और बोधात्मक प्रक्रियाओं की चर्चा की है। यहाँ मुझे उनके प्रथम रूप की व्याख्या करना अभिप्रेत है। इस सम्बन्ध में ऑडेन की कुछ-एक पंक्तियाँ उद्धृत करूँ—"...man is a history-making creature for whom the future is always open; human nature is a nature continually in quest of itself, obliged at every moment to transcend what it was a moment before. For man the present is not real but valuable. He can neither repeat the past exactly-every moment is uniquenor leave it behind-at every moment he adds to and thereby modifies all that has previously happened to him".[1]

सामान्य रूप से प्रत्येक आधुनिक युगजीवी की, और विशेष रूप से रचयिता साहित्यकार की यह दृष्टि किसी एक निश्चित बिम्ब या रूप के माध्यम से अपने अस्तित्व को उदाहृत करने की विधि को आज असम्भव बना रही है। इसका एक बहुत बड़ा कारण यह है कि आज का बुद्धिजीवी व्यक्ति वर्तमान में नहीं रहता; वह या तो उस अतीत में रहता है जिसमें शारीरिक रूप से मृत भी उसी प्रकार क्रियाशील है जिस प्रकार जीवित व्यक्ति रहता है, या फिर उस भविष्य को लेकर जीवित है जो अपनी सारी अस्पष्टता के बावजूद हमें आकर्षित करता है। इस अतीत या भविष्य को लेकर जीवित रहनेवाले व्यक्ति का भावात्मक अनुभव निरन्तर, भोक्ता के रूप में, वस्तुओं और अवस्थाओं के बीच चुनाव करता रहता है। यही उसकी जीवन-प्रक्रिया

1. दि क्वेस्ट हियरो—ऑडेन, टेक्सस क्वार्टर्ली, अंक 4, 1961

का सूत्र है। कहानी पर इस जीवन-प्रक्रिया की छाया न पड़े, यही आश्चर्य की बात होगी; कभी 'हाई सीरियसनेस' के साथ, कभी मात्र एक भंगिमा (Gesture) के रूप में और कभी घटना की जटिलता के रूप में इस जीवन-प्रक्रिया को कहानीकार बार-बार दुहराता हुआ मालूम पड़ता है। यह स्थिति सिर्फ़ हिन्दी कहानियों की नहीं है, हिन्दी कहानी के बाहर भी है और यूरोप के कथा-साहित्य में तो जैसे चुकने लगी है। फिर भी इनका एक स्वस्थ प्रभाव, जो हिन्दी कहानियों पर पड़ा है, वह है जीवन-व्यापारों के अर्थ की खोज पर बल। सामयिक कहानी-लेखक व्यक्ति-व्यापारों को केवल घटना के साथ जोड़कर कथावस्तु का निर्माण नहीं करता, वह एक ऐसा सन्तुलन बनाने की चेष्टा करता है जिसमें व्यापार कहानी की परावधि (Telos) की ओर सहज गति से बढ़ते हुए जीवन-प्रवाह का संकेत दे सके। श्री राजेन्द्र यादव ने अपने एक लेख में आधुनिक कहानी की रचना-प्रक्रिया के सम्बन्ध में बातें करते हुए इस तथ्य की ओर इशारा किया था।

आधुनिक कहानीकार इस ओर से सचेत है कि जीवन समय की दिशा में एक अव्याहत प्रक्रिया है, देश के संयोग से यह प्रक्रिया एक भ्रमण बन जाती है। आधुनिक कहानीकार अपनी वैयक्तिकता और असामान्यता (Uniqueness) की ओर से भी उतना ही सचेष्ट है। फलतः उसका लक्ष्य नितान्त वैयक्तिक अथवा अनिश्चित भविष्य के हाथों रहता है क्योंकि वह अपने प्रयत्नों के विस्तार में सफल या असफल रहेगा, इसका निश्चय उसे नहीं है। इसके अतिरिक्त वह अपने अन्दर की विरोधी शक्तियों के विषय में भी कम सचेत नहीं है जो निरन्तर उसकी इच्छा को प्रभावित करना चाहती हैं। इनमें कुछ अच्छी और कुछ बुरी हैं। इन शक्तियों की स्थिति निश्चित है, व्यक्ति इनके प्रति समर्पण या प्रतिरोध का निश्चय तो कर सकता है, किन्तु वह इच्छा ही नहीं करे इसके लिए स्वतंत्र नहीं है।

ऑडेन ने ठीक ही लिखा है, "इस अनुभव का कोई भी चित्र आवश्यक रूप से द्विरूप (Dualistic) होगा—दो स्थितियों के बीच का संघर्ष।"

इस आवश्यक धारणा को ग्रहण किये बिना सामयिक कहानियों की रचना-प्रक्रिया पर विचार नहीं किया जा सकता और उसके मानसिक रूप पर तो शायद और भी नहीं। ऐसी स्थिति में आज रहस्य-रोमांच की कहानियों के लिए बहुत कम गुंजाइश रह जाती है, क्योंकि वैसी कहानियों में कथा का लक्ष्य कोई व्यक्ति या संस्था है, किन्तु जिसका उत्तर स्वयं एक प्रश्न है—किसने हत्या की? स्पष्ट है कि ऐसी कहानियों में जीवन परिवर्तन की प्रक्रिया, उसका प्रवाह नितान्त अनावश्यक चीज़ है। जो कहानी जितने सीमित व्यापार क्षेत्र में चलेगी, जितने सघन और जटिल वातावरण में लिखी जाएगी, उतनी ही सफल होगी। एडविन म्यूर जिसे 'सीनिक डेस्क्रिप्शन' कहता है, वही ऐसी कहानियों की आत्मा है, विस्तार या प्रवाह नहीं।

आज का लेखक घटना-वैचित्र्य को लेकर भी कहानी के निर्माण को उद्यत नहीं होता क्योंकि वैसी कहानियों में लक्ष्य और प्रवाह में (Goal and journey) में अभेद रहता है। यहाँ एक घटना से दूसरी घटना का तारतम्य मात्र रहस्य या रोमांच के लिए स्थापित किया जाता है, जीवन प्रवाह की अनिवार्यता से नहीं। राजकमल चौधरी की कहानी 'सामुद्रिक' के नायक की खोज कभी समाप्त नहीं होगी क्योंकि ऐसी स्त्रियाँ हमेशा रह जाएँगी जिन्हें उनके नायक ने समर्पण का सुख न दिया हो। रोमांच या रोमांस की यह अशेष खोज जीवन से भटककर मात्र एक निरर्थकता बन जाती है, एक जिज्ञासायुक्त भंगिमा! कहानियों में यह जीवन-शोध 'ट्रैजिक' परिस्थितियाँ भर उत्पन्न कर पाता है।

निर्मल वर्मा की कहानी 'परिन्दे' में जीवन प्रवाह की एक दूसरी ही मुद्रा है। लतिका अतीत में लौट नहीं सकती, मगर अतीत उसे प्रिय है क्योंकि इस अतीत के साथ अक्षय स्मृतियाँ हैं, जीवन की सार्थकता है। वह अपने जीवन-लक्ष्य को नहीं पाएगी, क्योंकि वह स्वयं अतीत है, व्यतीत है, मगर फिर भी जिजीविषा उसे प्रेरित करती है। वह अपने चारों ओर फैली विश्व-शक्तियों से अपरिचित नहीं है, मगर इस भयावह परिचय के बावजूद वह अपने व्यतीत की रक्षा के लिए सचेष्ट है। इससे गहरी सचेष्टता हमें मोहन राकेश की कहानी 'मिस पाल' में मिल जाती है। लेखक ने वस्तुत: यह एक सर्वथा नये प्रकार के चरित्र की सृष्टि कर ली है। ऐसे चरित्रों की काल्पनिक सृष्टि करते हुए लेखक को जीवन की निरन्तर विकासशील संवेदनाओं से परिचय रखने की नितान्त आवश्यकता होती है। नई-नई परिस्थितियाँ जीवन का सर्वथा नया रूप ही खड़ा कर देती हैं, इन रूपों से आन्तरिक रूप से परिचित होकर भी हम इन्हें स्वीकार करने को तत्पर नहीं होते। किन्तु कभी-कभी ऐसी स्थिति उत्पन्न हो जाती है जहाँ इनको स्वीकार करना हमारी इच्छा-अनिच्छा पर निर्भर नहीं करता, हमारी विवशता बन जाता है। 'मिस पाल' का विरोध (Contradiction) भी इसी विवशता की अभिव्यक्ति है। कहानी की रचना-प्रक्रिया में इसी विरोध का दिग्दर्शन मुख्य विषय है और लेखक को इसमें निश्चित रूप से सफलता मिली है। 'मिस पाल' का परिप्रेक्ष्य (Perspective) इस दृष्टि से नितान्त नवीन है और इसी परिप्रेक्ष्य के उत्थापन में 'मिस पाल' की संवेदनीयता का मूल्य भी छिपा है, उसके विरोधों का वास्तविक आधार भी।

सामयिक कहानी की रचना-प्रक्रिया के इस रूप विशेष पर बहुत विस्तार से कुछ न लिखकर यहाँ इतना भर स्पष्ट कर देना अभीष्ट है कि कहानी के निर्माण में आज चरित्र की मूल संवेदना को उभारने का प्रयत्न ही मुख्य हो गया है, घटनाओं और परिस्थितियों की नाटकीयता का चित्रण गौण। लेकिन इससे यह नहीं समझ लेना चाहिए कि कोई कहानी बिना किसी सिद्ध परिस्थिति के, केवल पात्र का भावनात्मक रूप खड़ा कर अच्छी कहानी बन जा सकती है। इस सम्बन्ध में

शास्त्रीय पद्धति के अनुसार गर्भांकों के निर्माण की चर्चा की जा सकती है। पाठक या भावक या श्रोता अनुभव-सामान्य संवेदनाओं का मर्म ही तात्कालिक रूप से ग्रहण करता है। इस तथ्य के ऊपर हेफोर्ड एवं विन्सेंट नामक विद्वानों ने अपनी पुस्तक 'रीडर एंड राइटर' में बहुत विस्तार से विचार किया है। उनके निष्कर्षों को यहाँ संक्षेप में उपस्थित कर दूँ। उन लोगों ने लिखा है—"All these pieces relate experience to which none of us can be indifferent. You will find that reading them will heighten your interest in and your awareness of similar experiences you have already known or heard about... Seeing into other people's lives increases your understanding of your own."[1]

स्पष्ट है कि अनुभव का सामान्य वृत्त (Arch type) परिस्थिति के निद्ध रूपों से ही निःसृत है। आधुनिक कहानी की रचना-प्रक्रिया में जो एक बहुत बड़ा दोष मुझे दीख पड़ता है, उसका कारण भावनात्मक विधान की एकांगिता है। सामयिक कहानीकार पात्र के जीवन के मर्म-विशेष को उद्घाटित करने के लिए ऐसी विचित्र परिस्थितियाँ खड़ी करता है जिससे हमारे सामान्य अनुभव का सम्बन्ध बड़ा नगण्य होता है। ऐसी विचित्र परिस्थितियाँ खड़ी करने के लिए कहानीकार को ऐसे गर्भांक-समूहों की योजना करनी पड़ती है जो पात्र के विकास के अनुकूल अवस्थाएँ निर्मित कर सकें। परिणाम यह होता है कि आज की अधिकांश कहानियाँ परिस्थिति के आम्रेडन से निर्मित होती हैं। अधिकांश भावनात्मक प्रक्रिया वाली कहानियों में लेखक अपनी कल्पना से असामान्य परिस्थितियों की योजना तो कर लेता है; किन्तु जहाँ उसका कथा-विधान अपनी सहजता के द्वारा पाठक को उन परिस्थितियों के अन्तरंग में ले जाने में समर्थ नहीं होता वहाँ कहानी का पूरा ढाँचा ही बर्बाद हो जाता है। निर्मल वर्मा की तथा राजकमल चौधरी की अधिकांश कहानियाँ केवल रोमांस गढ़कर चुक जाती हैं, उनमें अनुभव का 'आर्क टाइप' निर्मित ही नहीं हो पाता, कहानी का मर्म खुल ही नहीं पाता। इन लेखकों की तुलना में राजेन्द्र यादव और मोहन राकेश की रचना-प्रक्रिया अधिक प्रौढ़ और अनुभव-सामान्य है। राजेन्द्र यादव की 'जहाँ लक्ष्मी क़ैद है', 'रोशनी कहाँ है', मोहन राकेश की 'मिस पाल' एवं 'आर्द्रा', मन्नू भंडारी की 'यह भी सच है' इत्यादि को लीजिए। यहाँ लेखक की कल्पना का विश्व हमारे अनुभव के विश्व से पृथक् नहीं है, फलतः उसमें किसी पात्र की अवस्था या प्रत्यवस्था का अथवा सन्तुलन का मर्म हम सहज ही ग्रहण कर लेते हैं। इन सभी कहानियों में गर्भांक-समूहों के बग़ैर लेखकों ने परिस्थिति और चरित्र का अन्तरावलम्बन निर्मित कर लिया है। उनमें परिस्थितियों से टूटकर कोई पात्र

1. रीडर एंड राइटर-भाग 3, पृ. 207 (बोस्टन, 1954)

मार्मिक हो उठता है, कोई परिस्थितियों के प्रवाह में अपने प्रतिरोध को प्रमाणित करता हुआ सहसा उद्भासित हो उठता है। दोनों ही प्रक्रियाएँ अपने सन्दर्भ में सार्थक हैं। 'रोशनी कहाँ है' के बिस्सो को ही लीजिए; उसके जीवन में आर्थिक सीमाजन्य अनेक तनाव हैं, उसे उनका पर्याप्त ज्ञान भी है, मगर उसका मर्म खुलता है एक विशेष परिस्थिति में, जब निगम और जसवंत किशोरी की चादर के दस रुपये डकार जाने की चेष्टा में लगे हैं। दूसरों की मुश्किल आसान करनेवाला बिस्सो अपनी मुश्किलों के लिए कोई राहत ढूँढ़ नहीं पाता—"दो घाघों से रुपये निकलवा लेने की सारी प्रसन्नता और किशोरी को बचाकर सहायता करने का सारा बड़प्पन जैसे एक ही झटके में उड़ गया! बिस्सो बाबू एकदम सुस्त हो गया! अन्ना के प्रति आज का व्यवहार!..." परिस्थितियों के भीतर तनाव का यह सहज मर्म क्या पात्र की भावना के स्तर पर खुलकर भी अनुभव-सामान्य नहीं हुआ? कहानी में गर्भांक-समूह नहीं है, बस चरम परिणति का एक ही बिन्दु है, अनुभवपूर्ण, आत्मपूर्ण रचनाधर्मी कहानी की इस पूर्णता पर मुझे यहाँ भाई नामवर सिंह की बातें नहीं दुहरानी हैं।

रचना-प्रक्रिया का दूसरा रूप है बोध-प्रधान कहानियों वाला। ऐसी कहानियाँ प्रेमचन्द से ही शुरू होती हैं, किन्तु कालान्तर में उनमें आवश्यक परिवर्तन, परिष्कार हुए हैं। इस प्रक्रिया का महत्त्व अनुभव-सामान्य परिस्थितियों की नियोजना और तद्रूप पात्रों के उत्थान में है। यहाँ एक बार फिर प्रेमचन्द की रचना-प्रक्रिया पर कुछ बातें दुहरा दूँ। प्रेमचन्द ने अपनी अधिकांश कहानियों में अनुभव-सामान्य और तात्कालिक परिस्थिति-गर्भता का बड़ा ही बृहत् रूप खड़ा करने का प्रयास किया है, किन्तु उनके अनुरूप पात्रों की सृष्टि नहीं कर पाने के कारण, पात्रों को अधिकाधिक 'इन्स्ट्रुमेंटल' बना देने के कारण कहानियाँ कमज़ोर हो गई हैं। जहाँ उन्होंने अपने को इस दोष से बचा लिया है, वहाँ उनकी कहानियाँ रचना-प्रक्रिया की दृष्टि से पूर्ण और मार्मिक हो गई हैं। 'बड़े भाईसाहब', 'रामलीला', 'मुक्तिमार्ग', 'कफ़न', 'पूस की रात' इत्यादि उदाहरण के रूप में उपस्थित की जा चुकी हैं। 'जुलूस', 'नशा', 'घासवाली' इत्यादि कहानियाँ इनकी तुलना में इसलिए कमज़ोर पड़ जाती हैं कि इनमें परिस्थितियाँ बड़ी सगर्भ हैं, किन्तु पात्र उनसे बलात जोड़े गए हैं। शायद उनके टूटने से कहानी का आन्तरिक रूप खुल पाता। सामयिक कहानी-लेखकों में भैरवप्रसाद गुप्त, राजेन्द्र यादव, अमरकान्त, कमलेश्वर, शेखर जोशी, हर्षनाथ, मार्कण्डेय, रेणु, शानी इत्यादि इसी प्रक्रिया को स्वीकार करनेवाले कथाकार हैं। इससे यह नहीं समझना चाहिए कि कहानी में विकास के स्थल को ये सभी कहानीकार एक ही प्रकार से तोड़ या जोड़कर उभारते हैं, मगर उस विकास के निर्माण में वातावरण या परिस्थितियों का जो स्वरूप ये गढ़ते हैं उसमें आधारभूत साम्य है। इस प्रक्रियात्मक साम्य के कारण इनकी कहानियों में 'बोध' की स्पष्टता रहती है, ये सभी कहानीकार अनुभव-सामान्य

बोधों के कहानीकार हैं। इन कथाकारों का बोध व्यक्ति के अनुभव-वैचित्र्य का परिणाम नहीं है और न जीवन की असामान्य परिस्थितियों का ही, फिर भी उसमें 'भावना' का एक सहज-सम्प्रेष्य रूप अन्तर्भुक्त है। ये कहानीकार पात्रों का 'जेनोटाइप' नहीं गढ़ते, न अद्‌भुत परिस्थितियों को लेकर ही कहानी खड़ी करने की चेष्टा करते हैं। अनुभव के सत्य के रूप में गृहीत कोई घटना, कोई सम्बन्ध, कोई व्यक्ति या कोई भावना कहानी का कथ्य बन सकती है यदि उसे संवेदनशील और कल्पनासमृद्ध रचयिता मिल जाए। कहानी में कथ्य और कथ्य का विधान, दोनों ही महत्त्वपूर्ण हैं।

रेणुजी ने कुछ बहुत लम्बी कहानियाँ लिखी हैं, जैसे 'मारे गए गुलफ़ाम'। ऐसी कहानियों में उन्होंने किसी बोध को रोमांस के स्तर तक उछालकर भावनात्मक बनाने की चेष्टा में न केवल उनको विषयान्तरग्रस्त किया है, बल्कि बहुत हद तक कहानी के 'बोध' को भी उन्होंने आहत हो जाने के लिए असहाय छोड़ दिया है। रचना के प्रवाह में उनका विषय-बोध भावना के कुहासे के स्तरों से दबकर नष्ट हो जाता है। कहानी के निर्माण की प्रक्रिया में यह दोष मार्कण्डेय की रचनाओं में भी पाया जाता है। इसका बहुत बड़ा कारण विचार का स्तर है। इस सम्बन्ध में कहा गया है—"Thinking is a process exceedingly difficult to define, partly because it is subjective, partly because it is intangible and partly because it is not one activity and occurs in a variety of media, from words, mathematical symbols and images, to flashes of intuition and inner certitude."[1] जिस प्रकार विचार की प्रक्रिया जटिल और सावयव होने के कारण सामान्यतः पकड़ में नहीं आती, उसी तरह विचारों के स्तर की ओर से जब कहानीकार सचेष्ट नहीं होता है तो वैसी स्थिति मे प्रवाह उसे दूर-दूर भटका देता है। रेणु को अपने कथ्य का संश्लिष्ट अवधान नहीं है, फलतः उनकी कहानियाँ प्रवाह में खो जाती हैं, उनकी रचना-प्रक्रिया 'कथानक' के वेग से नियंत्रित नहीं रह पाती। यह दोष रेणु की ही रचना-प्रक्रिया में नहीं है, शैलेश मटियानी की अधिकांश, कहानियों में भी यही दोष है; अन्यथा ये दोनों ही कहानीकार हिन्दी कहानियों में 'बोध' के दो नये धरातलों को लेकर उभरे हैं।

भैरवप्रसाद गुप्त, कमलेश्वर, रमेश बक्षी इत्यादि कहानीकारों को टूटते हुए व्यक्तियों का चित्रण प्रिय है। वे परिस्थिति की जटिलता का बड़ा ही सबल रूप खड़ा कर अपने पात्रों को उसमें डाल देते हैं। स्वाभाविक रूप से इन जटिल परिस्थितियों में पड़े पात्र टूट जाते हैं, किन्तु उनके टूटने का सहज मर्म इनकी कहानियों को प्राणवान बना देता है। इन्हें अपने पात्रों को लेकर कोई अतिरिक्त मोह नहीं है। ऐसी

1. रीडर एंड राइटर, पृ. 296 (बोस्टन, 1954)

कहानियों की रचना-प्रक्रिया में ऐसा सहज सम्भव है कि लेखक कुंठित व्यक्तियों को लेकर कहानी की रचना करना चाहे, किन्तु इन लेखकों में बहुत कम ऐसे हैं जिनके पात्र कुंठाग्रस्त हों (रमेश बक्षी में यह दोष कहीं-कहीं उभरता है)।

हिन्दी के सामयिक कथाकारों में कुछ ऐसे भी लोग हैं जिनकी कहानियों में 'बोध' का बड़ा ही विकृत रूप मिलता है। इसका कारण यह है कि वे गतिशील जीवन को उसके बाहरी रूप में ही देखने-परखने की चेष्टा करते हैं। जीवन के अन्त:सम्बन्धों में उन्हें वास्तविक गति ही नहीं है। फलत: उनका बोध शुद्ध चाक्षुष है। वे जो देखते हैं उसे ही सत्य मानकर कहानी की विषयवस्तु गढ़ने की चेष्टा करते हैं। यह प्रक्रिया विकृत बोध को जन्म देती है। परिणाम यह है कि इन लेखकों का सम्पूर्ण साहित्य प्रभावात्मक तथ्यों, अतिरंजित घटनाओं और कुंठाग्रस्त भोगों से भरा-भरा है। इन प्रक्रियाओं का संकेत कर देना ही यहाँ काफ़ी होगा, इन्हें उदाहृत करना मुझे इष्ट नहीं।

स्पष्ट है कि सामयिक हिन्दी कहानी किसी एकान्त रचना-प्रक्रिया का विकास नहीं है, आरम्भ से ही इसके दो रूप रहे हैं (प्रसाद और प्रेमचन्द)। अद्यावधि यह विश्वास हिन्दी कहानियों में सुरक्षित है। इधर की कहानियों में जो एक बहुत महत्त्वपूर्ण रचनात्मक रूप उभरा है उसका कारण यह है कि ये कहानीकार मानवीय व्यापार को किसी भौतिक अर्थ में 'वातावरण' का परिणाम मानने के बजाय व्यक्ति के विशिष्ट वातावरण-बोध का परिणाम मानकर चित्रित करते हैं। कहानी की रचना-प्रक्रिया पर इस सत्य का बहुत बड़ा प्रभाव पड़ा है। सबसे पहले आज का कहानीकार अपने पात्रों के व्यापार को परिस्थितियों की सहज प्रतिक्रिया के रूप में चित्रित नहीं करता, वह परिस्थिति-बोध को बीच में डाल देता है। इस प्रक्रिया के परिणामस्वरूप पात्रों के अन्तरंग का निर्माण करने में वह बड़ी सूक्ष्मता बरतता है। कभी-कभी एक ही भौतिक परिस्थिति से उद्दीप्त दो परस्पर विरोधी प्रतिक्रियाएँ उत्पन्न हो जाती हैं तो उनके बीच वह सहसा कोई निर्णय नहीं ले पाता। पात्रत्व के निर्माण में इस 'तनाव' का बहुत बड़ा हाथ रहता है।

इस तनाव का मर्म कहानी में तभी खुल सकता है जब कहानीकार रचना की प्रक्रिया में इस विलक्षण संयोग के लिए कहानी में पर्याप्त भूमि बना लेता है या पात्र के अन्त:करण की द्रव-दशाओं का सूक्ष्मता से उत्थापन करने में समर्थ होता है। इन दोनों शर्तों के प्रभाव में इस द्विरूप प्रतिक्रिया को किसी भी प्रकार संश्लिष्ट नहीं किया जा सकता। मन्नू भंडारी की कहानी 'यह भी सच है' इस प्रक्रिया का सबसे अच्छा उदाहरण है। इसमें मूल पात्र की मन:स्थितियों को बड़ी सूक्ष्मता से उपस्थित कर लेखक ने इस द्विरूप प्रतिक्रिया को संश्लिष्ट बना दिया है। ऐसी सूक्ष्म मन:स्थितियों की पकड़ से कहानी का रूप चमत्कृत हो उठता है; पात्र हमारी संवेदना को अनायास ही प्राप्त कर लेता है।

अज्ञेय की रचना-प्रक्रिया पर विचार करते हुए मैंने जिस 'शोध' की चर्चा की थी,[1] उसका रूप इन परवर्ती कहानियों में बहुत खुलकर आता है। यों सामान्य रूप से इसका निर्वाह करने में सफल बहुत कम लेखक ही हुए हैं, किन्तु यह विधा सर्वमान्य सी हो गई है। वैसे इससे पृथक् और कथानकमूलक प्रक्रियाएँ भी समानान्तर रूप से विकसित हो रही हैं और कुछ लेखकों में तो उसका बड़ा ही स्पष्ट रूप देखा जा सकता है।

[हिन्दी कहानी : प्रक्रिया और पाठ, सितम्बर, 1963]

1. अज्ञेय की कहानियों की रचना-प्रक्रिया अधिकांशत: आत्म-विकृतिमूलक और शोधात्मक है।...'स्पेस' में हमारा जो रूप है वह लगभग निश्चित है। जो कुछ भी हम होते हैं वह समय की दिशा में। समय की दिशा में मनुष्य का कुछ होते रहना केवल अवस्था-भेद नहीं है। जैसा वस्तुगत रूप से हम देख पाते हैं। वस्तुगत रूप से अलग भी हम समय के साथ कुछ होते हैं, और वस्तुत: यही होना, यही सम्भावना, हमारे शोध की प्रेरणा है। 'गृहत्याग', 'विपथगा', 'कलंक', 'अमरवल्लरी' इत्यादि कहानियों की रचना-प्रक्रिया में यह प्रेरणा सहज अनुमेय है। इन सारी कहानियों में कहीं व्यक्ति 'अपने होने की सार्थकता का खोजी है, कहीं अपनी इच्छाओं की सार्थकता का और कहीं अपने विचारों का।'

कहानी : नये सन्दर्भों की खोज

मोहन राकेश

हिन्दी में कहानी की चर्चा थोड़े दिनों से ही आरम्भ हुई है। दूसरी भाषाओं में भी कहानी की चर्चा बहुत विस्तार से नहीं हुई क्योंकि कविता के ह्रास की बात करते हुए भी प्राय: आलोचक, साहित्य और कविता को, पर्यायवाची-से मानकर चलते हैं। कहानी के विकास की दृष्टि से यह स्थिति सम्भवत: हितकर ही रही, क्योंकि इससे कहानी के मूल्यों का आलोचकीय परिभाषाओं के सहारे विकसित न होकर रचनात्मक प्रयोगों के सहारे ही विकसित हुआ।

हर महीने संसार की विभिन्न पत्र-पत्रिकाओं में हज़ारों नई कहानियाँ प्रकाशित होती हैं। क्या इनमें सब कहानियाँ 'नई' होती हैं? किस अर्थ में एक 'नई' कहानी 'पुरानी' कहानी से अलग होती है? क्या कहानी की नवीनता का सम्बन्ध उसके वस्तु-क्षेत्र से है? और अच्छी कहानी क्या है? क्या अच्छी कहानी वह है जो अच्छे लोगों के बारे में लिखी जाती हैं?

कहानी की नवीनता का सम्बन्ध वस्तु और चरित्र की नवीनता के साथ जोड़ दिया जाए तो संसार में जितनी कहानियाँ लिखी जा रही हैं उनमें एक भी 'नई' कहानी ढूँढ़ लेना कठिन होगा। ऐसा कोई भी विषय या क्षेत्र नहीं है जिसे लेकर पहले कहानियाँ नहीं लिखी जा चुकीं। इसलिए इस या उस क्षेत्र के जीवन को लेकर कहानियाँ लिखनेवाले लोग जब अपनी नई दृष्टि, नई चेतना और नई भाव-भूमि की बात कहते हैं तो ऐसे लगता है जैसे वे अपने को किसी ऐसी चीज़ का विश्वास दिलाना चाहते हों जिस पर उनका भी मन विश्वास नहीं करता। नि:सन्देह कहानी की सार्थकता इस बात में नहीं है कि वह किस नये अजायबघर से कौन-सा अजूबा लाकर हमारे सामने पेश करती है। नई तरह के व्यक्ति या नई तरह के वातावरण का चित्रण कर देने से एक नई कहानी की सृष्टि नहीं हो जाती। कुछ दिन पहले शेखर जोशी के कहानी-संग्रह 'कोसी का घटवार' की भूमिका में यह शिकायत पढ़ी थी कि औद्योगिक जीवन के सम्बन्ध में लिखी गई कहानियों को आलोचकों ने वह मान्यता नहीं दी जो ग्राम-जीवन को लेकर लिखी गई कहानियों को दी है।

औद्योगिक जीवन को लेकर लिखी गई शेखर की कहानी 'बदबू' काफ़ी अच्छे स्तर की है, परन्तु मेरी दृष्टि में उनकी सबसे अच्छी कहानी 'कोसी का घटवार' है, जो पार्वत्य प्रदेश के दो साधारण प्राणियों की भावात्मक ट्रेजेडी को लेकर लिखी गई है। इसलिए शेखर का यह सोचना ग़लत है कि उसकी कहानियों की विशेषता एक विशेष वर्ग या समुदाय के सम्बन्ध में लिखने के कारण है। औद्योगिक जीवन को लेकर संसार में कई एक अच्छी कहानियाँ लिखी गई हैं, परन्तु इसी जीवन के सम्बन्ध में कितनी ही निर्जीव और यांत्रिक-सी कहानियाँ भी लिखी गई हैं। किसी वर्ग या क्षेत्र को लेकर कहानी लिखी जाती है, निःसन्देह इससे कहानी के मूल्य पर कोई प्रकाश नहीं पड़ता।

इसी तरह कहानी की अच्छाई या बुराई का सम्बन्ध इस बात से कदापि नहीं है कि जिन चरित्रों को कहानी में चित्रित किया गया है, वे भले हैं या बुरे—अपना सरपत काटकर किसी को दे आते हैं या नहीं। यदि चरित्र की उदात्तता ही कहानी की कसौटी है तो गुंडों, जुआरियों, वेश्याओं और घूसखोर अफ़सरों को लेकर लिखी गई संसार की सब कहानियाँ रद्दी हैं। चरित्र की श्रेष्ठता ही कहानी की श्रेष्ठता है, तो संसार की सर्वश्रेष्ठ कहानियाँ आज से हज़ार साल पहले लिखी जा चुकी हैं।

कहानी की बात किसी भी कोण से उठाई जा सकती है—कहानी का शिल्प एक कोण है, भाषा दूसरा, यथार्थ की अभिव्यक्ति तीसरा और सांकेतिकता चौथा। कोण और भी हैं और हर कोण से विचार कई भूमियों पर किया जा सकता है। परन्तु किसी भी एक उपलब्धि से कहानी कहानी नहीं बनती—कहानी की आन्तरिक अन्विति का निर्माण इन सभी उपलब्धियों के सामंजस्य से होता है। यदि एक-एक कोण से देखते हुए ही कहानी की अच्छाई या बुराई का निर्णय दिया जाए तो संसार की सर्वश्रेष्ठ कहानियाँ भी किसी-न-किसी दृष्टि से बेकार सिद्ध की जा सकती हैं और बहुत हीन स्तर की कृतियों में भी किसी-न-किसी कोण से, श्रेष्ठता का निदर्शन किया जा सकता है। कहानी की इस या उस विशेषता की चर्चा करते हुए जिन प्रसिद्ध कहानीकारों का हवाला दिया जाता है, उनकी रचनाओं में बस वही एक-एक विशेषता नहीं है जिसके लिए उनका स्मरण किया जाता है। ओ. हेनरियन शिल्प और चेख़ोवियन संवेदनाओं के दायरे में पड़कर परेशान हुए लोग अक्सर यह भूल जाते हैं कि ओ हेनरी और मोपासाँ कोरे शिल्पकार साहित्यिक मदारी ही नहीं थे जिन्होंने जब-तब अपना पिटारा खोलकर कुछ चमत्कारपूर्ण करतब दिखा दिये। 'नेकलेस' तथा 'गिफ़्ट ऑफ़ द मागी' जैसी कहानियों का एक मानवीय पक्ष भी है, उनमें तात्कालिक जीवन की विडम्बनाओं का संकेत भी है। मोपासाँ की कहानियाँ अपने फ़्लैश में उस काल के फ्रांस की कई सजीव झाँकियाँ प्रस्तुत करती हैं। दूसरी ओर चेख़व की कहानियाँ शिल्प की दृष्टि से ढीली और मन पर मँडरानेवाली छायाओं के प्रभाव से लिखी गई भटकी हुई कहानियाँ नहीं हैं। चेख़व ने अपनी कहानियों को

एक निश्चित गठन देने के लिए जितनी मेहनत की है, उतनी शायद ही किसी अन्य कहानीकार ने की हो यहाँ तक कि मोपासाँ और ओ. हेनरी ने भी नहीं।

परन्तु आज की हिन्दी कहानी के मूल्यों की चर्चा करते हुए विदेशी कहानीकारों के लम्बे-चौड़े हवाले देना सिवाय हीनता की भावना के और कुछ नहीं है। हर देश और भाषा की कहानी अपनी परिस्थितियों और अपने लेखकों की सामर्थ्य के अनुसार विकसित होती है। हिन्दी कहानी अपने विकास की जिस मंज़िल पर है, वहाँ उसकी आन्तरिक उपलब्धियों और अनुपलब्धियों का विश्लेषण न करके जब ओ हेनरी की-सी गठन, मोपासाँ के से व्यंग्य और चेख़व की-सी अन्तर्दृष्टि का ज़िक्र किया जाता है, तो बात बहुत कच्ची और सतही प्रतीत होती है। हिन्दी कहानी भानुमती का पिटारा नहीं है जिसमें संसार के सब लेखकों की सब विशेषताएँ उपलब्ध होनी चाहिए। किसी भी भाषा की कहानी का मूल्यांकन करते समय हमारी दृष्टि दो बातों पर रहनी चाहिए। एक तो यह कि कहानी की आन्तरिक उपलब्धियों का विकास उसमें किन स्तरों पर हुआ है; और दूसरे यह कि क्या उस भाषा की कहानी के विकास को एक निश्चित परम्परा के अन्तर्गत रखकर देखा जा सकता है।

जहाँ तक कहानी की आन्तरिक उपलब्धियों का सम्बन्ध है, उनमें सांकेतिकता को कहानी की एक महत्त्वपूर्ण उपलब्धि माना जा सकता है। यह सांकेतिकता आज की कहानी की या किसी एक भाषा की कहानी की ही उपलब्धि नहीं, कहानी-मात्र की एक अनिवार्य उपलब्धि है। पुरानी कहानी इस अर्थ में अलग होती है कि उसमें सांकेतिकता का विस्तार पहले से भिन्न स्तरों पर होता है। बात वही होती है और जीवन के उसी कैनवस से उठाई जाती है। मगर उसके सम्बन्ध में लेखक के अनुभव की निजता, जीवन के यथार्थ की उसकी व्यापक पकड़ और भाषा तथा शिल्प के क्षेत्र में उसकी अपनी प्रयोगात्मकता उसकी रचना को भिन्नता और एक और ही सार्थकता प्रदान कर देती है।

पिछले दशक में लिखी गई हिन्दी कहानियों की विशिष्ट उपलब्धि सम्भवतः यही है कि उनमें सांकेतिकता के विभिन्न स्तरों का बहुमुख विकास हुआ है। विश्व-कथा-साहित्य के सन्दर्भ में देखते हुए चरित्र या क्षेत्र की ऐसी कोई नवीनता नहीं है जिसकी ओर हिन्दी के नये कहानीकारों का ध्यान पहली बार गया हो। कहा जा चुका है कि किसी क्षेत्र-विशेष के सम्बन्ध में लिखी जाने से ही कोई कहानी अच्छी या बुरी नहीं हो जाती है। 'कफ़न' इसलिए एक श्रेष्ठ कहानी नहीं है कि वह एक विशेष क्षेत्र से उठाई गई है। 'आदर्शोन्मुखता' की कसौटी से तो वह 'प्रेमचन्द की परम्परा' की कहानी है ही नहीं। उस कहानी की विशेषता उसके अन्तर्निहित संकेत के कारण है। कहानी के चरित्रों में एक माबिडिटी है, परन्तु कहानी का संकेत मार्बिड नहीं है। यही बात 'शतरंज के खिलाड़ी' के सम्बन्ध में कही जा सकती है। इसलिए प्रेमचन्द की कहानियों की चर्चा करते हुए यह बेहतर होगा कि उनकी

आन्तरिक उपलब्धियों को सामने रखा जाए, ग्राम-जीवन और आदर्शोन्मुखता की बातें कहकर भ्रान्तियाँ खड़ी न की जाएँ।

मैंने पहले कहा है कि आज की हिन्दी कहानी के अन्तर्गत सांकेतिकता का विकास विभिन्न स्तरों पर हुआ है। कुछ लोगों ने कहानी के अन्तर्गत रूपकात्मक प्रयोगों को ही कहानी की सांकेतिकता मान लिया है और उसी आधार पर आज की हिन्दी कहानी की सांकेतिक उपलब्धियों का ब्योरा प्रस्तुत कर दिया है। परन्तु रूपकात्मकता बहुत दूर तक ले जाई जाए तो पहले के तुलनात्मक अलंकारों—उपमा, उत्प्रेक्षा आदि की तरह अखरने भी लगती है। इसके लिए कई बार लेखक कल्पनाश्रित बिम्बों का विधान करता है जो कहानी को यथार्थ भूमि से हटा देते हैं। कविता और कहानी में यह अन्तर तो है ही कि जहाँ कल्पनाश्रित बिम्बों का विधान कविता में एक चमत्कार ला देता है, वहाँ कहानी को वह कमज़ोर कर देता है। कहानीकार बिम्बों के माध्यम से एक भाव या विचार को सफलतापूर्वक तभी व्यक्त कर सकता है जब वे बिम्ब यथार्थ की रूपाकृतियों से भिन्न न हों—उनके संघटन में जीवन के यथार्थ को पहचाना जा सके। जरा भी 'अनकन्विंसिंग' होते ही एक सुन्दर संकेत के रहते हुए भी कहानी असमर्थ हो जाती है। कहानी की वास्तविक सामर्थ्य इसी में है कि बड़ी से बड़ी बात कहने के लिए भी लेखक को असाधारण या असामान्य का आश्रय न लेना पड़े—साधारण जीवन के साधारण संघटन से ही विचार की अनुगूँज पैदा कर सके।

इसलिए कहानी की सहज सांकेतिकता रूपकात्मक सांकेतिकता से कहीं अधिक महत्त्वपूर्ण है। कहानी का वास्तविक संकेत कहानी की सहज गठन से स्वतः उभर आता है। आज की हिन्दी कहानियों में 'चीफ़ की दावत' और 'दोपहर का भोजन' जैसी कहानियाँ उदाहरण-रूप में रखी जा सकती हैं। 'चीफ़ की दावत' का संकेत माँ के चरित्र के माध्यम से उभरता है और 'दोपहर का भोजन' में अभावग्रस्त घर की एक साधारण-सी दोपहर के वर्णन मात्र से। इन दिनों की लिखी हुई कितनी ही और ऐसी कहानियाँ मिल जाएँगी जिनमें कई-कई तरह के संकेत हैं—वे संकेत जो चरित्रों की भाव-भंगिमाओं और उनकी साधारण बातचीत से उभरते हैं, या केवल वातावरण के चित्रण से या केवल कहानी के शिल्प या कहने के ढंग से ही। कहानी के अन्तर्निहित संकेत तक न जाकर जब केवल ऊपरी सतह पर ही उसका अध्ययन किया जाता है तो कई बार एक बहुत अच्छी कहानी भी साधारण और सपाट-सी प्रतीत होती है। दूसरी ओर, यदि कहानी में संकेत नहीं है तो ऊपरी ढाँचे को कितना ही सँवारा और बेल-बूटों से सजा लिया जाए, वह सही अर्थ में कहानी नहीं बन पाती—वह एक नैरेटिव या विवरण-मात्र बनकर रह जाती है। कहानी कविता या चित्रकला के गुण से कहानी नहीं बनती, अपने गुण से कहानी बनती है—सजीव और सशक्त भाषा में यथार्थ के प्रामाणिक चित्र प्रस्तुत करते हुए उनके माध्यम से एक संकेत देकर।

आज के कुछ-एक कहानीकारों की रचनाओं में कहानी की सांकेतिकता का विकास भिन्न-भिन्न स्तरों पर हुआ है, परन्तु उनमें सामान्यता इस दृष्टि से है कि हवाई या अमूर्त संकेतों में भटकने की प्रवृत्ति उनमें नहीं है। आज की कहानी, अपने मुख्य प्रवाह में, यथार्थ की मांसल भूमि पर वर्तमान रहकर ही लिखी जा रही है। इस तरह पहले की परम्परा से उसका सम्बन्ध कटा नहीं है। सांकेतिक उपलब्धियों की दृष्टि से इस पीढ़ी के लेखकों का बहुत कुछ प्रयत्न उनका अपना है। इस कहानी की जड़ें आसपास के यथार्थ की भूमि में हैं, इसलिए इसका एक अपना निश्चित रूप है। इस दृष्टि से वह ठेठ इस समाज और जीवन की कहानी है, हिन्दी की अपनी कहानी है। परम्परा के साथ सम्बन्ध की सार्थकता इस दृष्टि से है कि प्रेमचन्द के बाद की कहानी में कई ऐसे प्रयोग हुए हैं जिनमें व्यक्तियों और स्थानों के नाम छोड़कर और कुछ भी ऐसा नहीं था जिसका सीधा सम्बन्ध भारतीय जीवन से हो। वे कहानियाँ किसी भी देश की कहानियाँ हो सकती थीं, हमें अपने आसपास की कहानियाँ तो वे कदापि नहीं लगतीं। उन कहानियों में कुछ अमूर्त संकेत हैं जो काल्पनिक बिम्बों पर आश्रित हैं। इस तरह की कहानियों को एक विशेष तरह की कविता से अलग करके देखना कठिन है। फिर कुछ ऐसी कहानियाँ भी लिखी जा रही थीं जिनमें अपने आसपास के यथार्थ को रूमानी लिहाफ़ में लपेटकर प्रस्तुत करने के प्रयत्न थे। सम्भवत: उस काल में एक ओर फ्रेंच कहानी और दूसरी ओर उर्दू कहानी का हिन्दी कहानी पर बहुत प्रभाव रहा। अमूर्त संकेतों और रूमानी यथार्थ की कहानियाँ हिन्दी में आज भी लिखी जाती हैं तथा कुछ अन्य भाषाओं के कथा-साहित्य की उपलब्धियों को छू लेने के और प्रयत्न भी दृष्टिगोचर होते हैं। परन्तु हिन्दी की नई कहानी जिस रूप में विकसित हुई है, उस रूप में उसका भारतीय जीवन के धरातल से गहरा सम्बन्ध है और इसीलिए यह केवल 'सॉफिस्टिकेटिड' पाठक की कहानी न होकर साधारण पाठक की कहानी बनी रही है। यह बात कम महत्त्वपूर्ण नहीं कि अपनी सांकेतिक उपलब्धियों के बावजूद आज की हिन्दी कहानी नई कविता की तरह सामान्य पाठक से अपना सम्बन्ध तोड़ नहीं बैठी। यह तो असन्दिग्ध है ही कि जिस रचना का प्रेरणास्रोत जीवन है, उसके प्रति जीवन की भी ममता रहती है। जो रचना जीवन की ओर भृकुटियाँ चढ़ाकर देखती है, जीवन भी उसका तिरस्कार कर देता है। कहानी की वर्तमान दिशा व्यक्ति की आन्तरिक कुंठाओं की दिशा न होकर एक सामाजिक दिशा है, यह बात उसकी आगे की सम्भावनाओं को व्यक्त करती है।

परन्तु साहित्य के इतिहास में कई बार ऐसा हुआ है कि जो लोग दूसरों की दी हुई रूढ़ियों से हटकर कुछ नया लेकर सामने आए, वे शीघ्र ही अपनी रची हुई रूढ़ियों में ग्रस्त होकर रह गए। हिन्दी कहानी के क्षेत्र में भी आज यह आशंका सामने है। पिछले छह-सात वर्षों में कई-एक अच्छी कहानियाँ लिखी गईं, क्योंकि

इस पीढ़ी के कहानीकारों में नये सन्दर्भों की खोज की व्याकुलता थी। वे सन्दर्भ कला के भी थे और जीवन के भी—यद्यपि सर्वत्र उस जीवन के नहीं जो कि अपनी समग्रता में हमारे चारों ओर जिया जा रहा है, जिसके बाहरी रूप में दिन-प्रतिदिन अधिक संकुलता आ रही है, जो बदल रहा है और जिसकी गति के भाग के रूप में हम अपने चारों ओर अनास्था और अविश्वास भी देखते हैं, परन्तु फिर भी जिसमें केवल अनास्था और अविश्वास ही नहीं है क्योंकि आन्तरिक रूप में आज भी वह अपने धरातल से हटा नहीं है। हिन्दी की नई कहानी के अधिकांश प्रयोगों में जिस जीवन का चित्रण हुआ है, वह इस उफनती और शोर करती हुई धारा से हटा हुआ जीवन है, उन अकेले किनारों का जीवन जहाँ अभी तक सामंती संस्कारों की छायाएँ मँडराती हैं। उस जीवन की स्थिरता, शान्ति और उज्ज्वलता की बात करते हुए उस दायरे से बाहर न निकलकर कुछ लोगों ने अपने प्रयोग-क्षेत्र को बहुत सीमित कर लिया है। नि:सन्देह पिछले कुछ वर्षों में हिन्दी के कई एक नये कहानीकारों की निश्चित सामर्थ्य सामने आई है—उनसे कई-कई समर्थ रचनाओं की आशा की जा सकती है। परन्तु इधर कुछ ऐसा भी प्रतीत होने लगा है कि उन कहानीकारों ने अपने पैटर्न और सन्दर्भ निश्चित कर लिये हैं, वे अपने अब तक के प्रयोगों को ही अपना आदर्श मानकर चलने लगे हैं।

परन्तु कहानीकार अपनी जगह पर रुका रह सकता है, जीवन अपनी जगह पर नहीं रुकता। जीवन का वस्तु-क्षेत्र वही है, मनुष्य की मूल प्रकृति वही है, परन्तु जीवन के सन्दर्भ हर नये दिन के साथ बदल रहे हैं। बात नई जगह जाकर नई तरह के व्यक्ति की कहानी लिखने की नहीं, उसी जगह रहकर, उसी इनसान के उन्हीं अन्तर्द्वंद्वों को जीवन के नये सन्दर्भ में देखने की है। जीवन के मूल्य जब बदलते हैं तो सब जगह एक ही तरह से नहीं बदलते। हर देश और जाति के संस्कार बदलते हुए मूल्यों को अपनी तरह से ग्रहण करते हैं जिससे परिवर्तन का भी हर जगह अपना एक अलग रंग हो जाता है। आज हमारे चारों ओर जीवन तेज़ी से बदल रहा है, इसका एक अर्थ यह है कि हम बदल रहे हैं। यदि हम अपने इस बदलते हुए 'सेल्फ़' को पहचानने का प्रयत्न नहीं करते, अपने इस 'सेल्फ़' की ही कहानी नहीं कहते, तो इसका अर्थ यह है कि या तो हम किन्हीं अन्तर्मुख ग्रन्थियों में उलझे हैं, या जीवन की चुनौती को ठीक से स्वीकार करने से कतराते हैं।

बहुत-से लोग जब भारतीय जीवन की बात करते हैं तो प्राय: इस अर्थ में कि रूढ़ियों के दायरे में उलझा और अशिक्षा के अँधेरे आवर्त में पड़ा जीवन ही भारतीय जीवन है। परोक्ष रूप से भारतीय संस्कृति का सम्बन्ध भी ऐसे ही जीवन के साथ जोड़ दिया जाता है। ऐसी दृष्टि का अर्थ तो यह है कि भारतीय जीवन और संस्कृति सामन्ती रूढ़ियों का ही नाम है और आज जीवन उत्तरोत्तर भारतीयता और संस्कृति से शून्य होता जा रहा है!

हमारा जीवन आज एक बड़े संक्रान्ति-काल में से गुज़र रहा है। ज़िन्दगी की नब्ज़ इतनी तेज़ है कि उसे हर जगह और हर पल महसूस किया जा सकता है। हम आज बड़ी-बड़ी वेधशालाओं में बैठे ऊँचे-ऊँचे सपने देख रहे हैं और स्कूलों, दफ़्तरों और कारख़ानों में अपने अधिकारों के लिए लड़ते हुए शहीद भी हो रहे हैं। आज के जीवन में घुटन भी है और उस घुटन के साथ संघर्ष भी है। जीवन की हर हताशा का अन्त कुएँ या बावली में जाकर ही नहीं होता—सामाजिक स्तर पर उससे लड़ने का प्रयत्न भी किया जाता है। जीवन का यह विराट क्या भारतीय नहीं?

बात जीवन के इन्हीं सन्दर्भों को कहानी के अन्तर्गत व्यक्त करने की है। इकाई का जीवन एक इकाई का जीवन ही नहीं होता; एक समाज और एक समय के जीवन की प्रतिध्वनि भी उसमें सुनी जा सकती है। एक साधारण घटना साधारण घटना नहीं होती; जीवन के व्यापक क्षितिज में काम करती हुई शक्तियों की एक अभिव्यक्ति भी होती है। जो कुछ सामने आता है, उससे भी उतने का पता नहीं चलता; ऐसे बहुत कुछ का भी पता चलता है जिसे हम प्रत्यक्ष रूप से देख नहीं पाते। व्यक्तियों, घटनाओं और परिस्थितियों को उस व्यापक सन्दर्भ में देख और पहचानकर ही उनका सही चित्रण किया जा सकता है। कहानी आख़िर जीवन के द्वंद्वों और अन्तर्द्वंद्वों को ही तो चित्रित करती है! कहानीकार की दृष्टि इन द्वंद्वों और अन्तर्द्वंद्वों को पहचानकर साधारण-से-साधारण घटना के माध्यम से उनका संकेत दे सकती है। वस्तु और संकेत के अन्तर को समझा जा सकता है। वस्तु की साधारणता कहानी की साधारणता नहीं होती, और इसी तरह वस्तु की अस्वस्थता कहानी की अस्वस्थता नहीं होती। कहानी अस्वस्थ तब होगी जब उसका संकेत अस्वस्थ हो। उसमें कही गई लेखक की बात एक अस्वस्थ दिशा की ओर संकेत करती हो। ऐसी भी कहानियाँ लिखी जाती हैं जिनमें वस्तु, चरित्र, भाषा और शिल्प, सभी कुछ सुन्दर होता है—केवल उनके संकेत में एक अस्वस्थता रहती है। वे व्यक्ति की कुंठा को 'कास्मेटिक स्टोर्स' के सभी उपादानों से सजाकर या उन्मुक्त प्राकृतिक सौन्दर्य की पृष्ठभूमि के आगे रखकर इस तरह प्रस्तुत करती हैं कि उससे वह कुंठा ही सुन्दर प्रतीत होती है। इसी तरह भाषा और बिम्बों का रेशमी लिबास पहनाकर कुंठाओं में एक आकर्षण और सार्थकता भरने का प्रयत्न किया जाता है। कहानी यदि घुटन और कुंठा में सार्थकता देखती है, तो वह अस्वस्थ है। परन्तु यदि अस्वस्थता कहानी की वस्तु में ही है और उसके संकेत से उस अस्वस्थता को लेकर असन्तोष और विद्रोह की भावना जागती है, उस अस्वस्थता को हटाने के लिए कुछ करने की इच्छा होती है, तो कहानी अस्वस्थ नहीं है।

नये सन्दर्भों को खोजने का यह अर्थ नहीं कि अपने वस्तु-क्षेत्र से बाहर जाया जाए। जीवन के नये सन्दर्भ अपने वातावरण से दूर कहीं नहीं मिलेंगे, उस वातावरण में ही ढूँढ़े जा सकेंगे। अभावग्रस्त जीवन की विडम्बना केवल ख़ाली पेट और ठिठुरते

हुए शरीर के माध्यम से ही व्यक्त नहीं होती। प्यार केवल सम्पन्नता और विपन्नता के अन्तर से ही नहीं हारता। ममता केवल बलिदान करके ही सार्थक नहीं होती। अनाचार का सम्बन्ध रिश्वत और बलात्कार के साथ ही नहीं है, और विश्वास केवल उठी हुई बाँहों के सहारे ही व्यक्त नहीं होता। हर रोज़ के जीवन में यह सब कुछ अनेकानेक सन्दर्भों में और कई-कई रंगों में सामने आता है। आज के जीवन ने उन रंगों में और भी विविधता ला दी है। बात उन विविध रंगों को पकड़ने और कहानी की सांकेतिक अन्विति में अभिव्यक्त करने की है। जीवन के नये सन्दर्भ कलात्मक अभिव्यक्ति के नये सन्दर्भ स्वतः ही प्रस्तुत कर देते हैं। कहानी-शिल्प का विकास लेखक की प्रयोग-बुद्धि पर उतना निर्भर नहीं करता, जितना उसके मैटर की आन्तरिक अपेक्षा पर। पाठक की रुचि के उत्तरोत्तर परिष्कार से भी एक नई माँग उत्पन्न होती है। लेखक यदि स्वयं अपनी रचना का पाठक बना रहता है तो उसका असन्तोष ही उसे अभिव्यक्ति के नये आयामों को छूने की ओर प्रवृत्त करता है। शिल्प के बदलने में लेखक के असन्तोष और मैटर की आन्तरिक अपेक्षा, दोनों का ही योग रहेगा। यदि शिल्प का चौखटा तैयार करके उसमें मैटर को फिट करने का प्रयत्न किया जाए, तो उससे कुछ भी हासिल नहीं होगा—क्योंकि रचना के नये समर्थ शिल्प का विकास केवल प्रयोग-चेतना से नहीं, नये मैटर के सामने पुराने शिल्प की असमर्थता के कारण होता है।

['कृति' : 1959 तथा 'एक और ज़िन्दगी' की भूमिका, 1961]

आज की कहानी : परिभाषा के नये सूत्र

राजेन्द्र यादव

चूँकि हर युग की कहानी 'नई' होती है इसलिए पिछले दशक की कहानी को 'नई कहानी' नाम देना आगे जाकर अध्येताओं के लिए ग़लतफ़हमी पैदा कर सकता है मगर कहानी की इस धारा को कोई-न-कोई नाम तो देना ही होगा, क्योंकि चाहे हम 'नई कहानी' नाम की कोई चीज़ मानें या न मानें, यह स्वीकार करने के लिए तो विवश हैं ही कि इन दस वर्षों में कहानी का एक ऐसा व्यक्तित्व ज़रूर सँवरा और निखरा है जो उसकी पिछली परम्परा से एकदम भिन्न है। वस्तु और रूप यानी सब मिलाकर कहानी की परिकल्पना में मौलिक अन्तर ज़रूर आए हैं—और ये अन्तर काफ़ी सशक्त भी रहे ही होंगे, तभी तो सारी साहित्यिक चेतना आज धीरे-धीरे कविता से हटकर कहानी पर केन्द्रित हो रही है। कहा जाता है कि 'नई कविता' परम्परा का तिरस्कार है और 'नई कहानी' परम्परा का विस्तार। मुझे इस बात में भी विशेष दम नहीं दिखाई देता। विस्तार प्रगति ज़रूर बताता है, लेकिन कहानी के इस नये रूप ने परम्परा को ज्यों-का-त्यों ग्रहण कर लिया हो—ऐसा नहीं है; हाँ, कुछ सूत्र सामान्य हों तो हों। सच पूछा जाए तो तिरस्कार करने के लिए कविता के सामने एक ग़लत या सही परम्परा थी। उधर इस दशक की कहानी के सामने ऐसी कोई तात्कालिक परम्परा नहीं दिखाई देती जिसका तिरस्कार या विकास किया जाता। अत: उसे या तो नई परम्पराओं की नींव डालनी पड़ी या परम्परा और प्रभाव के लिए बहुत दूर देखना पड़ा।

'तात्कालिक परम्परा' में 'तात्कालिक' शब्द को स्पष्ट करना ज़रूरी है। सन् 1950 से 1960 तक विकसित हुई आज की कहानी को अगली पीढ़ी किस निगाह से देखेगी, यह तो समय बताएगा; लेकिन वर्तमान पीढ़ी यह मानने को बाध्य है कि विधा की परम्परा की दृष्टि से सन् 1940 से 1950 का पिछला दशक आज की कहानी को कुछ नहीं दे पाया—उसने जो कुछ दिया, वह सारे साहित्य को दिया। दोष उस दशक का नहीं है : देशी-विदेशी परिस्थितियों की अस्थिरता में चतुर्दिक परिवर्तन और व्यापक उद्वेलन की गति इतनी तीव्र और तूफ़ानी थी कि समाज की

बनावट का कोई रूप निश्चित नहीं हो पाया था। तत्कालीन कथाकार इस चकाचौंध में कहीं भी आँख टिकाने में अपने को असमर्थ पाता था। छह वर्षों तक चलता युद्ध, बयालीस का विप्लव, बंगाल का अकाल, नाविक विद्रोह, स्वतंत्रता, दंगे, शरणार्थियों के क़ाफ़िले, सरकारी भ्रष्टाचार और राजनीतिक पार्टियों की आपाधापी—सब कुछ एक के बाद एक इस तरह आता चला गया कि व्यक्ति-मन के धरातल पर उस सबका समाहार कथाकार के लिए असम्भव हो गया। उसकी निगाह तेज़ी से बदलती सतह पर ही टिकी रही और वह कहानी के नाम पर शब्दचित्र 'स्कैच' या 'रिपोर्ताज' से आगे नहीं बढ़ पाया। मूलत: वह युग नारों और भाषणों का था। परिणामत: साहित्य की हर विधा में आवेश, उत्साह और आग की लपटों के साथ-साथ अन्धाधुन्ध शब्दों का लावा फूटता था। हर वस्तु को देखने का कोण व्यक्ति न होकर भीड़ था, और भीड़ के आशावाद—यानी मौरेल—को बनाए रखने के लिए हर दूसरे वाक्य में नया सूरज निकाल दिया जाता था।

पुरानी नैतिक, सामाजिक, राजनीतिक या भौगोलिक सभी भूमियों से विस्थापित शरणार्थियों के दल के दल जब कहीं भी पाँव टिकाने को दिशाहारा की तरह भटक और बौखला रहे हों, तब अकेले व्यक्ति की कुंठाओं और दर्दों को गाने या सुनने की फ़ुरसत किसे होती? ऐसे दिगन्तव्यापी विघटन और विशृंखलन में व्यक्ति को जीवन और आस्था देता है केवल सामूहिक सद्भाव, सामूहिक आशावाद...

इस प्रकार इस दशक की कहानी (जिसे हम आज की कहानी कहेंगे) ने इस समूहगत सामाजिकता के वातावरण में आँखें खोलीं। चाहें तो इसे ही पिछली पीढ़ी की विरासत मान सकते हैं; लेकिन वस्तुत: यह सामाजिकता तो एक ऐसी चेतना थी जो साहित्य की सभी विधाओं को समान रूप से मिली थी। अभी तो इस चेतना का अपना रूप भी स्थिर होना था और यह गौरवपूर्ण कार्य आज की कहानी ने किया—अर्थात आज की कहानी ने समूहगत सामाजिकता को व्यक्तिगत सामाजिकता के रूप में देखने-पाने की कोशिश की। विराट युग-बोध को व्यक्ति या व्यक्तियों के आपसी सम्बन्धों की चेतना, यानी मन के अनेक स्तरों पर आकलन और प्रतिफलन के नाटक को, आज की कहानी ने ही सबसे पहले देखा।

सतही दृष्टि से देखनेवालों ने अक्सर ही इस दशक की कुछ कहानियों पर जैनेन्द्र और अज्ञेय की कुंठा, पराजय और घुटन के पुनर्प्रस्तुतीकरण का आरोप लगाया है। हो सकता है हममें से कुछ ने उन्हीं स्थितियों और चरित्रों को दुहराया हो, लेकिन ज़रा गहराई से देखने पर साफ़ हो जाएगा कि जिस कुंठा, पराजय और घुटन को स्वयंसिद्ध सत्य मानकर जैनेन्द्र और अज्ञेय ने अपनी कहानियों का ताना-बाना बुना था, उसी सबको आज के कहानीकार ने अधिक व्यापक परिप्रेक्ष्य में, अधिक तटस्थ और निर्वैयक्तिक दृष्टि के साथ चित्रित किया है। आधारभूत अन्तर यह है कि विकृति पहली बार 'दृष्टि' में थी—इस बार दृष्टि स्वस्थ है—'दृश्य' चाहे विकृत

हो। क्योंकि आज की कहानी में आनेवाला व्यक्ति निश्चित रूप से अधिक स्वस्थ सामाजिक चेतना की उपज है। और यहीं कहानी को उस परम्परा से अपने सम्बन्ध जोड़ने थे जिसके बीज उसे प्रेमचन्द और यशपाल से मिले थे।

पिछली पीढ़ी के कुछ कहानीकारों ने एकाधिक बार झुँझलाकर कहा है—"आज की कहानी ने आख़िर ऐसा क्या कर दिखाया है जो पहले नहीं था? ऐसे कथा-प्रयोग तो प्रेमचन्द, यशपाल या समकालीन उर्दू-कथाकारों—मंटो, बेदी, अश्क, कृष्णचन्द्र इत्यादि में कई मिल जाएँगे।" बात आरोप के रूप में कही जाती है लेकिन अनजाने ही यह भी सिद्ध करती है कि आज के कथाकार ने उन्हीं की टूटी-फूटी, विस्मृत और दूर पड़ी परम्परा को ही तो विकास देने की कोशिश की है। अगर प्रेमचन्द या अन्य कहानीकारों में कहीं ऐसा कुछ मिलता है जो आज की कहानी के बहुत अधिक निकट है तो उसे अनुकरण ही क्यों माना जाए? क्यों न यह माना जाए कि आज की कहानी ने अपना आरम्भ वहीं से किया है। अपनी दृष्टि से उस सबको देखा है।

निस्सन्देह उन यत्किंचित समानताओं में भी दृष्टि का अन्तर बहुत स्पष्ट है—और वही दृष्टि है जो पिछली सारी कहानी को आज की कहानी से अलग करती है। उस युग के कहानीकार के पास अपने कुतुबनुमा या प्रेरक-शक्ति के रूप में सिर्फ़ एक चीज़ थी और वह थी सहज-मानवीय संवेदनशीलता। उसी से प्रेरित कोई भी 'विचार', 'सत्य' या 'आइडिया' उसके सामने कौंधता था और वह कुछ पात्रों, कुछ स्थितियों, कुछ घटनाओं के संयोग-संयोजन से उसे घटित या उद्घाटित कर देता था। अर्थात कहानी की सर्वमान्य परिभाषा के अनुसार किसी भी मूड, घटना, या प्रभाव और विचार को लेकर कहानी लिख दी जाती थी और कहानी के इस केन्द्रीय तत्त्व को उभारकर पाठक पर एक संवेदनात्मक प्रभाव डालना ही तात्कालिक कहानी का उद्देश्य था। चरित्र, देश-काल, कथोपकथन, चरित्र-चित्रण इत्यादि कहानी के सारे तत्त्व उस केन्द्रीय 'आइडिया' या 'सत्य' को सिर्फ़ उद्घाटित या घटित करने के लिए आलम्बन और उद्दीपन के रूप में ही निमित्त बनाकर लाए जाते थे। अतः उनके आधिकारिक या बहुत प्रामाणिक और अधिक आत्मीय होने की लेखक को विशेष चिन्ता नहीं होती थी। केन्द्रीय तत्त्व उस 'सत्य' या 'आइडिया' के आलम्बन-उद्दीपन के लिए देश या विदेश, भूत या वर्तमान किसी भी स्थान, किसी भी वर्ग को आसानी से अपनी विषय-वस्तु या घटनास्थल के रूप में चुन सकता था। इस प्रकार, पात्र, और देश-काल-सम्बन्धी अनेक प्रकार की विविधता का आभास देकर नाटकीय आरम्भ, क्लाइमैक्स और अप्रत्याशित अन्त द्वारा उस समय का कथाकार अपनी कहानी को काफ़ी रोचक और मनोरंजक बना लेता था।

बहुत अस्वाभाविक नहीं है कि उस युग के कहानीकार और उस मानसिकता में विकसित पाठक को आज की कहानी में वह सब नहीं मिलता। न उसे साँस रोक क्लाइमैक्स मिलता है, न एक के बाद दूसरी घटनाओं में छलाँगें भरता कथानक।

सब मिलाकर उसे आज की कहानी विषय-वस्तु के लिहाज़ से उलझी, अस्पष्ट, अपूर्ण लगती है और रूप के लिहाज़ से ढीली, अनगढ़ और भोंड़ी; और तब वह श्री चन्द्रगुप्त विद्यालंकार के शब्दों में शिकायत करता है कि "कहानी अभी उस ऊँचाई तक नहीं पहुँची, जिस पर चौथे दशक के उत्तरार्ध में पहुँच गई थी।"

उस 'ऊँचाई' पर पहुँची है या नहीं, यह कहना तो मुश्किल है, लेकिन कहानी की धारणा में आधारभूत अन्तर ज़रूर आया है। एक ओर तो आज के कहानीकार का 'सत्य' या 'आइडिया' इतना कटा-छँटा और स्वयं सम्पूर्ण नहीं है; दूसरे, शेष सभी कुछ आइडिया को घटित करने के लिए निमित्त-भर हो, यह उसे स्वीकार्य नहीं है। कोई भी आइडिया, विचार या सत्य—व्यक्ति या पात्र के जीवन की धारा में रहते हुए ही उसकी उपलब्धि बने, उसका प्रयत्न यह है। उसकी यथार्थ दृष्टि बताती है कि बिना देश-काल अर्थात परिवेश के व्यक्ति की कल्पना अधूरी और आनुषंगिक है। व्यक्ति के अन्तर्बाह्य निर्माण में उसके संस्कार, शिक्षा-दीक्षा, सामाजिक स्थिति, सम्पर्क और पेशा—सभी का हाथ होता है। इस सबकी पृष्ठभूमि के साथ ही, अपनी सीमाओं के भीतर ही कोई व्यक्ति सत्य को उपलब्ध या उद्घाटित कर सकता है। बिना इस परिवेश की संगति को आत्मसात किये, हर किसी 'सत्य' या 'आइडिया' को घटित और उद्घाटित करना—उनका आरोप करना है, प्राप्त करना नहीं।

अतः आज की कहानी अधिक यथार्थ दृष्टि, प्रामाणिकता और अधिक ईमानदारी से अपने आसपास के परिचित परिवेश में ही किसी ऐसे सत्य को पाने का प्रयत्न करती है जो टूटा हुआ, कटा-छँटा या आरोपित नहीं—बल्कि व्यापक सामाजिक सत्य का एक अंग है। मेरे कहने का कदापि यह अर्थ न लिया जाए कि आज की कहानी का कोई केन्द्रीय भाव या आइडिया और विचार नहीं होते—न ही आज की कहानी का ताना-बाना भी आइडिया, विचार, या केन्द्रीय भाव के आसपास या उसके लिए ही बुना जाता है—लेकिन कहानी उसे उसकी जन्मभूमि से काटकर अलग नहीं करती। वह तो सिर्फ़ उसकी स्थिति ज्यों-की-त्यों बनाए रखते हुए सिर्फ़ उस केन्द्रीय भाव या आइडिया को रेखांकित या फ़ोकस कर देती है। यही नहीं, आज की कहानी अतिरिक्त सावधानी बरतती है कि कहीं वह केन्द्रीय भाव या आइडिया अपनी शेष धारा से कट न जाए। इसके लिए उसे अधिक संवेदनशील दृष्टि और अधिक नाज़ुक शिल्प का सहारा लेना पड़ता है।

बात को स्पष्ट करने के लिए फिर सूत्र को 'व्यक्तिगत सामाजिकता' से पकड़ना होगा। आज का कहानीकार यह मानता है कि युग के सारे विराट को, गतिशील मूल्यों के संस्कारों और संक्रमण को कहानी के माध्यम से हम व्यक्ति या व्यक्ति समूह की चेतना-धारा में, कभी-कभी चेतना के अनेक स्तरों पर एक साथ पकड़ने की कोशिश करते हैं। काल के प्रवाह में, व्यक्ति की सामाजिकता का बोध और स्थिति ही आज की कहानी की विषय-वस्तु है। कथाकार व्यक्ति को

उसकी समग्रता में देखने का आग्रह करता है। व्यक्ति को उसके सामाजिक परिवेश, मानसिक अन्तर्द्वंद्वों तथा व्यावहारिक जीवन के तक़ाज़ों तथा अन्य आवश्यकताओं की एक संश्लिष्ट प्रक्रिया के रूप में पाना चाहता है। इसलिए कहानी का कोई भी तत्त्व निमित्त या आलम्बन बनकर नहीं, स्वयं आश्रय या विषय-वस्तु बनकर आता है। परिणामतः इन दस वर्षों की कोई भी अच्छी कहानी उठा लीजिए—उसका प्रभाव या परिणति एक झटके के साथ देखा या पाया हुआ सत्य नहीं होता। न वह हथौड़े की चोट की तरह सारे अस्तित्व को झनझनाती है, न खुभे तीर की तरह टीसती है। वह तो कुहासे या अगरुगंध की तरह समस्त चेतना पर छा जाती है—स्वयं उसका अंग बन जाती है। इस प्रकार अनजाने ही आत्मा को संस्कार और दृष्टि देती है। यहीं यह कहना बहुत बड़ी गर्वोक्ति न होगी कि मानव आत्मा का शिल्पी आज की कहानी में ही पहली बार अपनी भूमिका का सही निर्वाह करने का प्रयत्न करता है।

कहानी की इस एकान्विति और संश्लिष्टता को देखकर ही नामवर सिंह ने सबसे पहले आवाज़ उठाई थी कि रूढ़ शास्त्रीय तत्त्वों के अनुसार कहानी को अलग-अलग खंडों में देखना ग़लत है। कहानी अब अपनी पुरानी हदें तोड़ आई है और नई परिभाषा चाहती है।

व्यक्ति को समग्रता में देखने का आग्रह—या व्यक्तिगत सामाजिकता का बोध कथाकार के लिए दुहरा दायित्व देता है। सबसे पहली ज़िम्मेदारी तो यह कि व्यक्ति अपना व्यक्तित्व न खो दे—उसे अधिक-से-अधिक ईमानदारी, आत्मीयता और संवेदनशीलता के साथ चित्रित किया जाए—दूसरा यह कि इस आत्मीयता और संवेदनशीलता को अधिक-से-अधिक व्यापक, कन्विंन्सिंग और कॉम्प्रिहेन्सिव बनाने के लिए व्यक्ति को उसके परिवेश से न तोड़ा जाए। व्यक्ति को उसके सामाजिक, ऐतिहासिक, पारिवारिक परिवेश से अलग न करने की यथार्थ दृष्टि, अर्थात समग्रता में देखने का आग्रह, तभी सफल हो सकता है जब कथाकार व्यक्ति और परिवेश दोनों से तादात्म्य स्थापित कर सके, या ऐसे परिचित परिवेश से व्यक्ति को उठाए कि तत्काल उसका तादात्म्य प्राप्त कर ले। शायद यही कारण है कि पहले के कथाकार की तरह आज का कथाकार न तो हर किसी व्यक्ति को ले पाता है न हर किसी परिवेश में उसे रखना पसन्द करता है। स्वानुभूति का आश्वासन ही है कि आज की कहानी का व्यक्ति और परिवेश इतने आत्मपरक (सब्जेक्टिव) और वैयक्तिक (पर्सनल) हैं कि अकसर ही व्यक्ति के रूप में लेखक और परिवेश के रूप में उसके अपने आसपास का भ्रम होने लगता है। स्वानुभूति की सीमाएँ उसे व्यक्ति के रूप में 'मैं' से और परिवेश के रूप में इस 'मैं' के 'अपने ही वातावरण' से बाँधे रखती हैं। तब हम कहते हैं, अमुक लेखक अपने को दुहरा रहा है। लेकिन जब वह अपनी कहानी के विविध व्यक्तियों को 'मैं' की आत्मीयता और संवेदनशीलता, तथा विविध परिवेशों को 'मेरा अपना वातावरण' जैसी सहजता और यथातथ्यता

दे देता है तो यह उसकी कला-दृष्टि की ईमानदारी और सफलता है। व्यक्ति और परिवेश की यह संश्लिष्ट विविधता, पहली कहानी की पात्र-देश-काल-कथानक इत्यादि की विविधता से, एकदम अलग है। मगर यह भी सही है कि 'स्वानुभूति' के आग्रह या यथार्थ-दृष्टि से बँधा आज का लेखक विविधता की दृष्टि से निर्धन ही है। हाँ, अपनी समग्रता में आज की कहानी जितनी विविध है, उतनी शायद ही पिछले किसी युग की रही हो।

अब विविधता न दे पाने के कारण पर एक और कोण से विचार करें। विविध व्यक्तियों को 'मैं' की सब्जेक्टिव आत्मीयता और संवेदना तथा विविध परिवेशों को 'मेरा अपना वातावरण' जैसी दृष्टि और यथातथ्यता देने का आग्रह लेखक की सारी रचना-प्रक्रिया को बदल देता है। 'मैं' को पूरी तरह जानने और उससे तादात्म्य स्थापित करने के लिए साथ ही उसके परिवेश को आत्मसात करने के लिए—व्यक्ति और परिवेश के सम्बन्धों और सन्दर्भों को दूरी और गहराई तक जानने की ज़रूरत पड़ती है। तब कहानी के कलेवर में एक केन्द्रीय भाव को फ़ोकस करते समय, उसके लिए यह छाँटना बड़ा मुश्किल हो जाता है कि क्या रखे और क्या छोड़े। सभी तत्त्व तो एक-दूसरे से गुँथे हैं, एक-दूसरे को प्रभावित करते हैं। निश्चय ही यह धर्म-संकट उसके आवश्यक-अनावश्यक को छाँटने के विवेक की कमी नहीं, संश्लिष्टता का आग्रह है। पिछली पीढ़ीवाले, या कहिए परम्पराबद्ध कथाकार की तरह अपनी निर्वैयक्तिक (ऑब्जेक्टिव) दृष्टि और प्रतिभा के तेज़ चाकू से कसाई-जैसी तटस्थता के साथ एक साफ़-सुथरे, कटे-छँटे आइडियावाली कसी-कसाई (एक्ज़ैक्ट) कहानी काटकर निकाल लेना आज के कहानीकार के लिए भी कठिन नहीं है। लेकिन क्या सचमुच कोई भी भाव या भावना ऐसी अलग-अलग, स्वयं-सम्पूर्ण और सीधी-सपाट होती है? मुझे तो हर भाव या भावना के सूत्र और रेशे, व्यक्ति तथा परिवेश के भीतर बहुत दूरी और गहराई में समाए, एक-दूसरे से बहुत अधिक गुँथे और उलझे हुए लगते हैं। और मेरे सामने तो इस बुनावट (टैक्स्चर) की जटिलता का अहसास तथा उसे ज्यों-का-त्यों प्रस्तुत कर देने का आग्रह 'क्या छोड़ूँ क्या न छोड़ूँ' का धर्म-संकट बन जाता है। शायद यही कारण है कि आज की कहानी अपने परम्परागत आकार से ही दुगुनी नहीं हो गई है, वरन् व्यक्ति और परिवेश को दूरी और गहराई के अनेक कोणों और आयामों में देखने के कारण भी उपन्यास के अधिक निकट पड़ती है। आज की अधिकांश कहानियाँ ऐसी हैं जिन्हें पुराना लेखक उपन्यास के रूप में लिखना ज़्यादा पसन्द करता।

मगर अनजाने ही कहानी उपन्यास की सीमाओं में अतिक्रमण भले ही करे, कहानी को उपन्यास बनने की छूट न पुराना लेखक देगा, न नया लेखक चाहेगा। चाहे जितनी संश्लिष्ट और समग्र हो—उसे अपनी बात बहुत संक्षेप में और संकेत से कहनी है। खंड में प्रखंड को देखने की मजबूरी ही है कि वह समाज से एक व्यक्ति

को और जीवन से एक केन्द्रीय क्षण को काटकर उससे दूरी और गहराई एक साथ पाने की कोशिश करता है। यह व्यक्ति और क्षण, काल और परिवेश की लम्बाई और चौड़ाई में गवाक्ष बनकर आते हैं। इस प्रकार युग की समग्रता को संकेत में पाने का प्रयत्न—अर्थात व्यक्ति और परिवेश के बहुमुखी आपसी सम्बन्ध और दूरी-गहराई के व्यापक सन्दर्भों के संक्रमण, परिवर्तनों की नानास्तरीय संश्लिष्ट प्रक्रिया—और इस सब कुछ को संकेतों तथा जीवन की प्रासंगिक—रिलेवेंट-रूपाकृतियों-इमेजों द्वारा व्यक्त करने का कौशल, आज के कहानीकार को कविता की ओर मोड़ता है। प्रतीक, रूपक, बिम्ब, लाक्षणिकता या संगीतात्मक ध्वनियों के सहारे वह प्रभाव को चेतना के अनेक स्तरों पर सम्प्रेषित और संस्पर्शित करने का प्रयत्न करता है, क्योंकि आज का व्यक्ति मन उतना सीधा और सपाट रह भी नहीं गया है। नये-पुराने मूल्यों के संघर्ष और संक्रमणों ने उसे संकुल और जटिल बना दिया है।

व्यक्तिगत सामाजिकता हो या निर्वैयक्तिक वैयक्तिकता-उपन्यास की व्यापकता हो या कविता की अनेकार्थी सुकुमार सूक्ष्मता; कहानी ने जहाँ उन सबका निर्व्याज-भाव से समाहार किया है वहीं वह सफल है; और जहाँ घोषित और आरोपित है वहाँ असफल। प्रयोग-काल की सफलता और असफलाओं को छूट तो देनी ही होगी।

आवश्यक आज के कथाकार के लिए यह है कि वह व्यक्ति और उसके परिवेश को सही सन्दर्भों में सन्तुलन देता चले। परिवेश को छोड़कर व्यक्ति पर अपने को केन्द्रित कर लेने में वह पुनः उन्हीं कथाकारों को दुहराएगा, जिन्हें कुंठित और रुद्ध घोषित करता रहा है—और व्यक्ति को छोड़कर परिवेश का आग्रह उसे उसी तरह भटका देगा जैसा आज के कुछ प्रतिभाशाली कथाकारों को उसने भटका दिया है। शहरी और ग्रामीण कहानी का आग्रह परिवेश और वातावरण के विभाजन के सिवा क्या है? बदलता हुआ परिवेश तथा उसे बदलने के साथ-साथ स्वयं नित-नित नया होता व्यक्ति अपनी हार-जीत, घुटन और आकांक्षाओं में क्या कुछ कम नाटकीय है? विवाद और विमर्श इस थीम को लेकर होना चाहिए—व्यक्ति और परिवेश को अलग-अलग उठाकर नहीं। जहाँ तक कहानी इन दोनों के संश्लिष्ट सम्बन्ध को स्वस्थ और सन्तुलित दृष्टि से पाठक के मन पर उतार सकती है, उसके सारे व्यक्तित्व एवं भावबोध को उदात्त संस्पर्श दे सकती है, वहाँ तक उसकी सफलता असन्दिग्ध और सार्थक है।

['किनारे से किनारे तक' की भूमिका-रूप में भी]

कथाकार की अपनी बात : आज की कहानी के सन्दर्भ में

रमेश बक्षी

पहले अपने पाठकों से मैं निवेदन कर देना चाहता हूँ कि आधुनिक कथा-साहित्य की शैली से सम्बन्धित मेरा यह वक्तव्य निबन्ध या लेख की शक्ल में नहीं है। यह असम्बन्धित लेकिन सापेक्ष ढंग से विषय के आसपास घूमता है। नये कथा-साहित्य के पाठक और लेखक होने का अहसास मुझे हमेशा बना रहा है, शायद इसी कारण अपनी बात कहने के लिए यह अशास्त्रीय शैली उपयुक्त लगी।

'आधुनिक कथा-साहित्य' कहते ही श्रोता जिस आशय को ग्रहण करते हैं वह स्पष्ट ही नई कहानी, अथवा, नया उपन्यास और एंटी-नावेल है। नये बोधवाले ये नाम स्वाधीनता के बाद हिन्दी में आए हैं। यह भी कहा जा सकता है कि ये नाम परम्परा के विरोध-स्वरूप प्रचलित हुए और हिन्दी कथा-साहित्य की विकास-दिशा के नये मील-स्तम्भ बने। यों हिन्दी कथा-साहित्य की उम्र बहुत बड़ी नहीं है। जिसे सुविधा के लिए हम लोग पुरानी कहानी कहते हैं वह हिन्दी कथा-साहित्य का बचपन था और बचपन से आगे वय:सन्धि वाली उम्र। प्रेमचन्द, प्रसाद और उनके बाद यशपाल, अज्ञेय, जैनेन्द्र की कहानियाँ आज की नई कहानी के लिए कैनवस भर थीं। स्वाधीनता से पहले भी अच्छी कहानियाँ लिखी गई हैं लेकिन उनमें से अधिकांश उस वक़्त के अनुसार अच्छी थीं या कहानी नाम की कोई 'एस्टैब्लिश्ड' चीज़ हिन्दी में नहीं थी, इसलिए प्रसिद्ध हो गईं। नई कहानी की बात करते समय पुरानी कहानी को सतर्क नकारना मेरी भूमिका है, क्योंकि उस सारे कथा-साहित्य में न तो देश की रूपरेखा देखता हूँ, न मुझे वे कालसम्यक् लगती है...वातावरण और मन:स्थिति तो काफ़ी दूर की बातें हैं। किसी आलोचक ने विदेशी समीक्षा से उधार लेकर, उन्हें बिना समझे-बूझे, कहानी-उपन्यास के छह शास्त्रीय तत्त्व बना दिये—यह सब उसी तरह का कार्य है जैसे मात्रा और वर्णों की गिनती लगा-लगाकर कोई छन्द-रचना करे। समीक्षा इस तरह होती थी कि जैनेन्द्र की कहानियाँ चरित्रप्रधान हैं, यशपाल की वस्तुप्रधान या हायर सेकंडरी लेवल पर यों कहें कि प्रेमचन्द की कहानियाँ गाय

प्रधान, गुलेरी की त्याग-प्रधान और कौशिक की ताई प्रधान...आप किसी की मृत्यु पर थोड़ा-सा रोइए, किसी के अचानक हृदय परिवर्तन पर चौंकिए, किसी की नुस्ख़ेदार उदासी पर सामने रखी चाय को ठंडा कीजिए, किसी के बेमतलब नंगे होने में रुचि दिखाइए और 'भारत महान देश है—जैसा कोई उद्बोधन सुनकर अपनी अक़्ल पर ही तरस खाइए...बस, इतना कीजिए और आप हिन्दी के प्राचीन कथा-साहित्य की यात्रा पूरी कर चुके होंगे...मुझे यह बिलकुल समझ में नहीं आता कि हम लोग साहित्य के मामले में ऐसे दिवालिया क्यों थे—क्यों उस ग़ुलामी को पूरी तेज़ी के साथ में हमने महसूस नहीं किया? जब राजनीतिक, सामाजिक, आर्थिक रूप से हम त्रस्त थे, जब हमारी गर्दन किसी के जूतों-तले दबी हुई थी, तब क्यों नहीं हममें फ्रस्ट्रेशन आया? क्यों नहीं हममें कुंठाएँ पैदा हुईं? क्यों नहीं विद्रोह और विरोध के वात्याचक्र हममें उठे? जहाँ मेरा यह प्रश्न समाप्त होता है, वहीं मैं नई पीढ़ी की तथाकथित बुराइयों की वकालत करने लगता हूँ। आज कथा-साहित्य का शिल्प क्या है? मेरा तत्काल उत्तर है : इन्द्रिय-संचेतना। अब मुझे आप इसी शिल्प-शैली के विश्लेषण की आज्ञा दें तो मैं कहूँगा कि नई कहानी एक ओर यदि सही-सही अनुभूति को सही-सही ढंग से ग्रहण करना है तो दूसरी ओर सार्थक अभिव्यक्ति को कलात्मक मोड़ देना भी है। नई कहानी ने सबसे पहले जैनेन्द्र-यशपाल छाप साँचों को अस्वीकारा है इसलिए उसका स्वरूप परम्परा का विकास नहीं, परम्परा का विरोध है। विकास उस परम्परा का किया जाता है जिसमें प्रजनन की शक्ति हो। उस परम्परा का विकास नहीं किया जाता जो अपने ही हाथों बधिया गई हो। स्वाधीनता के ठीक बाद की कहानियाँ आप देखें तो ऐसा लगेगा कि शिल्प के हज़ार मोड़ उनमें हैं—बारीकी है, बखिया है, कसीदा है, फुलकारी है। यहाँ तक सन्देह होने लगा था कि कथ्य के बजाय इनमें शिल्प ही शिल्प है—राजेन्द्र यादव की 'एक कमज़ोर लड़की' हो या कमलेश्वर की 'राजा निरबंसिया' या निर्मल वर्मा की 'परिन्दे' या मोहन राकेश की 'मिस पाल' या रेणु की 'मारे गए गुलफ़ाम अर्थात तीसरी क़सम', शिल्प के प्रति एक छटपटाहट आप देखेंगे—इन नये लेखकों का प्रयास यह रहा है कि इन्हें अपने को ठीक-ठीक अभिव्यक्त करने के बजाय लौटा देने की चिन्ता ज़्यादा रहती थी—ऐसे क़िस्से भी हुए हैं कि ब्याज सिर पर चढ़ जाने से अनुभूति उधार देनेवाला डिग्री ले आया हो—नई कहानी फ्लैटनेस या सपाटता के प्रति विरोध भी रही है इसलिए शिल्प-शैली के कर्व उसमें अधिक दिखाई देते हैं। राजेन्द्र यादव और स्वयं मैंने विषय को ठीक-ठीक सम्प्रेषित करने के लिए ज़रूरत से ज़्यादा प्रयोग किये हैं। मैं तो यह कह सकता हूँ कि मैं स्वभाव से प्रयोगधर्मा रहा हूँ। कथा, चरित्र, वातावरण, पुरुष, देश-काल और उद्देश्य तक में प्रयोग। प्रयोग की हमेशा दो दिशाएँ रहा करती थीं; एक दिशा वह जो उसे प्राचीन से अलग करती है और दूसरी दिशा वह जो उसे नई ज़मीन तोड़ने को कहती है।

मैं सोचता हूँ अब अंचल और नगर को लेकर विभाजन नहीं किया जा सकता। रेणु ठेठ आंचलिक होकर भी नये हैं और जैनेन्द्र जी देशातीत कहानियाँ लिखकर भी पुराने। नयापन दृष्टि का है। इस दृष्टि को पकड़ा और ग्रहण किया जा सकता है, यदि कुछ नये कथा-संग्रहों का पाठ ईमानदारी के साथ किया जाए। फणीश्वरनाथ रेणु का 'ठुमरी', मोहन राकेश का 'एक और ज़िन्दगी', राजेन्द्र यादव का 'किनारे से किनारे तक', कमलेश्वर का 'खोई हुई दिशाएँ', उषा प्रियंवदा का 'ज़िन्दगी और गुलाब के फूल', मन्नू भंडारी का 'तीन निगाहों की तसवीर, कृष्ण बलदेव वैद का 'बीच का दरवाज़ा', नरेश मेहता का 'तथापि', राजकुमार का 'एक चेहरा', निर्मल वर्मा का 'परिन्दे', हरिशंकर परसाई का 'जैसे उनके दिन फिरे', शानी का 'छोटे घेरे का विद्रोह', प्रयाग शुक्ल का 'अकेली आकृतियाँ' और मेरा संग्रह 'मेज़ पर टिकी हुई कुहनियाँ'—ऐसे संग्रह हैं जो अलग-अलग स्तरों पर नये हैं। किसी में संवेदन की तीव्रता, किसी में युग-बोध का संस्पर्श, किसी में तीक्ष्ण व्यंग्य, किसी में चित्रकला का सूक्ष्म शिल्प और किसी में जीवन से काटे गए किसी एक समय के दर्शन किये जा सकते हैं। कहानी कभी समानान्तर होकर उभरती है, कभी विरोध रूप होकर फैलती है। रूपक और प्रतीक कथा के माध्यम से सम्प्रेषित ही नहीं होते, ध्वनित और प्रतिध्वनित भी होते हैं। इस सारे शिल्प-सौष्ठव के बीच एक बात स्पष्ट दिखाई देती है कि कथाकार युग के साथ सम्पृक्त और रागात्मकता के प्रति असम्पृक्त एक साथ है। आज के कहानीकार की संवेदना सान पर चढ़ी हुई है, वह दिन-ब-दिन पैनी और गहरी होती जा रही है लेकिन इसके साथ ही वह भावुक और टची नहीं रह गया है, इन मामलों में वह श्रूड और रफ़ की कोटि तक पहुँच गया है। वह स्वभाव से किसी भी ग़लत लिबास को ओढ़ नहीं सकता। मैं यह कह सकता हूँ कि समाज के वस्त्र जो नैतिकता के किसी टेलर ने सीये हैं, वे ऊटपटाँग ढंग से काटे गए हैं और उनकी सिलाई आउट ऑफ़ डेट है—मैं कहानी लिखने से पहले समाज का आउट-फ़िटर होना चाहता हूँ। देखता हूँ कि वस्त्रों पर परम्परा की गर्द जमी है, अतः मैं पहले ड्राईक्लीनर होना चाहता हूँ। यहाँ तक कि बीसवीं सदी के राजपथ पर मैं पन्द्रहवीं शताब्दी के दकियानूस हिन्दुस्तानी को चहलक़दमी करते देखता हूँ तो उस पर ढेला फेंकने को मैं अपने जन्म का पहला कर्तव्य समझने लगता हूँ। नई पीढ़ी का कथाकार किसी-न-किसी स्तर पर किसी-न-किसी बात का 'एंटी' अवश्य है। यह सब आधुनिकता की देन है और नई कहानी के शिल्प का इससे निकट सम्बन्ध है।

अब एंटी-कहानी या अकथा की बात सामने आती है। जो अकथा विदेश में है उससे हिन्दी की कथा का विरूप थोड़ा भिन्न होगा, भिन्न इसलिए कि जिन सीढ़ियों को फलाँगती कहानी उस विरल या ईथरीय स्वरूप को वहाँ प्राप्त कर चुकी है, वहाँ तक पहुँचने के लिए हिन्दी की कहानी को अभी कुछ सीढ़ियाँ और पार करनी

हैं। यह सर्वथा व्यक्तिगत दृष्टिकोण है कि हिन्दी की कहानी पहले एंटी-इलिमेंटल, पहले एंटी-कम्पोजीशन, पहले एंटी-रोमांटिक, पहले एंटी-पोयट्री होगी, फिर बाद को एंटी-स्टोरी।

इसी बीच लघु उपन्यास दर्जनों से सैकड़ों की संख्या में पहुँच रहे हैं; उनमें से अधिकांश साधारण तथा घटिया हैं। बड़े उपन्यास लिखे तो बहुत गए लेकिन कोई भी उनका ठीक-ठीक निर्वाह नहीं कर सका है। 'उखड़े हुए लोग', 'अँधेरे बन्द कमरे', 'बीज', 'भूले-बिसरे चित्र', 'झूठा सच', 'जयवर्धन', 'धूमकेतु : एक श्रुति' सभी कहीं-न-कहीं कोई-न-कोई कमी लिये हुए हैं। जब उपन्यास ही नहीं लिखे गए तो एंटी-नावेल की बात करना निरर्थक है। लेकिन यह सही है कि अच्छे उपन्यास लिखे जाएँगे क्योंकि उनकी ज़रूरत स्वयं लेखक महसूस कर रहे हैं—साथ ही यह भी सही है कि अच्छे उपन्यासों का रूप 'गोदान' या 'मैला आँचल' से नहीं लिया जाएगा। उपन्यास, कहानी के विराट कैनवस का ही नाम नहीं है, सृजन की सम्पूर्णता का भी नाम है, सारे-के-सारे समाज-बोध और काल-बोध को दे देने की उसमें क्षमता होनी चाहिए; साथ ही उसे शास्त्रीय तत्त्वों से सर्वथा मुक्त होना चाहिए।

अब तक प्रकाशित सारे आधुनिक कथा-साहित्य का सर्वेक्षण किया जाए तो यह लगेगा कि सारा साहित्य अनिवार्य रूप से यथार्थवादी है, इस सारे साहित्य में व्यक्त व्यक्ति, व्यक्ति के घेरे, कुंठाएँ, उदासीनता, टूटन और ऊब प्रकृति से ऊर्ध्वमुखी हैं—ऐसा कहीं नहीं लगता कि आदमी सौ-पचास साल की उम्र लेकर ही आया है और आमाशय-गर्भाशय तक ही उसकी ज़रूरतें परिमित हैं। एक ज़माने में जो क़िस्से-कहानी लड़के-लड़कियों को भ्रष्ट करनेवाले समझे जाते थे आज उनका ही नया रूप आधुनिक बोध सिखानेवाला माना जाता है। मेरा एक और अध्ययन यह भी है कि अपनी सदी के देश-काल की जितनी बेहतर तसवीर नई कहानी से बनती है, साहित्य की अन्य किसी विधा से नहीं बनती। नई कहानी का शिल्प मन्नू और अमरकान्त की कहानियों-सा कभी सीधा-सादा हो जाता है, कभी सर्वेश्वर और रघुवीर सहाय की कहानियों-सा चित्रभाषायुक्त, कभी निर्मल वर्मा की कहानियों-सा सर्वथा विदेशी, कभी रेणु की कहानियों-सा सर्वथा देशी, कभी श्रीकान्त वर्मा की कहानियों-सा शैलीहीन, तो कभी राजकमल की कहानियों-सा शैलीग्रस्त।—इसके बाद भी नई कहानी एक रास्ता है, एक दिशा है—मंज़िल या ध्रुवतारा नहीं!

['रूपाम्वरा', 1965]

हिन्दी कहानी की दिशा

नित्यानन्द तिवारी

आज की हिन्दी कहानी की चर्चा करते समय साधारणतः दो प्रकार की बातें की जाती हैं; यह कि हिन्दी कहानी अज्ञेय-जैनेन्द्र से आगे नहीं बढ़ी है (दृष्टि की गहराई के रूप में); यह कि हिन्दी कहानी पहले जो कुछ लिखा गया है उसका पुनः प्रस्तुतीकरण है, डिस्टार्टेड है, विदेशी लेखकों का अनुसरण है, शिल्प चमत्कार है; या फिर यह कि हिन्दी कहानी 'नई कविता' की भाँति ही नई नहीं है। वरन् 'कविता में अभी वैसी स्थिति नहीं आई है।' इन दो अतियों से बचकर भी बातें हुई हैं, किन्तु एक पारम्परिक शृंखला में रखकर इन्हें सोचने-समझने और मूल्यांकन करने की तटस्थ द्रष्टा के रूप में कम हुई है, और यदि हुई भी है तो उस ऐतिहासिक नवीनता का कंक्रीट-रूप क्या है?

कहानी में वह किस रूप में प्रतिफलित हुई है? इन बातों पर स्पष्ट विचार नहीं हुआ है। रुचि संस्कार-सापेक्ष होती है और संस्कार की जड़ें परम्परा में बड़ी गहरी होती हैं। लेखकों की अपनी रुचि (निस्सन्देह परिष्कृत) ही विभिन्न अनुभूतियों में विविधता और पृथकता लाती है। और यह विविधता ही बाद में एक व्यापक इकाई में प्रवृत्ति का रूप धारण करती है, जो ऐतिहासिक परिप्रेक्ष्य में सम्पृक्त नवीनता की वाहक होती है। वस्तुतः ऐतिहासिक शृंखला में अच्छे-बुरे, श्रेष्ठ-अश्रेष्ठ का प्रश्न प्रायः नहीं उठा करता, वह अपनी अविच्छिन्नता में विकसित होती रहती है। उस शृंखला में साहित्य का कितना भाग जीवित रहता है, वह इस बात पर निर्भर करता है कि उसके द्वारा चित्रित वर्तमान कितने रूप में भविष्य में जी सकता है। अतएव वर्तमान यथार्थ की भीड़ में उस 'अविच्छिन्न जीवन्तता' को ढूँढ़ निकालना साहित्यकार के लिए सबसे बड़ी बात है। यह 'अविच्छिन्न जीवन्तता' परिवर्तित सन्दर्भों में विकसित होती चलती है।

प्रेमचन्द से लेकर आज के नवीनतम कहानीकारों तक इस दृष्टि से विचार करने पर कुछ बातें स्पष्ट होती हैं। प्रेमचन्द की व्यापक सहानुभूति समाज के हर व्यक्ति के लिए थी। यदि ज़मींदार द्वारा, पीड़ित उस किसान को वे अपनी सहानुभूति

दे रहे हैं, तो वहीं उस ज़मींदार की भी पीड़ा समझ रहे हैं, उसकी भी विवशता से उनकी सहानुभूति है। इन सबके प्रति एक अभिभूत करुणा उपजाना ही प्रेमचन्द का उद्देश्य था। या यदि इससे आगे भी बढ़ते हैं तो एक शार्टकट रास्ते से सुधार की बात करते हैं। कारण यह है कि प्रेमचन्द या उस समय के अन्य साहित्यकारों की दृष्टि में परिवर्तन नहीं हुआ था। वे समाज के असामंजस्य को अनुभव कर, अपनी सहानुभूति देकर चित्रित कर देते थे। उनकी दृष्टि का संस्कार पुराना ही था, भले ही उनमें बाह्य परिवर्तन हुए हों। किन्तु उस अभिभूत करुणा में धीरे-धीरे एक दृष्टि विकसित हो रही थी। इसे भी ऐतिहासिक प्रेक्ष्य में ही समझा जा सकता है। बाद में उसका स्पष्ट रूप उभरकर सामने आया। साधारणतया जब इस दृष्टि की बात की जाती है तो इस बात पर ध्यान रखना अत्यन्त आवश्यक है कि दृष्टि एक ऐतिहासिक मार्क है, जो काल-सापेक्ष है; और मार्क ऐतिहासिक प्रक्रिया (Historical Process) में विकसित होता चलता है। किन्तु होता ऐसा है कि वह ऐतिहासिक प्रक्रिया जारी रहती है, लेकिन कभी-कभी इधर-उधर भटकाव भी आ जाता है। यह इसलिए कि आदमी के पास जब नये ठोस आधार नहीं रहते, तो वह ऊब जाता है और कहीं रास्ता न पाकर स्थिति-विशेष पर टिक जाता है, अथवा किसी तात्कालिक मतवाद-विशेष का आग्रह लेकर उस स्थिति में अपने सम्बन्ध व्यवस्थित करना चाहता है। प्रेमचन्द के बाद के लेखकों को शायद कुछ ऐसी ही स्थिति का सामना करना पड़ा। यह ठीक है कि जैनेन्द्र, यशपाल और अश्क, प्रेमचन्द से आगे बढ़कर सूक्ष्म और गहनतर भावों की ओर गए, लेकिन इन सबके पास अपने-अपने चौखटे थे; शायद इसलिए कि यदि वे इसका सहारा न लेते तो अपने को दिशा-विहीन पाते। यह उनके आत्मविश्वास की कमी थी, दृष्टि का धुँधलापन था और लगता है, प्रत्यक्ष जीवन पर उनकी आस्था कम थी। फलतः किसी ने तथाकथित वैचारिकता से अपनी गम्भीरता स्थापित की और किन्हीं ने दर्शन-विशेष से अपने को जोड़कर वास्तविक जीवन की अनुभूतियों के साथ धोखा किया, किसी ने मनोविज्ञान का आश्रय लेकर आत्मव्याख्या की सूक्ष्म और जटिल इमारत खड़ी की। लेकिन मेरे कहने का मतलब यह नहीं है कि इनमें अनुभूति की सच्चाई थी ही नहीं। थी, लेकिन अपनी सम्पूर्णता में सही दिशा में बढ़ने के बजाय ये कहीं-न-कहीं अपने को चिपकाए रहे। 'अज्ञेय' ने अपने को किसी मतवाद विशेष से संयुक्त न कर, जो जैसा लगा, वैसे सीधे जीवन की अनुभूति प्राप्त की। उनकी अनुभूति और अभिव्यक्ति में बहुत सच्चाई है। यहाँ 'रोज़' कहानी की चर्चा की जा सकती है। 'रोज़' में अभिभूत कर देनेवाली गहरी उदासी है, जो निस्सन्देह जीवन की गहरी यथार्थता है और उसका वर्णन बहुत ही फ़ोटोग्राफ़िक है। किन्तु वह एक स्थिति-विशेष का स्वीकार मात्र है, इससे अधिक कुछ नहीं। यथार्थ स्थिति को पकड़ लेना और उसका स्वीकार बड़ी चीज़ है, लेकिन साहित्यकार के लिए उससे भी बड़ी चीज़ है—उस वर्तमान यथार्थ

का पीड़ित मर्म, जो अविच्छिन्न जीवन्तता से उसे जोड़ता है और प्राय: वह उसका साध्य कथ्य भी हुआ करता है, जिसके प्रभाव में पच्चीकारी और नये शिल्प प्रयोग की प्रधानता स्वाभाविक है।

इसके बाद का कुछ काल दिशा-निर्धारण की तैयारी का है। इसलिए कि इस बीच जो कहानियाँ लिखी गईं सस्ती, सामाजिक और रोमांटिक—वे विकृत रुचि को सन्तुष्ट कर रही थीं, और उसकी प्रतिक्रिया आवश्यक थी। उस प्रतिक्रिया की वह भूमिका थी। फिर आज एक अरसे बाद कहानी में नई सम्भावनाएँ और नई संवेदनाएँ, जीवन के नाना स्तर और नये सन्दर्भ नई कलात्मकता के साथ ही व्यक्त हुए। उनमें एक ताज़गी और एक जीवन्तता का आभास हुआ। बात यह हुई कि पहली बार यहाँ आदमी अपनी बदली दृष्टि और सन्दर्भ के प्रति सचेत हुआ। पहले के लेखक भी असामंजस्य का अनुभव करते थे, किन्तु न तो वे दृष्टि के ही प्रति सचेत थे और न सन्दर्भ के ही प्रति। 'रोज़' के बारे में कहा गया है कि वह एक स्थिति-विशेष का स्वीकार मात्र थी। पहली बार असंगति और असामंजस्यपूर्ण जीवन की एक विशेष घटना की अनुभूति इस ढंग से चित्रित की गई। यहाँ एक बात स्पष्ट करना आवश्यक है कि जीवन की समग्र छवियों, दृष्यों और कार्यों को देखने, समझने और व्याख्या करने का हमारा दृष्टिकोण सामान्य से विशेष की ओर आने की अपेक्षा, विशेष से सामान्य की ओर हो गया था। इसके मूल में सीधा वैज्ञानिक प्रभाव है। विज्ञान एक-एक चीज़ का निरीक्षण करता है, वर्गीकरण करता है और उनकी विशेषताएँ बतलाकर एक सामान्य नियम पर पहुँचता है। ठीक इसी प्रकार आज का कहानीकार, छोटी से छोटी मानवीय क्रियाओं को पूरी शक्ति से अपनी रचनात्मक प्रक्रिया में अनुभव करता है और उस छोटी-से-छोटी छवि या दृश्य में वह सामान्य अविच्छिन्न जीवन्तता का मर्म पकड़कर अभिव्यक्ति देता है, जो वर्तमान को भूत और भविष्य की इकाई में जोड़ता है। वही सामान्य मर्म यदि कहानीकार से छूट जाए, तो वर्तमान का खंडित चित्र होकर रह जाएगा। इसी सन्दर्भ में श्री लक्ष्मीकांत वर्मा द्वारा ('राष्ट्रवाणी' में) उठाए गए कुछ प्रश्न विचारणीय हैं। उनका कहना है कि "अनुभूति की नवीनता के होते हुए भी वे कौन से तत्त्व हैं, जो नई कहानी के सम्भाव्य रूप को पूर्णत: विकसित होने के मार्ग में बाधक सिद्ध होते हैं, और जिनके कारण आज कथा साहित्य समग्र सम्भावनाओं के बावजूद उसे ग्रहण करने में असफल सिद्ध हो रहा है।" उनके और भी प्रश्न हैं जो मूलत: इसी प्रश्न से सम्बद्ध हैं। आज की सब कहानियों को देखते हुए इसमें औचित्य है। इसलिए कि बहुत-सी कहानियाँ केवल स्थिति-विशेष के प्रति एक गहरी उदासी और करुणा उत्पन्न करके रह जाती हैं। उनमें क्रियात्मकता नहीं रहती। मनुष्य इतना बेबस तो नहीं है कि वह विवश ही बना रहेगा। इस गहरी उदासी और करुणा के चित्रण में निश्चय ही अनुभूतियाँ नई और विविध हैं, उनका शिल्प भी बहुत नया

और आकर्षक है; किन्तु यदि वह अविच्छिन्न जीवन्तता का तत्त्व छूट गया, तो सब कुछ खंडित चित्र है, सब कुछ वर्तमान यथार्थ का जड़ स्पन्दनहीन चित्रण है। वस्तुतः इस अर्थ में अधिक कहानियाँ 'रोज़' से आगे नहीं बढ़ी हैं और यदि इसी कारण उन पर शिल्प के आरोप लगाए जाते हों, तो वह सही नहीं है, यह कैसे सम्भव है। फिर "क्या विकृत रुचि के कारण मानव-गाथा का प्रवाह रुक सकता है?" वस्तुतः ऐतिहासिक प्रक्रिया में प्रवाह रुकता नहीं है, कुछ देर अवरुद्ध होकर धीमा हो जाता है और इतिहास की शक्ति इकट्ठी होने लगती है, और एकाएक वह धक्का देकर अवरोध से आगे बढ़ जाती है। फलतः इस ऐतिहासिक परिप्रेक्ष्य में कहानियों पर विचार करने से स्पष्ट होगा कि कहानी में विविध अनुभूतियाँ, विविध संवेदनाएँ और विविध मानवीय सुख-दुख एक ही स्तर के नहीं हैं। उनकी दृष्टि में गहराई भी आई है और विस्तार भी। यह बात उन कहानियों के आधार पर कही जा सकती है जो इस परिवर्तित सन्दर्भ में उस जीवन्तता को, मर्म को, जो केवल उस वर्तमान का ही नहीं है, पकड़कर व्यक्त कर सकी है।

आज की कहानियों में परिवेश-बोध की अनुपातता की विकसित चेतना बहुत महत्त्व की वस्तु है। इसकी सही पकड़ न होने से भ्रान्तियाँ हो जाती हैं। इस बिखराव, इस भटकन और इन असन्तुलित मानवीय सम्बन्धों से हटकर आज के कहानीकार को न तो दृष्टि ही मिल सकती है और न दृश्य ही। इसलिए कहानीकार अपने चारों ओर फैले वातावरण को अभिव्यक्ति देता है। लेकिन अगर कहीं उस वातावरण की अभिव्यक्ति में केवल वातावरण ही रह गया तो कहानीकार असफल हो जाता है। इसलिए कि जीवन के अविच्छिन्न प्रवाह को काटकर वह अलग एक टुकड़े के रूप में रख देता है। उसकी जगमगाहट कुछ देर तक रह पाती है और फिर बाद में वह निर्जीव शिल्प ही केवल बच रहता है, जो अपेक्षाकृत गौण है। इस ह्रासोन्मुख सभ्यता (Decayed Civilization) की कटुता को स्वीकार कर नवीन सन्तुलन के स्थापन का तीखा दर्द आज की कहानियों में चित्रित हुआ है, जिसे भुलाना सत्य की ओर से आँख मूँदना है। युग के कैंसर को पहचानकर आज की कहानी उसके लिए आत्म चेतना (सामाजिक घेरे में) की ओषधि देती है। आत्म-चेतना, इस अर्थ में उस सक्रियता से सम्बद्ध है, जो अपनी यथार्थ तिक्त स्थिति को पहचानकर उससे उबरने का प्रयत्न करती है। कई कहानियाँ उदाहृत की जा सकती हैं, जिनमें यह सक्रियता, यह दर्द बड़े व्यापक रूप में व्यक्त हुआ है। यह अवश्य है कि वैसी कहानियों की संख्या थोड़ी है।

आज आदमी के सामने सबसे बड़ा व्यंग्य यह है कि न तो वह किसी का बन सका है और न किसी को अपना बना सका है। व्यक्ति-सम्बन्धों का विघटन एक बहुत बड़े पैमाने पर हुआ है। साथ ही उसके मन में एक विचित्र प्रकार का भय समाया हुआ है। उसके भीतर से सृजनशीलता सूख गई है, जिसके बिना वह

यंत्रवत लाता है। उसे यह भी लगता है कि हम जीवित ही क्यों हैं! यह सृजनशीलता प्रत्येक मनुष्य में रहती है। वह उसी के लिए जीता है। उसी से उसके अस्तित्व को सार्थकता मिलती है। उस सृजनशीलता प्रवृत्ति द्वारा वह बाह्य वातावरण में विभिन्न छवियों, दृश्यों और वस्तुओं से अपना सम्बन्ध जोड़ता है, क्योंकि सम्बन्ध की बात अकेले से हटकर समुदाय की उपस्थिति में ही की जा सकती है, और सृजनशीलता स्वयं सामाजिक प्रक्रिया है। व्यक्ति-व्यक्ति एवं व्यक्ति तथा समुदाय के सम्बन्ध में एक सन्तुलित स्थिति प्राप्त करने के लिए निरन्तर संघर्षरत हैं। और इस संघर्ष को आज की कहानियों ने बख़ूबी पकड़ा है।

जीवन की छोटी-छोटी अनुभूतियों में विराट संवेदनाओं की ओर साहित्य की हर दिशा बढ़ रही है। कहानी में भी संवेदनाएँ अभिव्यक्त हैं। अनुभूतियों और संवेदनाओं का क्षेत्र बहुत गहरा और व्यापक हुआ है, लेखकों ने बहुत से अपरिचित स्तरों को उभारा है, इससे कौन इनकार कर सकता है? दुनिया की संस्कृतियाँ समीपतर आती जा रही हैं और उनका प्रभाव संसार के रूप में हमारे मन पर पड़ता जा रहा है। हमारी स्वयं की समस्याएँ भी कुछ दूसरों से बहुत पृथक् रहने का दावा कर सकती हैं, कम सम्भव है। फिर जातीय साहित्य की बात उठाना बहुत ठीक नहीं लगता। सविता और अनीता चटर्जी (?) को बेपर्द करना किसी को बुरा लगता है, तो हमें देखना यह है कि उस बुरे लगने का आधार क्या है। यदि लेखक इन पात्रों को अपनी और पाठकों की पूरी सहानुभूति नहीं दिला पाता है, तो निश्चय ही वह उन्हें बेपर्द कर रहा है, अपनी हवस पूरी कर रहा है। लेकिन यदि उसे सबकी सहानुभूति मिल रही है तो फिर वह उस पीड़ा, उस मर्म को व्यक्त कर रहा है, जो उसमें अन्तर्निहित है। और वह पीड़ा और वह मर्म, उसकी उस कुंठित सृजनशीलता से सम्बद्ध है, जिससे वे इन अव्यवस्थित सम्बन्धों के बीच अपना सामंजस्य स्थापित कर सकेंगे। फिर क्या वह जातीय सम्मान बनाए रखने का पुराना मोह नहीं है, जिससे हमारी रुचि अब तक चिपकी हुई है।

आज की कहानियों में यह जो नवीनता दीख पड़ती है, वह आज की दृष्टि और सन्दर्भ की नवीनता है। आज की समस्याओं और उनसे उलझने तथा सहने की नवीनता है। इस प्रकार जीवन की समस्याओं और दृष्टि की वास्तविक नवीनता ने अभिव्यक्ति के नये आयाम भी उभारे हैं। चित्रण के नये शिल्प ने अधिक समर्थता और अधिक बोधगम्यता दी है। सूक्ष्म से सूक्ष्म संकेत द्वारा बड़ी बात 'सजेस्ट' करना आज की संवेदनीयता के नये क्षितिज खोलकर उसे विस्तार देना है। जैसे स्विच कहीं दबाया जाता है और प्रकाश कहीं हो जाता है और बीच की पूरी प्रक्रिया दिखाई नहीं पड़ती; उसी प्रकार एक बात कही कहीं जाती है और वह आघात कहीं जाकर करती है। बीच की स्थिति टूटी लगती है; लेकिन स्थिति ऐसी नहीं है, वह और भी ज़्यादा संवेदनीय बन जाती है। इसीलिए कभी-कभी कथावस्तु में पाठकों को लगता

है कि बात तो कुछ कही नहीं गई लेकिन उनके पास उस प्रकाशित संवेदना को पकड़ पाने का संस्कार ही नहीं है। लेखकों और सामान्य पाठकों के बीच की यह खाई चिन्त्य है; यह प्रश्न भी प्राय: उठाया गया है कि आज के पाठकों द्वारा कहानी पूरी पढ़ ली जाएगी, इसमें ख़तरा है। लेकिन यह स्थिति अब सरलतर होती जा रही है। पाठक वर्ग प्रबुद्ध होने लगा है। आधुनिक नये शिल्प की बारीकी, जिसमें आज का वास्तविक जीवन अपने सही रूप में संवेदित है, उसे पाठक केवल समझने ही नहीं लगा है बल्कि उसकी व्याख्या-सराहना भी करने लगा है।

आज की कहानियों में अनुभूतियों का विस्तार तो हुआ ही है, साथ ही वह दृष्टि की नवीनता में ऐतिहासिक प्रेक्ष्य में गहरी भी हुई है। 'रोज़' की संवेदना एक स्थिति का स्वीकार थी; आगे चलकर उस स्थिति के प्रति सचेतनता (Consciousness) बढ़ी और साथ ही सक्रियता भी। कोई स्थिति वास्तव में तब उतनी उत्कट नहीं लगती, जब तक वह स्थिति मात्र रहती है; लेकिन जब मनुष्य उसके प्रति सचेत और सक्रिय हो जाता है तब उत्कट मनोवैज्ञानिक समस्या आ जाती है। आज की कहानियों में उससे उबरने की सक्रियता और अकुलाहट तो है ही, साथ ही बदली परिस्थितियों में नई सम्भावनाएँ भी विकासमान और मूर्त हो रही हैं। अतएव सचेतनता, सक्रियता और सम्भावना के रूप में कहानी की नई दिशा ने अपना क्षितिज अवश्य बढ़ाया है, जिसे सम्पूर्ण मानव-प्रगति के साथ संयुक्त कर तटस्थ दृष्टि से पहचाना जा सकता है।

['लहर', जुलाई, 1961]

नई कहानी : कुछ विचार

नेमिचन्द्र जैन

पिछले दिनों दिल्ली में कई गोष्ठियाँ हुईं जिनमें कहानी अथवा 'नई' कहानी के विषय में कई स्तरों पर चर्चा की गई। इन चर्चाओं में स्वयं नये-पुराने कहानीकार, आलोचक तथा सम्पादक और मात्र पाठक, सभी ने भाग लिया। स्वाभाविक था कि हर गोष्ठी में चर्चा घूम-फिरकर अन्त में इन्हीं प्रश्नों पर केन्द्रित होती रही कि : 'नई' कहानी क्या है? उसमें 'नया' क्या है? पुरानी कहानी से वह कैसे भिन्न है? यह देखकर कुछ आश्चर्य हुआ कि सामान्यतया इन गोष्ठियों में तरुणों ने अपेक्षाकृत अधिक संयम बरता और चर्चा के स्तर को गम्भीर और सैद्धान्तिक बनाए रखने का प्रयत्न किया। उन्होंने कहानी के क्षेत्र में नवीनतम प्रवृत्तियों के स्वरूप और उनके उद्गम की चर्चा की; अलग-अलग कहानीकारों ने अधुनातन साहित्यिक रुझानों की मूल प्रेरणा को अथवा कम-से-कम कहानी-सम्बन्धी अपने निजी दृष्टिकोण को स्पष्ट करना चाहा; जबकि कुछेक वयोवृद्ध साहित्यकारों ने नई प्रवृत्तियों से अपने असन्तोष और मतभेद को बड़े तीखे रूप में व्यक्त किया।

इस स्थिति के कारण जो भी हों, इन चर्चाओं से अन्ततः यह सत्य ही और भी उभरकर सामने आया कि हिन्दी में साहित्य की मान्यताओं और मानदंडों को लेकर, रचना-प्रक्रिया और उसके उद्देश्य तथा प्रभाव के सम्बन्धों में, लेखक और उसके पाठकों के सम्बन्ध के विषय में, पुराने और नये दृष्टिकोणों के बीच बड़े तीव्र मतभेद हैं, एक प्रकार की संघर्ष की-सी, दो अथवा दो से अधिक पीढ़ियों, दृष्टिकोणों और सिद्धान्तों के बीच टकराहट की-सी स्थिति है।

स्वीकृत-प्रतिष्ठित तथा नवीन उन्मेषशील मान्यताओं का यह संघर्ष युद्धोत्तर काल में सबसे पहले हिन्दी कविता को लेकर प्रकट हुआ था और कुछ वर्ष हिन्दी की समस्त रचनात्मक और मूल्यांकन-सम्बन्धी चेतना कविता के नये प्रयोगों, रूपों और उसकी मान्यताओं से उलझती रही। अब पिछले कुछेक वर्षों से लगभग उसी प्रकार का संकेन्द्रन कहानी अथवा 'नई' कहानी को लेकर है। कहानी के अधिक लोकप्रिय और पाठक-सापेक्ष साहित्यिक विधा होने के कारण दृष्टिकोणों, मान्यताओं

और मूल्यांकन का यह संघर्ष अधिक तीव्र जान पड़ता है। कविता को तो कवियों और इने-गिने पाठकों की समस्या कहकर टाला जा सकता है, पर कहानी की तो बेशुमार बड़ी पूँजी से चलनेवाली पत्रिकाएँ हैं, और दिनोंदिन बढ़ती ही जाती हैं। 'नये' कवियों और उनके समर्थकों को अपनी बात कहने के लिए स्वयं ही पत्रिकाएँ, संकलन अथवा घोषणापत्र निकालने पड़ते थे, गोष्ठियाँ संगठित करनी पड़ती थीं। कहानी के लिए तो बड़े-बड़े प्रकाशक पत्रिकाएँ भी निकालते हैं और गोष्ठियाँ भी करते हैं। कविता से भिन्न कहानी उसके लेखकों के लिए निश्चित अनवहेलनीय आय का भी साधन है; इसलिए कहानी के 'फ़ैशन' बदलने से पुराने 'फ़ैशन' वालों को आर्थिक संकट की भी आशंका हो सकती है; कहानी-पत्रिकाओं के उच्च वेतनयुक्त सम्पादक-पदों के मिलने-न-मिलने के प्रश्न सामने आते हैं। ये सब परिस्थितियाँ भी कहानी के क्षेत्र में नये और पुराने की टकराहट को तीव्रतर कर देती हैं। और साहित्य के मूल्यांकन और सृजन प्रक्रिया के प्रवाह में इन परिस्थितियों का कोई आत्यन्तिक महत्त्व और स्थान चाहे कितना ही कम क्यों न हो अथवा नहीं ही हो, फिर भी भावधाराओं, विचारों और मूल्यों की टकराहट की पार्श्वभूमि के रूप में, इस टकराहट के परिप्रेक्ष्य का निर्माण करनेवाले एक तत्त्व के रूप में इन 'अ' साहित्यिक पक्षों के विषय में सर्वथा उदासीन होना हितकर नहीं।

सामान्य दृष्टि से प्रत्येक महत्त्वपूर्ण नवीन साहित्यिक धारा अथवा मान्यता का अनिवार्यतः ऐसा उग्र और तीव्र विरोध उत्पन्न करना कोई नई बात नहीं कि प्रतिष्ठित स्वीकृत साहित्यकार नये लेखकों को परम्पराभ्रष्ट, विकृत विदेशी प्रभावों से ग्रस्त, आत्मप्रचारक और उच्छृंखल तथा दायित्वहीन कहें। छायावाद और छायावादी काव्य के विषय में, जो आज इतना सम्भ्रान्त और स्वीकृत है कि विश्वविद्यालयों के कट्टर-से-कट्टर साहित्याचार्य भी उसे साहित्य का शाश्वत आदर्श मानते नहीं हिचकिचाते, क्या एक दिन ऐसी ही तीव्र विरोधी प्रतिक्रिया नहीं हुई थी? जिन लोगों को उस समय की साहित्यिक चर्चाओं से अथवा पुस्तकों तथा पत्र-पत्रिकाओं से कुछ भी व्यक्तिगत परिचय प्राप्त है, वे सहज ही याद कर सकते हैं कि निराला, पंत, प्रसाद, महादेवी आदि पर होनेवाले बहुत से प्रहार और आरोप न केवल बेहद अशोभन और कुरुचिपूर्ण होते थे, बल्कि उनमें बहुत-सी आलोचना बहुत कुछ वैसी ही तथा वैसी ही शब्दावली में की जाती थी जैसी आज नई कविता या कहानी के विषय में होती है, या पिछले दस-पन्द्रह वर्षों में प्रगतिवादी तथा प्रयोगवादी साहित्यिक धाराओं को लेकर हुई है। उस समय भी 'छायावाद' शब्द की उतनी ही हँसी उड़ाई जाती थी, उसकी तरह-तरह की भोंडी, मनमानी और अनर्गल व्याख्याएँ उसके प्रवर्तकों को अपमानित करने तथा उनकी रचनाओं को लोकप्रिय होने से रोकने के लिए होती थीं। कथा-साहित्य में ही जैनेन्द्र और अज्ञेय आज चाहे जितने स्वीकृत हों, एक समय उन्हें अन्तहीन आरोप, आक्षेप, कुत्सा तथा आलोचना का सामना

ठीक उन्हीं बातों के लिए करना पड़ा था जिनके लिए आज नये कहानीकारों की आलोचना होती है। किन्तु मानव-स्वभाव का एक विचित्र और आकर्षक विरोधाभास है कि अवसर आने पर कोई भी पीढ़ी उतनी ही असहिष्णुता और कट्टरता दिखाने में पीछे नहीं रहती। वास्तव में नये कहानीकारों का बहुत-सा विरोध हमारी इसी मूल परिवर्तन-विरोधी, नवीनता-विरोधी, भिन्नंता-विरोधी वृत्ति का सूचक है। समाज में और साहित्य में यह विरोध अनिवार्य रूप से दो पीढ़ियों के अनवरत संघर्ष का रूप ले लेता है, जिसमें सदा से ही बीतती हुई पीढ़ी विफल और पराजित होती रही है। यद्यपि इस बात से भी इनकार नहीं किया जा सकता कि अपने ऐसे उग्र, तीखे विरोध से पुरानी पीढ़ी नये रचनाकारों को आत्म-सजग, अधिक जागरूक और दायित्वशील बनाने में तो सहायक होती ही है।

किन्तु नई कहानी को लेकर होनेवाली चर्चा के इस पक्ष के बावजूद, उसकी मान्यताओं और मूल स्वरूप को समझने का काम परम आवश्यक हो है और 'नई कहानी में नया क्या है?' यह प्रश्न चाहे जितने रोष और पूर्वग्रह से क्यों न पूछा जाता हो, आज के साहित्यकार को और कुछ नहीं तो स्वयं अपने बोध और आत्म-विश्लेषण के लिए ही उसका उत्तर खोजना और गम्भीर मनन द्वारा यथासम्भव स्पष्ट करना चाहिए।

आरम्भ में जिन गोष्ठियों का उल्लेख किया गया उनमें तथा अन्य चर्चाओं में नई कहानी की आलोचना के रूप में जो बातें साधारणतः कही जाती हैं वे कुछ इस प्रकार की हैं इन कहानियों में बहुत-से विदेशी 'अमूर्त' प्रभाव हैं; कथा इतनी नहीं, जितना विश्लेषण है; चौंकाने की प्रवृत्ति अधिक है; भावों, विचारों और आदर्शों का प्रभाव नहीं तो उनकी अराजकता है; सामाजिक दायित्व से भागकर घोर व्यक्तिवादिता की प्रतिष्ठा है; नवीनता के लिए नवीनता है; स्वाधीनता के नाम पर उग्र रूप में 'सेक्स' के अश्लील, कुत्सित, कुंठाग्रस्त चित्रण की भरमार है : परम्परा की अवहेलना ही नहीं उसे बलपूर्वक विकृत करने की प्रवृत्ति है; शिल्प की दृष्टि से अराजकता, विघटन, नीरसता और शुष्कता तथा दुरूहता को प्रश्रय है; कहानी के साधारण पाठक के प्रति उपेक्षा ही नहीं, घृणा है।

दूसरी ओर आज की कहानी में 'नयेपन' की व्याख्या करते हुए कहा जाता है कि जहाँ पहले की कहानियों में सम्पूर्ण व्यक्ति अथवा सम्पूर्ण आदर्शों की अभिव्यक्ति होती थी, वहाँ नई कहानियों में खंडित व्यक्ति की अथवा व्यक्तित्व के अलग-अलग अंशों की और खंडित आदर्शों की अभिव्यक्ति पर अधिक बल है। पहले की कहानी व्यक्ति को अथवा समाज को अपने आप में देखती थी, आज उसे उसके परिवेश में देखने की प्रवृत्ति है, अथवा स्वयं परिवेश ही, किसी केन्द्रीय व्यक्तित्व के बिना भी, कहानी का विषय हो सकता है। पिछली कहानी की तुलना में आज का कहानीकार अधिक जटिल यथार्थ को अभिव्यक्त करता है, नई कहानी

अधिक जटिल, संश्लिष्ट और उलझी हुई है। उसमें वर्णन पर, रचे हुए कथानक पर नहीं, बल्कि विश्लेषण पर, किसी विशिष्ट भावदशा के चित्रण पर अधिक आग्रह है। बल्कि नये कहानीकार ने क्रमशः कथानक, चरित्र-चित्रण, 'क्लाइमेक्स' आदि पुरानी रूढ़ियों को छोड़ दिया है, उनके स्थान पर वह जीवन की किसी भी अनुभूति को अथवा उसके एक बिन्दु, एक विशुद्ध मनःस्थिति, घटना अथवा भावदशा अथवा विचार को लेकर कहानी लिख सकता है और लिखता है।

वास्तव में देखा जाए तो ये सब व्याख्याएँ-स्थापनाएँ आज की कहानी के अलग-अलग अंश-सत्यों को प्रकट करती हैं और उनमें से किसी एक पर ही आग्रह करना नई कहानी की उपलब्धि और रूप को, उसकी नवीनता और आधुनिकता को सीमित करना है। सम्भवतः उन सबको एक साथ रखने और कहने से न केवल नई कहानी बल्कि समस्त समकालीन साहित्यिक अभिव्यक्ति की मूलभूत विशेषताओं पर प्रकाश पड़ता है। किन्तु इनमें कोई भी विशेषता ऐसी नहीं है जो सर्वथा अभूतपूर्व और मशीन से उतरी हुई नवीन हो, जो कम-से-कम बीजरूप में पूर्ववर्ती कथा-साहित्य में वर्तमान न रही हो। आज का कथा-साहित्य स्वाभाविक रूप में विचार और भाव, चिन्तन और अनुभूति, व्यक्ति और समाज की उन सभी अन्तःधाराओं की परिणति और प्रतिफलन है जो प्रेमचन्द के बाद से हमारे कथा-साहित्य में प्रकट हुईं। और पिछली पीढ़ी के कथाकारों से नये कहानीकार का इतना तीव्र संघर्ष, अपने स्वस्थतम रूप में, एक हद तक निश्चय ही, इसी कारण है कि नया कहानीकार उस दाय को अस्वीकार करता है अथवा करता जान पड़ता है। आज का कथाकार उसी भूमि पर खड़ा है जो जैनेन्द्र, अज्ञेय, इलाचन्द्र जोशी, यशपाल आदि ने अपने ढंग से प्राचीनतापरक तत्त्वों से संघर्ष करके तैयार की थी। नई कहानी उतनी परम्परा विच्छिन्न नहीं है जितने कुछ नये कहानीकार अपने जोश में सिद्ध करना चाहते हैं; और परम्परा के इस दान को स्वीकार किये बिना उन आयामों की सही रूपरेखा नहीं स्थापित हो सकती जो नये कहानीकार ने आधुनिक सन्दर्भ में, आज की परिस्थितियों में परिचित प्रवृत्तियों को गहनतर, सघनतर और सूक्ष्मतर अथवा व्यापकतर बनाकर प्रस्तुत किये हैं।

सम्पूर्ण व्यक्ति अथवा सम्पूर्ण आदर्श की अभिव्यक्ति की बात को ही ले लीजिए। क्या सचमुच जैनेन्द्र और यशपाल की कहानी में सम्पूर्ण व्यक्ति और सम्पूर्ण आदर्शों की अभिव्यक्ति है? या जैसा उस दिन मन्मथनाथ गुप्त ने कहा, "क्या शरत के देवदास का चरित्र सम्पूर्ण या आदर्श व्यक्तित्व का रूपायन है? व्यक्ति को काले और सफ़ेद के बजाय एक साथ दोनों रंगों में, दोनों आयामों में देखने और चित्रित करने की प्रवृत्ति के साथ ही साहित्य में व्यक्तित्व का एक नया रूप उभरना शुरू हो जाता है। हम सभी एक साथ ही कई व्यक्ति हैं। कहानी लेखक उन सबको एक साथ अथवा अलग-अलग, अनगिनती मिश्रणों, स्वरूपों और अनुपातों में दिखा

सकता है। पुराने कहानीकारों में भी ऐसे विभिन्न मिश्रण हैं जो मानव-व्यक्तित्व को अधिक-से-अधिक और कम-से-कम दोनों छोरों पर चित्रित करते हैं। शायद नये कहानीकार के ये मिश्रण अलग हैं, सम्भवत: व्यक्तित्व का एक और भी आयाम वह प्रस्तुत करता है जो पहले छूट जाता रहा हो, अथवा उन रूपों को छोड़ देता हो जो पहले अनिवार्य रूप में कहानी में सिमट आते थे। यह इसलिए भी होता है कि आज का इनसान पिछली पीढ़ी की अपेक्षा अन्य प्रकार के अतिरिक्त दबावों से विभक्त, त्रस्त और शासित तो है ही, उनके बारे में आत्म-सजग भी कहीं ज़्यादा है। ऐसे व्यक्ति की अनुभूति अपनी ठोस मूर्तिवत्ता में भिन्न तो होगी; पर पहले व्यक्ति की अनुभूति किसी सम्पूर्णता की थी, यह नहीं लगता। नया कहानीकार किसी नई मानवता को नहीं चित्रित करता—मानवता यों पीढ़ी-दो-पीढ़ी में बदला भी नहीं करती, बल्कि वह पुराने बुनियादी दबावों और तनावों के साथ-साथ कुछ नये अतिरिक्त तनावों को प्रस्तुत करने लगती है।

आदर्शों की अभिव्यक्ति की समस्या भी इससे भिन्न नहीं। यह कहना निरा दम्भ है कि नया कहानीकार आदर्शों को चुनौती देता है जबकि पिछली पीढ़ी का लेखक सम्पूर्ण आदर्शों की अभिव्यक्ति करता था। अपने समय में स्वीकृत जितने सामाजिक, वैयक्तिक, राजनीतिक, धार्मिक आदर्शों को चुनौती जैनेन्द्र या यशपाल या अज्ञेय ने दी, उनकी संख्या बहुत बड़ी है—चाहे वे स्त्री-पुरुष के सम्बन्ध को लेकर हों, चाहे व्यक्ति की स्वाधीनता को लेकर हों, चाहे समाज में प्रतिष्ठित वंचना, पाखंड और ढोंग को लेकर हों। असल में हर पीढ़ी का समर्थ साहित्यकार अपने युग में स्वीकृत चली आती किन्तु जराग्रस्त मान्यताओं को चुनौती देता है और सीधे-सीधे अथवा निहित रूप में अन्य मूल्यों की स्थापना करता है। किन्तु परवर्ती पीढ़ियाँ फिर इन नये स्थापित मूल्यों का भी, कम-से-कम उनके कुछेक पक्षों को, चुनौती देने लगती हैं। दोनों पीढ़ियों में भिन्नता इस बात में नहीं कि एक मान पर चलती है और दूसरी चुनौती के साथ; वह इस बात में है कि वे भिन्न-भिन्न मान्यताओं को चुनौती देती हैं, बल्कि शायद परवर्ती पीढ़ी उन्हीं मूल्यों को ललकारने लगती है जो पूर्ववर्तियों ने अपने पूर्ववर्तियों से संघर्ष करके स्थापित किये थे। दो पीढ़ियों के तीव्र मतभेद का एक मूलभूत स्रोत इसी बिन्दु पर है जो सम्भवत: कभी मिट नहीं सकता। यह स्वाभाविक ही है कि पुराने कहानी-लेखक चाहे जितने समयानुकूल हों, फिर भी अन्तत: वे बहुत-से उन्हीं मूल्यों की स्थापना अपने साहित्य में किये जाते हैं जिन्हें नई पीढ़ी चुनौती दे रही है। प्रेम, काम, राजनीति, सामाजिक परिवर्तन सभी क्षेत्रों में आज बड़े मौलिक प्रश्न और संशय मन को ग्रस्त किये हुए हैं जिनके उत्तर चाहे जो हों पर पुरानी मान्यताओं से नहीं मिलेंगे। आज के मनुष्य की चेतना जिन अतिरिक्त दबावों से गढ़ी जाती है उनमें से कुछेक तो नये ही हैं, कुछेक का रूप नया है, फिर चाहे वह नवीनता अच्छे के लिए हो या बुरे के लिए। इस यथार्थ

से आँख मूँदकर आज के साहित्य का समुचित मूल्यांकन तो दूर, उसके प्रेरणा के स्रोतों और रूपों का सही आकलन तक नहीं हो सकता। किन्तु ठीक उसी प्रकार इस सत्य से आँख मूँदकर भी नहीं कि आज के नये-से-नये दबाव भी एक लम्बी प्रक्रिया की नवीन परिणति हैं, किसी शून्य में से हठात उद्भूत नहीं।

आज की हिन्दी कहानी की जटिलता का विशेष स्वरूप और रहस्य इसी सूत्र में है। यह कहना बहुत अनुपयुक्त न होगा कि इस जटिलता का एक रूप जैनेन्द्र में भी देखा जा सकता है। उनकी कई कहानियाँ बेहद उलझी हुईं, बल्कि दुरूह भी हैं। दूसरी ओर आज की जटिलता या दुरूहता का रूप कुछ दूसरा है, उसके कारण भिन्न हैं, और फलस्वरूप प्रभाव भी शायद भिन्न हैं। अब नई कहानी को अत्यधिक विश्लेषणात्मक कहा जाता है। पर क्या जैनेन्द्र की 'एक रात' और अज्ञेय की 'पगोडा वृक्ष' वर्णन प्रधान कहानियाँ हैं? इलाचन्द्र जोशी की कहानियों में क्या मनोविश्लेषण की कमी है? पर आज की कहानी उन सबसे भिन्न है इस विश्लेषण के प्रयोग में, और उस प्रयोग की निर्ममता में, उस प्रयोग के अवलम्बन की अर्थात उस व्यक्ति की भिन्नता में जो पहले की अपेक्षा कहीं अधिक उखड़ा हुआ है, अपने-आप से और अपनी परिस्थितियों से कहीं अधिक बेज़ार है, और साथ ही यह सब स्वयं ही महसूस करके और भी अधिक त्रस्त है।

पिछली कहानी के साथ नई कहानी के इस दोहरे सम्बन्ध की चेतना उस प्रश्न को भी स्पष्ट करती है कि 'नई' कहानी क्या केवल समय में ही 'नई' है? क्या केवल इसीलिए नई है कि उसके लेखक नये हैं? सन् 1963 में लिखकर भी पुराने लेखक जिन भावभूमियों पर, जिन मान्यताओं पर स्थित हैं वे नई नहीं हैं; नये कहानीकार उन्हीं मान्यताओं को चुनौती दे रहे हैं जिन्हें पुराने लेखकों ने किसी समय निहित अथवा प्रत्यक्ष रूप में स्थापित किया था; अथवा यों कहें कि वे पुराने लेखकों की मान्यताओं को, चुनौतियों को उस सीमा तक ले जाने के लिए, उन्हें इतना व्यापक कर देने के लिए, कटिबद्ध हैं कि वे उनके मूल प्रणेताओं को ही भिन्न लग उठती हैं। नये कहानीकार पुरानी क्रान्ति को नये क्षेत्रों तक ले जाने के कारण पुराने से जुड़कर भी नये हैं। पुराने कहानीकार आज के क्षण में लिखकर भी, अपनी ही वर्जनाओं की सीमा के कारण पुराने हैं।

कहानी में पुरानी मान्यताओं का यह विघटन अथवा विस्तार कहानी के शिल्प के विषय में भी उतना ही सत्य है। जैसा पहले कहा गया, कथानक, चरित्र-चित्रण, वातावरण, अन्वितियाँ, नाटकीय अन्त, आदि लगभग सभी शास्त्रसम्मत मान्यताएँ, जिनका प्रेमचन्द के बाद शिथिल होना आरम्भ हुआ, अब एकदम ही टूट गई हैं। प्रत्येक अनुभूति अथवा कथ्य अपना रूप स्वयं निर्धारित करता है और इसलिए उसमें विविधता का कोई अन्त ही नहीं, बल्कि ये रूपगत विविधताएँ अनिवार्य हैं। बहुत-से पुराने लेखकों को, और पाठकों को भी, इसीलिए बहुत-सी नई कहानियाँ

समझ में नहीं आतीं। पर यहाँ यह स्मरण कराने में कोई बुराई नहीं कि यह कठिनाई किसी समय जैनेन्द्र और अज्ञेय की कहानियों को लेकर होती थी, आज लोग इस बात को भूल गए हों, यह दूसरी बात है।

इस प्रकार यदि पूर्वगृह न हो तो यह स्पष्ट है कि नई कहानी ने कई स्तरों पर हिन्दी-कथा के क्षेत्र को विस्तार दिया है। जैसे आंचलिक और कस्बाती जीवन के ऐसे चित्र उपस्थित किये हैं जो हिन्दी कहानी में बहुत कम थे। या कुछेक कहानियों में व्यक्ति की मनोदशा के सूत्र उसके परिवेश में खोजे अथवा उसी के चित्रण द्वारा व्यंजित अथवा व्यक्त किये गए हैं। इन कहानियों में चित्रित व्यक्ति अथवा अनुभूति अधिक विशिष्टीकृत है—सामान्यीकरण अथवा व्यापकीकरण की प्रवृत्ति समस्त साहित्य में कम होती जा रही है। साहित्य में सार्वभौमता का पहले जैसा सर्वोपरि अपरिहार्य मूल्य अब नहीं रहा। आज का कहानीकार राजनीतिक मतवाद से भी अपेक्षाकृत अधिक असम्पृक्त और तटस्थ होता जा रहा है। राजनीतिक आदर्शलोक (यूटोपिया) अन्ततः हमारी संवेदनाओं को शिथिल और निर्जीव कर देते हैं, वे उनकी धार कम कर देते हैं। आज के लेखक को यह किसी भी क़ीमत पर इष्ट नहीं।

आज की हिन्दी कहानी के विषय में यह विवेचन नई प्रवृत्तियों के मूल स्वरूप को लेकर है, उनकी उपलब्धियों को लेकर नहीं। साहित्य अथवा किसी भी सृजनात्मक कार्य का नया युग अपनी गति की मौलिक आवश्यकताओं से जुड़ा होता है और इस दृष्टि से अनिवार्य होता है। उपलब्धियाँ बहुत बार बहुत हद तक व्यक्तिगत प्रश्न होती हैं। शेक्सपियर, टॉल्सटाय, रवीन्द्रनाथ, शरच्चन्द्र, प्रेमचन्द, एक युग को अभिव्यक्त करने पर भी, किसी युग-विशेष की सर्वथा अनिवार्य उपज नहीं। ऐसी प्रतिभाएँ सम्पूर्णतः युग सापेक्ष नहीं होतीं। किन्तु यह बहुत ही सम्भव है कि कोई साहित्यिक युग उपलब्धि का कोई उच्च शिखर छुए बिना भी कहीं अधिक अनिवार्य हो। किसी साहित्यिक विधा का अथवा सम्पूर्ण साहित्यिक गतिविधि का वास्तविक स्वरूप और उसकी अनिवार्यता और सार्थकता समझते समय उपलब्धियों की तुलना में उलझ जाना अनावश्यक ही नहीं, भ्रामक और घातक भी हो सकता है।

['सारिका', 1964]

आज की कहानी

परमानन्द श्रीवास्तव

हमारी समझ से स्वतंत्रता-प्राप्ति के समय को, प्रेमचन्दोत्तर आधुनिक कहानी और इस आधुनिक कहानी की ही परिणति आज की नई कहानी के बीच की, विभाजक रेखा मानना चाहिए। इसके निश्चित कारण हैं कि स्वतंत्रता से पहले की कहानी में व्यक्त कहानीकार की निजी समस्या मानव-समस्या नहीं बन पाती। कहानीकार का आत्मविभाजन मानव के समग्र विश्वास को अपनी रचना-प्रक्रिया में आत्मसात नहीं कर पाता और वह सचमुच घटित होती हुई जीवन-परिस्थितियों के प्रति जब-तब उदासीन भी दिखाई पड़ता है। आज आलोचकों ने इसी दृष्टि से कलात्मक साधना की क्रिया को स्वतंत्र मानते हुए भी वास्तविक जीवन के बृहत्तर सन्दर्भों के संवेदनात्मक ज्ञान पर बल देना चाहा है।[1] कहा जा सकता है कि उसके अभाव में ही, स्वतंत्रता से पहले के कुछ कहानीकार सामाजिक समस्याओं की प्रतिक्रिया को अपनी रचनात्मक चेतना का स्वाभाविक अंग नहीं बना सके हैं। स्वतंत्रता-प्राप्ति के ठीक बाद तो शिक्षित मध्यवर्ग में अवसरवादी चेतना ही दिखाई पड़ती है, पर 1950 तक आते-आते हम अनेक कठिनाइयों और समस्याओं के होते हुए भी एक स्वाभाविक आस्था का उन्मेष देखते हैं। विश्व-राष्ट्रों के बीच भारत के बढ़ते हुए विश्वासयुक्त सम्बन्धों के कारण आज के कहानीकार (व्यापक अर्थ में रचनाकार) में रचनात्मक चेतना की विकास प्रक्रिया में त्रिमुखी संघर्ष का बोध प्रत्यक्षतः दिखाई पड़ता है। इस प्रक्रिया में पहला संघर्ष अभिव्यक्ति के लिए संघर्ष है। दूसरा निजी चेतना को अधिकाधिक मानवीय संवेदना से सम्बन्ध करने के लिए आत्मसंघर्ष है।

---

1. "वास्तविक जीवन साधना के बिना कलात्मक साधना असम्भव है। यद्यपि कलात्मक साधना की, सापेक्षिक रूप से, अपनी स्वतंत्र क्रिया और गति हुआ करती है, किन्तु उसकी मूल प्रेरणा, उसके तत्त्व उस आत्म-सम्पदा के अंग होते हैं जो सम्पदा अपने-अपने वास्तविक जीवन में संवेदनात्मक रूप से अर्जित की जाती है और एक जीवन-संवेदनात्मक ज्ञान-व्यवस्था के रूप में परिणत की जाती है।"

—आधुनिक कविता की दार्शनिक पार्श्वभूमि : गजानन माधव मुक्तिबोध : रचना 3-4

तीसरा संघर्ष मानव-समस्याओं की अनुभूति प्राप्त करते हुए अपने जीवनानुभव को व्यापक और तीव्रतर बनाने के लिए है। संघर्ष के इन विविध स्तरों की सम्मिलित चेतना जिस कहानीकार में जितनी ही अधिक है वह स्वभावत: ही उतना ही अधिक (रचनात्मकता के क्षेत्र में) सफल है।

आज की कहानी में द्वंद्वात्मकता और सन्देह, आत्मविकृति और आत्म-विभाजन से मुक्त जिस 'मनुष्यता' की अनुभूति दिखाई देती है, वह स्वातंत्र्योत्तर अनुभूति है। देश की परिवर्तित व्यवस्था, चेतना और सबके फलस्वरूप विकसित आस्था के साथ इस अनुभूति का ग्रहण कारण-कार्य-असम्बन्ध है। जो लोग साहित्यिक और कलात्मक विकास की चेतना को देश और जाति के जीवन की उथल-पुथल और समाज के विकास की चेतना से सम्बद्ध करके देखते हैं, वे आज की कहानी (जिसकी कालावधि सीमित है—इतनी सीमित, कि उस पर विचार प्रेमचन्दोत्तर कहानी की परिधि में ही किया जाता है और तर्कसंगत कारणों से ऐसा ही करने की आवश्यकता भी पड़ती है) की नई उपलब्धियों को अलग से समझने की आवश्यकता को स्वीकार करेंगे।

सन् 1947 में हमने जो राष्ट्रीय स्वाधीनता प्राप्त की, उसके फलस्वरूप कला और साहित्य-सृजन के क्षेत्र में सांस्कृतिक विकास के प्रति सजग एक स्वतंत्र जातीय और उदार चेतना का उदय हुआ। राष्ट्रीय स्वाधीनता की प्राप्ति के पश्चात विकसित होनेवाली इस चेतना के साथ नये कहानीकार में जिस 'आत्म-सजगता' का विकास हुआ है, वह सामाजिकता के विरोधी तत्त्व के रूप में नहीं है और इस कारण उस पर नये आधार पर विचार करने की आवश्यकता है।

आज की कहानी के रचनाकार के अनुभव सीमित परिवेश में ही नि:शेष नहीं हो जाते, बल्कि बिम्ब-रचना के धरातल पर समूची ऐतिहासिक परम्परा और दृष्टि क्षेत्र के अंग होते हैं। प्रेमचन्दोत्तर हिन्दी कहानी की सीमित व्यक्ति चेतना को आज की कहानी बृहत्तर और सामाजिक बना रही है, अत: उसकी उपलब्धि की नई सार्थकता को समझने और उसे ऐतिहासिक भूमिका में रखकर उसकी नवीनता की दिशाओं को पहचानने की आवश्यकता निरन्तर बनी हुई है। हमारी दृष्टि में मानवीय सम्बन्धों से प्रतिबद्धता आज के कहानीकार के रचनात्मक मानस की सबसे महत्त्वपूर्ण चेतना है, और उसे नवीन जनतांत्रिक संस्कृति के विकास ने बड़ा बल मिला है। हम अनुभव करते हैं कि आज की कहानी की उपलब्धियों और सीमाओं का मूल्यांकन इसी धरातल पर करना उचित है।

आज की कहानी का वैशिष्ट्य

आज की कहानी में सामाजिक अनुभवों के सूक्ष्म सार्थक उपयोग पर बल दिया जा रहा है, यह स्थिति आकस्मिक नहीं है। संक्रान्ति-युग की कहानी की सीमाओं की

प्रतिक्रिया का सहज परिणाम है : आज की कहानी, जिसमें 'मनुष्य' और 'मनुष्य' नामक यंत्र का अन्तर स्पष्ट है। आज का कहानीकार यथार्थ को विभाजित करके नहीं देखता, अपितु सम्पूर्णता में देखता है। अनुभूति के प्रति उसकी अतिशय सजगता अनुभूति क्षण को समय के ऐतिहासिक परिप्रेक्ष्य में देखने की शक्ति प्रदान करती है। आज की कहानी में कथानक, चरित्र, वातावरण और प्रयोजन की सार्थक सांकेतिक अभिव्यक्ति केवल कलात्मक विशेषता या निपुणता के कारण नहीं है, बल्कि एक नई संवेदनशीलता एवं नये यथार्थबोध से व्युत्पन्न है।

आज की कहानी में अनेक अनुभवों का, बल्कि जीवन के समस्त सन्दर्भों का[1] सामंजस्य एक ही बिन्दु पर दिखाई देता है। यही कारण है कि आज कहानी की विषयवस्तु को उसके केन्द्रीय विचार से अलग समझने की आवश्यकता का अनुभव किया जा रहा है। आज की कहानी में व्यक्त रागात्मक अनुभव भी बौद्धिक अनुभव की ही निष्पत्ति है। आज का कहानी-लेखक जिस प्रक्रिया से अपने अनुभव की संश्लिष्टता की व्याप्ति को मानवीय सत्य की सीमा तक पहुँचा देता है, उसका अध्ययन कहानी की भावात्मक एवं रचनात्मक विशेषताओं को समझने में दूर तक सहायक हो सकता है। आज की कहानी में व्यक्त यथार्थ की पीड़ा का समाधान मानसिक जगत या अवचेतन में निवास नहीं करता, बल्कि अधिक सचेत स्तर पर प्राप्त किये गए उसके अनुभव में निवास करता है जो निरन्तर तीव्रतर होता जाता है। आज के कहानीकार के विषय क्षेत्र विविध हैं, पर इस समस्त विविधता में लेखक का व्यक्तित्व अनिवार्यत: बना रहता है।

जब हम आज की कहानी को इस दृष्टिक्रम में देखते हैं तो कहानी के रचनात्मक क्षेत्र में होनेवाले नये प्रयोगों का वास्तविक महत्त्व समझ में आता है और कहानी के 'नवीन' होने की आवश्यकता समझ में आती है। आज के कहानी-लेखक के सामने प्रेमचन्द की उस स्वस्थ सामाजिक दृष्टि (विजन) को नवीन सन्दर्भ प्रदान करने का प्रश्न था जो बीच के समय में नष्ट हो चली थी। दूसरी ओर, आज के कहानी-लेखक के सामने कहानी को हल्के एकरस रूमान से मुक्त करने का प्रश्न था और कहानी को उस गहन मनोविश्लेषण से पृथक् करने की आवश्यकता थी, जिसके फलस्वरूप कहानी स्नायविक रोगों का विश्लेषण बनकर रह गई थी। इन्हीं आवश्यकताओं की पूर्ति के लिए कहानी को अपनी कलात्मक रचनाविधि में नई विशेषताओं को स्थान देना पड़ा। आकस्मिक नहीं है कि आज की कहानी ने 'वस्तु' को अथवा 'वक्तव्य' को अधिक-से-अधिक यथार्थग्राही बनाने के लिए कहीं

1. "विषय से विचार की ओर अग्रसर होने का मतलब है सामान्य से विशेष की ओर—ऐसे विशेष की ओर, जो नितान्त विशिष्ट जीवन-अनुभव होते हुए भी अपनी अर्थवत्ता के द्वारा जीवन के समस्त सन्दर्भ-देश को छू जाए।"

—हाशिये पर : 'नई कहानियाँ' : नवम्बर, 1961, पृ. 129

कविता की वातावरण-निर्माण-क्षमता ग्रहण की है, तथा कहीं चित्र कला की बिम्बवादी पद्धति ग्रहण की है और कहीं-कहीं दोनों ढंग की विशेषताओं का एक साथ उपयोग किया है।[1] आज की कहानी में भूमिका अलग से नहीं, कहानी में ही पाई जा सकती है।

आज की कहानी की कोई प्रत्यक्ष सीमा है तो बौद्धिकता का अतिरेक—जिसके कारण कहानी में दुरूहता आती है और कहानी का मूल गुण बाधित होता है, जिसे हम सहज सम्प्रेषणीयता कह सकते हैं। निस्सन्देह यथार्थ के प्रति आज के लेखक की दृष्टि भावनात्मक न होकर बौद्धिक है। परन्तु कहानी में जहाँ-तहाँ लक्षित होनेवाली दुरूहता और अस्पष्टता के लिए यह पर्याप्त या सम्पूर्ण कारण नहीं है। दुरूहता के लिए सबसे अधिक आशंका वहाँ होती है जहाँ कहानी-लेखक मौलिक होने की आकांक्षा से अनुभूति का सहज पथ छोड़कर रहस्यपूर्ण चमत्कार और कौशल का उपयोग करने लगते हैं। राजेन्द्र यादव की एकाधिक कहानियों में यह आशंका सच होती हुई जान पड़ती है। कहानी-लेखक को ऐसे प्रयोगों से बचना चाहिए जो उसके अनिवार्य प्रयोजन की सिद्धि में ही बाधक होते हैं। सांकेतिक, अर्थगर्भित भाषा, बिम्ब-विधान, प्रतीक योजना आदि सभी विशेषताओं का उपयोग अन्तत: कहानी में जीवन यथार्थ के किसी अनुभूति खंड के चित्रण की दिशा में ही होना चाहिए जिसमें पाठक को प्रभावित करने की स्वाभाविक क्षमता हो। आज की कहानी की श्रेष्ठता का निर्णय इसी दृष्टिकोण से किया जा सकता है कि क्या जिन संवेदनाओं तक पहले कहानीकार (उसके कथानक और चरित्र आदि) नहीं पहुँच पाता था, उनकी अभिव्यक्ति आज की कहानी में प्राप्त की जा सकती है।

आज की कहानी का अध्ययन करते हुए हम असन्दिग्ध रूप से अनुभव करते हैं कि आशय और अभिव्यक्ति—दोनों ही दिशाओं में आज प्रयोग किये जा रहे हैं पर इस प्रश्न की उपयोगिता सतत रहेगी कि अन्तत: इन प्रयोगों की उपलब्धि कहानी या किसी भी साहित्य-रूप के लिए क्या है? यदि आज की जटिल वास्तविकता की संवेदना को रूपायित करने के लिए ये प्रयोग कहानी में किये जा रहे हैं तो उनकी उपयोगिता स्वत: प्रमाणित है। निर्मल वर्मा की अत्यन्त प्रभावपूर्ण कहानी 'कुत्ते की मौत' इस दृष्टि से उल्लेख-योग्य कहानी है जिसमें रिंबो और मलार्मे जैसी सूक्ष्म प्रतीक पद्धति का प्रयोग आशय और अभिव्यक्ति दोनों क्षेत्रों में 'किया गया है। कहानी के

1. "बाहर दिसम्बर की मुलायम धूप है। जब कभी दरवाज़ा खुलता है, धूप का एक साँवला-सा धब्बा ख़रगोश की तरह भागता हुआ घुस आता है, और जब तक दरवाज़ा दुबारा बन्द नहीं होता, वह पियानो के नीचे दुबका-सा बैठा रहता है।"

—निर्मल वर्मा कहानी मई, 1949

आरम्भिक वातावरण[1] में ही यह विशेष अर्थवत्ता देखी जा सकती है जो आज की कहानी की रचना-प्रक्रिया को आधुनिक कविता की रचना-प्रक्रिया के निकट लाती है। यह कहानी वातावरण के समस्त तनाव की संवेदनात्मक प्रतिक्रिया को चित्रित करती है, इसकी प्रयोगशीलता की यही दिशा है। यही कारण है कि कहानी बीच में ही किसी विशेष बिन्दु पर समाप्त जान पड़ती है।[2] पर यदि प्रयोग प्रयोग के लिए किये जा रहे हों, तो कहा जा सकता है कि कहानी उसके लिए उपयुक्त माध्यम नहीं है। जैसे 'सरलता' साहित्यिक श्रेष्ठता के लिए कारण नहीं हो सकती, उसी तरह दुरूह होने मात्र से कोई साहित्यिक कृति अश्रेष्ठ नहीं हो जाती। प्रेमचन्द-युग एवं उत्तर प्रेमचन्द-युग की कहानी के तुलनात्मक अध्ययन से हम इसी परिणाम पर पहुँचते हैं कि सरलता एक निरपेक्ष लक्षण है—वैसे ही, जैसे दुरूहता।[3] पर दुरूह अस्पष्टता 'रचना' में क्षम्य तभी है जब वह किन्हीं आन्तरिक विवशताओं से उत्पन्न हो और 'रचनात्मक सार्थकता' की दृष्टि से उसका उपयोग किया गया हो।

यथार्थ की प्रतिष्ठा

यथार्थ के गहरे बोध ने कहानी की विषयवस्तु और उसके रूपात्मक विधान को कितना अधिक बदल दिया है, यह आधुनिक हिन्दी कहानी के अध्ययन से प्रत्यक्ष है। कहा जा सकता है कि यथार्थ के समीप आकर ही कहानी 'नवीन' या 'आधुनिक' होती है या हो सकी है। पर, ध्यान देने की बात यह है कि कहानी में व्यक्त होनेवाला यह यथार्थबोध विज्ञान का सत्यान्वेषण नहीं है। यह यथार्थ-बोध अनुभूतिपरक है जो हमें कहानी में व्यक्त मानवीय परिस्थिति के ठीक सामने रख देता है यह यथार्थ-बोध वह अनुभव है जो विशेष मानवीय परिस्थिति में लक्षित होनेवाले सम्बन्धों को ठीक-ठीक समझने की दृष्टि देता है। कहानी के क्रमिक

---

1. 'फिर यह भी एक रात है। घर के हर प्राणी के कान ऊपर लगे हैं। एक टूटती मरमराती-सी चीख़ सुनाई देती है। सन्नाटा सिहर जाता है, केवल पलभर के लिए। फिर सब पहले-सा शान्त हो जाता है।'
—'सारिका' : नवम्बर 1962, पृ. 12
2. '...एक छोटा-सा दायरा है आलोक का, जो सड़क के लैम्पपोस्ट से कटकर यहाँ आ पड़ा है। मुन्नी की निगाह थिर है इस दायरे पर, जैसे उसका लूसी की पीड़ा से कोई अज्ञात सम्बन्ध रहा हो और चुपके से सबकी आँख बचाकर उसे यहाँ छोड़ गया हो और अब वह किसी का नहीं है—एक खोई हुई रोशनी का ढेर या महज़ एक अन्तराल, जिसे लूसी की चीख़ किनारे पर फेंककर पीछे मुड़ गई है और वह वहाँ पड़ा रहेगा, जब तक दूसरी चीख़ फिर उमड़कर उसे अपने में नहीं डुबो लेती...'
—'सारिका' : नवम्बर 1962, पृ. 12
3. '...लिटरेरी एक्सेलेन्स कैन नाट बी डिज़ाइंड इन टर्म्स ऑफ़ वड्र्स दैट आर इन देमसेल्व्ज़ न्यूट्रल सिम्प्लीसिटी इज ओनली ए फैक्टर इन आर्ट ऐज इन वर्च्यू।'
—सम्पादकीय, 'द टाइम्स, लिटरेरी सप्लिमेंट', 8 जून, 1962

विकास के तुलनात्मक अध्ययन के फलस्वरूप हम यह समझने में असमर्थ हो पाते हैं कि जीवन के यथार्थ की व्यापक पकड़ 'कहानी' के अभीष्ट प्रभाव को कितना अधिक अर्थपूर्ण बना देती है। अधिक संवेदनशील कहानीकार के लिए यथार्थ का कहानी में रूपान्तरण एक सविशेष प्रक्रिया है। यथार्थ की दृष्टि कहानी की गहरी अनुभूति और उसकी रागात्मक संवेदनाओं को निरन्तर परिष्कृत करती रहती है और समसामयिक जीवन-सन्दर्भों को एक विस्तृत ऐतिहासिक परिदृश्य के बीच देख सकने के लिए अपेक्षित चेतना प्रदान करती है। समय और सभ्यता के विकास के साथ यथार्थ की यह अनुभूति, संवेदना और चेतना, कला और साहित्य-सृजन की प्रक्रिया को कितनी दूर तक प्रभावित कर सकती है, आधुनिक हिन्दी कहानी (प्राचीन कहानी की तुलना में) इसका उदाहरण है। आधुनिक कहानीकार के लिए कहानी अभिव्यक्ति होती है, मात्र घटना नहीं।[1] हम अनुभव करते हैं कि यथार्थ की भीतरी अनुभूति जिन कहानियों में अधिक गहरी होती है, उनके चरित्रों को एक ही साथ अनुभव के विविध स्तरों पर जीना पड़ता है। ऐसी कहानियों में ऊपर से देखने पर एक उलझाव (कॉम्प्लिकेशन) तो लक्षित हो सकता है, परन्तु भीतर से देखने पर कथानक में नई अर्थवत्ता एवं नये परिपार्श्वों का उद्घाटन होता है।

कुछ आलोचकों की यह धारणा, कि यथार्थ की भूमि जीवन के लम्बे संघर्षों में ही सीमित है, अत्यन्त भ्रामक है और साहित्य-सृज्न एवं उसके मूल्यांकन की अनेक समस्याओं को भ्रामक दिशा देनेवाली है। 'कहानी' के विकास-स्तरों से परिचित पाठक के लिए इस सत्य की अनुभूति प्राप्त करना कठिन नहीं है कि यथार्थ जीवन के संघर्ष-क्षणों में ही नहीं सीमित है—वह समस्त जीवन में निवास करता है। अत: एक युग का भी यथार्थ हो सकता है और एक क्षण का भी तथा, वे क्षण प्रेम के भी हो सकते हैं और प्रेमजनित दुख के भी; सुख के भी हो सकते हैं और ईर्ष्या के भी। यहाँ क्षण को निरपेक्ष मानना आवश्यक नहीं है। सागाँ की लम्बी कहानी 'ए सरटेन स्माइल' की नायिका अपने प्रेम-सम्बन्धों के बीच एक दिन अचानक ही इस प्रसन्न कल्पना से सम्पृक्त हो उठती है कि एक दिन वह जीवित नहीं होगी...उसके हाथ 'क्रमियम रिम' को छू नहीं सकेंगे और न ही उस्की आँखों में सूरज की चमक होगी। इस स्थल को उदाहरण मानकर कहा जा सकता है कि इस कहानी की नायिका के जीवन का यह विशेष यथार्थबोध अधिक भावात्मक आवेश का परिचायक है, पर इसे अ-यथार्थ मानने का कोई कारण कहानी में उपलब्ध नहीं है और यह नहीं माना जा सकता कि यह अनुभूति निरपेक्ष क्षण की है क्योंकि अन्तत: क्षण समय के प्रवाह

1. 'कहानी अभिव्यक्ति होती है, घटना मात्र नहीं आज की कहानी, फ़ॉर्मूला या सोद्देश्य कहानी-कला से आगे बढ़ चुकी है।...साहित्य, स्वयं एक मूल्य होता है क्योंकि उसमें जीवन परिलक्षित होता है।

—'तथापि' (निवेदन) : नरेश मेहता, प्रथम संस्करण, दिसम्बर, 1961, पृ. 1

की निरन्तरता का ही अंश है। लेखक के लिए यथार्थ की चेतना, अनिवार्य रूप से शुद्ध वर्तमान की चेतना नहीं है। कोई भी परिस्थिति, समय के व्यापक परिदृश्य से, लेखक द्वारा चुनी जा सकती है और उसकी अनुभूति यथार्थता का अंग बन सकती है। जिन कहानियों में वर्तमान की निष्प्रयोजनता व्यंजित की जाती है, उनमें भी वर्तमान की सम्पूर्ण चेतना सजीव हो सकती है और जिन कहानियों में वर्तमान के सभी ब्योरे संकलित कर दिये गए हों उनमें यथार्थ की प्रतिमा (इमेज) का निर्माण तक दुर्लभ हो सकता है—इसके अनेक प्रमाण हिन्दी कहानी में उपलब्ध हैं। नरेश मेहता की कहानी 'तथापि' पहले प्रकार की कहानी है जिसमें पारुल ने 'वर्तमान' को प्रयोजनहीन कहा है।[1] इस कहानी में जो स्थिति वर्तमान से पलायन की है, वही उसकी यथार्थता को अधिक सूक्ष्म और अर्थपूर्ण बना देती है, यह इस कहानी के अध्ययन से प्रत्यक्ष है।

आधुनिक कहानी यथार्थबोध की जटिलतम समस्याओं से निरन्तर अनुप्राणित है, और उसके अनुसार, कहानी के कलात्मक विधान में पर्याप्त गतिशीलता भी दिखाई देती है पर कहानी को यथार्थ के प्रति बौद्धिकीकरण से बचना चाहिए क्योंकि वह रसग्राहिता में बाधक हो सकता है। यह स्थिति शुभ है कि कहानीकार भी इस समस्या से अनभिज्ञ या अपरिचित नहीं है।[2]

व्यक्ति और परिवेश का संघर्ष चेतन तथा उपचेतन मानसिक स्तरों को जिस सीमा तक प्रभावित करता है, उसका प्रभाव आज की कहानी में प्रत्यक्ष है। इन सभी मानसिक स्तरों को यथार्थ संवेद्य बनाने का प्रयत्न आज की कहानी की रचनात्मक सम्भावनाओं को निःसन्दिग्ध रूप से आगे बढ़ाता है। इस यथार्थ संवेद्यता के अनुरूप भाषा-संस्कार का प्रभाव कुछ कहानीकारों की रचनात्मक कृतियों में खटकता है पर उसे देखते हुए निराश होने का कोई कारण नहीं दिखाई देता। निजी जीवन की अस्थिरता के कारण कुछ कहानीकारों की यथार्थ संवेद्यता में असंगति का बोध भी होता है। व्यक्तित्व में गठन का प्रभाव और सामाजिक-मनोवैज्ञानिक रूढ़ि कुछ कहानीकारों की यथार्थ संवेद्यता को सम्पूर्ण अभिव्यक्त नहीं होने देती। पर आज की कहानी की रचनात्मक विकास

---

1. (क) "चाहा था, सम्पूर्ण स्वत्व से चाहा था, विपिन! गंज में वह चौधरी की दुकान के पास, बाद में भाभी ने मज़ाक़ भी किया था किन्तु विपिन बाबू! हम अनागत बनकर ही रह सकते हैं, विगत कदापि नहीं! कदापि नहीं! कदापि नहीं! और वर्तमान तो असंगति की खोखला है, निष्प्रयोजनहीन!!"
—'तथापि' में नरेश मेहता : पृ. 118
(ख) "हम न तो आज के पूर्व कभी थे ही, न हैं ही, कारण कि हमें तो होना है। यह होना ही हमारी संगति है, शृंखला है।" वही, पृ. 118
2. "मैं बार-बार सोचता कि हमारा साहित्य, हमारा सम्पूर्ण कला-कृतित्व यथार्थ के इस बौद्धिकीकरण से आक्रान्त है। यथार्थ को यथार्थवत् ग्रहण कर सकने की क्षमता को वह कुंठित कर रहा है।"
—'आत्मनेपद' : अज्ञेय; पृ. 138

प्रक्रिया को देखते हुए इन सीमाओं से चिन्तित होने का कोई कारण नहीं है। आज की श्रेष्ठ कहानियों की रचना-प्रक्रिया का आकलन करने से ज्ञात होता है कि उनकी यथार्थ संवेद्यता आत्मचेतना या आत्मानुभूति से प्रत्युत्पन्न है। भीष्म साहनी की कहानी 'बात की बात'[1] के बसाखासिंह, शिवप्रसाद सिंह की कहानी 'आँखें'[2] की गुलाबो, निर्मल वर्मा की कहानी 'तीसरा गवाह'[3] की नीरजा आदि चरित्रों का निर्माण यथार्थ-संवेद्यता के विभिन्न स्तरों का उद्घाटन करता है—पर इन कहानियों में भी निर्मल वर्मा की कहानी की यथार्थ-संवेद्यता अधिक गहन और तीव्र है क्योंकि वह आत्मचेतना पर ही आधारित है। प्रेम और सहानुभूति के होते हुए भी कोर्ट रूम में बिताए गए दस मिनट नीरजा के निर्णय को एकदम बदल देते हैं।[4] यह निर्णय-परिवर्तन की प्रक्रिया यथार्थ की जितनी गहरी संवेद्यता का उद्घाटन करती है उस पर विचार करने से कहानी का रचनात्मक अर्थ हमारे लिए और भी महत्त्वपूर्ण हो जाता है।

आज के कहानीकार का यथार्थबोध सभ्यता के खोखलेपन को समूचे प्रभाव के साथ व्यक्त कर देता है और मानवीय सम्बन्धों को झुठलानेवाली सभ्यता पर गहरा व्यंग्य करता है। शेखर जोशी की कहानी 'दाज्यू'[5] उस धरातल की महत्त्वपूर्ण कहानी है जिसमें 'बिम्ब' 'विचार' में और 'विचार' 'व्यंग्य' में बदल जाता है। 'दाज्यू' सम्बोधन इस कहानी में एक प्रतीक है जिसके द्वारा पहाड़ी बाय 'अपने छूटे हुए गाँव के अतीत, ऊँची पहाड़ियों, नदियों, ईजा (माँ)...बाबा...दीदी...भुलि (छोटी बहन)...दाज्यू (बड़ा भाई)'[6]—सबको पा लेना चाहता है पर नागरिक संस्कृति उसे इस काल्पनिक प्राप्ति से भी वंचित रखती है। व्यंग्य की यह निर्मम सत्यता आज की कहानी की महत्त्वपूर्ण उपलब्धि है।

सांकेतिकता

प्राचीन और नवीन कहानी के तुलनात्मक अध्ययन के आधार पर हम मान सकते हैं कि प्राचीन कहानी से आधुनिक कहानी की विशिष्टता बहुत कुछ इस पर निर्भर

---

1. 'नई कहानियाँ' : फरवरी, 1961, पृ. 33
2. वही, पृ. 33
3. 'कल्पना' : मार्च, 1958 : पृ. 25
4. किन्तु उसी क्षण मुझे लगा मानो नीरजा के भीतर उन चन्द मिनटों में एक अजीब-सा परिवर्तन आ गया था, और मुझे एक बहुत पुरानी याद हो आई—कोई भूला-भटका-सा क्षण आता है जब मन फैसला कर लेता है। हर छोटा-सा फैसला एक लम्बी राह तक घिसटता रहता है और ज़िन्दगी ख़त्म हो जाती है।"

   —तीसरा गवाह : निर्मल वर्मा। 'कल्पना' : मार्च 1958, पृ. 37
5. दाज्यू : कोसी का घटवार। —शेखर जोशी, पृ. 11
6. वही, पृ. 13

करती है कि किस सीमा तक उसमें सांकेतिकता का विस्तार पहले से भिन्न स्तरों पर हो पाता है। इस अर्थपूर्ण सांकेतिकता का सही उपयोग वे ही कहानीकार कर पाते हैं जिन्हें कहानी में व्यक्त कथानक, चरित्र, संवेदना और वातावरण के भीतरी सम्बन्धों की सही पहचान होती है।

सांकेतिकता के विभिन्न स्तरों का विकास आज की हिन्दी कहानी की एक महत्त्वपूर्ण उपलब्धि है। पर, यह सोचना किसी सीमा तक भ्रमपूर्ण है कि इस सांकेतिकता का उदय पिछले दशक के कहानीकारों के कृतित्व के प्रकाश में आने से हुआ। प्रसाद और प्रेमचन्द ने बहुत पहले कहानी के लिए सांकेतिकता की सार्थकता पर बल दिया था। प्रेमचन्द के वक्तव्यों और उनकी विकासकालीन कहानियों में तथा प्रसाद की विकासकालीन कहानियों में इसके प्रमाण उपस्थित हैं। 'पूस की रात' और 'कफ़न', 'पुरस्कार' और 'आकाशदीप' तथा 'उसने कहा था'—सांकेतिक अर्थवत्ता का श्रेष्ठ उपयोग प्रस्तुत करनेवाली कहानियाँ हैं। इसी दृष्टि से वे आधुनिक कहानियाँ हैं—अज्ञेय और यशपाल की कहानियों की तुलना में भी।

निश्चय ही आज की कहानी में सांकेतिकता का अधिक सूक्ष्म उपयोग किया जा रहा है और यह कथन युक्तिपूर्ण है कि आज की कहानी संकेत करती नहीं, बल्कि संकेत है।[1] पर ऐसी कहानियाँ जो संकेत करती न हों, संकेत हों, बहुत कम हैं। अधिकतर कहानियाँ रचनात्मक से अधिक चमत्कारपूर्ण सम्बन्धों की सृष्टि में ही अपने प्रयत्न की सीमा समझती जान पड़ती हैं।

'कहानी' में व्यक्त सांकेतिकता का मूल्यांकन करते हुए इस प्रश्न पर भी विचार करना उचित है कि सांकेतिक होने के प्रयत्न में कोई कहानी अतिशय दुर्बोध्य तो नहीं हो गई। 'कविता' में व्यक्त दुरूह सांकेतिकता के पक्षधरों का कहना है कि आज की कविता विशेष भावक वर्ग के लिए है। पर 'कहानी' में सांकेतिकता के सूक्ष्म उपयोग के पक्षधर भी सम्भवतः मानते होंगे कि 'कहानी' न तो विशेष भावक-वर्ग के लिए थी, न उसका होना आवश्यक और उचित है। संकेत कहानी में हों, तो ऐसे हों जो 'कहानी' के मर्म को एक अपूर्व लाक्षणिकता की युक्ति से व्यंजित कर दें।

सांकेतिक अर्थवत्ता से युक्त होने पर ही, आज की कहानी सीधी चेतना तथा अनुभूति के गहरे स्तरों को छूने में समर्थ हो सकी है। आज के कहानीकार के व्यक्ति मन और परिवेश में जो विरोध भी है उसे संकेतों द्वारा ही व्यक्त किया जा सकता है। आज की कहानी सौन्दर्यानुभूति के उस स्तर की कहानी है जिसमें रचनाकार 'बन्द कमरे की खिड़की से आते हुए आलोक को देखकर अपनी संवेदना के सहारे ही' मूर्त कर लेता है। राजेन्द्र यादव की कहानी 'प्रतीक्षा' में हम पाते हैं कि लेखक नन्दा को बीच में लाकर स्वयं ओट हो जाता है और गीता के मन में निहित यौन कुंठाओं के सारे स्तर नन्दा के प्रति उसकी मानसिक आसक्ति और व्याकुलता के

1. 'नई कहानी : नये प्रश्न' नामवर सिंह—'कहानी', जनवरी 1959

संकेतों द्वारा उद्घाटित कर देता है। यह विशेषता आज की सभी श्रेष्ठ कहानियों में देखी जा सकती है कि रचनाकार शब्दों को अर्थबद्ध तर्क-संगति में सीमित करने के स्थान पर उनकी गति को विशेष 'संकेत' की दिशा में मोड़कर स्वयं तटस्थ हो जाए। 'प्रतीक्षा' कहानी में यह देखकर कि नन्दा और हर्ष के उन्मुक्त प्रेम-व्यवहार और तन्मय विसर्जन को देखकर गीता के मन में ईर्ष्या नहीं, गहरी तृप्ति का अनुभव होता है, गीता के मन की अधिक गहरी यौन कुंठा का परिचय प्राप्त होता है। गीता, नन्दा के प्रति अपनी ईर्ष्या को दमित रखती है, इसके दो कारणों का संकेत कहानी में ही छिपा हुआ है। एक तो गीता, नन्दा को उसकी सम्पूर्णता में प्यार करती है (उसकी व्यावहारिक प्रतिक्रियाओं में ही यह संकेत निहित है); दूसरे, ईर्ष्या व्यक्त करके वह नन्दा को खोना नहीं चाहती। इस कहानी की सांकेतिकता का सबसे बड़ा आधार तो यही है कि नन्दा का चरित्र गीता के चरित्र की कुंठाओं के चित्रण के लिए साधन है, माध्यम है। 'तब गीता को लगा कि यह उसकी छाती पर सिर रखे नन्दा नहीं, स्वयं उसके भीतर से कोई बोल रहा है।' इस एक वाक्य में कहानी का सांकेतिक प्रयोजन प्रत्यक्ष हो उठा है।

प्रश्न यह है कि नन्दा को ही रचनाकार ने गीता की यौन कुंठाओं की अभिव्यक्ति का साधन क्यों चुना? नन्दा और गीता के परस्पर प्रेमोन्मत्त व्यवहार-प्रतिक्रियाओं में ही इसका मनोवैज्ञानिक संकेत है। मनोवैज्ञानिकता के प्रवेश या उत्साह में इस कहानी के समलिंगी प्रेम की कहानी मान लिये जाने की आशंका भी है, पर कहानी के मनोवैज्ञानिक संकेत पर ध्यान देने से यह आशंका अपने-आप दूर हो जाती है।

सांकेतिकता आज की कहानी की सूक्ष्म रचना-प्रक्रिया के प्रति पाठक को 'पर्युत्सुक' बनाती है—यही उसका वैशिष्ट्य है। आज की श्रेष्ठ सांकेतिक कहानियों में एक वस्तुभेदी दृष्टि दिखाई देती है जो 'वस्तु' को ही नहीं, उसकी प्रतिक्रियाओं को भी मूल स्रोत तक जाकर देखने को तीव्र प्रेरणा देती है। आधुनिक रचनाकार के भीतर एक प्रकार के मानसिक प्रत्यावर्तन की समस्या बराबर बनी रहती है। सांकेतिक अर्थवत्ता के द्वारा ही वह अपनी रचनात्मक प्रक्रिया में इस समस्या का समाधान प्राप्त करती है।

प्रतीक-योजना एवं बिम्ब विधान

व्यंजना के नये माध्यम की खोज में आज का कहानीकार नये और उपयुक्त प्रतीकों का अन्वेषण करता है। 'रचना' में प्रवहमान अन्तर्धाराओं को वह प्रतीक-पद्धति द्वारा ही व्यक्त करना चाहता है। प्रतीक की विशिष्टता उसके लिए भाषा-प्रक्रिया की नहीं, समस्त रचनात्मक अनुभवों का रूप देने के लिए व्यक्तित्व का जो विलयन अपेक्षित होता है वह 'प्रतीक' को सम्मुख कर देने से ही सम्भव हो पाता है।

आवश्यक और उचित होता है 'प्रतीकों' को साध्य न मान लिया जाए; सत्यान्वेषण के लिए, यथार्थ के सूक्ष्म स्तरों के उद्घाटन के लिए साधन ही माना जाए। इसीलिए अज्ञेय ने लिखा है, "महत्त्व या मूल्य प्रतीक का या प्रतीक में नहीं होता, वह उससे मिलनेवाली अनुभूति की गुणात्मकता में होता है।"[1] आज के कहानीकार में प्रतीक-विधान के उपयोग की सही दिशा का बोध है। मार्कण्डेय की कहानी 'तारों का गुच्छा' में अपूर्ण इच्छाओं के प्रतीक-रूप में ही गदराए हुए आसमान में से तारों के एक गुच्छे के तोड़ लिये जाने की कल्पना की गई है—"जाने क्यों उसे लगता है, जैसे खिड़की के पास से गदराया आसमान झुक आया है और वह खिड़की बन्द किये बैठी है। क्यों न वह तारों का एक गुच्छा तोड़ ले? कहीं उसने माँग ही लिया तो क्या होगा और वह चारपाई से नीचे उतरकर खिड़की खोल देती है। सचमुच, रेल की ऊँची पटरियों पर तारों का घोल पुत गया है और दूर आसमान के सीमान्त में उसकी नुकीली धार धँसती चली गई है।"

राजेन्द्र यादव की कहानी 'प्रश्नवाचक पेड़' में प्रश्नवाचक पेड़ जीवन और प्रकृति के गहरे असन्तुलन या असंगति का प्रतीक है यद्यपि कहानी के चमत्कारपूर्ण घुमावों के बीच प्रतीक का प्रभाव इस प्रकार खो गया है कि वह अन्त में[2] पाठक को आघात की भाँति लगता है। प्रतीक का यही इष्ट हो सकता है। तब भी कहानी की सम्पूर्ण रचना में कुशल अभिव्यक्ति-संयम का उपयोग आवश्यक था।

आज का कहानीकार युग की मनोवैज्ञानिक स्थितियों की जटिलता को व्यक्त करने के लिए बिम्बों के अर्थपूर्ण उपयोग पर अधिक बल देता है। भावबोध के विशेष स्तर के अनुरूप टूटे असम्बद्ध बिम्बों को भी सम्पूर्ण सार्थकता में ज्यों-का-त्यों पाने का प्रयास आज की कहानी की रचना-प्रक्रिया का महत्त्वपूर्ण अंग है। बिम्ब-रचना की प्रक्रिया पर ध्यान देने से ज्ञात होता है कि यह प्रयास एक कठिन रचनात्मक संकल्प है। रचना प्रत्यक्ष संवेदना की अभिव्यक्ति से आगे आकर विशेष अनुभवों की अभिव्यक्ति हो, इसके लिए यह आवश्यक होता है कि रचनाकार अपनी मानसिक प्रतिक्रियाओं को समकालीन यथार्थ के प्रकाश में देखे। तात्कालिक मानसिक प्रतिक्रियाओं को अधिक गहरे स्तर पर व्यक्त करने के लिए असम्बद्ध और टूटे हुए बिम्बों को सम्पूर्ण सार्थकता में उपलब्ध करने का प्रयत्न आज के कुछ आत्मचेता कहानीकारों में है, इसमें सन्देह नहीं।

---

1. 'आत्मनेपद' : अज्ञेय, पृ. 256
2. "डॉक्टर चरन ने खट् से टेबल-लैम्प बुझा दिया। बाहर चाँदनी में वह बबूल का प्रश्नवाचक पेड़ सिर झुकाए खड़ा कुछ सोचता खुली खिड़की से साफ़ दिखाई दे रहा था। जी फिर एक बार धक से रह गया। इसे तो किसी तरह कटवाना ही पड़ेगा। माथुर की बात याद आई तो चन्द्रा का चेहरा भी सामने आ गया। एक अजीब-सा ख़याल दिमाग़ में उठा, चाँदनी में बबूल का ठूँठ पेड़ कैसा लगता है जो..."

—प्रश्नवाचक पेड़ (छोटे-छोटे ताजमहल और अन्य कहानियाँ)—राजेन्द्र यादव, पृ. 155

समसामयिक यथार्थ की जटिलता और परिवर्तनशीलता की पृष्ठभूमि में बिम्ब-रचना की अर्थपूर्ण प्रक्रिया को समझने और अपनाने की पर्युत्सुकता आज के कहानीकारों की महत्त्वपूर्ण विशेषता है। आधुनिक परिस्थितियों की जटिलता में मानवीय अस्तित्व के मूलभूत प्रश्नों का समाधान पाने की इच्छा से प्रेरित आज का कहानीकार कल्पना को प्रतिबन्धित प्रतिक्षेप (कंडीशंड रिफ़्लेक्स) तक ही सीमित नहीं रखता, बल्कि अनेक बिम्बों के परिनिर्माण में उसका सतत उपयोग करता है। निर्मल वर्मा की कहानी 'लवर्स' के एक अंश पर विचार करें :

"उस शाम हम पैवेलियन के पीछे टैरेस पर बैठे थे। मेरे रूमाल में उसकी चप्पलें बँधी थीं और उसके पाँव नंगे थे। घास पर चलने से वे गीले हो गए थे और उन पर बजरी के दो-चार लाल दाने चिपके रह गए थे। अब वह शाम बहुत दूर लगती है। उस शाम एक धुँधली सी आकांक्षा आई थी और मैं डर गया था। लगता है, आज वह डर हम दोनों का है, गेंद की तरह कभी उसके पास जाता है, कभी मेरे पास।"

'बजरी के दो-चार लाल दाने', 'धुँधली-सी आकांक्षा', 'गेंद की तरह का डर' ये बिम्ब एक ही मानसिक प्रतिक्रिया की अभिव्यक्ति के लिए हैं; पर एक में रूप की प्रत्यक्षता, दूसरे में रंग की सूक्ष्मता, तीसरे में सूक्ष्म पर विलक्षण सम्बन्ध-भावना दिखाई देती है। यह अपने आप में प्रमाण है कि बिम्बों के बहुविध उपयोग की सम्भावना का बोध आज के कहानीकार को है।

बिम्बों का कहानियों में अर्थपूर्ण उपयोग करनेवाले नये लेखकों में, निर्मल वर्मा, राजेन्द्र यादव, मोहन राकेश, मार्कण्डेय, रामकुमार, कमलेश्वर, शिवप्रसाद सिंह, अमरकान्त तथा कृष्णा सोबती आदि प्रमुख हैं, जिन्होंने बिम्बों का उपयोग कहानी की कथावस्तु और रूप के परिनिर्माण की दिशा में किया है। आधुनिक कहानी के अन्तर्गत उपलब्ध बिम्ब-बहुल पारदर्शी भाषा के अर्थपूर्ण उपयोग को देखते हुए यह सहज ही कहा जा सकता है कि सूक्ष्म से सूक्ष्म इन्द्रियबोधों की अभिव्यक्ति के लिए जैसी अर्थपूर्ण क्षमता आज की कहानी में उपलब्ध है, पहले इस रूप में कभी नहीं थी। बिम्ब-विधान का सार्थक उपयोग करनेवाले आज के कहानीकार वस्तुओं के पीछे छिपे हुए गहरे यथार्थ की नई खोज के प्रति, पहले के कहानीकारों की तुलना में कहीं अधिक व्याकुल एवं चेष्टावान दिखाई देते हैं।

[हिन्दी कहानी की रचना-प्रक्रिया, 1965]

विकास और विश्लेषण

आज की हिन्दी कहानी : प्रगति और परिमिति

शिवप्रसाद सिंह

हिन्दी कहानी को भाग्यवश उन परिस्थितियों से नहीं गुज़रना पड़ा, जो यूरोपीय कहानी के सामने चेख़व और अन्य जागरूक कथाकारों के आगमन के पहले खड़ी हो गई थीं। व्यक्तिवाद के अत्यन्त घृणित और उच्छृंखलित रूप की सर्वत्र प्रधानता थी, जो एक ओर रुग्ण मन के खंडित व्यक्तित्वों के चित्रण को प्रेरणा दे रहा था, तो दूसरी ओर क्राइम, सेक्स, एडवेंचर और साहसिक रोमांस के नाम पर बढ़ावा दे रहा था। हिन्दी में प्रेमचन्द के उदय के कारण इस प्रकार की प्रवृत्तियों को शरण नहीं मिली। प्रेमचन्द ने अपनी सुधारवादी दृष्टि और यथार्थवादी चेतना के बल पर हिन्दी कहानी को जीवन के निकट खड़ा किया। गणित और आरम्भिक विज्ञान के विकास की पृष्ठभूमि में रेने देकार्त जैसे दार्शनिकों ने प्राचीन संस्कारों और मिथ्या मान्यताओं के आवरण को फाड़कर 'मनुष्य की बुद्धि' की प्रधानता घोषित की। विज्ञान और धर्म के युद्ध में विज्ञान जीत गया। धर्म की मान्यताएँ या तो अनावश्यक होकर टूटने लगीं या अपने अस्तित्व की सुरक्षा के लिए अपने को विज्ञान-सम्मत प्रमाणित करने का प्रयत्न करती रहीं। सुधारवाद इसी दर्शन की देन थी। विज्ञान के क्षेत्र में नई शक्तियों का उदय हुआ, जीवन उलझा और इसी बीच डार्विन का विकासवाद, फ्रायड का मनोविज्ञान, प्रकृतिवाद, अस्तित्ववाद और साम्यवाद जैसी विचारधाराएँ नाना रूपाकारों में प्रसरित हुईं। इन दर्शनों के पीछे मानव-मन का परिवर्तन स्पष्ट था। कथा-साहित्य में इस उलझन और उद्वेलन का प्रतिबिम्ब देखा जा सकता है। प्रेमचन्द के बाद इन परिवर्तित समाज-मन के चित्रण का भार जैनेन्द्र, अज्ञेय, यशपाल, अश्क आदि कथाकारों के ज़िम्मे आया। प्रेमचन्द की व्यापकता इनको न मिली, गहराई में ये अवश्य उतरे। इनकी कहानियों में व्यक्तिवादी स्वर की प्रधानता थी। टूटे हुए, सफल क्रान्तिकारी नायकों की प्रधानता इस बात का सबूत है। ये कथाकार अपनी शुरू की रचनाओं में बाह्य जीवन से बिलगाव के बावजूद विकासशील जीवन के कुछ अंशों का चित्रण करने में सफल हुए। किन्तु जीवन से विच्छिन्न रहने के कारण, धीरे-धीरे इनकी कहानियों में

ह्रासोन्मुखी प्रवृत्तियाँ बढ़ने लगीं। जैनेन्द्र में यह विचारशीलता के नकाब के रूप में आई। अज्ञेय ने प्रयोगों की नवीनता और शैली के बल पर, यशपाल ने यदा-कदा रूढ़ियों और ढकोसलों पर व्यंग्य करके तथा अश्क ने कुछ रोमांटिक खंड-चित्रों के आधार पर अपना आकर्षण कायम रखा। कहानियों का लेखन पूर्ववत जारी रहा, पत्र-पत्रिकाओं के कलेवर कच्चे-पक्के माल से भरे रहे। पर आश्चर्यजनक रूप से 40-50 के बीच कभी भी कहानी पर कोई चर्चा, विचार-विमर्श, लेखा-जोखा, तल्खी-गर्मी नहीं उपजी। जीवनी-शक्ति के क्षय-काल में नाना प्रकार के पेशेवर कथाकार उभरकर सामने आए और ऐसा लगा कि हिन्दी कहानी भी थ्रिल, क्राइम और अधोमुखी रोमांस का ग्रास बन जाएगी। हिन्दी के कोई भी दो आलोचक शायद ही किसी बात पर एकमत होते हों, वाजपेयी, शर्मा और चौहान-जैसे आलोचकों में किसी बात पर मतैक्य होना आश्चर्य की बात है, पर हिन्दी कथा-साहित्य के उस क्षयकाल के विषय में तीनों ही एकमत हैं। 'जन-जीवन की बहुलता, सम्पर्क-जन्य वास्तविक संवेदन इस प्रकार की कहानियों में नहीं हैं (आधुनिक साहित्य, पृ. 200) इस 'साड़ी जम्पर साहित्य' की परम्परा बढ़ती-फूलती रही। अब यह परम्परा अपने ह्रास की सीमा तक पहुँच गई है, और ज़्यादा दिन तक हिन्दी पाठकों को बहकाया न जा सकेगा', (प्र. सा. की समस्याएँ, पृ. 126) 'यह कहानी की परम्परा भ्रष्ट प्रवृत्ति थी'। (हि. सा. के अस्सी वर्ष, पृ. 162)

उपर्युक्त प्रवृत्ति के साथ ही प्रवृत्तिमूलक कथा-साहित्य की एक और श्रेणी भी दिखाई पड़ती है। इस समूह में उपर्युक्त कथाकारों की तरह बड़े नाम तो नहीं हैं, पर इस समूह का भी हिन्दी-कथा को नष्ट करने में कम हाथ नहीं रहा है। यह श्रेणी है राजनीतिक विचारधारा के प्रचारक लेखकों की। समाजवाद के नाम पर लिखी हुई, नीरस, जुगुप्सित, निश्चित साँचे में ढली हुई इन कहानियों का एक शीर्षक हो सकता है, 'लाल झंडा और मशाल।'

आज की हिन्दी कहानी को इसी पृष्ठभूमि से देखना होगा। आज के कथाकार के सामने एक प्रश्न था, कहानी को एक ओर पथभ्रष्ट होने से बचाना, जो सस्ते रोमांस और मन के गुहा-गह्वर में लुप्त होती जा रही थी, और उसे नारेबाज़ी से बचाना था, जहाँ कहानियाँ मशीनों के 'लार्ज स्केल प्रोडक्शन' के स्तर पर बाज़ारों में भर रही थीं, जिन पर कलाकार के हाथों के स्पर्श का नितान्त अभाव था। यह तो मैं नहीं कह सकता कि आज की हिन्दी कहानी में ये दो प्रवृत्तियाँ सर्वथा समाप्त हो गई हैं, पर इतना मैं निःसंकोच कह सकता हूँ कि आज ये प्रमुख और मूल प्रवृत्तियाँ नहीं हैं। हिन्दी कहानी पहले से कहीं ज़्यादा संवेदनापूर्ण और नाना स्तर की जीवन-अनुभूतियों से भरी हुई है, उसमें दुखी व्यक्ति के लिए मात्र नारेबाज़ी नहीं, सहानुभूति और दर्द भी है। मनोविश्लेषण के नाम पर रेखागणित की तरह लक्षण और उदाहरणों की विवृत्ति नहीं दिखाई पड़ती।

यद्यपि आज हिन्दी कहानी जीवन के कहीं ज़्यादा निकट है, पर अब भी बहुत-सी ऐसी प्रवृत्तियाँ प्रबल दिखाई पड़ती हैं, जो नाना प्रकार की कलाबाज़ियों की आड़ में हमारी ज़िन्दगी की ग़लत तस्वीर प्रस्तुत करने का काम भी कर रही हैं। आज हिन्दी का शायद ही कोई ऐसा कहानीकार हो, जो यह दावा न पेश करता हो कि उसकी कहानियों में जीवन के नये स्पन्दन, नई भाव-भूमियाँ, नये स्वर को अभिव्यक्ति दी गई है। किन्तु मुझे यह कहने में संकोच नहीं कि इन दावों की आड़ में या तो अपनी कमज़ोरी को छिपाने का प्रयत्न किया गया है या कि हम अपने को इतना सही समझते हैं कि ग़लती को ग़लती मानना हमें स्वीकार नहीं है। कहानी में जीवन की अभिव्यक्ति को परखना और उसे स्पष्ट कर सकना आसान नहीं है, फिर भी हम सुविधा के लिए दो-चार मूल प्रश्नों को सामने रखकर इस समस्या पर कुछ हद तक विचार कर सकते हैं।

इस दिशा में पहला प्रश्न यह है कि क्या हमारी कहानियाँ जातीय साहित्य की कोटि में रखी जा सकती हैं? जातीय साहित्य का अर्थ है, किसी देश का वह साहित्य, जो असली अर्थों में वहाँ का साहित्य कहा जा सके, जिसमें उस देश की जनता के दुख, संघर्ष, इच्छाओं, आकांक्षाओं को अंकित करने का प्रयत्न किया गया हो, वहाँ की सांस्कृतिक विरासत को समझते हुए समाज और जीवन में संघर्षरत स्वस्थ और विकासशील तत्त्वों को प्रेरित किया जाता हो; मनुष्य के बाहरी और भीतरी जीवन में पड़नेवाले नाना प्रकार के प्रभाव का सही विश्लेषण किया गया हो। ऐसे साहित्य को हम उस देश का जातीय साहित्य कहते हैं। इसी प्रकार का साहित्य किसी देश की जनता का सही प्रतिनिधि होता है। मुझे यह कहने में संकोच नहीं कि हिन्दी में शहरी-कथा के नाम पर लिखे जानेवाले साहित्य का एक हिस्सा जातीय साहित्य के अन्तर्गत शामिल नहीं किया जा सकता, क्योंकि यह हमारी जातीयता का सही प्रतिनिधित्व नहीं करता। उसे हम भारतीय साहित्य नहीं कह सकते। 'शहरी-कथा' शब्द के इस्तेमाल के लिए पाठक मुझे क्षमा करेंगे! ग्राम-कथा और शहर-कथा शब्द बेमानी हैं। कहानी की आलोचना में इनको कोई अलग श्रेणी मानकर चलना ग़लत है; कहीं का भी साहित्य हो, यदि वह जीवन को ईमानदारी से प्रस्तुत करता है, तो वह श्रेष्ठ है। किन्तु 'शहरी-कथा' के प्रयोग की लाचारी इसलिए है कि यह शब्द शहर के कथाकारों ने उस 'अछूत साहित्य' से अपने को भिन्न करने के लिए प्रयुक्त करना शुरू किया है, जिसे ग्राम-कथा कहा जाता है। तमाशा यह है कि 'ग्राम-कथा' का नाम भी उन्होंने ही प्रदान किया और आज वे ही शोर भी कर रहें हैं कि ग्राम-कथा का और शहर-कथा का विभाजन ग़लत है, मैं कहता हूँ कि यह विभाजन ग़लत है, यदि इसका मतलब श्रेणी है। इस या उस नाम का होने से कोई कहानी अच्छी या बुरी कही जाती हो, तो यह अनुचित है, यह विभाजन ग़लत है। पर यह विभाजन सही इसलिए है कि उन्होंने 'ग्राम-कथा' को प्रतिष्ठित करने

के प्रयत्न में इस शब्द को बहुत प्रचलित कर दिया है। ग्राम-कथा में चलनी-सूप, जाँते की बातें-भर हैं, इसलिए इसे तरजीह देना अनुचित है। ग्राम-कथा वही लिखते हैं, जो जीवन की उलझनों को नहीं समझते, यह कम बुद्धि के लोगों का प्रयत्न है... आदि-आदि फ़ैसले देने के बाद नगर के तथाकथित कथाकारों ने अब दूसरा नारा बनाया है कि शहर-कथा और ग्राम-कथा का विभाजन ग़लत है, क्योंकि पहलेवाले नारों से ग्राम-कथा का कुछ नहीं बिगड़ा। इसलिए मैं कहता हूँ कि विचार करने के लिए शहर और ग्राम-कथा का नाम ले आना अब मजबूरी है, क्योंकि ग्राम-कथा 'सबल थीम' का आन्दोलन है, और हमेशा 'स्ट्रांग कंटेंट' के आने पर इसी प्रकार की दुहरे पैंतरेबाज़ी का तमाशा खड़ा होता है। शुरू में उसे वाहियात कहा जाता है, पर बाद में जब यह बँटवारा अपने ही ख़िलाफ़ जाने लगता है, तब यह कहा जाता है कि ऐसा बँटवारा नहीं होना चाहिए। ग्राम-कथा की त्रुटियों का ज़िक्र बाद में होगा, यहाँ तो प्रश्न है नगर-कथा और जातीय साहित्य का।

आज हमारे नगरों के जीवन में सामाजिक और सांस्कृतिक संघर्ष जितना तीव्र है, उतना अभी गाँवों में नहीं है। प्रत्येक व्यक्ति के भीतर नये-पुराने, दोनों युग के सैकड़ों संस्कार परस्पर युद्धरत हैं। जीवन अधिक व्यस्त और मशीनी होता जा रहा है, बाहर और मन में सैकड़ों तरह के प्रभाव एक-दूसरे से टकरा रहे हैं। इस संघर्ष की स्थिति में वही कथाकार जीवन का द्रष्टा कहा जा सकता है, जो इन परस्पर विरोधी तत्त्वों में सही, स्वस्थ और कल्याणकारी तत्त्वों को पहचानकर उन्हें विकसित करता है। यदि नगर के जीवन का अर्थ ऑफ़िसों या कॉलेजों की लड़कियों के पीछे चील-कौओं-सा मँडराना मात्र है, या आधुनिक सभ्यता के नाम पर हर प्राचीन चीज़ को तोड़ने के लिए चिल्लाना भर है, तो साफ़ है कि यह नगर का जीवन नहीं, उस कहानीकार का अपना जीवन है। अपने जीवन की भी यह सही व्याख्या नहीं है, क्योंकि इन तमाम 'डॉन क्विग्ज़ोटिक' प्रयत्नों के बाद वह कभी भले आदमी की तरह बैठकर सोचता-विचारता होगा, तो उसे अपने मन से कुछ उत्तर तो ज़रूर मिलता होगा, उसे अपनी इस कृत्रिम प्रेम की दुनिया के अलावा कुछ और भी तो सूझता होगा! ज़्यादा विस्तार में न जाकर मैं नगर-जीवन की एक बहुत ही स्थूल समस्या की ओर आपका ध्यान आकृष्ट करना चाहता हूँ। हालाँकि यह ख़ाली नगर की समस्या ही नहीं है, वैसे इसकी गम्भीरता नगर के जीवन में ज़्यादा उभरकर आई है। आधुनिक समाज में नारी का स्थान। हमारे देश में इस जीव के साथ जो अत्याचार हुए हैं और प्राचीन साहित्यकारों ने उसके विरोध में जो कुछ किया है, वह हमारे साहित्य में दिखाई पड़ता है। नारी परिस्थितियों के विषय-चक्र में न प्रेमिका हो पाती है, न पत्नी। सामाजिक बन्धन उसे किसी की पत्नी बना देते हैं, जबकि मन की स्वाभाविक भावनाएँ उसे किसी और से प्रेम करने के लिए बाध्य करती हैं। यह स्थिति केवल इस देश की

नारी के साथ ही नहीं है। जहाँ नारी सबल है, शक्तिशाली है, जहाँ वह आँचल झटककर किसी एक का पत्नीत्व या प्रेम स्वीकार कर लेती है, वहाँ भी तलाक़ की लम्बी क़तारें उसके मन को सन्तोष नहीं दे पा रही हैं। लेकिन एक भारतीय लेखक आधुनिकता के जोश में कहता है कि कमज़ोर वह इसलिए है कि प्रेमिका और पत्नी दोनों की ही भूमिकाएँ एक ही साथ ईमानदारी से निबाहने का ढोंग करती है। 'ट्रेजेडी यह नहीं कि वह दोनों के प्रति सच्ची क्यों नहीं है, ट्रेजेडी यह है कि वह दोनों में से किसी को झटककर निकाल नहीं पाती।' यहाँ ज़ोर असल में 'झटके' पर है, पर क्या झटककर निकल जाने से ही मनुष्य और नारी के जीवन की यह समस्या सुलझ जाएगी। भारतीय नारी इन दोनों में से किसी को झटके बिना ही अपनी राह बना लेती रही है, मर्यादा और सम्मान के साथ। यह उसकी कमज़ोरी नहीं है, असल में कमज़ोरी यह है कि हम प्रेम को केवल शारीरिक बुभुक्षा का पर्याय मानने लगे हैं। अगर नारी के भारतीय रूप को देखना हो तो उपेन्द्रनाथ अश्क की 'ठहराव' कहानी पढ़िए। पर अश्क तो पुराने हो गए हैं, नये कथाकारों का आधुनिकता-भरा जोश उनमें नहीं है। असल में नारी के प्रति यह प्रेम किसी और ही उद्‌देश्य से प्रेरित है। 'दादावादी' कहानीकार उस प्रत्येक नारी को कमज़ोर लड़की कहते हैं, जो पारिवारिक घेरे को तोड़कर क्लब और रेस्तराँ में उनके साथ प्रेम का तक़ाज़ा नहीं निभा पाती। ऐसे लोगों के हाथ में भारतीय नारी की क्या अवस्था होती है, इसे 'अनिता चटर्जी' में देखिए। अन्धी माँ तथा बी. ए. में पढ़ते भाई को घर पर छोड़कर एक पढ़ी-लिखी भारतीय लड़की नौकरी करने के लिए घर से नौ सौ मील दूर एक चर्च में आती है और बिना वजह, दबाव, बिना लाचारी के वह पादरी को समर्पित हो जाती है। क्यों? बेबस थी रोज़ी के लिए! यदि पढ़ी-लिखी परिवारवाली लड़की बिना ग्लानि, बिना विरोध के शरीर अर्पित कर सकती है, तो उस देश को पृथ्वी पर बने रहने की कोई ज़रूरत नहीं; और उसे यदि यही करना था, तो नौ सौ मील दूर आने ही क्या ज़रूरत थी? शरीर बेचना ही था तो फिर नौकरी का ढोंग क्यों? असल में यह कहानीकार की हबस है जो एक हिन्दुस्तानी औरत को बेपर्द करती है, बिना मतलब एक पादरी के सामने समर्पित होने के लिए विवश करती है। यही हिन्दुस्तानी नारी का रूप है, यही संस्कृति है, यही यथार्थ है? पता नहीं, जानवर कौन है? हिन्दुस्तानी कुत्ते को गोली मार दी गई कि उसने कनाडियन कुतिया को 'लव' किया; पर समझ में नहीं आता कि 'अनिता चटर्जी' के इस पतन के लिए गोली किसे मारी जाए? एक अपढ़, गँवार, कमज़ोर, निर्धन लड़की भी इतनी आसानी से शायद ही कहीं ऐसा करती हो। ऐसी कहानियाँ हमारे जातीय साहित्य की कलंक हैं, ये बिलकुल ही अभारतीय हैं, काम-बुभुक्षा से पीड़ित मन के दिवास्वप्न की तरह हैं। इनमें ग़रीबी और बेबसी की समस्या नहीं है, देशी-विदेशी प्रेम का सवाल है!

संसार में गन्दगी कहाँ नहीं है, रुचि-सम्पन्न व्यक्ति के लिए पग-पग पर धक्का देनेवाली चीज़ें दिखाई पड़ जाती हैं। सेक्स, ग़रीबी, विवशता, नैतिकताओं के बिखराव, शारीरिक रूप के चाकचिक्य, खोखलेपन, मशीनी प्रेम, आत्मा के हाहाकार और असन्तोष में पड़े हुए चरित्रों को उभारकर सामने ले आना बड़ी क्षमता और शक्ति की दरकार रखता है। ज़ोला के रास्ते का अनुकरण करना बहुत कठिन नहीं है, पर उसकी सूक्ष्म दृष्टि और मानवीयता से वंचित कथाकारों ने उसी थीम को पकड़कर कैसे दीवार से सिर टकराया है, यह बहुत-सी देशी-विदेशी कहानियों में देखा जा सकता है। 'नाना' तो वेश्या होकर भी अपने बच्चे की शुभ चिन्ता में घुलती रही, पाप-कर्म से अर्जित रुपये के लिए पादरियों को हाथ फैलाते देख अजीब ग्लानि और पीड़ा से वह झुक जाती, पर आज हमारी कहानी में ऐसी बहुत-सी बेबस लड़कियाँ मिलेंगी, जो अपने खोखले रूप, गावदीपन, सस्तेपन के कारण हमारी घृणा ही पाती हैं। यही क्या मानवीयता है? बेबस मनुष्य सतही कला:कारों के हाथ में फँसकर हमेशा घृणा का पात्र बनता है। समर्थ कलाकार उसकी बेबसी और त्रुटियों के बीच भी उसे पाठकों की सहानुभूति का पात्र बना देता है। ऐसे कथाकारों से यदि कोई प्रबुद्ध पाठक यह कहता है, 'मिस पाल पर लेखक का हँसना मुझे बहुत घृणित लगा। किसी पात्र से हँसी करना, खेलवाड़ करना अच्छे लेखकों का काम नहीं है, ('कहानी', फरवरी, 59, पृ. 75) तो मुझे यह कहना है कि मित्रवर, जितना वे देते हैं उससे अधिक की आशा उनसे आप क्यों करते हैं? वे केवल चेख़व की माला जपते हैं, चेख़व की तरह करुणा से भरा हुआ हृदय वे कहाँ से लाएँ? वे चेख़व की तरह कभी नहीं कह सकते कि, 'लाइफ़ इज़ लांग, देयर बी गुड, एंड बैड एंड एवरी थिंग एट मदर रशा इज़ वाइड।' वे कभी भी भारत की धरती के प्रति विश्वास नहीं व्यक्त कर सकते, क्योंकि धरती उनके लिए अपना महत्त्व खो चुकी है। उनका जीवन तारकोल की सड़कों, होटलों, रेस्तराओं और कॉफ़ी के प्यालों में बँध गया है, ये लड़कियों को समाज से कटी पतंग समझते हैं और कल्पना के आकाश में कनकौए लड़ा रहे हैं। रिश्ते इनके लिए बेकार हैं; इन्हें माँ, बहिन, दादी, बुआ के नाम से धक्का लगता है। सम्भव है कि आगे चलकर बच्चा माँ के गर्भ से नहीं, 'टेस्ट ट्यूब' से पैदा होने लगे, ये इसी आशा में इस प्रकार की आनेवाली पीढ़ी के लिए कहानियाँ तैयार कर रहे हैं। आज लोग इन्हें न समझ पाएँ, इनकी बला से!

एक मित्र कहानीकार ने अपने एक निबन्ध में यह पूछा है, 'क्या शहरों के मध्यवर्गीय जीवन में कुछ भी स्वस्थ और सुन्दर नहीं है? क्या वहाँ घुन खाए इनसान ही हैं, जिनके अन्दर कहीं भी मानव-सुलभ कोमलता नज़र नहीं आती या मानव की दृढ़ता का परिचय नहीं मिलता?' मेरा उत्तर है, कि नगर का मध्यवर्गीय जीवन बहुत-सी सम्भावनाओं से भरा है, उसमें कोमलता, दृढ़ता, सौन्दर्य सब कुछ है, पर उसे देखने के लिए आँख चाहिए। और ऐसा भी नहीं कि इसे किसी ने देखा नहीं

है। नगर के जीवन पर लिखी गई बहुत-सी नई कहानियों में ये विशेषताएँ उभरकर सामने आई हैं। कौन कहता है कि अमृतराय, हरिशंकर परसाई ने शहरी जीवन के खोखलेपन पर करारा व्यंग्य नहीं किया? कौन कहता है कि कृष्णा सोबती, निर्मल वर्मा की कहानियों में कोमलता और सौन्दर्य उभरकर नहीं आ रहा है? कौन कहता है कि यशपाल, अश्क, अज्ञेय की कहानियों की अच्छाइयाँ नापैद हो गई हैं? 'कठघरे', 'धरती अब भी घूम रही है', 'राग-विराग', 'गुलकी बन्नो', 'मलबे का मालिक', 'बादलों के घेरे', 'ज़िन्दगी और जोंक', 'बदबू', 'देवा की माँ' आदि कहानियों को कौन व्यक्ति जातीय साहित्य की निधियाँ मानने को तैयार न होगा? इसलिए सवाल नगर और ग्राम-कथा के श्रेणीबद्ध बँटवारे का नहीं है, सवाल ज़िन्दगी को सही देखने और उसे व्यक्त करने का है। इसीलिए तथाकथित नगर-कथाकारों को, जो गले में ढोल बाँधकर हल्ला मचा रहे हैं कि ग्राम-कथा के प्रति किये गए पक्षपात के कारण नगर-कथा ख़तरे में है। मैं आश्वस्त करते हुए कहना चाहता हूँ कि उन्हें ख़तरा ग्राम-कथा से क़तई नहीं है, ख़तरा उन्हें दूसरी ओर से है और दुहरा है। यदि उनकी चीज़ें वर्णन की तमाम बारीकियों (इम्प्लिसिट) के बावजूद कथ्य में भोंडी, अभारतीय, सेक्सी तथा खल्वाट (इक्स-प्लिसिट) होती रहीं, तो उन्हें ख़तरा फ़िल्मी कहानियों और रेलवे बुकस्टाल की अर्धनग्न नारी कवर वाली पत्रिकाओं की चीप कहानियों से है और दूसरी ओर निर्मल वर्मा और सोबती-जैसे लेखकों से हैं, जो प्रेम-औदास्य वाली उनकी थीम को ज़्यादा स्वस्थ और कलात्मक रूप देने की मूक साधना कर रहे हैं।

ग्राम-कथा कोई आकस्मिक वस्तु नहीं है, और न तो यह अस्थायी कथा-प्रवृत्ति का परिणाम है। गाँवों की दशा बदल रही है और निरन्तर शिक्षा का प्रसार बढ़ रहा है, इसलिए यह आशा करना निराधार नहीं है कि भविष्य में इस प्रकार का साहित्य लिखनेवालों की संख्या निरन्तर बढ़ती जाएगी। 'ग्राम-कथा' और 'आंचलिक' दोनों ही शब्द इस तरह की कहानियों के लिए प्रयुक्त किये जा रहे हैं, किन्तु मेरी दृष्टि से यह ठीक नहीं है। ग्राम-कथा ज़्यादा व्यापक और उपयुक्त शब्द है। आंचलिकता एक प्रवृत्ति मात्र है, ग्राम-कथाएँ सभी आंचलिक नहीं होतीं। आंचलिकता का प्रभाव हिन्दी कहानी में पिछले पाँच वर्षों की देन है। 1950-51 के आसपास से ग्राम-कथा के आधुनिक रूप का आरम्भ हुआ। नागार्जुन के 'बलचनमा', भैरवप्रसाद के 'गंगामैया' और 1951 के 'प्रतीक' में प्रकाशित मेरी कहानियों से इस प्रकार की प्रवृत्ति की शुरुआत हुई। इन रचनाओं को स्पष्ट देखने से मालूम होता है कि इनमें आंचलिकता का प्रभाव कम-से-कम था। 'बलचनमा' तक में लोक-तत्त्वों (फोक एलीमेंट) के प्रयोग की अधिकता नहीं दिखाई पड़ती। आंचलिक वे ही कहानियाँ कही जा सकती हैं जो किसी जनपद के जीवन, रहन-सहन, भाषा-मुहावरे, रूढ़ियों-अन्धविश्वासों, पर्व-उत्सव, लोक-जीवन, गीत-नृत्य

आदि को चित्रित करना ही अपना मुख्य उद्देश्य मानें। आंचलिक तत्त्व ही उनके साध्य होते हैं। इस दृष्टि से हिन्दी कहानी में आंचलिक प्रवृत्तियाँ बाद की रचनाओं में दिखाई पड़ने लगीं। ख़ास तौर से रेणु के 'मैला आँचल' के बाद इनका प्रभाव बढ़ा। इसीलिए पूरी ग्राम-कथा को आंचलिक कहना उचित नहीं है, कम-से-कम मैं अपनी कहानियों को आंचलिक कहानी कहना पसन्द नहीं करता। उसमें आंचलिक तत्त्व अथवा लोकल कलर केवल साधन है, साध्य नहीं। आंचलिक शब्द का आज इतना हल्ला है कि कोई भी लेखक गाँव के किसी खंड-चित्र को उपस्थित करके तथा गँवई बोली से वार्तालाप को भरकर अपने को आंचलिक कथाकार घोषित कर देता है। यह आंचलिकता एक स्वस्थ प्रवृत्ति है, इसमें शक नहीं, किन्तु ऊपरी चाकचिक्य और सतह के आकर्षक वर्णनों में मानवीय संवेदना के तत्त्व प्रायः खो जाते हैं। जीवन एक ऊपरी स्तर का खंड-चित्र बनकर रह जाता है। इस तरह की स्केची और जीवनशून्य कहानियाँ ग्राम-कथा की सबसे बड़ी कमज़ोरी हैं। ऐसे ग्राम-कथाकार प्रायः आंचलिकता की चादर में अपनी दुर्बलता छिपाने की कोशिश करते हैं। ग्राम-कथा में जीवन की प्रधानता होनी चाहिए, हमारी कहानियों में यदि गाँवों के जीवन की गहराई, यथार्थ और मानवता उभरकर आती है, तो ये कहानियाँ चाहे आंचलिक हों, अथवा न हों, वे किसी भी उत्तम कहानी से तुलनीय हो सकती हैं। यह याद रखना चाहिए कि संसार में कोई भी कथा-कृति इसलिए श्रेष्ठ कभी नहीं मानी गई कि उसमें आंचलिकता का गुण था। इसलिए आंचलिकता की पुकार कहीं हमारी कमज़ोरियों का आवरण तो नहीं बन रही है, इसके प्रति भी सावधान रहने की ज़रूरत है। आज की ग्राम-कथा की इसी ऊपरी मनोवृत्ति में उलझकर अमृतराय ने ग़ुस्से में पूरी ग्राम-कथा को 'फ़ैशन', 'नास्टेल्ज़िया' जैसे विश्लेषणों से अलंकृत कर दिया है। ज़रूर अमृत को किसी बात से ठेस लगी है, अन्यथा 47-48 में प्रकाशित निर्गुण की आदर्शवादी, प्राचीन ग्राम-शैली की 'गँवई-गाँव की कहानियों' की प्रशंसा करनेवाले अमृत आज ग्राम-कथा मात्र से नाराज़ क्यों होते?

आंचलिकता के अतिरेक के अलावा ग्राम-कथा के दो-एक भटकाव और भी दिखाई पड़ रहे हैं। यदि ग्राम-कथा के लेखक के संस्कार परिष्कृत न हुए, यदि उसकी दृष्टि प्रायः डिटेल को चीरकर जीवन-मर्म को छूनेवाली न हुई, तो वह प्रायः अजीबोग़रीब प्रभाव ले आने के लिए कुछ अन्धविश्वासों की शरण भी ले सकता है, अथवा ऐसे चरित्रों को प्रकट करता है, जो आज के ग्रामीण जीवन में नहीं दिखाई पड़ते। अन्धविश्वास ऊपर से देखने में बड़े आकर्षक और मोहक होते हैं, इसीलिए इनके प्रति खिंचाव स्वाभाविक हो जाता है। मेरी कहानी 'बरगद का पेड़' और 'सँपेरा' में यह दोष दिखाई पड़ता है, हालाँकि वहाँ विजय अन्धविश्वास की नहीं होती, पर दोष तो है ही। यह दोष मार्कण्डेय की कई कहानियों में आ गया है। ओंकारनाथ की 'नागपूजा' में भी यह दोष है। दूसरी कमज़ोरी ग्राम-कथा की कई

कहानियों में दिखाई पड़ती है। 'शव-साधना' करनेवाले बाबाजी या 'ब्रह्म-शक्ति' लगानेवाले मिथ्या तांत्रिक ग्राम-जीवन में यदि आ रहे हों, तो इसे हम लेखकों की सामाजिक चेतना या जागरूकता तो नहीं मान सकते! ग्राम-कथा की तीसरी त्रुटि उन कहानियों में दिखाई पड़ती है जिनमें केवल राजनीतिक चश्मे से जीवन को देखा गया है और राजनीतिक नारे उसी तरह सुनाई पड़ते हैं, जैसे इलेक्शन के दिनों में सात-आठ साल के गँवई लड़के सभी नारे रटकर अपने को राजनीति के नेता मान लेते हैं। हर्षनाथ की सभी कहानियों और मार्कण्डेय की एकाध कहानियों में यह त्रुटि उभरकर सामने आती है। किन्तु ग्राम-कथा यहीं तक सीमित नहीं है। उसने हिन्दी कहानी की पूरी आत्मा बदल दी है। उसने कुछ ऐसा दिया है जो पहले की हिन्दी कहानी में नहीं था। उसने सच्ची, समर्थ, शक्तिशाली, निर्बल और दुखी, पर आत्मवान चरित्रों की एक ऐसी पंक्ति खड़ी की है जिनकी मानवता के सम्मुख, गुहा-गह्वर के खंडित नागरिक मानवता के 'कोउ मुखहीन विपुल मुख काऊ' वाले हजारों चरित्र फीके और प्रभावहीन दिखाई पड़ते हैं। 'दादी माँ', 'देऊ दादा', 'गुलरा के बाबा', 'लँगड़े चाचा', 'काल सुन्दरी', 'घुरहुआ', 'बोधन तिवारी', 'हंसा', 'कोसी का घटवार' की 'लछमा', 'गदल' और 'फूल' जैसे चरित्र हमारे जातीय साहित्य के गौरव हैं। इन चरित्रों के विषय में एक शंका प्रायः उठाई जाती है बुआ, दादा, दादी, बाबा, चाचा के चरित्र क्लाइमेक्स पर पहुँचकर कुछ ऐसा टर्न लेते हैं कि सामान्य पाठक को झटका लगता है। झटका असल में उन्हें लगता है जो इस प्रकार के पारस्परिक जीवन को नहीं जानते। गाँव के चरित्र अपने बाहरी रूप आकार में जितने दृढ़ हैं, मन से उतने ही कोमल भी। इसलिए जीवन में विभिन्न परिस्थितियों में उनके द्वारा ऐसे कार्य प्रायः होते रहते हैं, जिन्हें हम शहरों में बैठकर असम्भव कह देते हैं। हाँ, यह सत्य है कि कभी-कभी 'थ्रिल' का मोह ऐसे चरित्रों को एक अस्वाभाविक परिणति की ओर ले जाता है। 'गदल' और 'फूल' जैसी अच्छी कहानियों में भी यह दोष आ गया है।

ग्राम-कथा की एक बहुत विशिष्ट देन कबीले या उपेक्षित जन-समूह के जीवन का चित्रण भी है। कंजड़, नट, मुसहर, मिराशी, हिजड़े, रमन्तू नर्तक, भील, कलावे आदि यायावरीय और पिछड़ी हुई उपेक्षित जातियों के जीवन का अध्ययन आदिम और आधुनिक संस्कारों तथा परिवर्तनों को समझने में बहुत सहायक होता है। इस दिशा में हिन्दी कहानी में अभी उसी प्रकार का उत्साह नहीं है जैसा होना चाहिए। 'आर-पार की माला', 'सँपेरा', 'पापजीवी', 'बिन्दा महाराज' में मैंने ऐसा प्रयत्न किया है। जयसिंह की भी कुछ कहानियाँ नट्टिनों और कलावों के जीवन पर आधारित हैं। विदापत गानेवाले नर्तकों के जीवन पर रेणु ने अपनी प्रसिद्ध कहानी 'रस-प्रिया' लिखी थी। बंगला, मराठी तथा अन्य भाषाओं में इस प्रकार की कहानियों का काफ़ी विकास हो रहा है। समरेश बसु (नटी-पूजा) तथा माडगूलकर (बनगरवाड़ी) आदि

लेखकों में यही विशेषता पाई जाती है। इस प्रकार के अछूते और उपेक्षित जीवन पर अब उपन्यास भी लिखे जाने लगे हैं; परन्तु यह बड़ा व्यापक और उर्वर क्षेत्र है और इस तरफ़ ग्राम-कथाकारों का ध्यान आकृष्ट होना चाहिए।

ग्राम-कथा ने हमारी कहानी को धरती से इतना समन्वित कर दिया है कि हम उसमें हर क्षण उन्मुक्त प्रकृति और सहज जीवन का स्पन्दन सुन सकते हैं। इस छोटे-से समय में मुट्ठी भर कहानी-लेखकों ने पर्वत-प्रदेश से मिथिला की अमराइयों तक की धरती को जो नया रूप और जीवन प्रदान किया है, वह किसी भी कथा-साहित्य के लिए गर्व की वस्तु हो सकती है। किसानों के सुख-दुख में यह धरती हँसती और रोती है। पशु-पक्षी के प्रति ग्रामीण जन का स्नेह और ममता का अद्‌भुत सम्बन्ध होता है। इस सम्बन्ध में पारिवारिक स्निग्धता और स्वस्थता होती है। 'सँवरइयाँ', 'भैंस का कट्या', 'चितकबरी' आदि कहानियों में यही जीवन उभरकर सामने आता है। प्रकृति का यह रूप वर्णन कभी रोमांटिक हो जाता हो, कभी फ़ैशन बन जाए, कभी निरर्थक सजावट का ही काम दे; प्रकृति का सजीव चित्रण अपने में ख़ुद एक बड़ी उपलब्धि है। रोमांटिक चित्रण भी बुरे नहीं होते। प्रेम और रोमांस का सहज किन्तु संवेदनीय रूप क्या 'सूने अँगन रस बरसै', 'महुए के फूल', 'कोयला भई न राख' जैसी कहानियों में नहीं झलकता?

मैं यह मानता हूँ कि ग्राम-कथा को अभी कई मंज़िलें पार करनी हैं। उसमें गाँव के जीवन के बुरे-भले सभी पक्ष उभरकर नहीं आए हैं, जीवन की गहराई अपने पूरे आयाम के साथ चित्रित नहीं हो सकी है। बहुत से कथाकार उसके ऊपरी रूप में ही उलझकर रह गए हैं; कई ऐसे हैं, जो ग्राम-जीवन में अनावश्यक और 'आउटमोडेड थीम' पर लिख रहे हैं; कुछ ऐसी भी कहानियाँ हैं जो बचकानी हैं। पर एक बात सत्य है कि ये भारतीय कहानियाँ हैं, भारतीय साहित्य में इनका महत्त्व है, इनमें धरती का अपनापन है, इनका रास्ता निश्चित और दिशा सही है, तो एक दिन गहराई भी आएगी, शक्ति और क्षमता भी दिखाई पड़ेगी।

कहानी के शैली-शिल्प को लेकर आज जितनी चर्चा हो रही है, और उसके लपेट में जिस प्रकार अन्वेषण, प्रयोग, नई संवेदना, सांकेतिकता, सम्प्रेषणीयता, जटिलता, दुरूहता, बिम्ब, प्रतीक वग़ैरा बात कही जा रही है, यह निःसन्देह कहानी-लेखकों की शिल्प-जागरूकता ही का प्रभाव है। परन्तु शिल्प की ये सारी चर्चाएँ इतने उलझे रूप में प्रस्तुत करने की बहुत ज़िम्मेदारी आलोचकों की भी कही जा सकती है। एकाध लेखकों को छोड़कर शायद ही कोई हिन्दी कहानीकार अपने शिल्प कौशल का नारा लगाता हो। और जो नारा लगानेवाले हैं, उनमें भी नकलची टेक्नीशियन ही ज़्यादा हैं। शिल्प कौशल की ओर ध्यान आकृष्ट करना गुनाह नहीं है, पर यह गुनाह इसलिए हो गया है कि एकाध कहानीकार तिलिस्मी दुनिया से लेकर मध्यकालीन रानी-राजा की दुनिया से सड़ा-गला कूड़ा बटोरकर उसे विरल

और अलभ्य चीज़ों की दुकान की पट्टी के नीचे सजाने लगे हैं। राजेन्द्र यादव शिल्प के ऐसे ही पारखी हैं, जिनकी दुकान में हर अजीबोग़रीब माल बड़ी आसानी से मिल जाता है। असल में उनका उत्साह 'अकबरी लोटे' वाले अंग्रेज़ की टक्कर का है और उनकी परख का क्या कहना! दुहरी कहानियों की शैली कोई नई चीज़ नहीं है। यह उतनी ही पुरानी है, जितनी फ्रांसिस विवेन की 'शी वांटेड टू फॉल' है। पर इधर उन्होंने 'बरगद का पेड़' और 'राजा निरबंसिया' के बारे में लिखा है कि 'राजा निरबंसिया' में और उनकी पूर्वज कहानी 'बरगद का पेड़' में यह दोष है कि दोनों को पुरानी कहानी, 'दादी कहा करती थीं' से शुरू करना पड़ता है। दो नई और पुरानी कहानियाँ जब तत्कालीन भिन्न-भिन्न वातावरणों के सन्तुलनात्मक चित्रण के लिए जोड़ी जाएँगी, तो पुरानी कहानी हर हालत में 'दादी या दादा' से शुरू होगी। अचम्भा तो यह है कि वे अपनी 'खेल-खिलौने' कहानी को इस शैली की सर्वश्रेष्ठ कहानी बताते हैं। अब राजेन्द्र यादव को कौन बताए कि दुहरे प्लाटवाली कहानी की शैली से 'रूपात्मक प्रतीक' की शैली भिन्न होती है। 'खेल-खिलौने' में दो कहानियाँ नहीं हैं, बुद्ध की मूर्ति एक सांकेतिक प्रतीक-मात्र है। अपनी बुरी चीज़ को अच्छी और दूसरे की अच्छी चीज़ को 'बाइ चांस' कहना तो राजेन्द्र यादव की आदत है और वे उससे लाचार हैं। आजकल शैली और उसमें प्रयुक्त बिम्बों-प्रतीकों आदि पर कैसा अध्ययन चल रहा है, इसका पता ऊपर की मिसाल से लग जाता है। कहानी की शैली भी उसकी वस्तु के साथ ही साथ विकसित हुई। उलझी हुई भावनाओं को व्यक्त करने के लिए अभिव्यक्ति को निरन्तर सशक्त बनाने का कार्य भी आज के कहानीकारों ने किया है। यह विषय एक स्वतंत्र निबन्ध की अपेक्षा रखता है; यहाँ संक्षेप में उसके साथ न्याय न हो सकेगा, इसलिए इसे अधूरा ही छोड़ रहा हूँ!

नवीनता और नवीनता के प्रति आसक्ति

श्रीकान्त वर्मा

नवीनता और नवीनता के प्रति आसक्ति दो अलग चीज़ें हैं। आसक्ति बहुत हद तक झूठ होती है। हम अपनी आसक्ति में औरों से अधिक अपने को छलते हैं। आत्म-सन्तोष—जो आत्म-वंचना का ही दूसरा नाम है—के लिए हम असल के नमूने पर एक नक़ली चीज़ तैयार करते हैं। और जिस तरह प्रेम और रोमांटिसिज़्म के अन्तर को समझ सकने में असमर्थ हर रोमांटिक आदमी यह विश्वास करना चाहता है कि उसका रोमांटिसिज़्म ही प्रेम है, उसी तरह नवीनता के प्रति रोमांटिक रुख़ अपनाकर चलनेवाले कलाकार अपने-आपको यह विश्वास दिलाना चाहते हैं कि नवीनता के प्रति उनकी आसक्ति ही नवीनता है। लेकिन हर रोमांटिक जानता है कि उसके प्रेम में कहीं-न-कहीं कोई छल है। इस कारण वह अपने-आपको दो बार छलता है। नवीनता के प्रति आसक्त कलाकार भी स्वयं को दो बार छलता है।

मगर यह ज़रूरी नहीं कि अपने आपसे छल करनेवाला हर आदमी बुरा हो। मनुष्य स्वयं से इसलिए भी छल कर सकता है कि उसकी नीयत अच्छी थी, मगर उसकी जड़ें गहरी न थीं। और वह अपनी नीयत को ही अपनी जड़ समझता था। मैं ऐसे लोगों को बुनियादी तौर पर कमज़ोर मगर 'अच्छा' मानता हूँ। अपने-आपको ज़रा भी धोखा दिये बिना सारी मनुष्यता को झाँसा देनेवाले लोगों की तुलना में वे और भी अच्छे हैं। और अगर वे स्वयं से छल करते हैं तो क्या यह तुलना स्वयं इस बात का प्रमाण नहीं कि चाहे छल के लिए ही सही—उनके पास कम-से-कम 'स्व' तो था।

इस प्रकार की मन:स्थिति ही नहीं, इस प्रकार की रचना-प्रक्रिया भी हो सकती है और इस प्रकार के 'अच्छे' लोग ही नहीं, इस प्रकार की 'अच्छी' कहानियाँ भी हो सकती हैं।

हिन्दी की जो कहानी आज 'नई' मानी जा रही है, वह भी दरअसल इसी प्रकार के आत्मछल से पैदा हुई है। यह भी एक संयोग नहीं है कि हिन्दी कहानी अपने नयेपन का ज़रूरत से ज़्यादा शोर कर रही है। वह, असल में आपको नहीं, अपने-आपको विश्वास दिलाना चाहती है कि वह सचमुच ही नई है।

इसके पहले कि कहानी को नज़र में रखते हुए नवीनता के प्रश्न पर विचार किया जाए, मैं नई कहानी की इस बहस से उत्पन्न कुछ असंगतियों की ओर ध्यान आकृष्ट करना चाहता हूँ।

सबसे पहले तो यह कि मुझे नई कहानी के पक्षधरों का यह तर्क बिल्कुल ही बोदा जान पड़ता है कि नई कहानी इसलिए नई है कि वह पुरानी कहानी नहीं है। एक नवयुवक कहानीकार ने तो नवीनता के नये-नये उत्साह में यहाँ तक कह दिया कि नई कहानी के लक्षणों से भी परिचित होने की ज़रूरत नहीं। मैं नहीं जानता, वह स्वयं अपने लक्षणों से परिचित है या नहीं, मगर मैं यह ज़रूर जानता हूँ कि प्रत्येक आन्दोलन अपने लक्षणों के साथ प्रकट होता है। ये लक्षण ही चलकर उसके प्रतीक बन जाते हैं और अगर कोई लेखक से यह कहे कि वह स्वयं अपने प्रतीकों से परिचित नहीं तो उसे यह दावा करने का अधिकार नहीं कि वह इस आन्दोलन में शरीक़ है।

लक्षण प्रतीक में परिणत हो सकते हैं मगर उपलब्धि लक्षण में नहीं। नई कहानी के मुकदमे की सबसे बड़ी असंगति यही है कि हिन्दी कहानी की उपलब्धियों को नई कहानी का लक्षण मान लिया गया। यह असंगति अपने असली रूप में नई कहानी और भावुकता की चर्चा में सामने आई है।

यह समझ सकना कठिन है कि भावुकता का न होना कहानी की नवीनता का लक्षण कैसे है? प्रेमचन्द के समय में पचासों कहानियाँ लिखी गई थीं, जिनमें भावुकता क़तई नहीं थी और यशपाल नई पीढ़ी के कहानीकारों से कम भावुक कथाकार हैं। भावुकता का न होना संयम का प्रतीक है और संयमी कलाकार हर पीढ़ी में होते हैं। अगर हिन्दी की इस पीढ़ी में ऐसे संयमी कलाकारों की संख्या अधिक है तो इससे इस नतीजे पर पहुँचना चाहिए कि हिन्दी कहानी सयानी हो रही है, न कि यह कि हिन्दी कहानी नई हो गई।

असल में किसी चीज़ को छोड़कर नहीं, अपने सम्पूर्ण व्यक्तित्व को तोड़कर कोई चीज़ नई होती है। जब मूल्यों में परिवर्तन होता है, तो सबसे पहले उनके ढाँचों में परिवर्तन होता है।

प्रगतिशील आलोचक यह दावा कर सकते हैं कि हिन्दी कहानी के ढाँचे में मूल्यगत परिवर्तन हुआ है। बात यह है कि एक समय ऐसा आता है, जब रूढ़िवादी मार्क्सवाद फ़ार्म को ही स्ट्रक्चर मानकर चलने लगता है। यही कारण है कि प्रकाशचन्द्र गुप्त ही क्यों, रामविलास शर्मा को भी छायावादोत्तर गीतिकाव्यों की मुक्त छन्द की कविताएँ तो नई नज़र आती थीं, मगर कविता के ढाँचे में वास्तविक क्रान्ति उपस्थित करनेवाली नई कविता उन्हें कविता प्रतीत नहीं होती थी।

मार्क्सवादी आलोचक भी यथार्थ से किस क़दर पलायन कर सकता है, इसके एक नहीं, अनेक उदाहरण हैं। प्रकाशचन्द्र गुप्त का नया साहित्य वस्तु-स्थिति से एक ऐसा ही पलायन था। कहीं ऐसा न हो कि जिस नई कहानी की पैरवी और

अपील पर अपील नामवर सिंह कर रहे हैं, अन्त में वह प्रकाशचन्द्र गुप्त के नये साहित्य की ही तर्कसंगत परिणति साबित हो।

इसलिए इस बात पर विचार करने की आवश्यकता सबसे अधिक नामवर सिंह को है कि जिसे वह नई कहानी कहते हैं, उसमें मूल्यगत परिवर्तन क्यों नहीं हुआ? क्यों अभी तक वह कहानी की पुरानी शर्तों को मानकर चल रही है? और क्यों उसका व्यावसायिक मूल्य इतना अधिक है, जबकि काल और हर देश में कलागत नवीनता व्यवसाय के लिए सांघातिक सिद्ध हुई है?

नई कहानी के प्रवक्ताओं को नई कहानी की चर्चा छेड़ने के पहले बुनियादी प्रश्न पर विचार करना चाहिए था कि नवीनता स्ट्रक्चर है या सुपरस्ट्रक्चर?

देहात के आदमी के लिए मोटरकार एक नई चीज़ हो सकती है, क़स्बे के लिए हवाई जहाज़ और पिछड़े हुए देशों के लिए राकेट। मगर साहित्य और कला में नवीनता का ऐसा कोई फ़ॉर्मूला नहीं होता। अगर ऐसा न होता तो वैज्ञानिक कहानियाँ ही सबसे नई कहानियाँ मानी जातीं और अन्तरिक्ष पर भी पुस्तक लिखने का हौसला रखनेवाला व्यावसायिक कथाकार सबसे नया कहानीकार।

कहानी 'ज्ञान-कोष' नहीं है। कहानी का सम्बन्ध अनुभव से है और चरित्र कहानीकार के अनुभव का प्रतिबिम्ब है। अपने चरित्र का उद्घाटन करता हुआ लेखक अपने अनुभव का ही उद्घाटन करता है।

जिस भाषा या साहित्य की संवेदना मरने लगती है, उसके पास कुछ भी नया अनुभव करने की शक्ति नहीं होती। इसीलिए उसके पास इने-गिने चरित्र होते हैं, जिन्हें वह हेर-फेरकर पेश करता है।

किसी भी चीज़ का गठन गतिशील तत्त्वों से होता है। कहानी की गति और कहानी की नियति, कहानी का चरित्र है। चरित्र का गठन ही, वास्तव में, कहानी का गठन है। चरित्र और चरित्र रचना के मूल्यों में परिवर्तन ही कहानी की भाषा में परिवर्तन उत्पन्न करता है। अगर हमें हिन्दी कहानी की भाषा बासी जान पड़ती है, तो इसका कारण यही है कि उसके चरित्र बासी हैं।

अनुभव ख़ुद में एक जटिल वस्तु है मगर हर अनुभव अपने-आपको व्यक्त करता है, चाहे कितने ही उलझे ढंग से व्यक्त करे। यहाँ तक कि शरीर भी अपने ज्वर को व्यक्त करता है। जो व्यक्त नहीं हो सकता वह अनुभव नहीं है, ग्रन्थि है।

हर अनुभव के पीछे एक संसार छिपा हुआ है! इस संसार की उपयोगिता राजनीतिज्ञों और समाजशास्त्रियों के लिए होगी, मगर लेखक के लिए उपयोगी यह संसार नहीं, यह अनुभव है। वह अपने अनुभव को चरित्र या बिम्ब के रूप में रचकर अपने अनुभव के पीछे छिपे संसार की अभिनव सृष्टि कर डालता है या

कहा जा सकता है कि संसार लेखक के अनुभव और रचना की प्रक्रिया में पड़कर एक दूसरा ही संसार होकर निकलता है।

यह कहना ग़लत होगा कि हिन्दी के अधिकांश कहानीकारों को कोई नया अनुभव नहीं हो रहा है, ज़्यादा सही यह कहना होगा कि उन्हें कुछ अनुभव ही नहीं हो रहा है। उनकी रचना-प्रक्रिया में पड़कर संसार वैसा ही निकलता है, जैसा कि पहले था, चरित्र वैसे ही निकलते हैं, जैसे कि थे।

जो लेखक इन्द्रिय-संसार की प्रतिक्रियाओं को ही अनुभव और पात्र को चरित्र समझते हों, उनसे और आशा ही क्या की जा सकती है!

साधारणीकरण के नाम पर अपने स्टॉक चरित्रों और स्टॉक-स्थितियों का व्यापार करनेवाला लेखक भी अपनी दयनीय और हास्यास्पद स्थिति पर पर्दा नहीं डाल सकता है। मगर जिस भाषा की प्रेम कहानियों में प्रेम का चरम अनुभव अभी आँख-से-आँख मिलाना माना जाता हो, उसके कहानीकार अगर अपने पाठकों से आँख से आँख मिलाकर सतही भावों का आदान-प्रदान कर रहे हों, तो इसमें कुछ भी अस्वाभाविक नहीं।

सच्चाई यह है कि समकालीन साहित्य अनुभव का, साधारणीकरण नहीं, विशेषीकरण है।

कोई भी अनुभव विशेष और विशेष से अधिक नया तभी होता है, जब लेखक के पास कोई नई व्याख्या हो। असल में यथार्थ की व्याख्या में जो प्राप्त होता है, एक बुद्धिजीवी के लिए संग्रहणीय अनुभव वही होता है।

जाँ पाल सार्त्र की कहानी 'इंटीमेसी' के प्रकाशन के पहले ही हर भाषा में पुंसत्वहीन पुरुष को लेकर न जाने कितनी कहानियाँ लिखी गई होंगी। अगर सार्त्र की कहानी से भी उसकी अर्थवत्ता, उसका अस्तित्ववादी अर्थगाम्भीर्य हटा दिया जाता तो वह भी एक मामूली कहानी होकर रह जाती और उसका आशय केवल इतना रह जाता कि लुलू नामक एक बेबस स्त्री एक नपुंसक पुरुष के पल्ले पड़ जाती है और वह सती उसके साथ ख़ुशी-ख़ुशी जीवन व्यतीत करना स्वीकार कर लेती है। मगर तब वह सार्त्र की न होकर, हिन्दी की कहानी होती और हिन्दी आलोचना का काम भी तब आसान होता।

मगर सार्त्र की उसी एक कहानी में ऐसा क्या था जिसने समूचे पश्चिमी साहित्य के मूल्यों को झकझोर दिया?

बात यह है कि वह लुलू ही नहीं थी, बल्कि समूची सभ्यता थी जो अपने लुंज अतीत के रस में पगी लेटी हुई थी और अपनी स्वाधीनता को पहचानकर भी मुक्त होने में असमर्थ थी। संस्कार आत्म-निर्णय की शक्ति से बड़ा था।

सार्त्र की रचनाओं से जितनी क्षति पिटी हुई जीवन-दृष्टि और परम्परागत नैतिक मूल्यों को पहुँची, उससे अधिक क्षति कहानी के परम्परागत मूल्यों को काफ़्का की कहानियों से पहुँची।

ऊपरी ढाँचे को ही नज़र में रखनेवाले पाठकों को नथालिया सरांत और नोबोकोव की कृतियाँ केवल केस हिस्ट्री नज़र आएँगी। मगर वे केस-हिस्ट्री की शक्ल में कहानियाँ हैं। अगर कला की परख से वंचित पाठक यह सोच सकने में असमर्थ है कि केस हिस्ट्री भी कहानी का एक फ़ार्म हो सकती है, तो यह कहानीकारों का दोष नहीं।

अगर कहानी का ढाँचा बार-बार और इतनी तेज़ी के साथ टूट-टूटकर रहा है, तो इसका कारण यही है कि कलाकार का अनुभव कलाकार से बड़ा होता है। कलाकार का कोई ईश्वर नहीं होता। कलाकार का ईश्वर उसका अनुभव होता है, जिसे प्रतिष्ठित करने के लिए वह उसके अनुरूप मन्दिर की रचना करता है।

हिन्दी कहानी से मुझे यह शिकायत नहीं कि वह नई क्यों है, बल्कि यह है कि वह नई क्यों नहीं है।

['नई कहानियाँ', 1962]

वास्तविक नई कहानियों के पाठ से शुरुआत

श्रीराम तिवारी

हमारी चर्चा की शुरुआत इस बिन्दु से होनी ही नहीं चाहिए कि जो नई कहानी है वही अच्छी है—देखना यह है कि जो अच्छी कहानी नहीं है वह नई कहानी है कि नहीं। वस्तुत: आज की नई कहानियाँ अर्थात नई सिचुएशन की कहानियाँ इसी स्थिति में हैं वे नई हैं, पर अच्छी नहीं हो सकी हैं, वे हमारे कहानी-पाठ या स्वाद के संस्कार के अनुकूल पैठतीं ही नहीं, इसीलिए हम उन्हें छोड़ देते हैं। जिस कहानी पर बहुतों के मत और संवेग स्थिर हो गए, वह तो अच्छी कहानी हो गई, उसका कथामूल्य स्थिर हो गया, उसके सम्बन्ध में हमारी पाठ-प्रक्रिया पूर्वग्रस्त हो गई। वह कहानी न नई रही, न पुरानी, वह मात्र हमारे लिए महत्त्वपूर्ण ढंग से 'अच्छी' बनकर रह गई। ऐसी ही अच्छी कहानियों के फेरे में कहीं-न-कहीं हमारी नई कहानियाँ दब गई हैं...नामवर सिंह की कहानी-चर्चा की यही एकमात्र नई दिशा है जिसकी ओर अन्तत: उन्हें संकेत करना है।

नई कहानियाँ कौन लिखता है? नई कहानियाँ वही लिखता है जिसके सामने कहानी के माध्यम से मानवीय और सामाजिक सम्बन्धों के अब तक के व्यक्त रूपों और स्तरों की हर 'धारणा' साफ़ होती है और जो कहानी लिखने के बहाने सुपर-फ़्लुअस सृजन से इन्हीं पूर्व-व्यक्त सम्बन्धों को दुहराने का काम नहीं करता, बल्कि आगे बढ़कर नये, अव्यक्त, सम्भाव्य सम्बन्धों को स्थिर और व्यक्त करता है। यह कार्य सुविधा केवल अगली पंक्ति (फ्रंट लाइन) के कहानी-लेखकों को ही आसानी से है, उनके सामने पहले का तटस्थ और सुथरा अध्ययन होता है और वे सम्भावनायुक्त होते हैं। हमारे लिए यह ज़रूरी है कि हम नई और अच्छी कहानियों की चर्चा में ऐसे लेखकों और उनकी कहानियों को सामने लाएँ। मेरी दृष्टि में हमारी पाठ-प्रक्रिया इन्हीं कहानी-लेखकों की कहानियों से शुरू होनी चाहिए। इस अर्थ में ज़ाहिरा तौर पर नई कहानियों की स्थापना और खोज एक एवैलुएटिव प्रोसेस है, जो हमेशा अगली पंक्ति के कहानीकारों से शुरू होता है और जो एक ही साथ ट्रीटमेंट, युग-बोध, कला-बोध, सामाजिक सम्बन्धों की दिशा, जीवन-स्थिति,

प्रतिभा के अध्यवसाय (पेंस ऑफ़ जीनियस), विचार और कथा-लेखन की अनेक समस्याओं को छूता और उजागर करता है।

नई कहानियाँ लिखी गई हैं। इन नई कहानियों के साथ कुछ ख़ास बातें लागू हैं। आज की नई कहानी से कहानी एक 'सीरियस' और 'मोस्ट डेलिकेट' आर्ट बन गई है। नई कहानियाँ लिखना आज एक सावधान और गम्भीर कोशिश है! कहानी का समूचा 'ट्रीटमेंट' ही नई कहानी में आकर बदल गया है। किसी भी अतिरंजित और प्रयुक्त बात से नई कहानी बचती है, अपने सम्पूर्ण प्रतीकात्मक संगठन में नई कहानी प्रतिभा के अध्यवसाय को झेलने की एक प्रक्रिया बन गई है। नई कहानी के स्थापत्य में कहानी-लेखक ठोस, कंक्रीट स्थितियों के चित्रण द्वारा कहानी को अन्तिम रूप देता है। दो क्रियाओं या घटनाओं के बीच की पूरी स्थिति को नया कहानीकार भोगकर लिखता है, उसे सोचकर या उससे कटकर नहीं। कहानी के सम्पूर्ण प्रभाव की दृष्टि से नई कहानी हमें किसी ख़ास बिन्दु या निष्कर्ष पर नहीं पहुँचाती, वह हम पर छोड़ देती है कि हम उसके विचार-सत्य का उपचार या उपयोग अपने मुताबिक़ करें। नया कहानी-लेखक कहानी में व्यक्त हर 'सिचुएशन' में अपने को डालकर लिखता है, वह कहानी की मूल संवेदना (सेनसोरियम) की एक बार अकेले पूरी सतर्क यात्रा कर लेता है, बाद में इसके पाठक के लिए उसे कहीं अपनी सुविधानुसार कहानी में रख देता है। ज़रूरी नहीं है कि वह 'क्लाइमेक्स' के बनावटी चित्रण द्वारा लाया जाए या अन्त में कहानी पढ़ लेने पर सम्पूर्ण प्रभाव में झलक जाए। नई कहानी के पाठ्यक्रम में उसका हर अंश सार्थक नहीं लगता, कोई एक अंश सार्थक मिल जाता है, जो पीछे मुड़कर देखने या आगे देखने पर हर असार्थक लगनेवाले अंश को अर्थ-गन्ध से भर देता है। नई कहानी की भाषा 'अंडर-स्टेटमेंट' की भाषा है, जो 'इमिटेशन' से नहीं बनती, पूरी 'सिचुएशन' को एक साथ देखने से बनती है। विश्व कथा के स्तर पर कहें तो नई कहानी वहाँ से शुरू होती है जहाँ से चेख़व और हेमिंग्वे की उपलब्धियाँ शुरू होती हैं। पूरे नवलेखन के साथ इन लेखकों की साधना का परिणाम स्पष्ट है।

नई कहानी की चर्चा चली तो एक ज्ञात 'संवेदन' और ससुर बहू कलहवाले परिवार के मूल्य-फ़लक से। श्री नामवर सिंह ने एक ही प्रकार के दो कथानक-विन्यासों में सही भाँपा कि 'वापसी' में अकेलेपन की एक सामान्य अनुभूति की विवेकयुक्त पकड़ है, ('अकेलापन' आज के जीवन के सारभूत दर्शन में व्यापक रूप से प्रतिफलित है) जबकि 'एक शिल्पहीन कहानी' में भावुकताप्रद जीवन-दृष्टिकोण के उलझाव में एकाकीपन के संवेग-जैसा कुछ ग़ायब है, इसीलिए 'वापसी' 'एक शिल्पहीन कहानी' से आगे बढ़कर एक नई कहानी है, हम इसमें अपने को नये रूप में देखते हैं, इसमें हमारी रिपीटीटिव मोनोटोनी का उद्भास है, 'लोनली क्राउड'-जैसी कुछ कल्पना है...हालाँकि हम न ससुर हैं, न सास। 'वापसी' में एक ज्ञात

संवेदना की व्यापकता की पकड़ ही उसकी असलियत है, जिस पर कथा मूल्य की उपलब्धि की दृष्टि से असामाजिकता, अभारतीयता के दमघोंटू आरोप थोथी बकवास हैं। यहाँ तक हम नामवर सिंह की मूल्यपरकता को 'डिफेंड' करते हैं। पर वे क्या इसी प्रकार आज के व्यापक जीवन के मूल्य-दर्शन से युक्त कुछ नवीनतम, वस्तुतः नई कहानियों से कतरा नहीं रहे हैं? बिलकुल भिन्न और अपूर्व चिन्तन-धरातल पर रची हुई निर्मल वर्मा की 'जलती झाड़ी' कहानी-जैसी कहानियों में नई कहानी की वास्तविक स्थापना के सहयोगी और सच्चे प्रयास को नज़रअन्दाज़ नहीं कर रहे हैं? इन कहानियों को वे नई कहानी की असल चर्चा के साथ जोड़ सकते थे, इनके रहते 'वापसी' की चर्चा क्या सचमुच एक 'कंट्रैडिक्शन' नहीं है, जिसमें मई-अंक की 'नई कहानियाँ' के परिसंवाद में भाग लेनेवाले सभी लोग बिना असली पूँजी की पहचान के उलझ गए हैं। क्या यह मानना और स्थापित करना विरोधाभासजनक नहीं है कि एक ही वस्तु अच्छी और नई दोनों है? मैं यहाँ 'कंट्रैडिक्शन' के इन आरोपों को हल्के लगाता हूँ, और नियमतः, कृत्रिमता से उसकी जाँच करता हूँ। प्रमुख बात यह है कि हम पता लगाएँ कि इस पूरे विवाद में कौन-से प्रपोजिशंस हैं जो विरोधाभास से मुक्त हैं। यहीं पर नामवर सिंह के कथन में सच्चाई है कि हमें तो अभी अपने विचारों और कथा और कथा-लेखन की सम्पूर्ण समस्याओं को कहानियों की पाठ प्रक्रिया द्वारा पोज़ करना और 'धूमिल दृष्टि' को साफ़ करना है। इसके लिए वह आमंत्रण करते हैं : कहानियों की पाठ-प्रक्रिया में शामिल होने की माँग पहले करते हैं, उसके बाद ही किसी प्रयोजन या सिद्धान्त-स्थापन को स्वीकार करते हैं।

['नई कहानियाँ', 1962]

प्रेम-कहानियाँ : परिचय के मध्य अपरिचय

देवीशंकर अवस्थी

प्रेम एक विडम्बना है—इसे 'याँ चिन्तयामि सततं मयि सा विरक्ता' के भर्तृहरि भले मान लें, पर लहनासिंह, चम्पा या मधूलिका कैसे स्वीकार कर सकते हैं! वे उसके लिए गोलियों से शरीर छिदवा लेंगे; आजीवन कुमारी रहकर आकाश दीप जलाती रहेंगी और कर्तव्य को पूरा करने के बाद प्रेम के लिए प्राणदंड माँग लेंगी। तनिक सूक्ष्मता से पड़ताल कीजिए : इस प्रेम के बाधक कौन हैं? समाज—जो लहनासिंह से पूछे बग़ैर उसकी किशोरी प्रिया को किसी और का साल ओढ़ा देता है; पिता (यानी परिवार) जो मरकर भी (या मरकर ही) चम्पा के मार्ग को छेके हुए है; देश (नाना प्रकार के कर्तव्य) जो मधूलिका के सहेट को धरती की अपेक्षा स्वर्ग लोक की ओर खिसका देते हैं। प्रेम के लिए इस स्थिति की यह सहज परिणति है कि इन अवरोधों (या खलनायकों के) सन्दर्भ में आत्म-बलिदान की मुद्रा स्वीकारी जाए। इसीलिए प्रेम के परिभाषाकारों ने बार-बार उसे बलिदान, त्याग, निःशेष समर्पण, सतत वेदना, सतत आत्मदान आदि महिमाशाली शब्दों से मंडित किया है। यही शरच्चन्द्र करते हैं और यही जयशंकर प्रसाद। पचास वर्ष होने को आए, ये लहनासिंह, देवदास और गुंडा; सालवती, पारो और मधूलिका बार-बार रूप बदलकर हमारे कथा-साहित्य में प्रकट होते आए हैं। यह बात दूसरी है कि जीवन में जो रहस्य-वृत्ति कम हुई है—स्त्री-पुरुष का पारस्परिक परिचय कुछ अधिक बढ़ा, उसने कभी-कभी इन प्रेमियों के पार्श्व चित्र कुछ नये रूपों में भी दिखाए। जैनेन्द्र की 'जाह्नवी' में इतनी शक्ति अवश्य आ जाती है कि वह भावी वर को काफ़ी ठंडे और संयत ढंग से लिख देती है, "एक अनुगता आपको विवाह द्वारा मिलनी चाहिए। वह जीवन-संगिनी भी हो। वह मैं हूँ या हो सकती हूँ, इसमें मुझे बहुत सन्देह है। विवाह में मुझे लेंगे और स्वीकार करेंगे तो मैं अपने को दे ही दूँगी, आपके चरणों की धूलि माथे से लगाऊँगी। आपकी कृपा मानूँगी, कृतज्ञ होऊँगी। पर निवेदन है कि यदि आप मुझ पर से अपनी माँग उठा लेंगे, मुझे छोड़ देंगे, तो भी मैं कृतज्ञ होऊँगी। निर्णय आपके हाथ है। जो चाहें, करें!"

'जाह्नवी' का यह स्वर ठंडा भले ही हो, पर धार और शक्ति में कम नहीं है और एक सीमा तक नया भी है। पर यह नयापन 'टोन' तक ही सीमित है। 'उसके' बाद तो वही, 'कागा चुन-चुन खाइयो।...दो नैना मत खाइयो, पीव मिलन को आस।' और 'जाह्नवी' ही नहीं, पति होते-होते रह गया ब्रजकिशोर भी तो इसी टोन पर मुग्ध हुआ प्रण किये बैठा है कि 'मैं और विवाह करूँगा ही नहीं, करूँगा तो उसी से करूँगा।' इतना ही नहीं, उस पत्र को वह अलहदा भी नहीं करता। स्वभाव में इतना बड़ा परिवर्तन कि पहले वह विजेता बनना चाहता था, अब विनयावनत दीखता है। 'जाह्नवी' और बिरजू के ये चित्र मूलत: शरच्चन्द्रीय हैं, रोमांटिक भाववाद से पीड़ित हैं। यह कहना क्या अनुचित होगा कि आद्य-रूपे (Proto-types) से अधिक दूर नहीं हुए हैं फिर 'जाह्नवी' ही नहीं 'दृष्टिदोष' के केदार और सुभद्रा, 'पूर्ववृत्त' की शान्ति और प्रशान्त, सभी वेदना के गीतों, त्रास में मुक्ति, बलिदान में महानता का अनुभव करनेवाले हैं। सूत्रों का प्रदर्शन यहाँ पर अवश्य कम हो गया है; स्वर में संयति भी है और अपने बारे में अपेक्षाकृत अधिक तटस्थ-बोध भी दीखने लगता है, पर अभी भी ये नायक-नायिकाएँ अपने प्रेम में अपनी छाया से ही प्रेम करते हैं।

प्रकृति की हर धड़कन में अपने ही प्रेम तथा प्रकृति की हर छवि में अपनी ही प्रिया की छवि निहारनेवाले किशोर प्रेम को 'अज्ञेय' के पठार ने धीरज और विवेक देना चाहा है। रोमांटिक प्रेम ने वास्तविकता के त्रिविध स्तरों की चेतना मिटा दी थी। प्रेम-जैसे संकुल मनोभाव को एवं प्रेम-व्यापार की संकुल प्रक्रिया को छायावादी चेतना ने एकदम सपाट झीना आवरण बनाकर सभी पर उसी का वितान तान दिया था। 'अज्ञेय' ने जब काव्य के स्तर पर इस जाल को तोड़ा तो कथा के स्तर पर भी 'वास्तविकता' की पर्तों का उद्घाटन उद्दिष्ट बना। 'पठार का धीरज' कहानी विश्लेषित कीजिए—यही मूल संवेदना है जो कहानी के विन्यास में ताने-बाने-सी गुँथी हुई है। किशोर को पहले पक्षी 'प्रमीला-प्रमीला' पुकारता प्रतीत होता है और चाँदनी 'प्र' लिखती। प्रमीला को मोर की आवाज़ में 'किशोर-किशोर' अनगूँज सुनाई पड़ सकती थी। पर तभी पठार—जो आँधी, पानी, शीतातप, सबके प्रति समर्पित है, किसी के आसपास छायाएँ नहीं गढ़ता, सबकी वास्तविकताएँ देखता है—के धीरज की प्रतीकं राजकुमारी आकर चेतना पर छाए धुएँ को हटाती है—अपनी कहानी कहकर, "प्यार में अधैर्य होता है, तो वह प्रिय के आसपास एक छायाकृति गढ़ लेता है, और वह छाया ही इतनी उज्ज्वल होती है कि वही प्रेम हो जाती है, और भीतर की वास्तविकता—न जाने कब उसमें घुल जाती है; तब प्यार भी घुल जाता है।" राजकुमारी इस स्थापना में आए 'वास्तविकता' शब्द की व्याख्या भी देती है—जो कुछ है, सभी वास्तव है। लेकिन वास्तविकता के स्तर हैं। धीरज हमें एक साथ ही अनेक स्तरों की चेतना देता है; अधैर्य एक प्रकार का चेतना का धुआँ है जिससे बोध का एक-एक स्तर मिटता जाता है और अन्त में हमारी आँखें कड़वा

जाती हैं; हमें कुछ दीखता नहीं। पठार के धीरज से मिलनेवाली इस दृष्टि के बाद "किशोर और प्रमीला की आँखें मिलीं, स्थिर होकर मिलीं और मिली रह गईं। तथा उन्हें ज्ञात हो गया कि 'यह बिलकुल आवश्यक नहीं है कि तीतर किसी का भी नाम पुकारे, 'और स्थिर धीरज-भरे विश्वास से जान लिया कि छाया किसी के आसपास नहीं है, दोनों में वास्तव में आमने-सामने है।'

मुझे अगर फ़तवा ही देना हो तो शायद 'पठार का धीरज' को मैं हिन्दी की पहली 'नई प्रेम-कहानी' कहूँगा। यह बात दूसरी है कि इस कहानी में भी दृष्टि का दाता पठार ही है और छायावादी ज़माने से ही हम जानते आए हैं कि प्रकृति दृष्टि देती है। फिर बलिदान, त्याग, वेदना आदि के सम्मुख सार्थकता (Justification) के प्रश्न चिह्न लगाए जा सकते हैं, तो उसी प्रकार दृष्टि-बोध की इस प्रक्रिया के सामने क्यों नहीं लगाए जा सकते? इसके अतिरिक्त वास्तविकता के इन विविध स्तरों की समानान्तरता एवं असम्पृक्ति छायावादी कुहासे को भले ही काटे, पर आधुनिक जीवन की संकुलता एवं अस्पष्टता को मात्र एक स्तर पर स्थापित करके, एक प्रकार की सतहपरकता को भी तो जन्म देती है। अपनी तार्किक परिणति में एक-दूसरे को न काटनेवाला यह स्तरवाद वस्तुत: 'सतहीवाद' को जन्म दे सकता है। इस प्रकार की संवेदना मात्र 'सेंसेशन' के स्तर पर क्या नहीं पहुँचा सकती? इन प्रश्नों के होते हुए भी कहानी में प्रेम की प्रकृति को पहचानने की चेष्टा है किसी शाश्वत त्रिकोण से हटकर। किशोर और प्रमीला 'आमने-सामने हैं।' वे छायाओं से नहीं, वास्तविक से प्यार करते हैं—एक-दूसरे से। भावुकतापूर्ण पुरानी किंवदन्ती की पृष्ठभूमि पर धीरजबोध जागता है, वह यथार्थ की ज़्यादा सही पकड़ है।

सम्भवत: यही वह बिन्दु है, जहाँ से शारीरिकता का उदय होता है। लहनासिंह क्या सचमुच छाया से ही प्रेम नहीं करता रहा? गुंडा, मधूलिका या चम्पा के बारे में क्या यही नहीं कहा जा सकता कि उनमें शरीर-गन्ध की चेतना नहीं है। पर तब फिर प्यार किससे? अपनी ही बनाई एक आदर्श प्रतिमा से (या छाया से)? ऐसा सर्वजयी, व्यापी एवं बलिदानी रोमांस! पढ़कर ईर्ष्या होती है, श्रद्धा जागती है और कुछ वैसा ही कर गुज़रने की शायद स्पृहा भी। प्रेमिका के एक इंगित पर ये पहाड़ उलट देने का हौसला रखते हैं; प्रेमी के मन के अन्तराल में विद्यमान बात को बूझकर ये जीवन का दाँव बाज़ी में लगा सकते हैं। लहनासिंह सूबेदार और उनके पुत्र (जो ईर्ष्या के आलम्बन होने चाहिए) के प्राण बचाने के लिए प्राण देता और डिकेन्स के उपन्यास 'टेल ऑफ़ द सिटीज़' में सिडनी कॉटन अपनी प्रेमिका के पति को बचाने के लिए स्वयं गिलोटीन पर चढ़ जाता है। हाय, ये सारे नायक-नायिकाएँ अब कहाँ चले गए? वास्तविकता के समानान्तर स्तरों की यह कैसी पहचान है कि उन सब प्रतिमाओं को आज का कथाकार एक ज़िद्दी बालक की तरह तोड़-फोड़कर बिखरा लेता है। और प्रेमी-प्रेमिका को आमने-सामने खड़ा

करने के साथ ही शरीर-पहचान की प्रक्रिया भी शुरू हो जाती है। कोई किसी से प्यार क्यों करें? यह सवाल लाजवाब है। प्रेम, घृणा आदि तर्क से परे रहनेवाली प्रवृत्तियाँ हैं और उनकी एक सीमा तक ही सामाजिक या युगीन व्याख्या सम्भव है। यों स्त्री-पुरुष के प्रेम-प्रसंग में किसी लैंगिक आकांक्षा का लगाव सहज भी माना जा सकता है और सहजात भी। फिर मनोविज्ञान एवं मार्क्सवाद की स्थापनाओं के प्रभाव के तले यह बोध अगर विकसित हुआ हो तो आश्चर्य ही क्या? यशपाल, 'अश्क', 'उग्र' (उर्दू के मंटो, कृश्न चन्दर, बेदी) आदि में यही पक्ष झलक उठता है। प्रेम यहाँ प्रदान ही नहीं प्रदान भी है। इस स्थिति की परिणति जन्तु नर्क में है और सतत यात्री एवं दाता की मुद्रा में रहनेवाले 'अज्ञेय' ने इस जन्तुत्व की भी कहानियाँ लिखी हैं। पर ये प्रेम-कहानियाँ नहीं हैं; प्रेम के नाम पर किये जानेवाले आखेट हैं, चाहे यशपाल द्वारा रचित हों या फिर प्रबोध कुमार द्वारा। मन में एक आशंका और उठती है : कहीं ऐसा तो नहीं है कि शरीर के वास्तव के ज्ञान के बाद के सारे बलिदानी नायक-नायिका अधिक कमज़ोर, चिड़चिड़े और नपुंसक हो गए हों। स्वयं 'अज्ञेय' के किशोर या प्रमीला कहीं पर भी तो असाधारण नहीं हैं। असाधारण तो वह राजकुमार था जो यह जानते ही कि राजकुमारी किसी और की वाग्दत्ता हो गई है, उस पर आक्रमण कर देता है। पर दृष्टि को देनेवाला पठार का धीरज उसे अपनी छाया से प्रेम करनेवाला बताता है। पीछे कहा जा चुका है कि 'पठार का धीरज' पहली नई प्रेम-कहानी है। तो क्या यह माना जाए कि यह जो 'एंटी-हीरोइक' हीरो है, वही नई प्रेम-कहानी का नायक है?

राजेन्द्र यादव के 'छोटे-छोटे ताजमहल' के विजय और मीरा (या देव और राका) हों, रामकुमार की 'यात्रा' के वह (नायक संज्ञाहीन भी हो गया) और देवा हो, मोहन राकेश की 'एक और ज़िन्दगी', या कमलेश्वर की 'राजा निरबंसिया' के नायक-नायिका हों अथवा श्रीकान्त वर्मा की 'परिणय' अथवा 'दूसरे के पैर' के प्रेमी-प्रेमिका हों, सभी एंटी-हीरोइक हैं। सभी अपने में सिमटे, कुचले और नपुंसक! ज्यों-ज्यों ये एक-दूसरे से परिचित होने की कोशिश करते हैं त्यों-त्यों कुछ अधिक अपरिचित होकर एक-दूसरे के समीप से गुज़रते हैं :

हम एक-दूसरे से परिचित
होने की कोशिश में
कुछ अधिक अपरिचित हो
कर गुज़र रहे हैं एक
दूसरे के समीप से लगातार।
प्रत्येक सुबह तुम लगती हो
कुछ और अधिक अजनबी मुझे!

श्रीकान्त वर्मा की यह काव्य-उक्ति, तमाम नई प्रेम-कहानियों में भी विद्यमान है। मोहन राकेश इस काव्य-प्रसंग को ले आने के लिए क्षमा करेंगे। मैं नई कहानी को नई कविता के समानान्तर उसी भावभूमि से उपजा मानता हूँ—आगे-पीछे नहीं। और नवलेखन में ही नहीं, छायावाद की कविता और कहानी में भी ऐसी ही सम्पृक्ति रही है। संवेदना के मूल रवे (crystals) विधाओं की रूपगत अनिवार्यताओं में ढलते हैं—बदलते नहीं। पर यह प्रसंगान्तर है।

हम अपरिचय और अजनबीपन की बात कर रहे थे। पुराने छायावादी नायक या नायिका के लिए यह अजनबीपन एकदम अजनबी ही नहीं, उसकी तेज़ कल्पना के लिए भी अकल्पनीय था। वहाँ प्रेम का विकास परिचय की प्रगाढ़ता में था, अजनबीपन के नाश में था, अकेलेपन से मुक्ति में था। परिचय, घनिष्ठता एवं सम्मिलन की द्वैतता के बाधक तत्त्व बाहरी थे—परिवार, समाज, कर्तव्य, नैतिकता आदि। उन्हें हटाकर या उनके आरोपों का मिथ्यात्व प्रमाणित करके ही वहाँ कहानी बनती थी। पर बाधक तत्त्व अब समाज नहीं रहा, नीति और कर्तव्य के अंकुश नहीं रहे। अब तो बाधक अपने ही व्यक्तित्व का एक अंश है। वही अंश खलनायक है, उसी की महिमा के नीचे बेचारा प्रेमी अंश अप्रतिम हो दुबक जाता है।

राजेन्द्र यादव की कहानी 'छोटे-छोटे ताजमहल' को लीजिए—शारीरिकता की पहचान है : "विजय ने एक बार फिर सशंक निगाहों से इधर-उधर देखा और आगे बढ़कर उसकी दोनों कनपटियों को हथेलियों से दबाकर अपने पास खींच लिया। नहीं, मीरा ने विरोध नहीं किया, मानो वह प्रत्याशा कर रही थी कि यह क्षण आएगा अवश्य। लेकिन पहले उसके माथे पर तीखी रेखाओं की परछाइयाँ उभरीं और फिर मुग्ध मुस्कराहट की लहरों में बदल गईं। विजय का मन हुआ, रेगिस्तान में भटकते प्यासे की तरह दोनों हाथों से सुराही को पकड़कर इस मुस्कराहट की शराब को पागल आवेग में पीता चला जाए—पीता चला जाए...गट...गट और आखिर लड़खड़ाकर गिर पड़े। पतले-पतले होंठों में एक नामालूम-सी फड़कन लरज़ रही थी। उस रूमानी बेहोशी में भी विजय को ख़याल आया कि पहले एक हाथ से मीरा का चश्मा उतार ले—टूट न जाए। तब उसने देखा, हरियाले फव्वारों जैसे मोर-पंखियों के दो-तीन पेड़ों के पीछे पूरे-पूरे दो ताजमहल चश्मे के शीशों में उतर आए हैं। दूधिया हाथीदाँत के बने दो सफ़ेद नन्हे-नन्हे खिलौने..."

और तभी विजय को याद हो आता है (वैयक्तिक चेतना की यह आकस्मिक कौंध ध्यान देने योग्य है) कि वे महान और विराट अतीत की छाया में बैठे हैं। बस, फिर क्या था! उसके व्यक्तित्व के चेतना के इस अंश के उदय होने के साथ ही, "खिंचाव वहीं थम गया। उसने बड़े बेमालूम ढंग से गहरी साँस ली और अपने हाथ हटा लिये। आहिस्ता से।" और तब उसके भीतर का कमज़ोर, नपुंसक (एवं एक सीमा तक शरच्चन्द्री) नायक पुकार उठता है, "नहीं। यहाँ नहीं। कोई देख लेगा।... यह उसे क्या हो गया?"

हम जानते हैं कि वहाँ नहीं तो कहीं नहीं; तब नहीं तो कभी नहीं। विजय को भी रह-रहकर झुँझलाहट होती—'किस शाप ने हमारे ख़ून को जमा दिया है? यह हो क्या गया है हमें? कोई गर्मी नहीं, कोई आवेश और कोई उद्वेग नहीं, क्या बदल गया है इसमें? हाँ, मीरा का रंग कुछ खुल गया है...शरीर निखर आया है।' ...उसका 'बोझिल मौन' जिस 'कोमल चीज़' को पीसे दे रहा था, क्या वह प्रेम ही नहीं था? ऐसे क्षणों में जब वे दोनों ताजमहल के परिसर से उठकर चलते हैं तो उन्हें लगा, जैसे कोई मुर्दा क्षण है, जिसका एक सिरा मीरा पकड़े है और दूसरा वह, और उसे चुपचाप दोनों रात के सन्नाटे में कहीं दफ़नाने के लिए जा रहे हों... डरते हों, किसी की निगाहें न पड़ जाएँ'—'कोई जान न ले कि वे हत्यारे हैं...कहीं किसी झाड़ी के पीछे इस लाश को फेंक देंगे और ख़ुशबूदार रूमाल से कसकर ख़ून पोंछते हुए चले जाएँगे...भीड़ में खो जाएँगे। जैसे एक-दूसरे की ओर देखने में डर लगता है...कहीं आरोप करती आँखें हत्या स्वीकारने को मजबूर न कर दें।' ...यह मुर्दा क्षण, स्पष्ट है, किसी बाहरी शक्ति द्वारा नहीं मारा गया; वे दोनों ही इसके हत्यारे हैं। मेरे मन में फिर प्रश्न उठता है कि बिखरा हुआ शरीर एवं मुर्दा क्षण क्या परस्पराश्रित हैं? शरीर एवं अकेलापन, तन एवं अजनबी मन, क्या यहाँ एक-दूसरे को काट नहीं रहे हैं? यों इस कहानी के भीतर एक और कहानी है और उसमें भी ऐसी ही हत्या है। एक सुखी जोड़ा विवाह के सात वर्ष पूरे होने पर (सात वर्षों में ही शायद शरीर की ग्रन्थियों में बदलाव होता है।) अलग हो जाते हैं, क्योंकि दोनों तरफ़ से शायद सहने की हद हो गई है...नसों का यह तनाव मुझे या उसे पागल बना दे..."इससे अच्छा हो कि दोनों अलग ही रहें।" और इस तरह हनीमून की नहीं, तलाक़ की रात ताजमहल की छाया में शुरू होती है। ठीक भी है। असाधारण प्रेम वाले नायक-नायिका के स्मारक की यह ट्रेजेडी है। या यों पूछें कि प्रेम की क्या यही आधुनिक ट्रेजेडी है? आधुनिक मानव का अकेलापन ही उसकी ट्रेजेडी और विडम्बना है। तभी शायद प्रेम भी विडम्बना है।

और यह स्थिति ज़्यादा शरच्चन्द्री राजेन्द्र यादव में ही नहीं, औरों में भी है। निर्मल वर्मा की कहानी 'पिक्चर पोस्टकार्ड' : परेश ने 'कई बार सोचा है कि किसी दिन मैं उस कालर बोन के उस गढ़े को अपनी ज़ुबान की नोक से स्पर्श करूँगा। उस गढ़े में हल्का पसीना है। मैंने कई बार सोचा है कि किसी दिन मैं उस पसीने को अपने होंठों से चूस लूँगा।' पर इसके बाद?—वही अपने से दुराव, अपने-आप में परिचय के साथ बढ़ता अपरिचय, कुछ औपचारिक बातें और दस बजे रात को ज्यूक बॉक्स में चवन्नी डालकर अधिक-से-अधिक ऊपर उठनेवाला रिकार्ड (उसे भी शायद बग़ैर सुने, दोस्तों की भीड़ में फ़िल्म देखने चला गया होगा)।

मोहन राकेश के मधुसूदन सुषमा से भाग खड़े होते हैं, श्रीकान्त वर्मा की 'परिणय' के नायक महोदय उसी पुंसत्व के क्षण भागते हैं और उषा प्रियंवदा की

'अचला' ('मोहबन्ध' की नायिका) भी 'असीम सुख' के उस क्षण में भी अनुभव कर लेती है कि मोहबन्ध को तोड़कर उसे जाना ही है, क्योंकि वे भीगी आँखें उसकी अपनी हैं, और राजेश्वर (उषा की 'जाले' कहानी) को समान बौद्धिक प्रिया कौमुदी से विवाह कर लेने के बाद भी 'लगता कि वह मकड़ी के जाले में घिरकर रह गया है, जिसके तार दूर से बहुत सुकुमार, बहुत आकर्षक लगते हैं, पर एक बार उसमें फँस जाने के बाद निष्कृति की कोई आशा नहीं रहती।' श्रीकान्त वर्मा की ही एक और काव्य-पंक्ति मन में उभरती है :

सच है, तुम्हारे बिना जीवन अपंग है।
फिर भी...क्यों लगता है मुझे...प्रेम
अकेले होने का ही एक और ढंग है?

प्रेम-चित्रण में उदासी, अकेलेपन, ऊब के ये रूप नये कहे जा सकते हैं। यह नपुंसकता, साहसहीनता भी शायद नई ही है। पर मूल्य-निर्णय के समय सबसे बड़ा सवाल उठता है कि 'डि रोमेंटीसाइजेशन' की जो प्रक्रिया 'अज्ञेय' में शुरू हुई थी, वास्तविकता के जिस स्तर की तटस्थ चेतना की दृष्टि को पाने का दावा किया गया था, क्या उसे पूरा और प्राप्त किया जा सका? छायावादी असाधारण लगाव, प्राणों का त्याग आदि यदि पेंडुलम का एक दिशा का बढ़ाव है, तो झटके से तोड़कर अलग हो जाना, महत्त्वपूर्ण क्षण में समस्या को 'आमने-सामने' स्वीकार न कर भाग खड़े होना क्या उसी पेंडुलम की गति का दूसरी ओर स्विंग नहीं है? मुझे लगता है कि शरत्चन्द्र के नायक-नायिका ही वेश बदलकर आ रहे हैं। जिस शारीरिकता से असम्पृक्त रहकर वे बड़े-से-बड़ा बलिदान कर देते हैं, उसी से परिचित होना चाहकर भी ये भाग खड़े होते हैं, और सब मिलाकर स्थिति ज्यों-की-त्यों रहती है। महिमामंडित शब्दों का प्रयोग न करते हुए भी, वे ही वेदना के गीत एवं वही शहादत का स्वर। उस 'कथा' की अभी हमें क्या प्रतीक्षा नहीं है जो प्रेम के साथ ही एक लैंगिक (Sexual) थीम की खोज में भी प्रयुक्त हो? कहना चाहता हूँ कि प्रेम एक क्षमता है :

कोई समझे तो एक बात कहूँ,
इश्क़ तौफ़ीक़ है, गुनाह नहीं।

और इस क्षमता को खोजने-पहचानने की आवश्यकता है।

['नई कहानियाँ', 1963]

कहानी के सिलसिले में उठे कुछ नये सवाल

विपिनकुमार अग्रवाल

गद्य का स्वभाव वर्णनात्मक है। कहानी गद्य में बाँधी जाती है। इसलिए वर्णन उसका अभिन्न अंग है। कहानी का सारा दारोमदार इस पर निर्भर करता है कि वर्णन कितना सार्थक हो सका। वही वर्णन सार्थक है जो कहानी के आन्तरिक संघटन को पुष्ट करता है, उसमें नया निर्माण करता है, या प्रभाव को पुनः संयोजित करता है। अतः अच्छी या सफल कहानी, वह पुरानी हो या नई, वही है जिसमें वर्णन इन माँगों को पूरा करता है। कहानी लिखना इस प्रकार के वर्णन का सृजन करना है। जब तक इस प्रकार के वर्णन का सृजन अपने में एक अन्त है तब तक कलात्मक है। कुछ समय के बाद एक तरह की माँग किस ढंग, किस संघटन से पूरी होती है इसका आभास मिलने लगता है। तब उसी वर्णन का साधन की तरह प्रयोग होने लगता है और चूँकि कला में साधन—ऐसी कोई चीज़ नहीं होती है, वह दुहराया हुआ, नाहक और व्यवसायी लगने लगता है, इस प्रकार का संघटन सहसा कलाविहीन हो जाता है। एक नये प्रकार के संघटन की आवश्यकता महसूस होने लगती है। और इस नये संघटन को प्राप्त करने का ढंग भी वर्णन द्वारा ही होगा, गद्य में ही होगा, कहानी में ही होगा। या उलटा चलें तो कहानी रहेगी, वर्णन रहेगा, महज़ संघटन बदल जाएगा। दूसरे प्रकार के संघटन की माँग होगी।

इतने से अभी हमें कोई हल नहीं मिला है, पर प्रश्न चुन लिया गया है, अलग कर लिया गया है। और इसी पर हमें अपना ध्यान केन्द्रित करना है। नई कहानी नये प्रकार के वर्णन में नहीं, बदले हुए संघटन में ढूँढ़नी है; उदाहरण के लिए, कलात्मक संघटन का एक लम्बा दौर—सशक्त दौर हिन्दी कहानी में रहा है, अन्य भाषाओं की कहानी में भी रहा है। कथा बुनना और सुनना क्यों आरम्भ से ही मनुष्य को अच्छा लगा यह जानना यहाँ आवश्यक नहीं है। हम बस इतना ही नोट करेंगे कि कथातत्त्व की माँग थी, बहुत दिनों तक बनी रही, और बहुत तरीक़ों से कहानीकारों द्वारा पूरी की गई। इस माँग को इतने दिनों तक सँभाले रखने की ताक़त ऐसे अनुभवों की जानकारी में रुचि थी जो दैनिक जीवन में सहज प्राप्त नहीं हैं।

महलों और तहख़ानों की कहानी लिखी गई, दूर रहती प्रेयसी को प्राप्त करने की कहानी लिखी गई, जानवरों की कहानी भी लिखी गई, बड़े शहरों की कहानी लिखी गई और इधर गाँवों और विदेशों की कहानी लिखी गई। जैसे-जैसे कथा का विषय बदला—वर्णन बदला, भाषा बदली, पर वर्णन और भाषा के प्रयोग का प्रयोजन नहीं बदला, संघटन गुणात्मक ढंग से नहीं बदला। वह कथात्मक ही रहा। पर आज कोई प्रेयसी दूर नहीं लगती, महलों में अस्पताल खुल गए हैं और जानवर परिचित प्रतीक बन गए हैं। अत: ऐसी कहानियों का आनन्द लेने के लिए काफ़ी सरल और प्रशिक्षित होना आवश्यक हो गया है। कथा-तत्त्व को बनाए रखने का दूसरा ढंग जो अपनाया गया है वह मनुष्य के निजी अन्तर मन में होनेवाली घटनाओं के वर्णन को प्रमुखता देता है। यह प्रदेश गद्य से हटकर कविता की ओर अधिक झुका हुआ लगता है। इसलिए इधर की कहानियाँ कवियों के एकाकीपन, आत्महत्याओं और उनके बिम्बों से भर गई हैं। कथा-तत्त्व कमज़ोर ज़रूर पड़ गया है पर ग़ायब नहीं हुआ है। प्रकटत: स्वाभाविक और सम्भावी लगने के मोह से छूट नहीं है। प्रश्न है, क्यों?

विदेश की कथा हो या अन्तरमन की, संघटन एक ही-सा हो सकता है। कैसे? इसका एक मुमकिन उत्तर पाने के लिए भाषा में वर्णन करने के प्रयास में निहित सीमा को समझना आवश्यक है यदि उस सीमा को एक ही तरह से निभाया गया है तो विषय में चाहे जितना बड़ा अन्तर हो, संघटन एक ही-सा होगा। भाषा में वर्णन करने की सबसे अधिक झुँझला देनेवाली सीमा यह है कि रुचि के स्थान पर एक ही समय में होनेवाली तमाम घटनाओं का वर्णन एक साथ मुमकिन नहीं है—जैसा कि चित्र में या सिनेमा में मुमकिन है। उदाहरण के लिए, यदि तीन आदमी एक कमरे में एक साथ तीन विभिन्न कार्य कर रहे हैं तो उन कार्यों का वर्णन आगे-पीछे ही दिया जा सकता है। इस वर्णन के बहुत से तरीक़े हो सकते हैं। यदि पहले 'क' का, फिर 'ख' का और फिर 'ग' का वर्णन करें, तो यह एक ढंग हुआ। कुल मिलाकर छह ढंग हैं।

क ख ग : क ग ख : ख क ग : ख ग क : ग क ख : ग ख क। अपनी नीयत और अपने पक्षपात के अनुसार कहानीकार किसी एक ढंग को चुनता है। और एक चुनाव कर लेने के बाद 'य र ल' के आने-जाने के उपरान्त भी उसे अन्त तक निभाता है। इस चुनाव की सम्भावना उसकी शक्ति भी है और उसकी कमज़ोरी भी। जब तक कहानीकार का ध्येय कथा बुनना था, तब तक इन छह सम्भावनाओं में से किन पाँच को त्याग देना है—इसका नियम उसके पास था। अच्छा चुनाव वही है जो कथा के बढ़ने के साथ-साथ पुष्ट होता जाए। चूँकि चुनाव का आधार कथा द्वारा संचालित था—अन्य पाँच के त्यागने में जो यथार्थ का नुक़सान हुआ वह तंग नहीं करता। या दूसरे शब्दों में, हमारा ध्यान कथा पर इतना टिका रहता है कि यहाँ इस चुनाव में वर्णन की कोई सीमा निहित है इसका आभास ही नहीं होता।

मोटे तौर से देखने पर कहानी समय में सहज ढंग से बढ़ती हुई लगती है। इसी में उसकी सफलता है। इसी तरह से उसे पढ़ने की और समझने की हमने आदत बना ली। समय के लगातार एक गति से बीतने के विचार से हम इतने आक्रान्त थे कि इसको शंका की निगाहों से हमने कभी नहीं देखा। हमारे इस ज्ञान का पूरा लाभ कथावाचकों ने उचित ही उठाया। इस दृष्टि से उत्पन्न होनेवाले तमाम ढाँचों का संघटन कुछ हेर-फेर के बाद एक ही रहा। यह एक प्रकार का संघटन हुआ जिसे सहूलियत के लिए हम 'लकीरी' कहेंगे। यात्रा-वर्णन हो, वीरगाथा हो, प्रेम-कथा हो, या जासूसी कहानी हो—सबका संघटन हमारे समय की इस समझ के फ्रेम में कसा गया। इस प्रकार के संघटन का सबसे अधिक आडम्बरहीन, दक्ष और विवेकयुक्त उपयोग जासूसी कहानी में ही होता है। हमारे कहानीकार शायद इसीलिए प्रेम की कहानियों के फव्वारे छुड़ा-छुड़ाकर इस संघटन का ढीला-ढाला उपयोग करते रहे और जहाँ उसे सँभालना सबसे अधिक दिमाग़ माँगता था, वहाँ से कतराते रहे। कहा जाता है जब हमने पश्चिम से प्रभाव ग्रहण किया तब रेल पर चढ़े, विज्ञान पढ़ा, प्रजातंत्र अपनाया, नई कविता रची, उपन्यास लिखे, हर तरह की कहानियाँ गढ़ीं, प्रत्येक दिशा में बराबरी की ओर क़दम उठाया, आदि। पर कुछ ऐसी कमी थी, शायद बुद्धि की, हमारे कहानीकारों की बनावट में कि वहीं पर फूलते-फलते जासूसी कहानी के विकसित क्षेत्र को नाममात्र के लिए भी छू तक न सके। वह हमारी शक्ति, कल्पना और दृष्टि के दायरे से जैसे बाहर था। कोई लाचारी थी जिसके कारण हमने उसकी ओर से आँखें मूँद लीं। एक विशाल परिपक्व क्षेत्र में हमारे इस नितान्त कोरेपन की विचित्र स्थिति का मूल्यांकन होना अभी बाक़ी है। मुझे कुछ छूट दी जाए तो कहना चाहूँगा कि लकीरी संघटन को एक भाषा के लेखक कितना साध पाए हैं। इसकी एक माप यह है कि उस भाषा में किस हद तक त्रुटिविहीन कितनी जासूसी कहानियाँ लिखी गई हैं। एक बार ऐसी कहानी पढ़ लेने के बाद पाठक को ढीली-ढाली लकीरी प्रेम-कहानी उबा देनेवाली लगेगी और बहुत-सा हिन्दी कहानी का व्यापार मद्धिम पड़ जाएगा। इस व्यापार को रोकने का और कोई दूसरा ढंग नहीं दिखलाई पड़ता। अच्छी जासूसी कहानियों की चुनौती यदि हमारे कहानीकारों के सामने होती तो शायद हमारे साहित्य का इतिहास ही कुछ और होता। ख़ैर, अब प्रश्न यह है कि इसके अलावा और कौन-सा दूसरा संघटन मुमकिन है? यदि दूसरा संघटन मुमकिन है तो वह नई कहानी का जनक हो सकता है। यहाँ इतना कहना पर्याप्त होगा कि जैसी कठिनाई काल में घटनाओं का वर्णन करने में है वैसी ही मिलती-जुलती कठिनाई दिक् में होनेवाली घटनाओं का वर्णन करने में भी है।

इसी सिलसिले में यह प्रश्न भी सामने रखा जा सकता है कि आज सहसा नये संघटन की ज़रूरत क्यों पड़ गई? उत्तर में अक्सर कहा जाता है, और इस कहने में

कभी-कभी भिन्न मतों वाले व्यक्ति भी साथ-साथ पाए गए हैं, कि आज के जीवन या यथार्थ से हमारा सम्बन्ध जटिल हो गया है। इस कहने के बहुत-से माने लगाए गए हैं और कोई माने न लगाकर तथ्य के रूप में भी इसे प्रस्तुत किया गया है। जटिलता के लक्षण माने गए हैं रोज़ बदलता हुआ औद्योगिक दृश्य, तेज़ गति, टूटती हुई लय, खंडित होते हुए मूल्य, खुलते हुए नये आयाम, आदि। इनमें से कुछ को हर व्यक्ति सीधे अनुभव से महसूस कर सकता है और कुछ के लिए शायद कवि होना ज़रूरी है। कभी-कभी इसे गम्भीर और अस्पष्ट शब्दावली में रखना होता है तो मनोविज्ञान की आड़ ली ज़ाती है। अन्तर्गति और बाह्य गति में विरोध देखा जाता है। अगर अधिक दिखावा करना हुआ तो अन्त:काल और बाह्यकाल के घर्षण में रचना का उपजना बतलाया जाता है; पर कैसे यह होता है, इसके बारे में सब चुप हैं। शायद ठीक ही। क्योंकि डर है कि बहुत जाँच-पड़ताल करने पर कहीं सब सरल न निकल आए—दृश्य तो 100 वर्षों से बदल रहा है, युद्ध ने लय और मूल्य बहुत पहले ही तोड़ दिये थे, घड़ी ने हमेशा एक ही तरह शुद्ध समय नापा और दुख में आदिकाल से समय मुश्किल से बीता है। फिर यह नई जटिलता कहाँ से आई जिसने सहसा हमारे पुराने ढंग के वर्णन और संघटन को अनुपयोगी सिद्ध कर दिया। यह हो सकता है कि इसके पीछे बहुत-से कारण हों जो पहले अलग-अलग उपस्थित थे और अब उनके सामूहिक प्रभाव के कारण स्थिति में अन्तर आ गया है। पर यहाँ हम एक कारण की ही चर्चा कर पाएँगे।

जटिलता का एक नया पहलू, जो आज विकसित हुआ है, उसका मुख्य कारण गति है—यह ठीक है। पर गति के माने क्या हैं? और जटिलता से इसका सरोकार क्या है? रेल, मोटर, सब तरह के जहाज़, अख़बार, रेडियो, सिनेमा, आदि सभी कुछ ऐसे सम्बन्धों को स्थापित कर देते हैं जो पहले या तो स्थापित ही नहीं हो पाते थे, या हो पाते थे तो इतनी देर में और इतनी कम संख्या में कि उनका प्रभाव गुणात्मक ढंग से भिन्न होता था। पहले गति हमें ताज्जुब में डालती थी, आज हमें उसकी आदत पड़ गई है। इसी गति को दूसरे ढंग से व्यक्त कर सकते हैं। हम कह सकते हैं कि जीवन में तीव्र गति के आने के माने हैं कि हमारे चारों ओर का व्यापार अब हमारी जानकारी में इतनी तेज़ी से चलता है, घटनाएँ एक के ऊपर दूसरी इतनी शीघ्रता से लदती चली जाती हैं, दूर की स्थितियाँ हमारे जीवन को परिचालित करने के लिए इतनी आमादा हैं कि किसी एक घटना को अलग रखकर देर तक उसे समझने की कोशिश करना न मुमकिन है और न ही उचित है। ऐसा करना ज़बर्दस्ती होगा, पलायन होगा और गति के अज्ञान को प्रकट करना होगा। बात को आगे बढ़ाने के लिए एक सहज नियम यहाँ पर बनाना ठीक होगा। हम यह मानकर चलेंगे कि एक घटना दूसरी घटनाओं से जितनी मात्रा में अलग करके परखी जा सकती है उस मात्रा में और जितना समय घटना का अनुभव करने के लिए मिलता है उस समय

में उलटा-अनुपात का सम्बन्ध है। यदि हमारे पास अनिश्चित या अपार समय है तो घटना साफ़, अलग स्थान ग्रहण कर लेगी। यदि निश्चित या सीमित समय है वही घटना आसपास की घटनाओं में उलझ जाएगी, उनसे आलथी-पालथी करने लगेगी। कम समय का होना या अधिक गति का होना इस प्रकार एक ही घटना को जटिल बना देगा। आधुनिकता की सबसे महत्त्वपूर्ण प्रकृति यह है कि उसमें उलटे अनुपात के सम्बन्ध लागू होते हैं। घटना कोई दी हुई, पूर्व-मर्यादित इकाई नहीं है; बल्कि जिस ढंग से हम उसे देख पाते हैं उसके अनुसार वह परिभाषित हो जाती है। इस नियम की सजगता आज इसलिए हो पाई कि उसका प्रभाव प्रकट होने के लिए समुचित मात्रा में गति आज प्राप्त हो पाई है।

मोटर, रेल, हवाई जहाज़, अख़बार, रेडियो, सिनेमा, स्कूल आदि से घिरा हुआ आदमी जिस तरह से चारों तरफ़ होनेवाले व्यापारों को देख पा रहा है उसमें घटनाओं के छोरों का समकक्षी हो जाना, गुत्थी हो जाना, अनिवार्य है। आज के अनुभव का यदि यह अभिन्न अंग है तो इसकी अभिव्यक्ति कलाकृतियों में, और इसलिए कहानियों में भी, होनी चाहिए। यदि कोई कृति इस चुनौती को स्वीकार नहीं करती तो वह पूर्व-साहित्य से उधार ली हुई अनुभूति का भले ही वर्णन कर ले, यथार्थ से उसका सम्बन्ध सतही ही होगा।

अब सवाल इतना भर रह जाता है कि यदि हमारे अनुभव में घटनाएँ किनारों पर आलथी-पालथी करती हुई उलझी हैं तो उनका वर्णन कैसे किया जाए? यह बताना बहुत मुश्किल काम है। उदाहरणों की सहायता भी नहीं ली जा सकती, क्योंकि हिन्दी के कहानीकारों में प्रश्न के इस पहलू की सजगता रही ही नहीं है। यदि होती तो अब तक हमारे होनहार कहानीकारों ने अवश्य कुछ-न-कुछ हल ढूँढ़ लिया होता। पर, फिर भी, कुछ इशारे दिये जा सकते हैं। मसलन अगर घटनाएँ गुँथी हुई हैं तो समय में कौन पहले है कौन बाद में, विवादास्पद हो जाता है। यदि कोई कहानी पढ़कर लगता है कि इसमें घटनाएँ क्रमबद्ध ढंग से निश्चित कार्य-कारण के सम्बन्ध को रखती हुई समय में लकीरी ढंग से घटित हो रही हैं तो तुरन्त कहा जा सकता है कि यह कहानी उन जटिलताओं और सम्बन्धों को व्यक्त करने की कोशिश ही नहीं कर रही है जो पिछले साहित्य की पहुँच के परे थे और जिनसे हम इधर आगाह हुए हैं। आज जो कहानियाँ लिखी जा रही हैं वे इस माने में अच्छी हो सकती हैं कि पिछले कहानीकारों की खोजों को उन्होंने पकड़ा है और जितनी दूर तक उन्हें परिष्कृत किया जा सकता है—किया है। पर, यह हमेशा किया जा सकता है। इससे कोई बात आगे नहीं बढ़ती। नया हल या नई खोज की ओर एक क़दम के सामने इसकी लम्बी ग्रैंड ट्रंक रोड भी कम महत्त्वपूर्ण होगी। ट्रक चाहे जितनी बड़ी हो, कब तक हम कलकत्ते से दिल्ली, दिल्ली से कलकत्ते माल ढोते रहेंगे!

एक इशारा और दिया जा सकता है। अगर गुँथी हुई घटनाएँ ही वास्तविक हैं तो हमारे लिए एक साथ कई तरह की घटनाओं को लेकर चलना अनिवार्य होगा। किसी एक घटना का वर्णन वह चाहे जितनी रेत, चाँदनी या घाटियों से ओत-प्रोत हो; अँधेरे, जिस्म और चीख़ों से भरा हो; वर्णन चाहे जितना आयामों, बिम्बों और प्रतीकों से लदा हो; हमारी कहानी का विषय नहीं हो सकता। किसी एक स्थिति के प्रति जोश या मोह का आना एक प्रकार का सरल और सादा हल है और हमें ग़लत रास्ते पर ले जाता है। कहानी को कमज़ोर करता है। राजा, वेश्या, क्रान्तिकारी, प्रेमी आदि के कारनामे विशिष्ट और एकांगी होते हैं इसलिए उनका आना हमारी पहुँच को कम करता है। गली, मुहल्ले या किसी ख़ास शहर के वातावरण को पैदा करने की कोशिश भाषा की मश्क करने के लिए की जा सकती है पर कहानी लिखने के लिए नहीं। बाढ़ों, दंगों, रीति-रिवाज़ों के ख़िलाफ़ लड़ाई आदि का प्रस्तुतीकरण जितने सशक्त ढंग से सिनेमा में मुमकिन है उतना कहानी में नहीं। कहने का मतलब है कि हार और जीत के जाने-माने क्षेत्रों में उन सम्बन्धों को ढोने की ताक़त नहीं है जो आज के जीवन में हम पहली बार महसूस कर रहे हैं या महसूस करवाना चाहते हैं। हमारी कोशिश होनी चाहिए कि उन सर्वव्यापी दबे हुए ज़ोरों को पकड़ सकें जो बहुत-सी अलग-अलग लगती हुई घटनाओं को एक बिन्दु पर एकत्र कर उन्हें एक-दूसरे का पूरक बना देते हैं। इस प्रकार के सम्बन्ध के लिए किसी एक तरह की घटना का पूर्व मोह के कारण अधिक पक्ष लेना नासमझी प्रकट करना होगा। दूसरे शब्दों में, कहानी, अब एक घटना की समस्या न रहकर मूलत: बहु-घटना की समस्या बन गई है। स्थिति में यह गुणात्मक अन्तर है और इसके प्रभाव बहुत दूर तक पहुँचनेवाले हैं। चूँकि बहु-घटना को किस प्रकार हैंडिल किया जाए, यह हम नहीं जानते हैं और क्योंकि हमारा अनुभव एक घटना को हैंडिल कर सक पाने तक सीमित है, इसलिए पहला प्रयास मैं समझता हूँ इसी ओर होना चाहिए कि किस प्रकार बहु-घटना की समस्या को एक घटना की समस्या में घटाया जा सकता है। यह भी बहुत कठिन काम है। पर समस्या से अवगत हो जाने पर कोई-न-कोई हल अवश्य निकल आएगा।

बहु-घटना को एक घटना की समस्या में घटाने में सम्बन्धों का महत्त्वपूर्ण योग होगा—यह देखना मुश्किल नहीं है। ज़रूरत पड़ने पर ऐसे नकली या काल्पनिक सम्बन्ध भी बनाए जा सकते हैं जिनके सहारे हम एक घटना कहकर भी कई घटनाएँ एक साथ कह सकें। इन सम्बन्धों का उपयोग करने के बाद हम इन्हें भुला दे सकते हैं। सिर्फ़ उदाहरण के लिए एक घटना का दूसरी घटना से भाषा का सम्बन्ध लीजिए। एक घटना के वर्णन में यदि दूसरी घटना के कुछ सांकेतिक शब्द डाल दिये जाएँ तो, यद्यपि दूसरी घटना का वर्णन नहीं किया जा रहा है फिर भी, उसकी गूँज मिलने लगेगी और उसके शब्द यहाँ जब तुलेंगे तो घटनाएँ भी आपसी सीढ़ी बना लेंगी।

इसी प्रकार चेतन-व्यापारों में एक जड़ वस्तु को डालकर कुछ इस प्रकार के भय, आश्चर्य और कुतूहल की स्थितियाँ पैदा की जा सकती हैं जो पहले खलनायकों, वीरों, भूतों, प्रेमियों या देवताओं के कारनामों में ही मिलती थीं। आज उनके अभाव में सहज प्राप्य चरित्रों और स्थितियों से ही वह काम लेना आवश्यक हो गया है। इनकी उपस्थिति में एक घटना कई क्षेत्रों की कोरों को एक साथ दबाने में समर्थ हो जाती है। इसी प्रकार कथा में एक घटना को लेकर और गति दूसरी घटना को लेकर उनके आपसी सम्बन्धों का फ़ायदा उठाया जा सकता है। ऐसा लगता है कि हिन्दी के कहानीकारों ने अभी इन नई खोजों और उनकी अनन्त सम्भावनाओं की ओर ध्यान नहीं दिया है और बहुत सरल साधनों से सन्तुष्ट होते रहे हैं। यदि उन्हें अपने साधन अभी भी काफ़ी सन्तोषजनक लग रहे हैं तो यही कहना पड़ेगा कि अभी उनका अनुभव ही सरल और पूर्व परिचित ढाँचों में ढला हुआ है—भले ही वह ईमानदार हो, जूझा या झेला हुआ हो, चौंका देनेवाला हो। उनकी कहानियाँ जिस्मों, चौराहों, चीख़ों, रह-रहकर टूटते व्यक्तियों आदि से भरी हुई लगें, दुहराई हुई और ज़रूरत से ज़्यादा परिष्कृत लगें तो दोष उनके हृदय को देखने के सीधे-सादे ढंग में ही है जो उन्हें सरल प्रतीकों, रूमानी वातावरणों, और साहित्यिक या घोर असाहित्यिक भाषाओं के नमूनों की आड़ लेने के लिए लाचार कर देता है। अब भाषा, चरित्र, वर्णन आदि का संगठन दूसरे ही प्रयोजन से किया जाना चाहिए। इस प्रयोजन के पहलू आपके सामने रखने की मैंने कोशिश की।

[क ख ग, जुलाई, 1964]

कहानी का माध्यम और आधुनिक भावबोध

रामस्वरूप चतुर्वेदी

साहित्य में काव्यरूपों के उदय, विकास और विघटन का अध्ययन अपने-आप में तो महत्त्वपूर्ण है ही, साथ ही उसके माध्यम से सृजनात्मक प्रक्रिया की गतिविधि को भी दूर तक समझा जा सकता है। महाकाव्य जो शताब्दियों तक न केवल इस देश में वरन् सभी उन्नत देशों में सृजनात्मक अभिव्यक्ति का माध्यम बना रहा, समसामयिक साहित्य के परिवेश से सहसा क्यों अलग हो गया है, यह एक ऐसा प्रश्न है जिसके किसी भी सन्तोषजनक उत्तर के अन्तर्गत समूचे भावबोध के विकास का आख्यान आ जाता है। समकालीन संवेदना की सूक्ष्मता की दृष्टि से महाकाव्य का ढाँचा कैसे बेडौल हो गया है, यह परीक्षण मात्र काव्यरूप का इतिहास न बताकर, यथार्थ के प्रति बदलते परिप्रेक्ष्य का उद्घाटन करता है। इसी प्रकार नये साहित्य में अकाल्पनिक गद्यवृत्तों की एक पूरी की पूरी शृंखला—संस्मरण, रेखाचित्र, डायरी, यात्रा संस्मरण आदि का जुड़ जाना एक आकस्मिक घटना न होकर रचनाकार की नवविकसित संवेदनशीलता का परिचायक है। ये नये काव्य-रूप भाव-संकुलता से अलग, मात्र भाषिक स्तर पर लेखक की नवीन सृजनात्मक क्षमता का उदाहरण प्रस्तुत करते हैं।

काव्यरूपों के अध्ययन के प्रसंग में एक बात और स्मरणीय है, और वह यह कि इनका विकास या कि विघटन प्राय: किसी एक साहित्य विशेष तक सीमित न रहकर सभी उन्नत साहित्यों में कमोबेश एक रूप में मिलता है। महाकाव्य के क्रमश: अप्रचलन तथा अकाल्पनिक गद्य-वृत्तों के उदय की बात कुल मिलाकर यूरोपीय और भारतीय सभी साहित्यों पर लागू होती जान पड़ती है। विश्व की सीमाओं के संकुचित होने का यह संवेदनात्मक स्तर पर एक अतिरिक्त साक्ष्य माना जा सकता है। बहरहाल, यह स्थिति सम्प्रति हमारी विवेचना का विषय नहीं है।

काव्यरूपों और माध्यमों की समकालीन गतिविधि में एक अन्य उल्लेखनीय स्थिति है गीतिकाव्य, ललित निबन्ध और कहानी के प्रसंग में। ये तीनों काव्यरूप हिन्दी में, और किसी सीमा तक अन्य साहित्यों में भी, आधुनिक भावबोध को

वहन करने में अक्षम होते जान पड़ते हैं। आरम्भ में गीत, निबन्ध और कहानी की सम्मिलित चर्चा के बाद मुख्य रूप से कहानी के रचना-विधान और रूपात्मक स्थानान्तरण का विश्लेषण, विशेषतः समकालीन परिस्थितियों के अन्तर्गत, प्रस्तुत निबन्ध का मुख्य उद्‌देश्य होगा।

गीत, निबन्ध और कहानी का प्रकृत रचना-विधान एक ही स्थिति या मनःस्थिति के अंकन योग्य होता है, इसे प्रायः सभी लेखक और साहित्य के अध्येता स्वीकार करते हैं। यह ठीक है कि उस एक स्थिति या मनःस्थिति की पकड़ का ढंग तीनों माध्यमों में अलग-अलग होता है। गीत के शिल्प में एक भाव को उत्तरोत्तर भी विकसित किया जाता है, और उसे कई कोणों से प्रस्तुत करने की चेष्टा भी हो सकती है। अर्थात उसमें चरम सीमा का विधान हो भी सकता है और नहीं भी। निबन्ध, या कि स्पष्टता के लिए कहें ललित निबन्ध, चरम सीमा को नहीं नियोजित करता। एक मूल भाव को व्यक्त करने के लिए वह अपेक्षाकृत शिथिल और अनौपचारिक शैली का विन्यास करता है। उसके अन्तर्गत भाव का विकास अधिक न होकर, उसका लालित्यपूर्ण कथन और व्याख्या प्रधान होती है। कहानी किसी एक परिस्थिति या मनःस्थिति पर कई कोणों से आलोक फेंकती हुई सामान्यतः भाव-विकास और चरम सीमा के शिल्प को अपनाती है। पर इस पद्धति-गत भिन्नता के बावजूद ये तीनों काव्यरूप किसी एक विशिष्ट भाव को अंकित करने के लिए माध्यम होते हैं। और रचना-विधान की इस मौलिक एकता के आधार पर ही इन तीनों माध्यमों के प्रभाव की एकरूपता और सघनता एक मत से स्वीकार की जाती है।

अपने प्रभाव के नियोजन की दृष्टि से उपन्यास और कहानी के बीच यहाँ तात्त्विक अन्तर देखा जा सकता है। कहानी चरम सीमा का उपयोग करके, अपने अपेक्षया संक्षिप्त आकार में भाव-विकास की पद्धति पर बल देकर और किसी एक ही स्थिति को कई कोणों से आलोकित करके, अपने अन्तिम प्रभाव की सघनता और तीव्रता पर सारी दृष्टि केन्द्रित करती है। पर उपन्यास की निष्पत्ति इस रूप में नहीं होती। उसकी रचना-दृष्टि (जिसका कहानी में अभाव रहता है) पाठक के सामने सहसा नहीं आती, वरन् धीरे-धीरे उसके मन में विवृत होती है। इसीलिए जहाँ कहानी अपना प्रभाव पाठक के मन पर एकाएक जमा लेती है, उपन्यास का प्रभाव उतना तात्कालिक और सघन नहीं होता। उसकी रचना-दृष्टि अपेक्षया देर में, समूची कृति के बीच से अपना रूपाकार ग्रहण करती है, पर अपेक्षया देर तक अपनी गूँज-अनगूँज उत्पन्न करती रहती है। कहानी का प्रभाव उतना गहरा और दूरगामी नहीं होता।

उपन्यास, नाटक या कविता में यह रचना-दृष्टि क्यों होती है, और कैसे बनती है?—यह एक बड़ा महत्त्वपूर्ण प्रश्न है। और इसी के साथ-साथ यह भी देखा जा सकता है कि कहानी और गीत में यह रचना-दृष्टि क्यों नहीं होती, या कि ठीक-ठीक कहें तो आज क्यों नहीं बन पाती, जिसके कारण इन माध्यमों की उपलब्धियाँ

अब सामान्यतः तृप्तिकर भले मान ली जाएँ, महत्त्वपूर्ण नहीं मानी जातीं? ऊपर हमने उपन्यास के सिलसिले में 'गूँज-अनुगूँज' शब्द का प्रयोग किया है। यह गूँज-अनुगूँज, यानी प्रभाव का एक धीमा पर गत्यात्मक क्रम या सिलसिला, रचना-दृष्टि के द्वारा सम्भव हो पाता है। और यह रचना-दृष्टि स्वयं किसी कृति में निहित और नियोजित क्रिया-प्रतिक्रिया से उत्पन्न होती है। प्रत्येक उत्कृष्ट और महत्त्वपूर्ण रचना में विभिन्न परिस्थितियों और मनःस्थितियों की क्रमिक टकराहट से रचनाकार अपनी दृष्टि को व्यंजित करता है। हमारे सम्मुख प्रायः यह समस्या आती है कि किसी कृति-विशेष के किस पात्र या किन पात्रों के मंतव्य रचनाकार के अपने माने जा सकते हैं। 'कामायनी' में मनु या श्रद्धा या इड़ा या लज्जा या काम, किसका संवाद 'प्रसाद' का माना जाना चाहिए? प्रायः सबकी अलग-अलग बात होती है, कभी-कभी परस्पर विरोधी भी। तब यह कहा जाता है कि कृति में रचनाकार किसी माध्यम चरित्र की अवतारणा करता है, जिसके द्वारा वह अपनी दृष्टि को व्यक्त करता है। उदाहरणार्थ, 'कामायनी' में श्रद्धा को माध्यम चरित्र माना जाता है। पर किसी भी पात्र को लेखक का प्रतिनिधि मान लेना कृति के रचनात्मक संघटन की उपेक्षा करना है, और पात्र तथा लेखक की एक बड़े कच्चे और अकलात्मक स्तर पर अभिन्नता स्थापित करना है।

रचना-दृष्टि का अवबोध किसी एक पात्र या पात्रों के माध्यम से नहीं होता। 'प्रसाद' वस्तुतः 'कामायनी' के किसी भी पात्र के मुख से नहीं बोलते, अतः किसी उद्धरण को सहसा 'प्रसाद' का मत नहीं माना जा सकता। कृति की मूल दृष्टि विभिन्न चरित्रों, स्थितियों और मनःस्थितियों के आपसी संघात तथा टकराहट में से उपजती है। रचना में निहित द्वंद्वात्मक संघर्ष और क्रिया-प्रतिक्रिया से ही रचना-दृष्टि का रूप बनता है, और 'सरल-सीधे' जीवन के साथ-साथ 'जटिल' जीवन का अंकन भी सम्भव होता है। गीत और कहानी का रचना-विधान ऐसा है कि उसमें मूलतः एक स्थिति या मनःस्थिति का ही चित्रण होता है, और इसीलिए वह किसी द्वंद्वात्मक प्रक्रिया का अंकन नहीं कर पाती, जो आज के जटिल होते हुए जीवन-अनुभवों को व्यक्त करने के लिए नितान्त आवश्यक है। मानव-जीवन की रूमानी और अपेक्षया 'सहज' स्थितियों को गीत और कहानी ने काफ़ी सफलतापूर्वक प्रस्तुत किया। अब तक साहित्यिक परिदृश्य पर उनकी पूरी संगति रही। किन्तु अब यथार्थ से जटिलतर होते हुए सम्बन्धों को गीत तथा कहानी-जैसे, अपेक्षया सहज-सरल और एक सघन मनःस्थिति प्रधान, माध्यमों के द्वारा व्यक्त करना क्रमशः कम सम्भव होता गया है। इसी कारण समसामयिक साहित्य में ये गतिशील माध्यम न रहकर स्थिर माध्यम बन गए हैं।

यथार्थ के प्रति परिवर्तित और जटिलतर होते हुए सम्बन्धों की स्थिति प्रस्तुत निबन्ध की एक मूल उपपत्ति है। इससे हमारा क्या अभिप्राय है, यह चर्चा भी मानो समकालीन विश्व-दृष्टि की व्याख्या का यत्न होगा। अभी उतने तत्त्वपरक प्रसंगों में

न जाने पर भी, कुछ ऐसे संकेत अवश्य दिये जा सकते हैं, जिनसे यथार्थ के प्रति परिवर्तित दृष्टि का कुछ आभास मिल सके। दो भिन्न साहित्यिक युगों के उदाहरणों से बात शायद कुछ अधिक स्पष्ट हो। वर्तमान शताब्दी के आरम्भिक दशकों में हिन्दी-रचनाकारों ने अधिकतर यथार्थ को 'हृदय-परिवर्तन' और 'संयोग' के उपकरणों द्वारा पकड़ना चाहा था। प्रेमचन्द, सुदर्शन, कौशिक के कथा-साहित्य में, श्रीधर पाठक, रामनरेश त्रिपाठी के खंडकाव्यों में, 'प्रसाद' के आरम्भिक नाटकों में यह दृष्टि साफ़ उभरकर आती है, जो मूलत: आदर्शवादी तथा उदात्तपरक चिन्तनधारा पर आधारित है। पर इस दृष्टि की सीमा स्वयं आगे चलकर 'प्रसाद' ने ही समझ ली जब उनके उत्तरकालीन नाटक 'स्कन्दगुप्त' के चरित्र विजया, भटार्क और शर्वनाग बदलकर भी नहीं बदलते—कई किस्तों में उनका हृदय परिवर्तन सम्भव हो पाता है। यह यथार्थ को अधिक यथार्थपरक ढंग से देखने की चेष्टा है। समसामयिक दृष्टि इसके बाद और यथार्थपरक हुई है। प्रत्येक घटना, चरित्र, स्थिति, मन:स्थिति अब अपनी योग्यता पर समझे जाते हैं, उन्हें समझने के लिए पहले से बना-बनाया कोई तरीक़ा स्थिर नहीं किया जाता—कुछ-कुछ होम्योपैथी के सिद्धान्तों के अनुसार, जहाँ बीमारी नहीं, केवल बीमार हैं, और प्रत्येक बीमार से जूझने का अलग ढंग है। यथार्थ से हर टकराहट को, अनुभूति के प्रत्येक क्षण को, अद्वितीय मानकर उसकी अपनी स्थिति में स्वीकार करना रचनाकार से हर बार एक नई पकड़ की माँग करेगा। इस प्रणाली में स्पष्ट ही अधिक अमूर्तन-कौशल अपेक्षित होगा।

इस स्थिति की पूर्वस्थिति से तुलना दोनों दृष्टियों के अन्तर को व्यक्त करती है। 'हृदय परिवर्तन' या 'संयोगों' की कथा-दुनिया में सूक्ष्म मानवीय चरित्र की प्राय: पूर्वनिश्चित और स्थिर मानों पर स्थूल यथार्थवादी व्याख्या होती थी—मनुष्य देवता है, राक्षस है, या देवता होने के उपक्रम में राक्षस है। दो प्रतियों से बचने के लिए आदर्शोन्मुख यथार्थ के मध्यम मार्ग को भी आविष्कृत किया गया। पर इन सभी दृष्टियों में सृजनात्मकता के सोपान पहले से स्थिर कर लिये गए हैं। यह पूर्वदृष्टि-निर्धारण रचना की स्वायत्तता को खंडित करता है। यह मानो जटिलता को जटिल स्तरों पर समझने के लिए न जाकर, जटिलता को सरल बनाकर समझने की कोशिश है, और इस समझौते में यथार्थ की अच्छी पकड़ सम्भव नहीं। नया रचनाकार इसके विपरीत कुछ दिया हुआ मानकर नहीं चलता, उसकी रचनात्मक प्रक्रिया अपने ही आन्तरिक तनाव में से विकसित होती है, और इसीलिए सम्पूर्ण कलाकृति एक स्वायत्त रूप में निष्पन्न होती है। और किसी भी रचना की उत्कृष्टता की जाँच अन्तत: इसी दृष्टि से हो सकती है कि वह अपने संघटन में स्वायत्तता को, जो उसकी आन्तरिक प्राण-शक्ति की भी परिचायक है, पा सकी है या नहीं।

इस प्रसंग में यह स्मरणीय है कि 'सरल' जीवन को ही कहानी क्यों अधिक सुविधापूर्वक अंकित कर पाती है, इसका मुख्य कारण कहानी का अपना संक्षिप्त

आकार नहीं है। यह ठीक है कि आकार की संक्षिप्तता भी एक सीमा तक कथा-साहित्य में (कविता में नहीं) रचना-दृष्टि को व्यक्त करने में बाधक हो सकती है। पर मुख्य बात तो कहानी का अपना रचना विधान है। सन्दर्भ में कहानी और एकांकी की सीमाएँ एक जैसी दिखाई पड़ती हैं। यथार्थ से जटिल सम्बन्धों को व्यक्त करने में वस्तुतः रचना की लम्बाई का उतना विधायक स्थान नहीं होता जितना कि उसके गठन का। इसीलिए लम्बी कहानी भी (स्मरणीय शरत और मॉम की लम्बी कहानियाँ 'सुमति', 'बिदुर छेले', 'रेन') कहानी ही रहती हैं, उपन्यास नहीं हो जातीं। दूसरी ओर आकार में छोटे उपन्यास (कामू का 'द फ़ाल', 'द आउट-साइडर', अज्ञेय का 'अपने-अपने अजनबी', देवराज का 'बाहर-भीतर') अपने रचना-विधान के कारण उपन्यास ही रहते हैं। मूलतः विधान और अंशतः आकार, और गीत (अन्तिम केवल विधान के इन दोनों दृष्टियों से कहानी, एकांकी, निबन्ध कारण) समसामयिक जीवन अनुभवों से जूझकर किसी रचना दृष्टि को विकसित नहीं कर पाते; इसीलिए उनकी प्रवृत्ति बौद्धिकता की ओर अधिक दिखाई देती है। अपनी पुस्तक 'लॉजिक ऐंड क्रिटिसिज़्म' में आई. ए. रिचर्ड्स के सिद्धान्तों की समीक्षा करते हुए विलियम राइटर ने दो प्रकार के पाठकों की बात कही है—कुछ पाठक ऐसे होते हैं जो एक साधारण स्तर पर 'सरल' तृप्ति की कामना करते हैं, और कुछ दूसरे अधिक जटिल तथा श्रमसाध्य अनुभूति की खोज करते हैं। इस वर्गीकरण के अनुसार समसामयिक कहानी, एकांकी, निबन्ध और गीत के पाठकों का पहले वर्ग में होना अधिक सम्भाव्य ज़ान पड़ता है। पूर्व वाक्य में 'समसामयिक' शब्द के द्वारा बात समकालीन रचनाओं तक ही सीमित कर दी गई है। पिछले युगों में लिखित गीत और कहानियों के आस्वादन की प्रणाली स्पष्ट ही भिन्न होगी; वहाँ ऐतिहासिक संवेदना का तत्त्व कार्य करेगा।

जैनेन्द्र और अज्ञेय के बाद हिन्दी की तथाकथित 'नई कहानी' समकालीन भावबोध से अपने को सम्पृक्त करने में असमर्थ रही है। उसने विषय-वस्तु को बदलकर अपने-आपको आधुनिक बनाना चाहा है। वहाँ आधुनिकता के उपकरण हैं भूदान, कैबरे-नर्तकी या दोनों। पर वास्तविक विकास संवेदना का होता है, यथार्थ के प्रति सम्बन्धों का होता है। और इस 'दृष्टि' से 'नई कहानी' जैनेन्द्र-अज्ञेय के पीछे चली गई है। प्राक्-प्रेमचन्द काल से लेकर अज्ञेयोत्तर युग तक के हिन्दी कथा-साहित्य का यदि विश्लेषण किया जाए तो उसके गठन का विकास क्रम कुछ इस प्रकार दिखाई देगा—घटनाप्रधान—कथानकप्रधान—चरित्रप्रधान—संवेदन-प्रधान। 'नई कहानी' चरित्रप्रधान की स्थिति से आगे संवेदन की प्रधानता को न स्वीकार करके, कथानक की ही प्रधानता को स्वीकार करती है। इस माने में वह जैनेन्द्र-अज्ञेय की तुलना में शायद प्रेमचन्द के ज़्यादा नज़दीक है। कुछ नये कहानीकारों ने घटना के महत्त्व को कम करना चाहा है, चरम सीमा का मोह छोड़ दिया है; किन्तु

अभी तक वे घटना के स्थूल रूप में ही उलझे हैं, और यथार्थ की नई दृष्टि से कतराते हैं। पर चित्रण की स्थूल यथार्थवादी पद्धति (यहाँ 'यथार्थवादी' आदर्शवाद का उलटा न होकर, सूक्ष्म के विपरीत अर्थ में प्रयुक्त हुआ है), भाषा की सरलता-सहजता पर अतिरिक्त आग्रह, और परिणामत: भाषिक सृजनात्मकता के स्थान पर साफ़गोई तथा प्रत्यक्ष कथन का प्रयोग कहानी को साहित्य की परिधि से हटाकर जनता माध्यम (मॉस मीडिया) के क्षेत्र में प्रतिष्ठित कर देता है। जनता माध्यमों में व्यावसायिकता और पेशेवर हो जाने की प्रवृत्तियाँ प्रधान होती हैं, इसीलिए उनमें मौलिकता, सृजनात्मकता और प्रयोग की सम्भावना कम रहती है। एक तो कहानी का रचना-विधान समसामयिक जटिल जीवन या चिन्तन का वहन वैसे ही नहीं कर पाता, दूसरे वर्तमान युग में जनता माध्यमों की लोकप्रियता की स्पर्धा में अपनी अबौद्धिक वृत्ति से प्रेरित होकर कहानी और भी अधिक साहित्यिक सृजनात्मकता से विहीन हो गई है। जनता-माध्यम के रूप में वह एक उपभोग्य वस्तु बन गई है, और उद्योग-धंधे की तरह चलती हुई, बाज़ार में माँग और खपत के सिद्धान्त से अनुशासित होती है।

जनता-माध्यमों की अपनी विशिष्ट स्थिति और संगति है, तथा उनका अपना देय है। कहानी भी रेडियो, सिनेमा, टेलीविज़न और पत्रकारिता के साथ सृजनात्मकता के स्थान पर तात्कालिक प्रतिक्रिया को महत्त्व देने लगी है। प्राय: सभी जनता-माध्यम मूल कला-माध्यमों के प्रसरण की स्थिति से सम्बद्ध हैं, और वर्तमान युग में संस्कृति की उपलब्धियों के ऊपर से नीचे की ओर संचरण को सम्भव बनाते हैं; इसी में उनकी अपनी सार्थकता है। कहानी का कला माध्यम से जनता-माध्यम में क्रमिक रूपान्तरण कुछ तो अपने रचना-विधान की सीमाओं के कारण हुआ, और कुछ वर्तमान जीवन की व्यावसायिक और पेशेवर मनोवृत्तियों के कारण। महत्त्वपूर्ण बात यह है कि कहानी का जो अंश साहित्य में है, उसे जनता-माध्यम वाले रूप से मिलना नहीं चाहिए। कहानी के इन दोनों पक्षों में (और इन दोनों पक्षों में अब दूसरे के प्रसार की ही सम्भावना अधिक है) स्पष्ट विवेक किया जाना चाहिए, विशेष रूप से साहित्यिक मूल्यांकन के प्रसंग में।

जनता-माध्यम और कला-माध्यम के बीच मूल अन्तर सृजनात्मकता का है। कोई भी कलाकृति सृजनात्मकता की सघनतम अभिव्यक्ति होती है, जबकि जनता-माध्यमों में सृजनात्मकता कम-से-कम होती है। कहानी की सृजनात्मकता व्यापारिक और पेशेवर दबावों के कारण विघटित हो चुकी है, और उसमें मौलिक प्रयोगों की सम्भावना कम हो गई है, उसका रचना-विधान समकालीन जटिल जीवन के अनुभव और अंकन के लिए अनुपयुक्त सिद्ध हुआ है और भाषिक रूप सम्प्रेषण के स्थान पर उर्दू की तरह के प्रत्यक्ष कथन को स्वीकार करता है, इसीलिए उसके अधिसंख्य पाठक साधारण स्तर पर 'सरल' तृप्ति की कामना करते हैं, जटिल

तथा श्रमसाध्य अनुभूति की खोज नहीं करते। कहानी का उपयोग पहले भी उपदेश और मनोरंजन के लिए अधिक हुआ है, अब फिर वर्तमान युग में वह अपने को प्रमुख रूप से मनोरंजन से जोड़ लेती है, और जटिलता या बौद्धिकता की विरोधी हो जाती है। प्रायः कहानी की ही समानान्तर परिस्थितियों में हिन्दी गीत (लिरिक) अपनी सृजनात्मकता खोते हुए गाना (सांग) होकर जनता-माध्यमों में सम्मिलित हो गया है। आंचलिकता पर बल देनेवाली 'नई कहानी' और गीत सहज-सरल भाषा अपनाते हुए सृजनात्मकता से विहीन होकर मानो लोकसाहित्य का स्मरण दिलाते हैं; और लोकसाहित्य प्रविधि-युग के पूर्व का जनता-माध्यम है।

इस प्रसंग में अब बहिःसाक्ष्य प्रस्तुत करना चाहता हूँ। प्रायः सभी समसामयिक साहित्यों में अधिकतर शुद्ध कहानीकारों की स्थिति काफ़ी महत्त्वपूर्ण चाहे केथरीन चेम्सफ़ील्ड का नाम लीजिए, चाहे साकी या कि ओ' हेनरी का। वे लोकप्रिय हैं, होंगे ही, पर समसामयिक साहित्यिक परिदृश्य पर उनकी स्थिति नगण्य है। इसके विपरीत जो महत्त्वपूर्ण रचनाकार हैं, उन्होंने यदि कहानियाँ भी लिखी हैं, तो वह उनके कृतित्व का काफ़ी छोटा और नगण्य पक्ष माना जाता है। कहानियाँ सार्त्र की भी हैं, कामू की भी, पास्तरनाक और हेमिंग्वे की भी, पर इन रचनाकारों की ख्याति या महत्त्व उन पर आधारित नहीं है। ये लेखक उपन्यासकार, नाटककार, कवि या विचारक के रूप में जाने जाते हैं, उनकी कहानियाँ तो जैसे स्केचबुक के हिस्से हों। इस साक्ष्य का एक दूसरा पक्ष हिन्दी में है, जहाँ 'नई कहानी' के लेखक प्रायः मात्र-अथवा-प्रसिद्ध कथाकार हैं—समसामयिक लेखन के अनुरूप सम्पृक्त व्यक्तित्व उनका नहीं है।

हिन्दी में कहानी का जो हिस्सा साहित्य में रह गया है, उसके उल्लेख के साथ ही प्रस्तुत विवेचन को समाप्त करना उचित होगा। जब हम यह मान लेते हैं कि कहानी आधुनिक भावबोध और समसामयिक जटिल जीवन का संवहन करने में अक्षम हो गई है, तभी एक व्यंजना यह भी उभरती है कि इस स्थिति के बावजूद जो लेखक कहानी के क्षेत्र में सृजनात्मक प्रयोग कर सके हैं, उनके भावबोध की आधुनिकता निश्चय ही अधिक खरी और प्रामाणिक है। पर ऐसे रचनाकार हैं कितने? नामों की चर्चा करनी पड़े तो कहा जा सकता है कि प्रभाकर माचवे, रघुवीरसहाय, निर्मल वर्मा, कुँवरनारायण, मनोहरश्याम जोशी, विपिन अग्रवाल की कुछ कहानियाँ—और इन सबकी प्रकाशित कहानियों की संख्या काफ़ी कम है—ऐसी हैं, जो संवेदनप्रधान हैं और जिन्होंने कहानी के स्थिर माध्यम में थोड़ी गतिशीलता उत्पन्न की है। इन सभी कहानीकारों में कुछ विशेषताएँ समान रूप से मिलती हैं—संवेदन की सूक्ष्मता, मितकथन, अमूर्तन का प्रयास और जटिल तथा 'सामान्य किन्तु संगत' अनुभवों से जूझने का उपक्रम। इनकी कहानियों में घटना ऐसे द्रव अथवा समतुलित (न्यूट्रलाइज़्ड) रूप में आती है कि एक से अधिक स्थितियों और

मन:स्थितियों की टकराहट सम्भव हो पाती है, और द्वंद्वात्मक प्रक्रिया का अंकन होता है और कहानी में अब यदि सृजनात्मक स्तर पर जटिलता लाई जा सकती है तो यह शायद इस सूक्ष्म विधान और अमूर्तन के स्तर पर ही। स्थूल यथार्थवादी पद्धति से तो यह निश्चय ही नहीं हो सकता।

उपर्युक्त रचनाकारों की चर्चा यदि छोड़ दी जाए, क्योंकि वे स्वीकृत अर्थ में नये कहानीकार नहीं हैं, तो 'नई कहानी' के अपने फैलाव में मुख्यत: तीन प्रकार की रचनाएँ दिखाई देती हैं : (1) ऐसी कहानियाँ जो प्रचलित अर्थ में कहानी हैं, जैसे 'जहाँ लक्ष्मी क़ैद है', 'आर्द्रा', 'रोशनी कहाँ है', 'कोयला भई न राख'; (2) दूसरे प्रकार की कहानियाँ चमत्कारपूर्ण शिल्पयुक्त हैं, जैसे 'राजा निरबंसिया', 'पत्थर की आँख', आदि; और फिर हैं (3) सुखद रूप से कुछ अटपटी लगनेवाली मन:स्थितियों को अंकित करनेवाली कहानियाँ; जैसे 'अदरक की गाँठ', 'प्रश्न और उत्तर', 'मैं ख़ुद ही'। इनमें से पहले वर्ग की रचनाएँ तो शायद 'नई कहानी' की कैसी भी चर्चा के अन्तर्गत नहीं आतीं। दूसरा वर्ग शिल्पप्रधान कहानियों का है जो आकृष्ट करता है पर यह आकर्षण बहुत अस्थायी सिद्ध होता है। शिल्प कौशल का आग्रह कहानीकारों की सहज कमज़ोरी रही है। पर यह बात अब अच्छी तरह समझी जाने लगी है कि उदाहरणार्थ, 'प्रसाद' की 'मधुआ' उनकी बहुचर्चित 'देवरथ' या 'पुरस्कार' से बेहतर कहानी है; अर्थात असंघटित शिल्प रचना की संगति को स्वयं खंडित करता है। तीसरे वर्ग की कहानियों में अनुभूति के खरेपन का कुछ आभास मिलता है। पर कहानी क्षेत्र की प्रचलित चकाचौंध और सस्ती सफलता ने उसे आक्रान्त कर रखा है; और इस प्रकार सम्भावना ने अपने को स्थापन में बदल लिया है पर इन सभी प्रकार की कहानियों का विधान स्थूल यथार्थवादी होने के कारण केवल एक स्थिति या मन:स्थिति में ही उलझा रहता है; द्वंद्वात्मक और गतिशील प्रक्रिया का अंकन नहीं करता, जो कहानी की अपनी प्रकृति और विधानगत क्षमता है।

इस विश्लेषण और साक्ष्य से स्पष्ट हो जाता है कि कहानी को समकालीन साहित्य की समग्र स्थिति और दिशा आधुनिकता के साथ संयुक्त कर सकने की सम्भावनाएँ कम हैं। और साहित्य की मूल दिशा से छिटककर कोई काव्य-रूप फिर उसका अंग नहीं बना रह सकता। हिन्दी की तथाकथित 'नई कहानी' साहित्य में स्वीकृत और आहत रहने पर समकालीन संवेदना को ही भोथरा बनाएगी। साधारण पाठक, जो इस तरह की सहज-सरल कहानियों को पढ़ने का अभ्यस्त है, कविता, उपन्यास तथा नाटक-जैसे 'जटिल' रूपों को, जितना अवधान और सक्रियता चाहिए, दे पाने में मानसिक आलस्य का अनुभव करेगा। कहानी में नई ज़मीन तोड़ी जा सकती हैं, और जैसा ऊपर संकेत किया गया, तोड़ी भी गई हैं; पर यह प्रक्रिया अर्थशास्त्र की शब्दावली में कहना चाहें तो, अनार्थिक होगी, और दुष्कर तो होगी ही। कहानी में आधुनिक भावबोध की अभिव्यक्ति असम्भव नहीं, असम्भाव्य ज़रूर है—और

साहित्य में या कि साहित्य चिन्तन में भी सम्भव-असम्भव की चर्चा नहीं हो सकती, सम्भाव्य-असम्भाव्य की ही होती है, होनी चाहिए; यहीं, ऊपरी विरोधाभास-सा लगने पर भी जोड़ा जा सकता है कि आधुनिक भावबोध की प्रामाणिकता इससे भी जाँची जा सकती है कि क्या किसी लेखक-विशेष ने सचमुच ऐसी कहानी लिखी है, जो साहित्य की आधुनिक वृत्तियों के अनुकूल है। पुनश्च यह भी, कि कहानी का अधिकांश तो जनता-माध्यम के अन्तर्गत चला गया है, जो भी कुछ हिस्सा साहित्य की परिधि में शेष है उसे हम ठीक-ठीक समझें। यह कहानी के हित में तो है ही, समकालीन साहित्य की प्रकृति और दिशा समझने के लिए भी ज़रूरी है।

[प्रयाग में सम्पन्न कहानी-गोष्ठी में पठित निबन्ध]

नई कहानी : लेखक के बहीखाते से

निर्मल

बीसवीं शताब्दी में साहित्य की जो विधा सबसे पहले अपने अन्तिम छोर पर आकर ख़त्म हो गई, वह कहानी थी। चेख़व की कहानी 'कहानी' का अन्त है—या दूसरे शब्दों में कहें, उसके बाद 'कहानी' वह नहीं रह सकेगी, जिसे आज तक हम 'कहानी' की संज्ञा देते आए हैं। आज प्रश्न चेख़व की परम्परा को (इस अर्थ में कि प्रेमचन्द की 'परम्परा' सिर्फ़ एक छाया है—वह अप्रासंगिक) आगे बढ़ाने का नहीं है, उससे मुक्ति पाने का है। सौभाग्यवश हिन्दी कहानी के सामने ऐसी समस्या नहीं है—वह अभी चेख़व से भी बहुत पीछे है।

इसीलिए जब हम 'नई' कहानी की बात करते हैं, तो हमें कहानी की मृत्यु से चर्चा आरम्भ करनी चाहिए। हमें इससे मदद मिल सकती है—कहानी को पुनर्जीवित करने के लिए नहीं—बल्कि उसे अन्तिम रूप से छोड़ने के लिए। किसी ने कहानीकार के लिए कहा है—आत्मा का डिटेक्टिव। डिटेक्टिव की यह विशेषता है कि वह 'सन्दिग्ध' व्यक्तियों का पीछा करता है, ताकि उसका भेद मालूम कर सके। वह हमेशा पीछे है और बाहर है। जिस व्यक्ति का भेद वह जानना चाहता है, उसे वह छू नहीं सकता। उसके निकट नहीं आ सकता। जिस क्षण हम एक कथाकार की हैसियत से अपने इस 'बाहरीपन' को लेते हैं, कहानी की पुरानी विधा हमारे लिए निरर्थक हो जाती है। हम परिचित भूमि से हटकर एक 'न्यूट्रल ग्राउंड' में आ जाते हैं, हर स्थिति गोपनीय है, जहाँ हर पात्र 'सन्दिग्ध' है।

इसलिए कोई फ़ायदा नहीं, 'पुराने' लेखकों से आगे बढ़ने का। डॉन क्विग्जोट की तरह हम उन पवनचक्कियों को राक्षस समझकर गिरा भी दें, तो भी हम वहीं रहेंगे, जहाँ पहले थे। जिस भूमि पर नई कहानी को जन्म लेना है वहाँ उनकी 'पुरानी' कहानी का महत्त्व काफ़ी कम है और हम जिसे नई कहानी कहते आए हैं उसका महत्त्व और भी कम।

क्योंकि अगर हम ध्यान से देखें—नई 'कहानी' अपने में ही एक विरोधाभास है। जिस हद तक वह कहानी है, उस हद तक वह नई नहीं है; जिस सीमा तक

वह नई है, उस सीमा तक वह कहानी नहीं है—जैसा आज तक हम उसे समझते आए हैं। यह जरा आकस्मिक नहीं है, कि चेख़व के बाद हर महत्त्वपूर्ण 'कहानी' 'कहानी ऐज सच' से बहुत दूर हटती गई है। बीसवीं शताब्दी की सबसे महान कहानी 'डेथ इन वेनिस' सिर्फ़ एक फेबल है—या फॉकनर की कोई भी 'कहानी' गद्य के टेक्स्चर पर है एक काव्य-खंड, चट्टान पर खींचे गए भित्तिचित्रों-सी जादुई है या फिर सबसे नई कथाकार नातालिए सारूत की लम्बी कहानियाँ, जिनमें पहली बार पाठक कहानी में कहानी न होने के अजीब 'टेरर' को महसूस करता है। अगर वे कहानियाँ हैं, तो सिर्फ़ 'आत्मघाती' अर्थ में एक फेबल है, दूसरी कविता, तीसरी एंटी-कहानी—उन्होंने स्वयं बड़ी निर्ममता से अपनी ही विधा को तोड़ा है, उसके चौखटों से मुक्त होकर उन सूखी और कठोर और नामहीन चीज़ों को छूने की कोशिश की है, जो पकड़ के बाहर हैं।

कोशिश—क्योंकि अन्ततोगत्वा कहानी सिर्फ़ एक कोशिश है—एक डिटेक्टिव को सिर्फ़ उन सूराखों पर ही निर्भर रहना पड़ता है जो उसके पात्र पीछे छोड़ गए हैं। वे उसे एक ऐसे यथार्थ की ओर ले जा सकते हैं, जो महज़ मरीचिका हो सकती है; एक ऐसी मरीचिका से हटा सकते हैं, जहाँ अगर वह जाने का साहस करता, तो शायद कोई उपलब्धि हो सकती थी।

विलियम बटलर यीट्स की पंक्तियाँ हैं :

अब मेरी कोई सीढ़ी शेष नहीं रही!
मैं अब वहाँ लेट जाऊँगा,
जहाँ से सीढ़ियाँ शुरू होती हैं,
अपने दिल की उस दुर्गन्धमयी दुकान में,
जहाँ सिर्फ़ चिथड़े हैं, हड्डियाँ हैं।

नई कहानी का जन्म इसी दुकान में होगा सिर्फ़ चीथड़ों और हड्डियों के अलावा वहाँ कुछ भी नहीं होगा...कुछ भी नहीं मिलेगा!

जब कोई कहानी में 'यथार्थ' की चर्चा करता है, तो हमेशा दुविधा होती है—वह एक पक्षी की तरह झाड़ी में छिपा रहता है। उसे वहाँ से जीवित निकाल पाना उतना ही दुर्लभ है, जितना उसके बारे में निश्चित रूप से कुछ कह पाना, जब तक वह वहाँ छिपा है। अंग्रेज़ी में एक मुहावरा है—'बीटिंग एबाउट द ब्रुश'। कहानीकार सिर्फ़ यही कर सकता है—उससे अधिक कुछ करना असम्भव है। तुम अगर झाड़ी पर ज़्यादा दबाव डालोगे, तो वह मर जाएगा, या उड़ जाएगा, हम सिर्फ़ प्रतीक्षा कर सकते हैं, कभी-कभार झाड़ी को इधर-उधर कुरेद सकते हैं—किसी अजाने क्षण में जब वह हमारे प्रति उदासीन हो, उससे सम्पृक्त हो सकते हैं—लेकिन हमेशा बाहर से। यह अभिशाप हर उस लेखक के लिए है,

जो कलाकार भी है। जो सही मानी में यथार्थवादी है, उसके लिए यथार्थ हमेशा 'झाड़ी में छिपा' रहता है।

हेमिंग्वे इस बात को जितनी मार्मिकता से जान पाए थे शायद हमारी सदी की कोई कथाकार नहीं। "क्योंकि वास्तव में कहानी लिखना बहुत कुछ बुल-फाइटिंग की तरह है—उसके बहुत नज़दीक है। हर कथाकार अखाड़े में साँड़ के सामने रहता है—और हर बार उसके भयावह सींग—उन्हें तुम चाहे ज़िन्दगी कह लो, या सत्य, या यथार्थ—उसे छीलते हुए, छूते हुए निकल जाते हैं।"

इस अखाड़े के बीच रहना—शोर मचाती हुई, ख़ून के लिए आतुर भीड़ से घिरे रहने के बावजूद—अपने में अकेले रह सकना लिख पाना, एक अनिवार्य नियति है, जिससे भागा नहीं जा सकता। एक संघर्षशील व्यक्तित्व के लिए यह राजनीति है। मुझे समझ में नहीं आता, हम अपने समय के महज़ दर्शक नहीं, बल्कि भोक्ता रहने का साहस रखते हैं तो राजनीति से कैसे पल्ला झाड़ सकते हैं! हमारी शताब्दी के लिए और उसकी संस्कृति के लिए राजनीति उतना ही जीवित सन्दर्भ है जितना बायजंटीन संस्कृति के लिए धर्म, पुनरुत्थानयुगीन इटली के लिए भी क्लासिक ग्रीक सभ्यता! आप बायजंटीन से धर्म निकाल दीजिए—बाक़ी कुछ नहीं रह जाएगा। जिन लेखकों के लिए फ़ासिज़्म या कम्यूनिज़्म कोई अर्थ नहीं रखता, उनके लिए साहित्य भी कोई अर्थ रखता है, मुझे गहरा सन्देह है!

राजनीति—एक व्यवसाय या आदर्श या प्रेरणा के रूप में नहीं, बल्कि एक जीवन्त निर्मम स्थिति के रूप में—जिसमें कॉन्सेंट्रेशन कैम्प हैं, नीग्रो सेग्रीगेशन हैं, तिल-तिल कर मार देनेवाली ख़ास हिन्दुस्तानी ग़रीबी है।

यह स्थिति है, समस्या नहीं। ज़रूरी नहीं, लेखक इनके बारे में लिखे (लेखक की क्रिएटिव अर्ज का इनसे कोई सम्बन्ध नहीं), लेकिन वह इनके सन्दर्भ से अलग होकर नहीं लिख सकता। पिछले पाँच सौ वर्षों में यह सन्दर्भ तेज़ी से बदलता गया है—हर परिवर्तन कहानी-साहित्य में (और कविता में भी) नये प्रतीकों के लिए एक अजानी भूमि प्रस्तुत करता रहा है। फॉस्ट का जो प्रतीक गोएटे (गेटे) के लिए था, वही फॉस्ट टॉमस मान के लिए एक नये सन्दर्भ (जर्मन फ़ासिज़्म) में बिलकुल एक नये प्रतीक के रूप में उपस्थित हुआ है। हम इन प्रतीकों से बच नहीं सकते। वे उस अन्धे की लकड़ी की तरह हैं जिसे भूमि पर टेकता हुआ वह अपना रास्ता खोजता है। "अगर हम अपने युग के सही और सच्चे प्रतीकों को नहीं खोज पाते, तो हमें फ़ासिज़्म जैसे ग़लत और झूठे प्रतीकों को झेलना पड़ेगा।" (जॉन लेहमान)

और कलात्मक सौन्दर्य! हमारे समय के सबसे सुन्दर और कलात्मक वे लैंप-शेड हैं, जिन्हें यहूदियों की खाल से बनाया गया है। उन्हें देखकर कौन एस्थीट आह्लादित नहीं होगा?

यह 'टोटल टेरर' की स्थिति है...ऐसी स्थिति में अगर नई कहानी कुछ हो सकती है तो सिर्फ़—अँधेरे में एक चीख़! मदद माँगने के लिए नहीं बल्कि मदद की हर सम्भावना को, हर गिलगिले समझौते को झुठलाने के लिए। अपने को पूर्ण रूप से इस 'टेरर' से सम्पृक्त कर पाना—यहाँ से लेखक का कमिटमेंट आरम्भ होता है।

लेकिन—मैं दुहराकर कहता हूँ—कि यह सिर्फ़ सन्दर्भ है—कहानी का विषय नहीं। विषय कुछ भी हो सकता है—ड्राइंग रूम के प्रेम से लेकर अपनी चहारदीवारी में फ़र्श पर रेंगती हुई धूप को देखने तक। जहाँ तक सृजनात्मक प्रेरणा का प्रश्न है, वह हर विषय के पीछे छोटी या बड़ी हो सकती है; वह विषय स्वयं में न छोटा होता है न बड़ा। यह बात अलग है कि आज की कोई भी कृति-यदि वह महत्त्वपूर्ण है—अपने को इस 'टेरर' से, उसकी मँडराती हुई छाया से, मुक्त नहीं रख सकती।

एक शब्द अपनी कहानियों के बारे में : मैं जो कुछ चाहता हूँ, वह मेरी कहानियों में नहीं आ सका है—मैंने उसे हमेशा दूसरों में ही पाया है। इसलिए जो कुछ मैंने ऊपर लिखा है, वह आनेवाली नई कहानी के बारे में है—अपनी कहानी के बारे में नहीं। मैं अक्सर कहानियों में वही चीज़ सबसे अधिक चाहता रहा हूँ, जो मुझमें या मेरी कहानियों में नहीं है।

लेकिन जो 'चीज़' दुर्भाग्यवश मुझमें नहीं है, या जिसे मैं स्वयं प्राप्त करने में असफल रहा हूँ, उससे वह कम महत्त्वपूर्ण तो नहीं हो जाती!

['धर्मयुग', जनवरी, 1962]

आधुनिकता और हिन्दी कहानी

इन्द्रनाथ मदान

आज आधुनिकता एक चुनौती के रूप में सामने है। इसके स्वरूप को पहचानने और इससे जूझने के लिए अधिक प्रयास होने लगे हैं। पहले इसे प्रयोगशील तथा नई कविता में खोजा गया और अब आज की कहानी आँकी जा रही है। इसका मूल कारण शायद वैज्ञानिक दृष्टि का विकास है और यह दृष्टि किसी सत्य को उसके अन्तिम या चरम रूप में स्वीकार करने से परहेज़ करती है, किसी खंड सत्य को चिरन्तन या शाश्वत सत्य मानने से इनकार करती है और 'शायद' शब्द का प्रयोग भी इसी दृष्टि का परिणाम है। इसलिए आधुनिकता को किसी परिभाषा में बाँधना मेरे लिए कठिन है। इससे आधुनिकता की निरन्तरता में गतिरोध की सम्भावना है। यदि इसे किसी परिभाषा में बाँधा जाता है तो आधुनिकता के आधुनिकवाद में परिणत होने का भय है; एक नारी के नर में बदल जाने की शंका है। इसलिए आधुनिकता को एक प्रक्रिया के रूप में आँकना ही संगत जान पड़ता है। यह प्रक्रिया प्रश्न-चिह्न की है, न कि विराम-चिह्न की। और जब भी कभी किसी प्रश्न का निश्चित उत्तर दिया गया है, किसी समस्या का स्थायी समाधान प्रस्तुत किया गया है तब आधुनिकता को आधुनिकवाद में परिणत किया गया है; एक मूल्य के रूप में स्वीकारा गया है। डॉ. धर्मवीर भारती ने आधुनिक बोध को 'संकट-बोध' माना है; डॉ. रघुवंश ने इसे 'असम्पृक्त यथार्थ-दृष्टि' रूप में आँका है; डॉ. नामवर सिंह कभी इसे एक प्रक्रिया के रूप में तो कभी एक मूल्य के रूप में खोज निकालते हैं; अज्ञेय इसे 'सापेक्षवाद' में आँकते हैं। केदारनाथ अग्रवाल ने आधुनिकता को 'खंडित मानव-मन की खंडित मनोदशा की खंडित अभिव्यक्ति' बताया है। इस तरह खंडित पर बल देकर आधुनिक बोध का मूल्यांकन किया है। अभिव्यक्ति यदि अभिव्यक्ति है तो वह 'खंडित' किस तरह हो सकती है? जब भी आधुनिकता को किसी परिभाषा में जकड़ने का प्रयास किया गया है तब उसमें यांत्रिकता का समावेश हुआ।

आधुनिकता के फलस्वरूप आज की स्थिति भी गति हो रही है जो पकड़ में नहीं आ रही है। यह एक जीवन-दर्शन न होकर एक जीवन-दृष्टि है, जिसमें

विसंगतियों की सम्भावना हुआ करती है। आज हिन्दी कहानी तथा साहित्य की अन्य विधाओं में आधुनिकता को अधिक आँका जाने लगा है। इससे प्रेरित होकर जीवन तथा जगत का चित्रण तथा मूल्यांकन होने लगा है। आधुनिकता की चुनौती का एक परिणाम शायद यह निकला कि हर 'वाद' अपने को नया कहने के लिए बाधित हो रहा है—जैसे, नव यथार्थवाद, नव स्वच्छन्दतावाद, नव भौतिकवाद, नव मार्क्सवाद आदि। रहस्यवाद के पहले भी नव शब्द जोड़ा गया है। इसी तरह कविता भी नई है और कहानी भी नई होने का दावा कर रही है। आलोचना के लिए भी नई शब्दावली की रचना होने लगी है। पुराने मान गिर रहे हैं, प्रतिमान टूट रहे हैं। पैसा एक बार नया होकर फिर पैसा हो गया है; लेकिन सड़कों पर अभी तक मील तथा किलोमीटर के पत्थर एक-दूसरे के विरोध में खड़े हैं। इनमें अभी तक सह-अस्तित्व की स्थिति है। इसके अतिरिक्त, आधुनिकता या आधुनिक संवेदना को विभिन्न धरातलों पर आत्मसात करने का प्रयास हो रहा है। इसलिए एक कहानीकार का आधुनिक बोध दूसरे कहानीकार की आधुनिक संवेदना से थोड़ा भिन्न है, एक कवि की आधुनिक संवेदना दूसरे कवि की आधुनिक संवेदना से थोड़ी अलग है। एक कवि की प्रक्रिया दूसरे की प्रक्रिया के समान किस तरह हो सकती है, एक का परिवेश दूसरे के परिवेश से किस तरह समता रख सकता है? गिरिजाकुमार माथुर की आधुनिकता में नव स्वच्छन्दतावादी जीवन-दृष्टि है। इसी तरह निर्मल वर्मा की कहानी में प्राय: इसी जीवन-दृष्टि का आभास मिलता है। मोहन राकेश तथा कमलेश्वर की कहानी-कला में यथार्थवादी जीवन-दृष्टि का नया स्वर है। यशपाल ने आधुनिकता की चुनौती को वैचारिक स्तर पर स्वीकारने का प्रयास किया है। इस तरह आधुनिकता कहानीकार या कवि के लिए नहीं, हर संवेदनशील व्यक्ति के लिए चुनौती है, जो विचार के नये धरातलों, भाव की नई भूमियों, जीवन के नये सन्दर्भों आदि की खोज तथा इनकी अभिव्यक्ति के लिए प्रेरित करती है। मुझे लगता है कि इसका सूत्रपात आज से बहुत पहले हो चुका था। प्रेमचन्द की 'कफ़न' और 'पूस की रात' में भी इसकी स्पष्ट झलक है, अज्ञेय के 'तार सप्तक' में भी यह उपलब्ध है। इसकी अभिव्यक्ति भले ही यशपाल ने वैचारिक धरातल पर की हो या अज्ञेय ने प्रयोग पर बल देकर। निराला के व्यंग्य-काव्य के मूल में भी आधुनिक बोध की प्रेरणा है। परन्तु इसका महत्त्व आज शायद इसलिए बढ़ रहा है कि देश की स्वतंत्रता के बाद भारतीय जीवन में आधुनिकता का संचार अधिक तेज़ी से होने लगा है। इसकी अनुभूति को पश्चिम का संवेदनशील व्यक्ति पहले से पा रहा है। इसलिए भारतीय स्थिति पाश्चात्य स्थिति से थोड़ी भिन्न है। पाश्चात्य आधुनिकता के आधार पर हिन्दी कहानी में आधुनिकता को परखना इसे मूल्य के रूप में स्वीकार करना होगा। सार्त्र या काफ़्का के आधुनिक बोध के आधार पर निर्मल वर्मा, उषा प्रियंवदा, राकेश, कमलेश्वर, मन्नू या ज्ञानरंजन की कहानी-कला में आधुनिक संवेदना को

आँकना असंगत होगा। लेकिन हिन्दी के कुछ कहानीकार आधुनिकता को केवल बौद्धिक स्तर पर आत्मसात करने के बाद इस दौड़ में ख़रगोश बनने का परिचय दे रहे हैं। लेकिन कछुआ भी जो अपनी राह को जानता है, अपनी चाल से चल रहा है। इसलिए ख़रगोशों पर भारतीयता का आरोप लगाया जाता है। इसके बारे में यह कहा जाता है कि इन्होंने आधुनिकता से केवल परिचित होने का आभास दिया है, मित्र होने का नहीं। इस सम्बन्ध में निश्चित या अन्तिम मत देना मेरे लिए इसलिए सम्भव नहीं है कि निर्मल वर्मा या उषा प्रियंवदा ने क्रमश: 'लंदन की एक रात' तथा 'मछलियाँ' में अभारतीय परिवेश के आधार पर भी आधुनिकता से भिन्न होने का परिचय दिया है और कृष्ण बलदेव वैद, श्रीकान्त वर्मा तथा रामकुमार ने क्रमश: इसे 'बीच का दरवाज़ा', 'झाड़ी' तथा 'एक चेहरा' की कहानियों में सहज रूप में आत्मसात किया हुआ है। रेणु ने आंचलिकता के परिवेश में नव स्वच्छंदता के धरातल पर आधुनिकता को अभिव्यक्ति दी है। इस तरह आधुनिकता की चुनौती से जूझने के विविध प्रयास तथा विभिन्न धरातल हैं। इनमें किसी एक को आधुनिकता का ठेकेदार बनाना इसे एक मूल्य के रूप में स्वीकार करना होगा। और आधुनिकता एक मूल्य न होकर एक प्रक्रिया है, जिसके मूल में वैज्ञानिक जीवन-दृष्टि है जो समसामयिक जीवन को उसकी गति के रूप में ग्रहण करती है; प्रश्न-चिह्न को उसकी निरन्तरता के रूप में आत्मसात करती है। इसलिए इसमें विसंगतियों की सम्भावना है; परस्पर विरोध की स्थिति है।

मुझे लगता है कि हिन्दी कहानी में आधुनिकता की इस चुनौती को दो परस्पर विरोधी दिशाओं में स्वीकार किया गया है और किया जा रहा है। इन दो दिशाओं का आभास प्रेमचन्द की 'कफ़न' और अज्ञेय की 'रोज़' में मिल जाता है। प्रेमचन्द की कहानी में आधुनिक बोध समष्टि-चिन्तन, समष्टि-यथार्थ, समष्टि-सत्य की जीवन-दृष्टि से प्रेरित है और अज्ञेय की कहानी में आधुनिक संवेदना व्यष्टि-चिन्तन, व्यष्टि-यथार्थ, व्यष्टि-सत्य से अनुप्राणित होने का परिचय देती है। व्यष्टि तथा समष्टि की दृष्टि से आधुनिकता को जब आत्मसात किया जाता है तब एक में दूसरे का नितान्त अभाव भी नहीं होता है। इसके बाद आज की हिन्दी कहानी में आधुनिकता को जब व्यष्टि तथा समष्टि के धरातलों पर अभिव्यक्त किया गया है तब आज के कहानीकार इन दो दिशाओं में अपनी-अपनी पगडंडी पकड़ रहे हैं। यदि श्रीकान्त वर्मा ने अपनी पगडंडी को 'झाड़ी' में पकड़ा है तो निर्मल वर्मा ने इसे 'जलती झाड़ी' में प्रशस्त किया है। मोहन राकेश तथा कमलेश्वर ने आधुनिकता को नव स्वच्छंदतावाद तथा नव यथार्थवाद दोनों रूपों में आत्मसात किया है। इसे स्पष्ट करने के लिए मोहन राकेश की 'अपरिचित' तथा 'मलबे का मालिक' द्रष्टव्य है। इसी तरह, कमलेश्वर की कहानी 'जो लिखा नहीं जाता' में आधुनिक संचेतना व्यष्टि-सत्य के धरातल पर व्यक्त हुई है। राजेन्द्र यादव आधुनिकता की चुनौती को प्राय: शिल्प के

माध्यम से पकड़ने का परिचय दे रहे हैं। रवीन्द्र कालिया जैसे कहानीकार अपना नाता अकहानी से गाँठकर आधुनिकता को आत्मसात करने का प्रयत्न कर रहे हैं। इसका आभास इनकी 'एक दिन' और 'त्रास' नामक कहानियों में मिलता है। इसी तरह, 'सचेतन' कहानीकार आधुनिकता की चुनौती को स्वीकारने का दावा 'नई कहानी' की प्रतिक्रिया के रूप में कर रहे हैं। इनके अनुसार 'नई कहानी' इसलिए 'अचेतन' है कि इसमें आधुनिक बोध का अभाव है। इस धारणा को 'आधार' के 'सचेतन कहानी-विशेषांक' में पुष्ट करने का प्रयास किया गया है।

इस तरह, आधुनिक प्रश्न-चिह्न की एक प्रक्रिया है जिसकी निरन्तरता को प्रेमचन्द से लेकर आज तक दो परस्पर-विरोधी धरातलों पर हिन्दी के कहानीकारों ने पकड़ने का प्रयास किया है। यह प्रयास कहानीकारों तक सीमित न होकर कविता में भी उपलब्ध होता है। एक धरातल का सम्बन्ध व्यष्टि-सत्य, व्यष्टि-यथार्थ, व्यक्ति-हित की जीवन-दृष्टि से है और दूसरे का समष्टि-सत्य, समष्टि-यथार्थ, समष्टि-मंगल से। अभी तक इनमें सह-अस्तित्व की स्थिति मिलती है। लेकिन कभी-कभी इन जीवन-दृष्टियों में पारस्परिक विरोध शान्त होने का भी आभास मिल जाता है। इस बात को थोड़ा स्पष्ट करने के लिए कुछ ही उदाहरण दिये जा सकते हैं और अनेक छोड़ने ही पड़ते हैं। 'कफ़न' और 'रोज़' के उदाहरण दिये जा चुके हैं। पहली कहानी में आधुनिकता समष्टि-सत्य के सन्दर्भ में आत्मसात है और दूसरी में व्यष्टि-सत्य के धरातल पर। उषा प्रियंवदा की 'ज़िन्दगी और गुलाब के फूल', मन्नू भंडारी की 'यही सच है', राकेश की 'मिस पाल', कमलेश्वर की 'नीली झील', निर्मल वर्मा की 'परिंदे', रेणु की 'तीसरी क़सम', राजेन्द्र यादव की 'टूटना', रामकुमार की 'सेलर', ज्ञानरंजन की 'फेंस के इधर और उधर', दूधनाथ सिंह की 'रक्तपात', कृष्णा सोबती की 'मित्रो मरजानी' आदि कहानियों में आधुनिकता की अभिव्यक्ति व्यष्टि-सत्य के सन्दर्भ में हुई है और यशपाल की 'परदा', अमरकान्त की 'ज़िन्दगी और जोंक', भारती की 'गुलकी बन्नो', रांगेय राघव की 'गदल', राकेश की 'मलबे का मालिक', भीष्म साहनी की 'सिफ़ारिशी चिट्ठी', शेखर जोशी की 'बदबू', मार्कण्डेय की 'दाना भूसा' आदि कहानियों में आधुनिक संवेदना को समष्टि-सत्य के धरातल पर पकड़ा गया है। इस कहानी सूची में विस्तार तथा संकोच की भी सम्भावना है। वह इसलिए कि समष्टि तथा व्यष्टि की जीवन-दृष्टि इतना महत्त्व नहीं रखती जितनी कहानी की संश्लिष्टता। यह सम्भव है कि किसी कहानी में इसका अभाव हो।

इस तरह हिन्दी कहानी आधुनिकता की चुनौती को अलग-अलग धरातलों पर आत्मसात करने का परिचय दे रही है। कहानी में 'कलात्मक रचाव' का होना साहित्यिक दृष्टि से अधिक महत्त्व रखता है, इसका एक संश्लिष्ट 'रचना' होना अधिक मूल्य रखता है। 'रचना' शब्द भी ऐन ठीक नहीं लग रहा है। इसका आशय

शास्त्रीय रचना नहीं, रचना का अभाव भी रचना का रूप हो सकता है। प्रेमचन्द से ही शास्त्रीय रचना के नियम टूटने लगे थे; नख-शिख की दृष्टि से चुस्त एवं दुरुस्त कहानी आधुनिकता की चुनौती को स्वीकारने में अक्षम सिद्ध होने लगी थी। अगर मैंने किसी कहानी को पसन्द या नापसन्द करने का साहस किया है तो इस तरह राय देने से मैंने आत्मनिष्ठ होने का परिचय दिया है। और शायद हर पाठक इस तरह आत्मनिष्ठ होने का परिचय देता है। डॉ. नामवर सिंह जब 'लंदन की रात' में ही आधुनिकता की अभिव्यक्ति पाते हैं तब वह आधुनिक संवेदना को एक प्रक्रिया के रूप में आँकने का परिचय देते हैं। मुझे तो अज्ञेय की 'रोज़', देवेन गुप्त की 'अजनबी समय की गति', रवीन्द्र कालिया की 'त्रास' और ज्ञानरंजन की 'शेष होते हुए' में भी आधुनिकता की अभिव्यक्ति नज़र आती है। मैंने तो केवल कहानी की राह से गुज़रने का प्रयास किया है—एक अध्यापक की दृष्टि से नहीं एक शिष्य की दृष्टि से, जिसके संस्कार अभी रूढ़ नहीं हुए हैं, जिसके पास कला के शाश्वत नियम भी नहीं हैं। वे क्या हैं, वे सब तरह के हैं। मेरे लिए हर कहानी, हर कृति यदि वह अनुकृति नहीं है, अपने-अपने कला-नियमों को लिये हुए है। आधुनिकता की चुनौती को हर संवेदनशील व्यक्ति अपने परिवेश में स्वीकार रहा है; हर कहानीकार अपने सन्दर्भ में आधुनिक संवेदना को व्यक्त कर रहा है। और उसकी राह से गुज़रकर ही उसे पहचाना जा सकता है।

['माध्यम', 1965]

कुछ नये कहानीकारों की कहानियाँ

धनंजय वर्मा

नई कहानी एक ऐतिहासिक सन्दर्भ की उपज है—नैरन्तर्य के धरातल पर, और परम्परा से पृथक् है—एप्रोच, निर्वाह और दृष्टि के अन्तर के कारण। उसने युग के अनुभूत वास्तव के सारे अन्तर्विरोध, प्रवंचना और असंगति को भोगा और अभिव्यक्त किया है। वह एक साथ ही मूल्य-भंग और मूल्य-निर्माण की कहानी है। उसकी तात्कालिक परम्परा में जिन उपलब्ध सत्यों और तथ्यों को स्वयं सिद्ध मानकर विवरण और वर्णन से सजा दिया गया था या जिन्हें कटे-छँटे विचार-विश्लेषण और निष्कर्षवाद का जामा पहनाया गया था उन्हें (उपलब्ध सत्यों और तथ्यों का) नई कहानी ने अधिक गहराई में जाकर, अधिक व्यापकता और विस्तार से, स्वस्थ और तटस्थ दृष्टि से देखा और उनकी प्रक्रिया दी है ताकि उस प्रक्रिया से होते हुए पाठक भी उन तक अनुभव और अनुभूति के धरातल पर पहुँच सके। व्यतीत 'सामाजिक जागरूकता' जहाँ एक विचार पद्धति या प्रणाली, एक 'कंडीशंड मस्तिष्क' का परिणाम थी, वहाँ अब वह एक व्यक्ति की सम्पृक्त चेतना और निरन्तर भोगते हुए 'सेल्फ़' का परिणाम और प्रक्रिया है, इसलिए जहाँ पहले वह आरोपित लगती थी वहाँ अब वह हमारी चेतना, संवेदनशीलता और अनुभूति का अविभाज्य अंग है।

लेकिन नई कहानी में रचनात्मक मूल्यों का जितना और जैसा विकास हुआ, उसके समानान्तर आस्वाद का धरातल और मूल्यांकन का विवेक जाग्रत नहीं हो पाया, इसीलिए नई कहानी के अस्तित्व पर शंका करनेवाले पुरानी पीढ़ी के ही नहीं, नई पीढ़ी में भी मिलते हैं। उस पर की गई चर्चाओं की पक्षधरता के कारण व्यक्तिगत या वर्गीय सिद्धान्तों के कुहासे में एक पूरी की पूरी उपलब्धि के बारे में भ्रम फैला हुआ है।

इसी का परिणाम है कि एक प्रवृत्ति और धारा, दूसरी के प्रति संशयालु है और यही स्पष्ट नहीं हो पा रहा है कि नई कहानी का प्रतिनिधित्व कहाँ है। मैं फिर कहता हूँ, नई कहानी कोई प्रवृत्ति-विशेष और धारा-विशेष नहीं है; वह आज की परिस्थितियों में (से) उद्भूत मानवीय वास्तविकता की समग्र संवेदना, संचेतना और

भावबोध की कहानी है। यहाँ जिन प्रवृत्तियों, कहानियों और लेखकों का उल्लेख किया जाएगा, वह नई कहानी पर मात्र एक विहंगम दृष्टि, एक सिंहावलोकन है, अत: इसकी जो भी सीमा है, वह मेरी अपनी सीमा है, नई कहानी की नहीं। इस सीमा के बाहर भी नई कहानी का अस्तित्व है, इससे इनकार नहीं किया जा सकता।

परम्परा और कला-संचेतना : प्रतीक्षा : राजेन्द्र यादव

अपने-आपको पुरानी परम्परा से पृथक् रखने या उसका विकास करने की एक सायास और जागरूक चेतना राजेन्द्र यादव में है। पिछली परम्परा की व्यापक सामाजिक जागरूकता ने जहाँ यादव की रचना को एक प्रगतिशील स्वभाव प्रदान किया है वहीं उसके आधुनिक भावबोध और कला की परिष्कृत और सूक्ष्म संवेदनाएँ भी यादव ने संयुक्त की हैं। वे सामाजिक प्रश्नों और समस्याओं को किसी एक ही दृष्टि से उठाने के बजाय समग्र और व्यापकता में उठाने के आदी हैं और संघर्षों को चेतना के अधिक-से-अधिक स्तर और आयाम में देखने के साथ ही एक व्यक्ति की ट्रेजेडी या उसका मानसिक उद्वेलन और अन्तर्विरोध भी वहाँ उतने स्थूल धरातल और विभक्त इकाई के रूप में नहीं आता। उसके बहुत बारीक रेशे व्यापक परिवेश से अन्तर्प्रेरित और अन्त:ग्रंथित होते हैं, इसीलिए उनकी कहानियों का निर्वाह बहुत सूक्ष्म और प्रभाव बुनावट की ही तरह जटिल होता है। वे अज्ञेय और जैनेन्द्र से अधिक सामाजिक यथार्थ के लेखक हैं लेकिन यशपाल-निकाय के लेखकों से अधिक गहनतम अभिप्रायों के भी। इसी तरह अपने समकालीनों में जहाँ काव्यात्मक रूप और विषय सम्बन्धी एकरसता से वे अधिक विविध, जीवन्त और सामाजिक दायित्व बोधपूर्ण हैं, वहीं इकहरी बुनावट वाली लक्ष्योन्मुख कहानियों के विषय और पात्रों की तरह व्यक्ति और परिवेश की आन्तरिक चुनौतियों से कतराने की विवशता भी वहाँ नहीं है। दरअसल, वे इन दोनों ही रचना-संचेतनाओं के बीच एक सेतु की तरह हैं और यही पूर्व परम्परा का विकास और उसकी निरन्तरता को सार्थक करना है। 'खेल-खिलौने', 'जहाँ लक्ष्मी क़ैद है', 'पास-फेल' आदि के साथ ही 'प्रतीक्षा', 'टूटना', 'ख़ुशबू', और 'एक कटी हुई कहानी' को रखकर देखा जाए तो यह बात स्पष्ट हो जाएगी। इधर उनकी कहानियाँ 'एक मन:स्थिति' को लेकर अधिक चली हैं, और 'प्रतीक्षा' एक विशेष मन:स्थिति की कहानी है। उसका हर पात्र दुहरी ज़िन्दगी जीता हुआ अपने-अपने अवसर की प्रतीक्षा में है लेकिन उस सबकी यातना, आशंका, तनाव और अकेलेपन की पीड़ा गीता ही भोग रही है। नन्दा के प्रति उसका आकर्षण, प्रेम और उसके स्तर, उसके अन्तर्विरोध और अन्तर्द्वंद्व को ही बताते हैं। एक ओर उसके प्रेम में समलैंगिक प्रवृत्ति है, दूसरी ओर वह सपत्नी-भाव जगाती है और तीसरी ओर तृप्ति का तन्मय सुख, सार्थकता

की एक अनुभूति दे जाती है। एक ओर उसका अतीत उसे कुतरता है, दूसरी ओर वर्तमान की आशंका उसे खाए जाती है—एक स्थायी पाप-बोध और सार्थकता की अनुभूति उसे साथ-साथ है। कभी वह नन्दा से तादात्म्य स्थापित करती है और कभी उसके प्रेमी हर्ष से और कभी अपने अकेलेपन की पीड़ा भोगती हुई ऐंठती है। लेकिन गीता की ट्रेजेडी, मनोविश्लेषण के प्रयोगों वाली केस हिस्ट्री-सी कहानी से आगे बढ़कर आधुनिक व्यक्ति के आत्मिक और नैतिक मूल्यों के खोज की कहानी है। वह केवल तिहरी प्रतीक्षा की कहानी नहीं है बल्कि पुराने सारे 'मौरल इंट्री-बीशंस' से निकलकर एक ऐसे बिन्दु पर खड़े लोगों की कहानी है जो अनजाने ही किसी नये नैतिक धरातल की खोज में आकुल हैं। कहानी के तीनों पात्रों में से किन्हीं भी दो पात्रों के सम्बन्ध 'नैतिक' नहीं हैं और उन्हें लेकर कोई गिल्ट या 'सिन' की अनुभूति उनमें नहीं है, बल्कि ऊपर से देखने पर तीनों ही निहायत व्यक्तिगत स्वार्थ-दृष्टि से अपने-अपने अवसर की प्रतीक्षा में हैं। मूल्यों के विघटन या मौरल-इम्मौरल से आगे मूल्यहीन या 'अ-मौरल' धरातल पर खड़े अनावृत हैं। यह नैतिक संक्रमण से उत्पन्न एक 'वैकुअम' में एक नैतिक धरातल की प्रतीक्षा की कहानी है और क्या यह दुहरी ज़िन्दगी जीने की यातना, यह नैतिक संक्रमण से उत्पन्न एक वैकुअम केवल किसी एक पात्र का है? क्या वह उस समाज और वातावरण का भी नहीं है जिसमें ये पात्र रह रहे हैं? गीता क्या केवल एक व्यक्ति मात्र है? यादव की आदत है कि वे किसी एक सामाजिक या मानसिक स्थिति को लेकर उसका सारा 'फोकस' एक पात्र पर (में) कर देते हैं और उसे ही केन्द्रबिन्दु मानकर बारीक-से-बारीक पक्ष उभारते हुए उसे ही इतनी सम्पूर्णता और समग्रता में चित्रित करते हैं कि लगता है, वहाँ व्यक्ति ही प्रधान है; वह व्यक्ति जिस परिवेश और वातावरण से संयुक्त है, उसका बहुत अप्रत्यक्ष सूत्र ही बच रहता है। इस दृष्टि से शिल्प के प्रति उनकी अतिरिक्त जागरूकता जहाँ उनकी कहानियों को एक ऊँचा कलात्मक स्तर देती है, वहीं यथार्थ की पकड़ उसके मूल्य के प्रति एक तात्कालिक द्रोह का एहसास भी जगाती है।

युग और व्यक्ति की सापेक्षिक अभिव्यक्ति : मलबे का मालिक : मोहन राकेश

इसके विपरीत राकेश में अपने समय की आत्मा को ठीक से अभिव्यक्त कर पाने के लिए निरन्तर एक पुनर्गठन की प्रक्रिया मिलती है। परिवर्तन की बलवती आकांक्षा, वर्तमान में जीने का दर्शन और साहित्य (की कम) और समाज की (अधिक) जीर्ण-शीर्ण मर्यादाओं को तोड़ने की, उनसे उन्मुक्ति की प्यास उनके पहले संग्रह से ही मिलने लगती है और परिस्थितियों के अनुसार तेज़ी के साथ नया रूप लेते जीवन की धड़कनों को सुनने की तड़प और वह मानवीय संवेदना जिससे लेखक हर

घटना और पात्र के साथ एक आत्मीयता स्थापित कर ले—क्रमशः विकसित होती गई है। जीवन का अधिक समीपी अंकन, उसके माध्यम से किसी अन्तर्निहित परोक्ष यथार्थ का संकेत, सहज अनुभूति के साथ कई स्तरों पर स्थिति-शील और गतिशील वैयक्तिक और सामाजिक यथार्थ की खोज, उसके सन्दर्भों का उद्‌घाटन और अन्ततः पूरे युग की कथा-व्यथा अभिव्यक्त करने का प्रयत्न उनकी कहानियों का मूल स्वर है। उनमें युग के सामाजिक यथार्थ और वस्तु-सत्य के सन्दर्भ में जीवन की बहुत तल्ख प्रतिक्रिया, बदलते हुए विश्वासों को गति देती चेतना और एक संक्रमणशील दृष्टि मिलती है, लेकिन मूल्यों की इस संक्रान्ति में भी, विघटन और ध्वंस की गति और टूटते-ढहते विश्वासों की कगारों पर भी एक आन्तरिक मानवीय आस्था और निष्ठा एवं दृष्टि का संकेत भी उनकी कहानियों में मिलता है। इसका कारण यह है कि उनका धरातल नितान्त वैयक्तिक नहीं, सामाजिक है, इनका वैयक्तिक लगनेवाला स्वर भी मूलतः सामाजिक ही है जिसे कहानी की सांकेतिकता उभारती है। बात यह है कि अपने ही पात्रों के बीच कहानीकार एक ऐसा माध्यम ढूँढ़ लेता है, जो कहानी की सारी अन्तर्यात्रा सम्पन्न करा देता है; जहाँ पाठक दर्शक से आगे बढ़कर स्वयं भोक्ता बन जाता है और कहानी उसकी अपनी संवेदना का अंग बन जाती है (यह पात्र या माध्यम ही वह संकेत होता है, जो कहानी को सीमित सन्दर्भों से उठाकर व्यापक धरातल दे देता है। बिना किसी साहित्यशास्त्रीय व्याख्या के सांकेतिकता का यही विस्तार है) और लगता है कि पात्रों और स्थितियों के प्रति एक अजब क्रूर तटस्थता वह बरत रहा है। प्रकृत यथार्थ को प्रस्तुत करनेवाले लेखकों के साथ अक्सर ऐसा ही होता है। वे वस्तुस्थिति और समस्या को उनके सही रूप में बिना उनकी तात्कालिकता और तीव्रता नष्ट किये प्रस्तुत करते हैं।

'मलबे का मालिक' में लेखक रक्खे पहलवान या बुड्ढे गनी—किसके साथ है? या दोनों में से वह किसकी कहानी है? यह उन दोनों की कहानी होते हुए भी केवल उन्हीं की नहीं, विभाजन की विभीषिका से बचे हुए उस मलबे की है जो हमारे सामने आज भी ज्यों-का-त्यों पड़ा है और जिसकी चौखट की सड़ी लकड़ी के रेशे झर रहे हैं। रात की ख़ामोशी के साथ मिली हुई कई तरह की हल्की-हल्की आवाज़ें उसकी मिट्टी में से निकल रही हैं—हल्की, लेकिन उतनी ही संजीदा! उसमें मलबे का भी अपना एक स्वतंत्र व्यक्तित्व उभरता है और हमारी चेतना उस जड़ से सम्पृक्त होती हुई, समस्त उस अतीत में घूमती हुई बार-बार वहीं लौट जाती है। उसकी अपील में भावनाओं को आन्दोलित करने और सहज मानवीय संवेगों को झकझोरने की शक्ति है। राकेश की अन्य कहानियों की ही तरह उसका रचाव सांकेतिक और निर्वाह में संयम है। उसका कैनवस भी काफ़ी व्यापक और वस्तु के धरातल पर कोई असामान्यता या चमत्कार नहीं, लेकिन वहाँ एक नगर, कई-कई सम्बन्धों और हालातों का प्रतीक है। मूल्य-भंग और निर्माण के बीच की यह

कहानी है 'जहाँ [कई इमारतें तो फिर से खड़ी हो गई हैं, मगर जगह-जगह मलबे का ढेर अब भी मौजूद है, नई इमारतों के बीच अजीब ही वातावरण प्रस्तुत करते हैं—जिनमें से एक केंचुआ (?) सरसराता है, अपने लिए सूराख ढूँढ़ता हुआ ज़रा-सा सिर उठाता है मगर दो-एक बार सिर पटककर और निराश होकर दूसरी ओर मुड़ जाता है।] इस संकेत को स्पष्ट करने की ज़रूरत नहीं है। यह मलबा ही टूटते और टूटे मूल्यों की सारी कहानी सुना देता है। रक्खे पहलवान की ही तरह हमारा एक वर्ग आज भी इन टूटे मूल्यों के मलबे पर, उसे ही अपनी जागीर समझता हुआ, बैठा है जबकि वह मलबा न तो उसका है, न गनी का; वह तो इतिहास का हो चुका, अब तो उसे इतना ही चाहिए, क्योंकि यही इतिहास और युग-जीवन की प्रक्रिया है। जो यह कहते हैं कि राकेश की कहानियों में जीवन की पीड़ा और दर्द है लेकिन उपलब्धि और विद्रोह नहीं, उन्हें कहानी के इस आशय को भी ग्रहण करना चाहिए।

बदली हुई मनःस्थितियों की कहानी 'नीली झील' : कमलेश्वर

लेकिन यह विद्रोह और उपलब्धि फिर विशेष मनःस्थितियों की उपज हैं, यह कमलेश्वर की कहानियाँ बताती हैं। मैंने कहा है, और फिर दुहराता हूँ कि कमलेश्वर एक ऐसा लेखक है जिसके यहाँ हिन्दी कहानी की पूरी यात्रा, लगभग हर मोड़ की पूरी प्रतिनिधि कहानी, मिल सकती है और परम्परा से अन्तर ही नहीं, उसके विकास की दृष्टि से भी ये कहानियाँ महत्त्वपूर्ण हैं। इस लिहाज़ से, हिन्दी कहानी की परम्परा को उन्होंने आत्मसात किया और उसे अलग-अलग भोगा है। उनकी सारी कहानियाँ कथ्य और शिल्प के स्तर पर ही नहीं, भावबोध और चेतना के स्तर पर भी एक क्रमिक और अनुवर्ती संक्रमण की द्योतक हैं। उनकी आरम्भिक और परवर्ती कहानियों की तुलना की जाए तो एक आश्चर्य मिश्रित कौतूहल होता है—कहाँ थानेदार साहब और गाय की चोरी और कहाँ नीली झील और खोई हुई दिशाएँ। लेकिन इनके पीछे रचना-संचेतना की वह प्रकृति है जो निरन्तर अपने वृत्त छोड़ती और सीमाएँ बढ़ाती है, वर्तमान जीवन के अन्तर्विरोध और द्वंद्व-संक्रान्ति या क्राइसिस की स्वयं सम्पूर्ण और पृथक्-पृथक् चेतना या संवेदना की तड़प है। उनमें भावबोध और चेतना के साथ ही रूप और शैली का भी एक ही स्तर नहीं है। वह अधिकांशतः विभिन्न, पृथक् और अन्तर्विरोधी है। वे पहले परम्परा और परिवेश-बोध के प्रति, फिर परिवर्तित सामाजिक सन्दर्भ और यथार्थ के प्रति और फिर रूप और शिल्प के प्रति जागरूक रहे हैं और खोई हुई दिशाएँ में वे बदली और बदलती हुई मनःस्थितियों के प्रति 'कमिटेड' हैं।...आज जब कमलेश्वर का नाम आता है तो उनकी 'राजा निरबंसिया' और 'नीली झील' की बेसाख़्ता याद आती है। राजा निरबंसिया से एक बात स्पष्ट हुई कि जीवन की विविध और विरोधी संवेदनाओं,

उसके अन्तर्बाह्य संघर्ष और संक्रान्ति को अभिव्यक्त करने के लिए कहानी का पुराना ढाँचा और शिल्प बदलने की आवश्यकता है। इसीलिए राजा निरबंसिया दृष्टि या चेतना से अधिक रूप (फ़ॉर्म) के संक्रमण (ट्रांजीशन) की प्रतीक है।

यही संक्रमण पूरी तरह से 'नीली झील' में है और कमलेश्वर की विशिष्ट तथा प्रतिनिधि कहानियों में जिसकी गणना होती है; लेकिन यही कमलेश्वर का सही परिचय नहीं है, वह तो उनके एक 'फ़ेज़' की प्रतिनिधि कहानी है, 'खोई हुई दिशाएँ' और 'एक अश्लील कहानी' दूसरे फ़ेज़ की। संवेदना के कई स्तरों और धरातलों पर मुक्त प्रवाह के कारण 'नीली झील' विशेष प्रसिद्ध हुई। वह एक साथ ही जीवन और सौन्दर्य, वास्तविक धरातलों पर फलीभूत होती है और अपने-आप में एक प्रतीक बन जाती है। यह शिल्प और रूप के साथ ही कमलेश्वर की कहानियों में एक सम्पूर्ण चेतना के संक्रमण की द्योतक है। वातावरण का आप्ला वनकारी, अभिभूत कर देनेवाला चित्रण, उसकी बारीक-से-बारीक उदास धड़कनों का पोर-पोर में उतर जाना और सौन्दर्य की एक अतृप्त प्यास अपना सब कुछ देकर किसी प्रतीत के क्षण में वर्तमान का तादात्म्य स्थापित कर जुड़े रहने का मोह 'नीली झील' में मूर्त है। महेश पांडे की एक भूख है—अनाम-सी भूख—शायद शारीरिक, लेकिन वस्तुतः वह सौन्दर्य की भूख है जिसकी रक्षा के लिए वह लोगों को धोखा तक देता है, उनके रुपये हजम कर जाता है और इस सौन्दर्य में मानवीय ही नहीं, एक मानवेतर व्यापक करुणा का सौन्दर्य है—नीली झील इसी का प्रतीक है और हिन्दी में बहुत कम ऐसी कहानियाँ हैं जिनमें वातावरण से इतनी अधिक सम्पृक्ति मिलती है (ऐसा ही अभिभूत कर देनेवाला, भय का संवेदन-सा जगा देनेवाला प्रकृति और वातावरण का सौन्दर्य बँगला उपन्यास 'आरण्यक' में भी मिलता है)। वस्तु-सत्य की फ़िक्र इसमें नहीं है, अनुभूति की वास्तविकता और विषय की तथ्यात्मकता भी गौण है; एक सौन्दर्यानुभूति है जो सारी कहानी में फैली है लेकिन फिर भी चरित्रों की रेखाएँ और वातावरण के हल्के-से-हल्के स्पन्दन, अवसाद और उल्लास के आपस में मिले-घुले रंग गोली की टूटती आवाज़ों के बीच पक्षियों के कातर शोर की गूँज और परों का हल्का-हल्का स्वर तक—मूर्त है और यह संवेदना के साथ ही निरीक्षण की शक्ति की भी द्योतक है। इसमें (सौन्दर्य) संवेदना के धरातल पर लेखक की चेतना का एक सूक्ष्म संक्रमण मिलता है और 'क़स्बे के कहानीकार' की यह अन्तिम उपलब्धि है क्योंकि इसी में उस वृत्त को छोड़ने की प्रक्रिया भी मिलती है।

नवांचलों का कथा-गायन : तीसरी क़सम : फणीश्वरनाथ 'रेणु'

संवेदना और निरीक्षण की यह शक्ति रेणु में एक दूसरे धरातल पर सक्रिय है। रेणु का आगमन हिन्दी-कथा-साहित्य में एक धूमकेतु की तरह हुआ। आते ही उन्होंने

महत्त्व के शिखरों का स्पर्श किया। इसका प्रधान कारण नये-नये अंचलों की तलाश थी—नये अंचल केवल वस्तु के क्षेत्र में ही नहीं, भाषा और संवेदना के भी। यों ग्रामकथाएँ पहले भी थीं और प्रेमचन्द ने तो इस ओर अपनी कथा-यात्रा को मोड़ा भी था, लेकिन जैसा कि मैंने 'आलोचना : 24' में ही कहा है, रेणु उस परम्परा की अग्रिम कड़ी हैं और कई अर्थों में वे प्रेमचन्द से आगे बढ़े हुए हैं। ग्रामीण जीवन का यथार्थ चित्रण तो दोनों में है, लेकिन प्रेमचन्द में जहाँ ग्राम्य जीवन से सहानुभूति है, वहाँ रेणु में आत्मीयता और तादात्म्य है। वे गहरे उतरकर उस जीवन की समस्याओं और उसके सम्पूर्ण और समग्र व्यक्तित्व को उभारते हैं—एक दर्शक की हैसियत से नहीं, एक भोक्ता की हैसियत से, उन्हीं में से एक होकर। इसीलिए उनके लिए उनकी आत्मा में एक कम्पन और विक्षोभ है। उनमें अनुभूति की वास्तविकता का ताप है, उनमें जीवन की वास्तविक प्रक्रिया की स्वर-लिपियाँ हैं। उनकी कहानियों में उद्दाम जिजीविषा और गहरी मानवीयता है—जनजीवन के गहरे आत्मीय संस्पर्श और उस जीवन की व्याकुल अकुलाहट। एक स्तर पर वे कहानियाँ हैं—क़िस्सागोई का नया संस्कार; दूसरे स्तर पर वे कहानियाँ कम, चित्र अधिक हैं और तीसरे स्तर पर उग्र-मधुर स्वरों में बँधे जीवन-राग। इनमें कथा की परिपाटी है—रोचकता की दृष्टि से—लेकिन कहानी की-सी अन्विति और एकता नहीं। अनुभवों का बिखराव और प्रभाव-बिम्बों की एक क़तार जिसमें कहानी के सारे शास्त्रीय तत्त्व ओझल-से हैं। इनकी योजना औपन्यासिक हैं—बहु-पात्र, बहु-घटनाएँ और कई छोटे-छोटे भावचित्र, कई बार एक-दूसरे से असम्बद्ध और पृथक्-पृथक् कथांश। घटनाओं का दुर्निवार प्रवाह और अभिभूत करनेवाले दृश्यों की क़तार। लेकिन अन्त में पहुँचकर सब एक ही विशेष मुहूर्त को रूपायित करनेवाले। यह रेणु के निर्वाह की सबसे बड़ी शक्ति है।

'तीसरी क़सम' अर्थात 'मारे गए गुलफ़ाम' इस ग्रामीण परिवेश की सामान्य गाथा है। हीरामन के साधारण जीवन में संवेदन की अभूतपूर्व पूर्ण घड़ी आई थी और उसका हृदय, उस स्मृति को सँजोये आज भी पुलक अनुभव करता है, लेकिन उस पुलक में कहीं एक मीठी-सी कसक भी है। कहानी की पूरी अन्तर्यात्रा में एक अनाम महक, कोमलता और मिठास है, लेकिन शेष है—"मरे हुए मुहूर्तों की गूँगी आवाज़ें, जो मुखर होना चाहती हैं।" कथावस्तु के धरातल पर शायद इसमें कोई भी असामान्यता नहीं है, लेकिन फिर भी सर्वश्रेष्ठ नई कहानियों में इसकी गणना होती है—इसका कारण रेणु का अप्रोच और निर्वाह है। यों यह ऐसे जीवन की घटनाओं और चरित्रों का चित्र है जिसके विश्वास पुरातन और रोमांटिक हैं, मगर यहाँ घटना और चरित्र गौण हैं, उनकी आन्तरिक संवेदनाएँ ही प्रमुख हैं। पूरी कहानी हीरामन के अकेलेपन की तीव्रतम अनुभूति को संध्वनित करती है—मेले में, अपने साथियों के बीच और लौटती हुई सड़क पर वह एक रिक्तता से भरा है—'जारे जमाना' को दुहराता हुआ अपने अतीत से कटना चाहकर भी बार-बार वह वहीं लौट जाता है,

उस एक बिन्दु पर जहाँ उसकी रिक्तता का कोष है। अपने परिवेश के भीतर चरित्रों की छोटी-से-छोटी प्रतिक्रिया को एक सम्पृक्त आत्मीयता और रागात्मक तल्लीनता से रेणु ने व्यंजना प्रदान की है। यहाँ वह बिन्दु नया है जिस पर इसका जीवन और कथा-वस्तु केन्द्रित है। अकेलेपन की अनुभूति एक दूसरे स्तर पर यहाँ उभरती है। उसके चरित्रों की मानसिक बनावट में कोई असाधारणता नहीं है लेकिन उनकी व्यंजना में, उस परिवेश के चित्रण में संगीत स्वरों की-सी सूक्ष्मता और सांकेतिकता का योग असाधारण है; उसकी वस्तु और चरित्र नये नहीं हैं, परिवेश नया है, उसमें जीनेवाले पात्रों की प्रतिक्रिया का स्वभाव और जीवन को देखने का तरीका, कुल मिलाकर उनकी संवेदनाएँ असाधारण और नई हैं—और सर्वोपरि है रेणु का निर्वाह, जिसमें अन्वित प्रभाव की ओर कोई भी प्रत्यक्ष प्रयत्न उन्होंने नहीं किया है, संगीत के सूक्ष्म स्वर की ही तरह संवेदना के स्तर पर एक-एक प्रतिक्रिया अपना प्रभाव छोड़ती चलती है और अन्त में सब एक घनीभूत प्रभाव में घुल-मिल जाते हैं और कहानी संगीत की अशरीरी धुनों या चम्पा के फूल की महक-सी चेतना पर छा जाती है।

सहज मानवीय संवेदना : ज़िन्दगी और जोंक : अमरकान्त

श्री भैरवप्रसाद गुप्त ने एक बार कहा था कि "अमरकान्त के नाम के बिना आज की नई कहानी की कोई भी चर्चा अधूरी है।" जब कहानी में काव्य-धर्मा, बिम्ब-संकेत और संगीत के राग की तलाश हो रही थी तब अमरकान्त की कहानियों ने इनमें से किसी की भी फ़िक्र किये बिना अपना विशिष्ट स्थान बना लिया था। इसका कारण उनकी कहानियों की न तो असामान्यता है, न असाधारणता; निहायत ही साधारण कहानियाँ वे हैं लेकिन उनकी पृष्ठभूमि में वह सहज मानवीय और यथार्थवादी संवेदना है, जो बिना किसी कला और 'आर्टिस्ट्री' के अभिभूत करती और अपने सहज प्रवाह में पाठक को 'ड्रिफ्ट' (उनकी कहानियों को पढ़ते हुए मन पर पड़नेवाले प्रभाव के लिए इससे अधिक उपयुक्त शब्द मुझे नहीं मिला) कर जाती है। इस ड्रिफ्ट में जो आभासहीनता और सादगी, साथ ही एक दुर्निवार धारा का तेज़ प्रवाह है, वही अमरकान्त की शक्ति है। उनकी शैली जितनी सीधी, सरल और निर्व्याज है, जितनी शिल्पहीन सादगी है, उतनी ही गहरी अन्तर्दृष्टि और तरल मानवीय संवेदना भी। कथावस्तु और पात्रों के प्रति उनका रागात्मक सम्बन्ध उतना ही निविड़ है। उनकी कहानियों में वस्तु-पात्र के चुनाव का कोष ही इतना प्रत्यक्ष (डायरेक्ट) और सहज है कि वही सहजता और सादगी, अभिव्यक्ति तक ज्यों-की-त्यों चली आती है—सहज अनुभूति की सहज अभिव्यक्ति, कहीं कोई दुराव-छिपाव नहीं, कहीं कोई उलझाव-कटाव-छँटाव नहीं। यथार्थ के सशक्त और जीवन्त चित्रों का नन्हे-नन्हे ब्योरों में यथार्थवादी चित्रण। ये कहानियाँ ऐसी हैं, जो

बिना किसी विशेष आग्रह के जीवन की एक उद्दाम मानवीय जिजीविषा को मूर्त करती हैं और सामान्य जीवन से ही विराट संवेदनाएँ उभारती हैं। नवीन आर्थिक परिस्थितियों से जूझता मध्यवर्गीय समाज, उसकी विशेषताएँ, पीड़ाएँ, प्रवंचनाएँ और जीवन की भूख का जैसा मर्मस्पर्शी चित्रण अमरकान्त ने किया है, वह हिन्दी कहानी की विकासशील मूल जातीय परम्परा की अगली कड़ी है।

'दोपहर का भोजन', 'डिप्टी कलेक्टरी', 'ज़िन्दगी और जोंक' अमरकान्त की एक-दो नहीं लगभग सभी कहानियों का धरातल और स्तर एक ही है। 'ज़िन्दगी और जोंक' में साधारण से भिखमंगे रजुआ के जीवन की असाधारण प्यास का जिस मर्मस्पर्शी करुणा-संवेदना-से चित्रण हुआ है, वह जीवन का एक ऐसा टुकड़ा पेश करता है, जिसमें अर्थ, आरोपित नहीं, जो स्वयं ही अर्थ-गर्भ है। रजुआ की पीड़ा, केवल जीवन जीने की पीड़ा नहीं है, आज की सामान्य ज़िन्दगी के समाजीकरण की पीड़ा है, मानवीय अस्तित्व और व्यक्ति सत्ता के समाजीकरण की पीड़ा है। यों तो अमरकान्त की अधिकांश कहानियाँ आर्थिक मजबूरियों में कराहती ज़िन्दगी की विक्षुब्ध आवाज़ें हैं, लेकिन 'ज़िन्दगी और जोंक' में जीवन का दुर्निवार संघर्ष और बोझ है। इसमें ज़िन्दगी के यथार्थ और पात्रों से, लेखक की केवल सहानुभूति नहीं है, उनके साथ जीने-मरने की दुर्लभ मानवीय संवेदना है। सीधे-सादे अर्थों में कहानी, विषम परिस्थितियों में अपने अस्तित्व को बनाए रखने की लालसा में ही व्यक्त करती है, जो ज़िन्दगी में जोंक की तरह चिपकी है, लेकिन अन्त तक पहुँचते-पहुँचते सारी कहानी का अर्थ-सन्दर्भ बदल जाता है—खुल जाता है—वह केवल जीवन के संघर्ष या उसके व्यावहारिक पक्ष की कहानी ही नहीं रहती, अस्तित्व की कहानी बन जाती है। जीवन की इतनी उद्दाम लालसा कि जीवन का अर्थ ही समाप्त हो चले और जीवन का इतना दुर्दमनीय बोझ कि अस्तित्व की सार्थकता ही मिट जाए! "उसके मुख पर मौत की भीषण छाया नाच रही थी और वह ज़िन्दगी में जोंक की तरह चिपटा था—लेकिन जोंक वह था या ज़िन्दगी? वह ज़िन्दगी का ख़ून चूस रहा था या ज़िन्दगी उसका? मैं तय न कर पाया।" और यह अनिश्चय क्या उस प्रथम पुरुष पात्र या लेखक का ही है? अस्तित्व की समस्याओं पर विचार करनेवाले दार्शनिकों और दर्शन की मुद्रा धारण करनेवाले लेखकों को ईमानदारी से यह चुनौती स्वीकार करनी चाहिए। उसकी समस्या का सही रूप मानसिक परिकल्पनाओं में नहीं, ज़िन्दगी के मध्याह्न में तपते सूर्य की खुली रोशनी में है—दैनंदिन अस्तित्व के संघर्ष में है।

नई ग्राम-कथाएँ : भू-दान : मार्कण्डेय

मार्कण्डेय की अधिकांश कहानियाँ ग्रामीण क्षेत्रों से सम्बद्ध हैं और वे साग्रह ग्राम-कथाकार हैं। यहाँ इसकी विवेचना अपेक्षित नहीं हैं कि वे इस क्षेत्र की ओर

बौद्धिक सहानुभूतिवश गए हैं या संस्कारवश, लेकिन इन नये सम्भावनाशील क्षेत्रों की ओर एक स्वाभाविक आकर्षण इन ग्राम-कथाओं में अवश्य था (है) और मार्कण्डेय में ग्रामीण जीवन की वास्तविकता को समझने का जागरूक प्रयत्न भी है। इन कथाओं में ग्राम-जीवन के नये सन्दर्भों और वास्तविकताओं के प्रति मार्कण्डेय की निजी प्रतिक्रिया, जिसके पीछे एक विशिष्ट राजनीतिक, सामाजिक और आर्थिक दृष्टिकोण भी है, व्यक्त हुई है। आधुनिक भूमि सुधारों से उत्पन्न नई परिस्थितियों ने ग्राम-जीवन को एक नया संस्कार दिया है जिससे ग्राम-चरित्रों में मानसिक धरातल पर एक परिवर्तन हुआ है। यह परिवर्तन इन कथाओं में पाया जा सकता है। ये ग्राम-कथाएँ प्रेमचन्द की परवर्ती परम्परा की अग्रिम कड़ियाँ तो हैं ही, रेणु की कहानियों से भी भिन्न हैं। रेणु ने भावबोध के स्तर पर उन्हें ग्रहण किया है और ग्राम-जीवन के बाह्य तथा आन्तरिक चित्रों को एक जीवन्त सन्दर्भ दिया है लेकिन मार्कण्डेय में यह अन्वेषण के धरातल पर है। उनमें ग्राम्य जीवन की आशा-आकांक्षाएँ, आधुनिक प्रगति के सन्दर्भ में एक ख़ास दृष्टिकोण के रंग से रंजित हैं। यह दृष्टिकोण समीक्षात्मक या क्रिटिकल भी है और संवेदनपूर्ण भी, और एक गहरी सहानुभूति (भले वह बौद्धिक ही क्यों न हो) का योग भी इसमें है।

उनकी 'भू-दान' में यही दृष्टिकोण प्रधान है। यह नये विकास के स्वप्न भंग की कथा है जिसमें ग्राम का पुराना शोषक वर्ग अपने संकुचित न्यस्त स्वार्थों के कारण आज भी साधारण किसानों के अभावग्रस्त जीवन और उनकी ट्रेजेडी का उत्तरदायी है। रामजतन 'भू-दान' को लेकर स्वर्णिम भविष्य की कल्पना करता है लेकिन ठाकुर के जिस दान से उसे भूमि मिलती है वह तो केवल पटवारी के काग़ज़ पर थी। असल में तो वह कब को गौतमी नदी के पेट में चली आई। इस कहानी में एक राजनीतिक पक्षधरता का रूप सामने अवश्य आता है, जिसमें कोई भी जागरूक लेखक बच नहीं सकता, लेकिन यह पक्षधरता केवल इसी अर्थ में है कि वह एक व्यापक अनुष्ठान—भू-दान आन्दोलन—की व्यावहारिक परिणति को उजागर करता है लेकिन वह इस आन्दोलन की आलोचना नहीं है, उसका निहित व्यंग्य तो उस शोषक वर्ग पर है जो इस समाजवादी व्यवस्था में आज भी अपने हाथ-पैर फैलाए हुए है। ग्रामीण चरित्रों के सहज विश्वास और मानवीय आस्था के विपरीत उस वर्ग की कुटिल नीतियों की यह कहानी, उन ग्रामों की वास्तविकता उभारती है, जिन्हें सामान्यत: ढोल-मजीरे की धुनों पर गूँजते लोकगीतों की भूमि माना जाता है और एक रोमांटिक वातावरण में उनके मौलिक संघर्षों को झुठलाया जाता है। यह स्वप्न भंग और कटु-तिक्त यथार्थ का चित्र अवश्य है लेकिन इसमें कुछ भी आरोपित नहीं है। कहानी की फ्लैटनेस—संवेदना और रचना दोनों की—उसकी नाटकीयता की आलोचना की जा सकती है लेकिन कथा-वस्तु के धरातल पर इसकी वास्तविकता को नकारा नहीं जा सकता, भले ही यह वास्तविकता सूचना के धरातल पर ही ग्रहण

की गई हो। दरअसल पूरा का पूरा ग्राम-कथानक का आन्दोलन कथानक के ह्रास के युग में भी केवल 'सबल थीम' और 'स्ट्रांग कंटेंट' (शब्द श्री शिवप्रसाद सिंह के) का आन्दोलन था जिसमें कहानी की आन्तरिक और कलात्मक उपलब्धियाँ गौण हैं, प्रधान तो वह वास्तविकता और वह दृष्टिकोण है जिसे अक्सर भुला दिया गया था। इसीलिए रामजतन की ट्रेजेडी एक या दूसरे अर्थ-स्तर पर अधिकांश ग्राम की ट्रेजेडी है।

एक विशेष मूड और मन:स्थिति की कहानियाँ : परिन्दे : निर्मल वर्मा

कई अर्थों में निर्मल वर्मा नई कहानी के विशिष्ट कथाकार हैं जिन्होंने नये वस्तुक्षेत्र ही नहीं, निर्वाह की एक विशिष्ट भंगिमा और कहानी को एक कलात्मक सार्थकता प्रदान की है। उनकी कहानी पुराने या नये रूढ़ अर्थों में कहानी नहीं है। दरअसल, निर्मल वर्मा की कहानियाँ जीवन की वे अनुभूतियाँ हैं जिन्हें ऐकान्तिक अनुभूतियाँ कहते हैं। ये अन्तर्मुखी और व्यक्तिपरक होती हैं। उनका प्रकाश बाह्य नहीं, आन्तरिक होता है। समाज के स्थूल और बहिर्मुख यथार्थ की ठोस वास्तविकताओं के चित्रण के विपरीत निर्मल वर्मा की चेतना आधुनिक सन्दर्भों में निरन्तर अकेले होते जा रहे व्यक्ति के अन्तर्मन की अनुभूतियों की ओर मुड़ी है और सामाजिक जागरूकता या सामाजिक यथार्थ के अस्त्र से उनकी सार्थकता पर चोट नहीं की जा सकती, क्योंकि वह निर्मल वर्मा का उद्‌देश्य ही नहीं है। वहाँ तो यथार्थ का एक दूसरा ही स्तर मिलता है। वह तो अदृश्य यथार्थ है जिसे कुछ विशेष क्षणों में भोगा-परखा जा सकता है। वह होता यद्यपि क्षणों का ही है लेकिन सम्भवत: अपेक्षाकृत अधिक शक्तिमान भी, क्योंकि व्यक्ति की इकाई से वह सम्बद्ध है। उसे बहुत बारीक विश्लेषण और अभिव्यक्ति के सूक्ष्म स्तर की अपेक्षा होती है। इसे आन्तरिक या सूक्ष्म यथार्थ कहा जाए। 'परिन्दे' उसी धरातल की कहानी है। परिन्दे और निर्मल वर्मा की अन्य कहानियों पर अभारतीयता या विदेशीपन का आक्षेप लगा है। मैं कह चुका हूँ कि परिन्दे की वस्तु यथार्थ के सूक्ष्म और आन्तरिक स्तर से आती है, और उसके पात्र एक विशिष्ट परिवेश से आते हैं।

उसकी वस्तु कॉन्वेंट स्कूल के होस्टल, पहाड़ी क़स्बे के ईसाइयत में डूबे वातावरण की है जहाँ हर पात्र अंग्रेज़ियत के रंग में रँगा है और सारा वृत्त उसमें डूबता-उतराता है, जिसमें लतिका भी अपने अतीत की खोई स्मृतियों की मधुर वेदना को लिये जी रही है। इस वातावरण में लतिका के संस्कार और मानसिक एटीट्यूड भी वही आदर्श भारतीय नारी के हों, कैसे सम्भव हो? या राकेश की 'आर्द्रा' या अमरकान्त की 'डिप्टी कलक्टरी' का वातावरण यहाँ कैसे अपेक्षित है? कोई भी कहानी देशी या विदेशी उसके पात्रों और बाह्य वातावरण से नहीं बनती

(अमरीकी वातावरण और पात्रों के बीच भी उषा प्रियंवदा की कहानियाँ, भारतीय ही हैं) उसका आन्तरिक वातावरण, उसकी प्रेरणा, अन्तर्वृत्त और दृष्टि ही कहानी को देशी या विदेशी बनाते हैं। 'परिन्दे' का वातावरण और चित्रण विदेशी-सा लगेगा, क्योंकि वह सामान्यतः परिचित भारतीय वातावरण से भिन्न एक विशिष्ट परिवेश का है अन्यथा अनुभूतियों और संवेदनाओं में वह किसी भी कोण से विदेशी नहीं है। लतिका का मिस्टर नेगी के प्रति वह अटकाव, वह आकर्षण, जो उसके बाद भी उसे मथे डालता है, सालता है, वह परिन्दों को उड़ता हुआ देखकर अपने मन की कामना की पूर्ति और अभाव को झेलती है—क्या भारतीय अनुभूति और संवेदना नहीं है? कहानी में एक 'वातावरण' छाया है जो पात्रों की आन्तरिक गतियों और मनःस्थितियों को व्यक्त करता है या हर पात्र अपने वातावरण की सम्पृक्त उपज है। इस कहानी का आस्वाद इस वातावरण से सम्पृक्ति के धरातल पर ही सम्भव है। एक संकेत है—"और पियानो के सुर अतीत की धुंध को बेधते हुए स्वयं उस धुंध का भाग बनते जा रहे हों—यह धुंध बाहरी नहीं है, लतिका के मन के किसी भीतरी कोने की धुंध है। उसके जीवन में अतीत की धुंध को बेधती हुई कोई बीती स्मृति उसे सालती है...वह स्मृति भी अब छूटती-सी उस अतीत का अंग बनती जा रही है। अपनी निस्सहायता की चेतना, बरबस अपने को छलने का छलावा लिये लतिका को एक प्रश्न बराबर सालता रहा है—"डॉक्टर, सब कुछ होने के बावजूद वह क्या चीज़ है जो हमें चलाए चलती है, हम रुकते भी हैं तो अपने रेले में वह हमें घसीट ले जाती है।" इस प्रश्न को लिये वह अपने से कुछ नहीं कर पाती, दिल कहीं नहीं टिक पाता, हमेशा भटकता है! एक पगली-सी स्मृति, एक उद्‌भ्रान्त भावना लिये हुए यात्रा के लिए वह सबका सामान बँधवाती है लेकिन स्वयं होस्टल के उदास वातावरण में टिकी रहती है, चाहकर भी अपने मन की उस स्थिति से मुक्त नहीं हो पाती। जैसे जीवन में स्वयं की कोई गति नहीं है, स्वयं का स्पन्दन नहीं रह गया है। जैसे कोई पक्षी अपनी सुस्ती मिटाने के लिए झाड़ियों के किनारे बैठ जाता, पानी में सिर डुबाता, फिर ऊबकर हवा में दो-चार निरुद्देश्य चक्कर काटकर दुबारा झाड़ियों में दुबकता है, वैसे ही वह भी लड़कियों के साथ मीडोज़ में पिकनिक कर लेती है, प्रेयर में पियानो सुन लेती है, पुरानी स्मृतियों के शीतल जल में कुछ देर डूबकर फिर अपने ही एकान्त में दुबक जाती है। हर साल परिन्दे सर्दी की छुट्टियों से पहले मैदान की ओर उड़ते हैं, कुछ दिनों के लिए बीच के इस पहाड़ी स्टेशन पर बसेरा कर लेते हैं, प्रतीक्षा करते हैं—बर्फ़ के दिनों की, जब नीचे अजनबी अनजाने देशों में उड़ जाएँगे,—लेकिन लतिका कहीं नहीं जाएगी—कहीं नहीं—अपने ही 'एकान्त' में बन्द परिन्दे की तरह छटपटाएगी। उसकी यह एकरसता, उस वातावरण और परिवेश की ही तो है! यहाँ न घटना है, न स्थिति, केवल एक मुखर चिन्तन है जिसके माध्यम से अकेलेपन की पर्तें,

स्तर-स्तर खुलते जाते हैं। वे स्तर जो ज़िन्दगी के व्यावहारिक पक्ष में नहीं खुलते, जो उससे पृथक् सार्थकता-असार्थकता की अनुभूति के निविड़ क्षणों में मुखर होते हैं। इसीलिए निर्मल वर्मा की कहानियाँ समकालीन कहानी में एक विशिष्ट उपलब्धि हैं। यथार्थ के लिए जिस स्तर को उन्होंने पकड़ा है, जिस वातावरण की बात वे कहानियों में करते हैं उस स्तर और वातावरण में डूबकर, भीगकर वे लिखते हैं और फलस्वरूप डुबोते और भिगोते हैं। लेकिन वे एक मनःस्थिति, एक मूड, एक भाव-स्थिति के ही कहानीकार हैं और एक ही मनःस्थिति में एक ही मूड और एक ही भाव-स्थिति के भी। उनकी भाव-स्थितियों में विविधता नहीं है। एक प्रगाढ़ उदासी की एकतान भाव-स्थिति, और एक ही मूड के विभिन्न पहलू—उसके ही कई 'इम्प्रेशंस'! ऐसा मूड, जिसके क्षण "अतीत के भाग नहीं हैं, जो याद करके भुलाए जा सकें।" वह स्थायी है, कालातीत है। काल बदल सकता है, वह नहीं। लगता है एक व्यक्ति है और विभिन्न कोणों से पड़ते हुए प्रकाश से निकलती हुई उसकी परछाइयाँ हैं, जिनमें व्यक्ति, वस्तु या यथार्थ कुछ नहीं उभरता, उभरती है तो केवल एक ही भावना, एक ही संवेदना, एक ही अनुभूति और एक ही मनःस्थिति। यहाँ वस्तु, चरित्र, यथार्थ दृष्टि, भाषा, वातावरण सब-के-सब उस एक व्यक्ति के एक ही मूड में केन्द्रित हैं और उसी में डूबते-से हैं एक भावाकुल मूड में। यों कि इस मूड का एक वृत्त है और अनुभूतियाँ उस एक ही वृत्त में चक्कर काट रही हैं। लगता है जैसे पियानो की एक ही रीड पर कम या अधिक ज़ोर से उँगली का स्पर्श हो रहा है और एक ही स्वर कभी धीमा, कभी तेज़ होकर हवा में तैर रहा है, जो उदास मूड को स्थिर प्रगाढ़ता देता है।

यथार्थ का शिल्प और शिल्प का यथार्थ

देवीशंकर अवस्थी

'अगर वह मेरी पत्नी न होती, तो मैं उसे चूम लेता या चूमने की इच्छा को दबाता कड़वा मज़ा लेता।' हिन्दी कहानी का अभ्यस्त पाठक इन पंक्तियों को पढ़कर एक धक्के का अनुभव कर सकता है और विवेकी पाठक एक नये स्वर की पहचान का। पिछले दशक के कहानीकार जहाँ 'सामान्य अनुभवों की तरह नया सन्दर्भ देते हैं कि पाठक को कहीं भी संस्कारगत का धक्का नहीं लगता।' क्यों महेन्द्र भल्ला की कहानी 'एक पति के नोट्स' (नई कहानियाँ : सितम्बर, 1964) 'एक नये तरह के पाठक' की भी माँग करती है? इसी के साथ धर्मवीर भारती की कहानी 'यह मेरे लिए नहीं' (नई कहानियाँ, नवम्बर, 1964) पढ़ी जाए तो नये और पुराने स्वर एकदम अलगाए जा सकते हैं। भारती में जहाँ पुराने मूल्यों एवं नई आकांक्षाओं के मध्य द्वंद्व है और उस खाई को पाटकर जुड़ने की व्याकुलता है, वहाँ महेन्द्र भल्ला उस द्वंद्व को उपस्थित करते हैं जो मूल्यहीनता के कारण व्यक्ति में उत्पन्न हो गया है। शायद यह कहने की आवश्यकता न पड़े कि दूसरे प्रकार का द्वंद्व अधिक विकसित यथार्थ का परिचायक ही नहीं है, ज़्यादा बड़ी कलात्मक क्षमता भी चाहता है। महेन्द्र भल्ला उस यथार्थ की नब्ज़ पर हाथ रखे हैं जो आधुनिक जीवन की विडम्बना और नियति है, जबकि भारती का संसार उसी पुराने संसार का बढ़ाव है जो पिछले पचास वर्षों से हिन्दी कहानी में व्यक्त होता आया है। इन दोनों संसारों की व्यंजनाएँ दो भिन्न शिल्पों, दो भिन्न भाषा-भंगिमाओं की माँग करती हैं।

'एक पति के नोट्स' को आप पारिवारिक कहानी कहें या प्रेम की अथवा फ्लर्टेशन की—इससे कोई फ़र्क़ नहीं पड़ता। फ़र्क़ पड़ता है इस बात से कि इस कहानी का यथार्थ अधिक गहरा और अधिक नया ही नहीं, अधिक निजी भी है। इस कहानी का संसार ही बदल गया है। पत्नी है। सुन्दर है। उससे प्रेम-विवाह किया है। विलासी गृहस्थी है। असन्तोष का प्रत्यक्ष कोई कारण नहीं; पर पति पत्नी से ऊबा है, दोनों के मध्य का सम्प्रेषण कृत्रिम है। बल्कि यों कहें कि भावात्मक आदान-प्रदान के तार ही टूट गए हैं। छोटे-छोटे सहज प्रसंगों एवं टिप्पणियों में

यह ऊब, यह अलगाव, यह अकेलापन व्यक्त होता है। अत्यन्त वैयक्तिक-से लगनेवाले सम्बन्धों में आधुनिक जीवन की इस ट्रेजेडी को पूरी तौर से पहचाना जा सकता है। औरत के रूप में पत्नी उसे आज भी सुन्दर लगती है, पर ज्यों ही याद आता कि यह मेरी बीवी है, उसका चिपचिपाहट भरा अपनापन अखरने लगता है तथा सुन्दर न होने के बावजूद पड़ोसी लड़की चन्दा को फ्लर्ट करने की कोशिश करता है और अपने को पड़ोसी किशोरीलाल से कहीं ऊँचा मानता हुआ सोचता है कि शायद उसकी बीवी को भी पा सकेगा। यही नहीं, अपनी पत्नी से यौन सम्बन्धों के समय मार्लिन मनरो आदि ऐक्ट्रेसों को ध्यान में रखना पड़ता है और सेक्स की विवशता न होती तो पत्नी को छोड़ देने की 'बेईमानी' भी उसके मन में थी।

स्पष्ट है कि प्रेम, परिवार, सेक्स, पति-पत्नी सम्बन्ध, पड़ोसी-व्यवहार आदि के पुराने स्थापित आदर्शों से यह स्थिति भिन्न है। एक स्तर पर इस कहानी को पुराना आदर्शवादी [या पुरानी कहानियों का अभ्यस्त] पाठक विकृति, अनैतिकता, अश्लीलता, अमानवीयता, बुराई आदि की कहानी कहना चाहेगा। पर यही वह स्तर है जहाँ कहानी यथार्थ को उसके अधिक सच रूप में उठा लेती है। निश्चय ही कहानी इन दुष्कर्मों की है, पर आधुनिक सन्दर्भ में 'बुराई' की 'सिग्नीफिकेंस' ही कहानी का मूल भाव प्रतीत होता है। बुराई की इस गणनीयता के पीछे एक अत्यन्त प्रश्नशील मस्तिष्क की आवश्यकता है और यह प्रयत्नशीलता अनिवार्यत: अनास्था, निराशावादिता आदि की ओर ले जाएगी। स्वतंत्रता के बाद नवलेखन के आरम्भ में 'कल उगने' का जो एक आशावादी रोमांटिक झोंका आया या वह सन् 1960 तक पहुँचते-पहुँचते गुज़र जाता है और जो एक अत्यन्त प्रबुद्ध, जिज्ञासु मन सचाई में गहरे पैठता है वह निरन्तर निराशा, अनास्था, ऊब, बुराई अनैतिकता आदि की सिग्नीफ़िकैंस को स्पष्ट करता है।

इस बोध और इस स्पष्टीकरण का जो क्षुरस्य धारा मार्ग आज का लेखक अपनाता है वह अपने प्रामाणिक अनुभव का है, न कि साक्षी आदर्शों द्वारा बताया गया। जिस प्रकार का अनुभव होना चाहिए या जिस प्रकार से जिस कोटि का अनुभव करना सिखाया गया है, उनसे हटकर महेन्द्र भल्ला की यह कहानी प्रामाणिक अनुभव पर ज़ोर देती है। पति-पत्नी के बीच पड़ोसी परिवार को दिये गए डिनर-निमंत्रण पर बातचीत होती है। पति किशोरीलाल को 'गधा' कहता है। पत्नी पूछती है, 'फिर बुलाया क्यों?' उत्तर है, 'संध्या के लिए।' पत्नी का कहना है कि 'वह किसी के हाथ लगनेवाली नहीं है। आप कोशिश करके देख लीजिए।' बात सच लगते हुए भी पूछता है, 'क्यों?' इसलिए कि 'हम औरतें अपने को बहुत ढाल लेती हैं। हमको अगर घर मिल जाए, तो हम बहुत कुछ सह सकती हैं।' पति को प्रतीत होता है कि 'उसने निहायत हिन्दुस्तानी बात कही है। यह बात उसकी अपनी नहीं,

साझी है। आदर्श है। मुझे आदर्शों से चिढ़ है।' नये लेखक ने समझ लिया है कि आदर्श साझी होता है। इसीलिए वह अपने अनुभव पर बल देना चाहता है। और इसी स्थिति से यह आकांक्षा उभरती है कि कितना ही तीखा क्यों न हो, पर जुड़ना अपने यथार्थ से ही है। महेन्द्र भल्ला का 'पति' अगर साझी आदर्शों को मान ले तो दुख की स्थिति समाप्त हो जाए। पर इतना आसान नुस्खा भी वह स्वीकारने को तैयार नहीं। यही उसकी विडम्बना है—आधुनिक लेखक की विडम्बना है। पुराना लेखक इस कहानी को लिखने बैठेगा तो एक त्रिकोण बना देगा, पर यहाँ त्रिकोण का तीसरा बिन्दु न होने के बावजूद सारा त्रास विद्यमान है। इस विडम्बना-भरी प्रश्नशीलता के द्वारा वे सच्चाई को झेलना चाहते हैं। परम्परा-प्रथित विचारों (या कंडीशंड रिफ़्लेक्सेज़) से अपने संवेगों, अनुभूतियों को अलगाना किसी भी लेखक के लिए सबसे बड़ी समस्या होती है—महेन्द्र भल्ला ने इसे निभाने की पूर्ण चेष्टा की है। अपने अनुभव की तीखी चेतना, जानबूझकर 'दुखों के रास्ते' अपनाने की चेष्टा, पूरी कहानी में व्याप्त एक अनाम तल्खी इस कहानी को नई कहानी के उस स्वर का प्रतिनिधि बनाती है जो सन् 1960 के बाद विकसित हो रहा है और जिसकी कुछ विरल ध्वनियाँ ही पिछले दशक की कहानियों में मिलती हैं।

प्रस्तुत कहानी (और इसके माध्यम से इधर की कहानी) की विशिष्टता को समझने के लिए थोड़ा-सा उस संसार का विश्लेषण कर लिया जाए जो इस कहानी के माध्यम से उभरता है। ख़ास कर इस कहानी में चित्रित मानवीय सम्बन्धों के माध्यम से ही यह विश्लेषण करने की चेष्टा करूँगा। यों होना तो यह चाहिए कि उसके पूरे भूगोल, प्रतीकों, अप्रस्तुतों आदि की भी चर्चा की जाती।

यद्यपि पति की मूल समस्या वैयक्तिक है—प्रेम या संवेगों की ओर उसका अपना रुख़—पर समाज के प्रति उसका जो दृष्टिकोण है उससे सामाजिक समस्याएँ भी उभर आती हैं। समाज उसे किस रूप में लेता है यह तो बहुत स्पष्ट नहीं है (सामाजिक अलगाव का यह प्रतीक भी माना जा सकता है) पर उसका अपना रुख़ पर्याप्त स्पष्ट है। एक ओर विवाहित पत्नी को वह छोड़ने की बेईमानी भी कर सकता है। पर दूसरी 'शादी' में देर लगेगी और तब तक यह सेक्स कहाँ मिलेगा! दसवें-पन्द्रहवें सीता के गालों पर चटकनेवाली हल्की लाल ताज़गी का आकर्षण न होता, 'तो एक तरफ़ हो जाता।' ध्यान रहे कि विवाह एक सामाजिक संस्था है। उसका अस्वीकार भी और एक भिन्न स्तर पर स्वीकार भी वस्तुत: एक गहरे अलगाव (isolation) को सूचित करते हैं। पहले की कहानियों में सामाजिक विसंगतियाँ बराबर मिलती हैं, पर इन विसंगतियों के चित्रण में सामाजिक एकीकरण (social integration) की कल्पना बराबर विद्यमान रही है। स्वयं भारती की इस कहानी (यह मेरे लिए नहीं) में भी यह एकीकरण एवं उससे उत्पन्न तथाकथित आस्था भी। 'एक पति के नोट्स' का नायक इस भयंकर बिलगाव से पीड़ित है।

पिछले चार-पाँच वर्षों में जो भी उल्लेखनीय कहानियाँ आई हैं; उनमें यह बिलगाव की यातना विद्यमान है। यद्यपि यह अलगाव इन चरित्रों का अपना वैयक्तिक भाव है और व्यापक समाज उनसे बेख़बर दीखता है, कहना न होगा कि यह बेख़बरी अन्ततः भय, आतंक या आततायीपन तक ले जाती है, जिसमें कि समाज न व्यक्ति की रक्षा कर पाता है और न व्यक्ति की चोट से अपना बचाव। यही अलगाव और बेख़बरी अमरकान्त के 'हत्यारे' या मार्कण्डेय की 'एक काला दायरा' की स्थितियों के लिए ज़िम्मेदार होती है।

समाज से इस अलगाव का एक रूप इस कहानी में यों भी देखा जा सकता है। कि पत्नी या पड़ोसी से कुछ काम लायक़ सम्बन्ध तो दीखते हैं, पर उनके कार्यों में कोई घनिष्ठ या भावात्मक लगाव नहीं मालूम होता, यहाँ तक कि किशोरीलाल की पत्नी या बहिन में दिलचस्पी भी एक निहायत सतही शारीरिक स्तर पर है और इसीलिए कोर्टशिप की कोई चेष्टा नहीं दीखती। इसी स्तर के सम्बन्धों की औपचारिकता के भीतर पड़ोसी को डिनर पर बुला तो लिया जाता है पर उसकी बीमारी सुनकर मात्र मौखिक सहानुभूति जताने के लिए भी किशोरीलाल के घर तक जाने का कोई उपक्रम नायक नहीं करता। समाज से इस पीछे हटने के कारणों की विवेचना न करके यहाँ केवल इस ओर इंगित किया जा सकता है कि प्रस्तुत कहानी के नायक में समाज के प्रति एक विरक्तिजन्य, उदासीनता है, सामाजिक-माँगों से उत्पन्न होनेवाले भय का अभाव है तथा सामाजिक संस्थाओं के प्रति उपेक्षा।

सामाजिक अलगाव का सबसे प्रखर रूप विवाह की संस्था की इस उपेक्षा या अवमानना में व्यंजित है। नायक के लिए इस संस्था का उपभोग मात्र सहजलब्ध सेक्स के लिए है। पर साथ ही विवाह संस्था को ही सेक्स परितृप्ति का एकमात्र वैध मार्ग वह नहीं मानता। चन्द्रा के शरीर का रस लेकर वर्णन ही नहीं करता, उस दिशा में अनमने भाव से कुछ दिलचस्पी भी दिखाता है और किशोरीलाल की बीवी सन्ध्या के बारे में उसका ख़याल है कि उसे वह जीत सकेगा। क्योंकि 'ऐसे आदमी के साथ सन्ध्या-जैसी स्त्री कैसे रह लेती है! अधिक दिन नहीं रहेगी।' यही नहीं, वह अपनी पत्नी के सामने भी अपनी लालसा प्रकट करने में संकोच नहीं करता और पत्नी भी इन बातों का बुरा नहीं मानती। सम्भवतः सीता के मन में भी इस विवाह नामक संस्था के प्रति बहुत आदर भाव नहीं है। जिस प्रकार नायक के लिए विवाह का एकमात्र उपयोग सहजलब्ध सेक्स है, वैसे ही सीता के लिए वह घर पाने का साधन है जिसके लिए स्त्रियाँ बहुत कुछ सह लेती हैं। (शायद सीता अपने पति को और सन्ध्या अपने पति को सह लेती हैं।) फिर सबसे मज़ेदार बात यह कि सामाजिक संस्थाओं या परम्पराओं के इस उल्लंघन में विद्रोह या शहादत की पुरानी कहानियों में प्राप्य मुद्रा कहीं भी नहीं है। यहाँ तक कि 1964 में छपी 'यह मेरे लिए नहीं' (धर्मवीर भारती) के दीनू की मुद्रा इसी पुराने बलिदानी की

ही बनी रहती है। पर भल्ला की कहानी के नायक की परम्परा के प्रति उपेक्षा इस सीमा तक है कि सुन्दर दीखनेवाली एक स्त्री को वह इसलिए नहीं चुन पाता क्योंकि वह पत्नी है।

इस सम्बन्ध में यह भी ध्यान में रखना होगा कि अलगाव या अस्वीकार की यह भावना नायक के अपने स्वभाव या व्यवहार से उद्‌भूत है। वस्तुतः वह एक वास्तविक या कल्पित इस माँग से पीड़ित है कि कोई उसे ठीक से समझे, उसके महत्त्व को सराहे या कि सहानुभूति दे। "अकेलापन उसे अपने चारों ओर लिपटा दीखता है। अकेलेपन को मारने का सबसे बड़ा साधन प्रेम है, पर वह भी 'परिचय के मध्य अपरिचय' बन गया है। प्रेमालाप कहानी में या तो होता नहीं या मात्र झुठाई के स्तर पर दीखता है—"सीता के होंठ 'अनाकर्षक' और थोड़े-से बदसूरत लग रहे थे। 'परिणामस्वरूप' मैंने मुँह फेर लिया। लेकिन तभी मुझे एहसास हुआ कि सीता मुझे प्यार से देख रही है। मैंने एकाएक भाव बदला और प्रति-प्यार से उसे देखने लगा।...मैं यह नाटक क्यों करता हूँ? और सीता को इसका पता क्यों नहीं चलता?" ध्यान रहे कि प्रेम-विवाह होने के पश्चात भी प्रेमालाप की कृत्रिमता का यह रूप उभर आता है।

इस अकेलेपन की सबसे बड़ी विडम्बना प्रेम नहीं, सेक्स के क्षणों में देखी जा सकती है, जिसमें कि मार्लिन मनरो आदि ऐक्ट्रेसों को याद करना पड़ता है, या कि 'उसके' दौरान भी यह तर्क-वितर्क चलता है कि शायद वह ज़बरदस्ती पर उतर आने के लिए रूठी हुई थी। इस प्रेम-प्रसंग की और छानबीन करें तो स्पष्ट हो जाएगा कि यहाँ पर अपने लिए उपयुक्त साथी चुनने या उसका हृदय जीतने की चेष्टा तनिक भी नहीं है। कोर्टशिप की आवश्यकता ही नहीं है। प्रेम-पात्र के अभिज्ञान से ज़्यादा महत्त्वपूर्ण प्रेम की लैंगिक अभिव्यक्ति है। पर व्यंग्य यह कि इस अभिव्यक्ति को भी पूरे व्यक्तित्व का बल नहीं मिलता। जिन पड़ोसिनों पर उसकी नज़र पड़ती है उनको भी पाने की न तो उत्कट अभिलाषा दिखती है, न चेष्टा—केवल एक प्रकार की विकार-भरी बातचीत तक ही यह मनमोदक सीमित रहता है। यह भी ध्यान देने योग्य है कि पति-पत्नी के मध्य कलह का कोई कारण नहीं है (सिवा इसके कि एक-दूसरे को समझ सकने या सराह सकने के रागात्मक तन्तु टूट गए हैं), फिर भी ऊब या अकेलापन उन्हें निरन्तर कलह या पीड़ा की स्थिति में रखते हैं। यह प्रेम वस्तुतः सुख का नहीं, एक निरन्तर खोखलेपन की वेदना का स्रोत बन जाता है। पुरानी कहानियों में प्रेम अपनी स्वार्थहीनता, व्यावहारिकता, सामाजिक परम्पराओं के प्रति आदर तथा नैतिक विचारशीलता के द्वारा पात्रों को सामाजिक संगठन से जोड़े रखता था और पात्रों के मानवीय सम्बन्धों को इन गुणों की परिधि में अनुकूलित करता था। पर प्रस्तुत कहानी का प्रेम-व्यवहार नितान्त आत्मकेन्द्रित, समाज-विरहित और नीति-विरहित हो गया

है। नि:स्वार्थ संवेग तो यह है ही नहीं, प्रेमपात्र के गुणों का स्वत:स्फूर्त परिशंसन भी इसमें नहीं है। प्रेम का अनुपात विशिष्टता के अनुपात-बोध से एकदम रहित है। प्रेमियों की सबसे बड़ी आवश्यकता शरीर तृप्ति भर रह गई है।

यहाँ नायक के मन की यह कल्पना पूरी नहीं होती कि दूसरे उसे उतना ही महत्त्व दें, उतनी ही उसकी सराहना करें जितनी कि वह स्वयं अपनी करता है, क्योंकि कोई भी एक-दूसरे को उतना महत्त्व नहीं देता। चन्द्रा उससे चिड़ी छीनकर और डाँट लगाकर चली जाती है। सन्ध्या मुग्धभाव से उसी किशोरीलाल की ओर एकरस ताका करती है जिसे वह घटिया आदमी मानता है। यहाँ तक कि सीता भी यह कहकर उसके अहं को ध्वस्त कर देती है कि 'हम स्त्रियाँ बहुत सह लेती हैं।' वस्तुत: यह स्थिति उसी समाज में सम्भव है जहाँ स्वयं दूसरे की सराहना नहीं की जाती और मात्र अपनी प्रशंसा पसन्द की जाती है। कहना न होगा कि ऐसा समाज विशृंखल होता है और आधुनिक समाज का यही रूप है। और इसी पृष्ठभूमि में इस कहानी का दाम्पत्य-प्रसंग एक आन्तरिक यातना, अतिचार (extravagance) और फ्रस्ट्रेशन की विकृतियों से सम्पृक्त है और ये विकृतियाँ ही आधुनिक जीवन की नियति बन गई हैं।

इस विश्लेषण से इतना स्पष्ट है कि 'एक पति के नोट्स' का संसार बदला हुआ है। इसे ही मैंने विकसित यथार्थ की पहचान कहकर कहानी के माध्यम से यथार्थ की खोज है—खोज जो गहन प्रश्नशीलता से सम्बन्धित है। यह भी कहना चाहूँगा कि सचाई की खोज एक श्रेष्ठतर कला-शिल्प की खोज भी है। दोनों वस्तुत: एक ही हैं। जिस मानवीय समस्या को उठाया जाता है उसी के अनुरूप ही कला-शिल्प को होना चाहिए। महेन्द्र भल्ला ने इस शिल्प की खोज की चेष्टा की है और दूर तक इसमें सफल भी हुए हैं।

कहानी उत्तम पुरुष के दृष्टिबिन्दु से कही गई है। मैं समझता हूँ कि लेखक जिस समीपी, घनिष्ठ एवं तात्कालिक जीवन को उठाते हुए जिस आन्तरिक कटुता या वेदना को कहना चाहता है, उसके लिए उत्तम पुरुष के अतिरिक्त और कोई चारा ही नहीं है। कहानी की अपनी प्रति में मैंने 'मैं' के स्थान पर 'वह' करके पढ़ना चाहा तो कहानी की अर्थगर्भिता ही खंडित नहीं हुई, उसमें एक प्रकार की अविश्वसनीयता भी आने लगी। 'मैं' शैली में लिखने के कारण लेखक को विश्वसनीयता लाने के लिए वे तमाम जीवनचरितात्मक 'अभिज्ञान' नहीं लाने पड़े जिनके बिना कि 'वह' के माध्यम से विश्वसनीयता का आना कठिन है। वस्तुत: 'वह' के द्वारा सम्बन्ध और काल की जो दूरी स्थापित हो जाती है, लेखक के लिए अभीष्ट नहीं है। पर इसके साथ ही जिस यथार्थ को वह वाणी देना चाहता है, उसके लिए संयत तटस्थता की भरपूर आवश्यकता है, इसके बिना सारा चित्रण आत्मरतिमूलक और पूर्वग्रहग्रस्त हो जाएगा और नायक अपने लिए सहानुभूति

की माँग करने लगेगा। महेन्द्र ने इस कठिनाई को निभाने के लिए 'टिप्पणियों' या 'नोट्स' का प्रयोग करना चाहा है। अपनी मन:स्थितियों का विश्लेषण करते हुए नायक बेलाग, वस्तुगत टिप्पणियाँ देता जाता है और इस प्रकार आत्मपरक विडम्बना से बचने की पूरी चेष्टा करता है, यानी कि आत्मपरक समीन्री-बोध और वस्तुगत वास्तविकता इन दोनों को इस शिल्प के अन्दर एक साथ सँभालने की तत्परता है। स्थान की सीमा होने के कारण टेक्स्चर की बुनावट के अन्य तथ्यों में न जाकर केवल इतना और कहना चाहूँगा कि यथार्थ तथा शिल्प के इस एकत्व से बनी कहानी का सम्पूर्ण रूपबन्ध कॉमेडी या ट्रेजेडी के ढाँचों से हटकर एक प्रकार की तिक्त कथा का हो गया है। एक तल्खी या तिक्तता कहानी में पर्त-दर-पर्त जमती जाती है और समन्वित प्रभाव इसी तीखेपन का होता है। जिस जीवन को वह नापसन्द करता है, उसे ही जीना भी पड़ता है—यह विवशता कहानी में एक तीखेपन को भर देती है। नायक कहीं भी अपने लिए सहानुभूति नहीं माँगता, यहाँ तक कि स्वयं भी सहानुभूति नहीं देता। नायक कमोबेश पीड़ित है, पर यह पीड़ा स्वयं उसकी अपनी विकृतियों की देन है, इसीलिए अनिवार्य भी। चरित्र की ये विकृतियाँ तो प्रशंसनीय हैं ही नहीं, उसमें प्रशंसा योग्य और भी कोई विशिष्टता नहीं दीखती और इसीलिए दया या सहानुभूति को जन्म नहीं लेने देतीं। चूँकि ये कमियाँ स्वयं नायक को छोड़कर और किसी के लिए हानिकारक नहीं हैं, इसीलिए वे किसी प्रकार के गहन भय या आतंक को भी जन्म नहीं देतीं। अगर पाठक की अनुभूतियों के विकास का ग्राफ़ खींचा जाए तो ग्राफ़ की रेखा सहानुभूति से आरम्भ कर सहानुभूति की समाप्ति तक जाएगी और अन्तिम निर्णय यही होगा कि ठीक ही 'अफ़सोस, सोई हुई बाँह की तरह साथ उठ ।' पर यह निर्णय न दर्दभरा है और न दयामय। कहानी में 'समुचित' का जो दर्दहीन उल्लंघन है वही इसके कड़वे प्रभाव को जन्म देता है।

इसके स्थान पर धर्मवीर भारती की कहानी 'यह मेरे लिए नहीं' एक अत्यन्त भावुक संसार का निर्माण करती है जिसमें दीनू का सारा रुख़ कटे रहने के बावजूद जुड़े रहने की आकांक्षा का है। इसीलिए पुराने जीवन मूल्य के प्रति विद्रोह की रोमांटिक मुद्रा अपनाते-अपनाते वह शहीद की मुद्रा अपना लेता है और बलिदान का यह भाव (यह मेरे लिए नहीं है, मैं भी अपने लिए नहीं हूँ) उसे जोड़ देता है, उसके अकेलेपन को समाप्त कर देता है। यहाँ न सामाजिक संस्थाओं का 'सम्पूर्ण इनकार' है और न आन्तरिक त्रास की अनुभूति। यहाँ सब कुछ स्वीकार किया जा सकता है और परिणामस्वरूप पुराना मूल्य हारकर भी जीत जाता है। इसीलिए कहानी 'जैसे उनके दिन फिरे वैसे सबके फिरें' के रोमांटिक कॉमेडी के नोट पर समाप्त होती है। लेखक को विश्वसनीयता लाने के लिए तमाम बायोग्राफ़िकल डिटेल्स लाने पड़ते हैं। रोमांस की चटनी ज़रूरी हो जाती है; भाषा को कवित्वमयी भाषा करना

होता है। (यों इन दोनों कहानियों की भाषागत सफलता को लेकर अधिक विस्तार से बात की जा सकती है।) वस्तुतः भारती की कहानी सन् 1950 के जीवनबोध पर खड़ी है और सब मिलाकर अपनी रोचकता के बावजूद किसी गहन अर्थवान स्तर पर नहीं उभर पाती।

['नई कहानियाँ', 1965]

सर्वेक्षण और मूल्यांकन

स्वतंत्रता के बाद की हिन्दी कहानी : उपलब्धियाँ और ख़ामियाँ

लक्ष्मीनारायण लाल

उपलब्धि का अर्थ-बोध उसकी सम्पूर्ण व्यापकता में निहित है—जिसमें एक ओर रचना के अनेकानेक तत्त्व मिले रहते हैं और दूसरी ओर एक निश्चित इतिहास-चक्र का परिप्रेक्ष्य शामिल रहता है। स्वतंत्रता के बाद की हिन्दी कहानी!—इसमें इतिहास चक्र है भारतीय स्वतंत्रता। परिप्रेक्ष्य है स्वतंत्रता के बाद का नया जीवन, उसकी यथार्थ परिस्थितियाँ। सन्दर्भ है उसके बाद की हिन्दी कहानी। निश्चय ही स्वतंत्रता हमारे देश, समाज के इतिहास की सबसे बड़ी घटना है। इसमें अपने यथार्थ से जिस तरह हमारे जीवन और उसकी चेतना को विश्वास और अविश्वास में आस्था और अनास्था में, आशा और संशय के तत्त्वों से बनाया-बिगाड़ा, वह स्थिति हमारे सामने है। इसी चेतना के अनुरूप ही इसने स्वभावत: वर्तमान जीवन और इतिहास, विचार और रचना के प्रतिमानों को भी उसी तरह प्रभावित किया। जो जीवन के बीच में हैं, उन्होंने अनुभव किया कि आज़ादी के बाद हमारे जीवन के आदर्श और मूल्य कितनी तेज़ी से बदले हैं। और उनमें एक ज़बरदस्त संघर्ष आया है। इस चतुर्दिक संघर्ष को, उसकी सारी गहनता, संवेद और नियति के साथ पहली बार इतनी यथार्थता और निर्भीकता से हिन्दी के नये कहानीकार की चेतना ने ग्रहण किया। उसने इस युग के संघर्ष को उसके युगबोध के परिप्रेक्ष्य में वर्तमान इनसान की चेतना को आत्मसात किया। इसने पहली बार इनसान को परम्परा, पुराण, संस्कृति और धर्म से अलग कर उसे इनसान के रूप में देखने का प्रयत्न किया। यही है नई कहानी का निजत्व और उसका अपना व्यक्तित्व। इसीलिए नई कहानी की अन्यतम माँग यह है कि रचनाकार, पाठक और समीक्षक ये तीनों उसके इसी युगबोध को, अर्थवत्ता को ग्रहण कर इसी चेतना से उसे देखें।

जिनकी चेतना में आज़ादी के पहले और उसके बाद की सामाजिकता के यथार्थ संघर्ष और उसके भीतर के मनोविज्ञान से लगाव था, उसने इस नये युग में यह

स्पष्ट अनुभव किया कि 'आदर्श की जिस अटारी पर चढ़कर मसीहा ने राम-राज का कुतुब खड़ा किया था, वह उन्हीं के आगे ढह गया था।'

दूसरी ओर जिनकी चेतना ने यथार्थ के अपेक्षाकृत ठहरे हुए अर्थात वैयक्तिक और पारिवारिक रूप को ग्रहण किया और जिन्होंने उस वैयक्तिक अनुभव तंत्र के आधार पर संघर्षरत जीवन की अभिव्यक्ति देनी चाही, उन्होंने भी वही अनुभव किया कि 'हमारे अन्दर और बाहर, आसपास की हवा में, हमारी मजलिसों और क़हक़हों में कहीं कुछ ऐसा है, जो ग़लत है कि आसपास के बड़े-बड़े परिवर्तनों के साये में हम लोग निरन्तर पहले से छोटे और कमीने होते जा रहे हैं कि हमारे अन्दर लगातार कुछ टूट रहा है। चाहते हैं कि उसे टूटने से बचा सकें, मगर न जाने क्या मजबूरी है कि केवल गवाह की तरह खड़े उस ढहने की प्रक्रिया को 'चुपचाप देख रहे हैं।'

इन जीवनगत, मूल्यगत संघर्षों—इसकी आन्तरिक और बाह्य दोनों तरह की चुनौतियों से, रचना के प्राणों से लड़ने का सत्य—यही है स्वतंत्रता के बाद की 'नई कहानी'। यही है उसका अपना अपूर्व व्यक्तित्व और निजत्व।

रचना के धरातल से इस प्रक्रिया और युग-बोध की दो विभिन्न उपलब्धियाँ सामने आईं। पहला पक्ष जिसने व्यापक सामाजिकता को अपनी रचना-चेतना में ग्रहण किया, वह अपने उस यथार्थ, संघर्षरत जीवन की ओर मुड़ा, जहाँ की जीवन-डोर से उसकी मूल चेतना बँधी थी। उसका गाँव, उसकी जन्मभूमि, उसका क़स्बा, उसका अंचल जिनकी सामाजिक परिस्थितियों से उसका जीवन्त सम्बन्ध था। उसने अपने उसी जीवन की नई उभरती हुई वास्तविकताओं को उसके पूरे परिवेश में ग्रहण किया। 'पान फूल', 'महुए का पेड़', 'राजा निरबंसिया', 'ठुमरी', 'ज़िन्दगी और जोंक', 'कोसी का घटवार' आदि संग्रह की प्रतिनिधि कहानियों की यही प्रेरणा-भूमि है। जड़ता, असफलता, शोषण, अन्धकार से जीवन का संघर्ष और उसमें स्वस्थ, मानवीय संकेत। नैराश्य और सूनेपन में आशा और जीवनमूल्य का संकेत। अपने जिए हुए, अनुभव किये हुए जीवन और समाज में जहाँ कहीं भी, जिस स्तर से भी, जो कुछ, जितना मूल्यवान है, विकासोन्मुख है, भविष्यमय है, उसे उसके समूचे परिवेश के भीतर से पकड़ना और उसे ज़िन्दगी के व्यापक सन्दर्भ में देखना।

दूसरी ओर जो अनुभव-तंत्र के कहानीकार थे, वे अपनी रचना के चरण में अपने जीवन-सन्दर्भों से इसी संघर्ष की चुनौतियों को व्यक्ति की आन्तरिकता के क्षेत्र में ग्रहण करके देख-परख रहे थे। उनका भी मूल स्वर नैराश्य, पराजयजनित कुंठा (यद्यपि इनकी कहानियों का मूल विषय स्वभावतः यही था) की अभिव्यक्ति नहीं था। वरन् इन्होंने भी अपने रचनाकार की सम्पूर्ण सच्चाई और उसके अन्यतम व्यक्तित्व के साथ व्यक्तित्व के यथार्थ को उसकी सामाजिक परिस्थिति में, उसके

परिपार्श्व में परखने झाँकनेवाली रचना की—ऐसी रचना जिसकी बुनियादें वैयक्तिक अनुभव-तंत्र में ही सही किन्तु जो निश्चय ही समाजपरक विचारधारा में थी। 'नये बादल', 'परिन्दे', 'जहाँ लक्ष्मी क़ैद है', और 'बादलों के घेरे' कहानी-संग्रहों तथा कहानी की प्राणभूमि यही है। पर इस बीच एक बड़े दुर्भाग्य की बात यह रही है कि पहले पक्ष के कहानीकार ने दूसरे पक्ष के कहानीकार को, उसकी विचारधारा और उसकी रचना-प्रक्रिया को ध्यान में रखकर उसे पलायनवादी कहा है, और दूसरे ने पहले को उससे भी ज़बरदस्त शब्दों में पलायनवादी कहा है। हिन्दी की इस विरासत को इन दोनों ने नहीं छोड़ा है। यह लड़ाई अभी भी किसी-न-किसी स्तर से ख़ूब गर्म है। और इसमें वे तत्त्व मौजूद हैं जो अक्सर रचनाकार को उसकी भूमिका से नीचे उतारकर उसे विशुद्ध कलागत संघर्ष में नीचे खींच ले आते हैं। पिछले दिनों ग्राम-कथा बनाम शहर-कथा के बीच जो तनातनी थी और है—वह इसी का परिचायक है। ग्राम-कथा और शहर-कथा, कहानी का कभी कोई प्रकार नहीं हो सकता! जीवन तो वही एक है। संघर्ष की चुनौतियाँ भी वही हैं—सन्दर्भ और संकुलता की स्थिति में चाहे जितना अन्तर हो। इसलिए दोनों का 'वेग' कभी नहीं थम सकता। बल्कि लोक-जीवन की वास्तविकता और उस जीवन का 'क्राइसिस' तो अपनी आदिम भयंकरता के साथ है।

आगे की स्थिति इस युग-बोध के सन्दर्भ में बड़ी विचित्र हुई। जैसे कि इस व्यापक संघर्ष में वही अन्धकार ही जीतने लगा। दोनों पक्षों की चेतना युग की क्राइसिस का सामना करती हुई उस यथार्थ दर्द, अन्धकार और घाव से लड़ने-जूझने के बजाय उसे अपने माथे से ओढ़ने लगी। पहले ने कहा कि 'चूँकि मुझे यहाँ अँधेरा हर क्षण गहरा होता दिखाई पड़ता है, इसलिए कहता हूँ कि जो मार्गदर्शी हैं, वे असत्य का प्रचार कर रहे हैं। उनकी सत्य की पहचान मिट गई है।' और वह कहानीकार आज सिर्फ़ यही अनुभव करता है कि 'यह संशय और अविश्वास का काल है।' दूसरी ओर अनुभव-तंत्र का वह कहानीकार कहता है कि 'सवालों की नोक पर अपने को टाँग दे तो लगता है कि सिवाय ज़ख़्म ढोने के उसमें और कुछ हासिल नहीं है।' 'माही' संग्रह की सारी-की-सारी कहानियाँ, 'छोटे-छोटे ताजमहल' संग्रह की हर कहानी, 'एक और ज़िन्दगी' संग्रह की 'बस स्टैंड की एक रात', 'वारिस', 'आदमी और दीवार', 'ज़ीनियस' और अभी धर्मयुग में प्रकाशित 'फ़ौलाद का आकाश'—ये सारी कहानियाँ क्या हैं? यह ठीक है कि अन्धकार है। यह सत्य है कि वह घना भी होता जा रहा है। यह यथार्थ है कि योजना और निर्माण की सतह के नीचे से इनसान का जो रूप सामने आया है, वह बहुत ही विकृत है; किन्तु यह यथार्थ-अन्वेषण तो राजनीतिक पार्टियों के नेताओं के भी पास है। 'ब्लिट्ज' तो आज सबसे ज़्यादा सशक्त और सारे तथ्यों तथा आँकड़ों के साथ इस घिनौने और ह्रासोन्मुख यथार्थ को हमारे सामने रखता है। फिर वह रचनाकार कहाँ है? हम कहाँ हैं?

मुझे लगता है कि कुछ ख़ुद रचनाकार के ही व्यक्तित्व में बेहद ग़लत होने लगा है। उसकी चेतना में ख़ुद कहीं कुछ बहुत ही मूल्यवान, रचना की प्राण-भूमि से ही कुछ टूटने और ढहने लगा है। और वह 'तटस्थ उदासीन' भाव से खड़ा उस ढहने की प्रक्रिया को चुपचाप देख रहा है।

कहानीकार की चेतना को, इस युग की 'क्राइसिस' का सामना करने में एक गति और भी विचित्र हुई है। जो सामाजिक चेतना का प्रतिनिधि कहानीकार है वह भी उसी अनुभव-तंत्र की ओर मुड़ रहा है। और वह जैसे समाज की नई उभरती हुई वास्तविकताओं और जीवन के नये सन्दर्भों की तलाश व्यक्ति की कुंठा, हीन-ग्रन्थि, उसकी दमित वासनाओं, अभुक्त आकांक्षाओं की अवचेतना लोक में उतरकर कर रहा है। और वह वहीं के घने अन्धकार से हमें बुला रहा है कि 'आइए, अविश्वास और संशय में बुझाये प्रश्नों के एक ऐसे अन्तरिक्ष से साधें, जिसमें प्रकाश और अन्धकार का भिन्न प्रतिमान तेज़ी से एक होता जा रहा है।'

इस सन्दर्भ में दूसरी ओर जो अनुभव-तंत्र का कहानीकार है, वह अपनी लम्बी कहानियों में व्यक्ति और परिवार के यथार्थ संघर्ष को समाज के व्यापक परिप्रेक्ष्य में देखने की ओर बढ़ रहा है। और उसकी वे कहानियाँ जिनका विषय व्यक्ति का अकेलापन, हताशा और फ्रस्ट्रेशन है—फिर भी जो अपने हेतु और अपने संवेद्य विचारों में, अर्थात अपनी आन्तरिक उपलब्धियों में, पूर्णत: स्वस्थ हैं, जीवन के प्रति मूल्यवान संवेद और संघर्ष के प्रति आत्मशक्ति जगानेवाली हैं। 'सुहागनें', 'आर्द्रा', 'एक और ज़िन्दगी' तथा 'मित्रो मरज़ानी' कहानियाँ अपने क्षेत्र की परम मानवीय और सार्थक रचनाएँ हैं।

अब प्रश्न है कि 'पान फूल' और 'महुए का पेड़' के सशक्त और जागरूक कहानीकार की उस संघर्षमयी सार्थक सामाजिक चेतना को क्या हुआ? कहीं ऐसा तो नहीं कि 'कामू' और 'सार्त्र' की किताबों द्वारा प्राप्त आधुनिकता के मोह ने तो उसे नहीं डसा? या ऐसा तो नहीं हुआ कि लोक-ग्राम-जीवन की यथार्थ सामाजिकता की संघर्षमयी चेतना में जीना उसे हेय लगा और जिससे कटकर इस तथाकथित 'आधुनिकता' में रहना उसके लिए अधिक सम्मानजनक और मूल्यवान लगा? अन्धकार में अन्धकार खोजने की यह भाषा, संशय और अविश्वास में बुझाये प्रश्नों के बाण अन्तरिक्ष में मारने का बिम्ब, रूपक और क्या है?

दरअसल इस सारी वैचारिक चेतना के मूल में शायद उसी 'नये' ('नियु') का ही मनोविज्ञान कार्यरत है। चूँकि सब-का-सब नया है—बिलकुल परम्परा-मुक्त बिलकुल क्रान्तिकारी! नये इनसान को सिर्फ़ उसके यथार्थ और वर्तमान के ही परिप्रेक्ष्य में देखना। तो इस नये को स्वभावत: इस युग के 'आधुनिक' से उसे जोड़ना था। और आधुनिक क्या है? वही जो गत पन्द्रह-सोलह वर्षों में पश्चिम के बाज़ार से पढ़ा है, और अंग्रेज़ी फ़िल्मों और राजधानी के जीवन के बीच से देखा

है! देखा-पढ़ा इसलिए है कि हमें आधुनिक रहना है और इस तरह यह आधुनिकता क्या है? वही अकेलापन, वही हताशा, वही 'एंग्रीयंगमैन', वही 'बीटनिक'। तभी तो आज हमें सहसा लगा कि मनुष्य 'छोटा' और 'कमीना' होता जा रहा है। 'कफ़न' के लेखक प्रेमचन्द, 'हलाल का टुकड़ा' के लेखक यशपाल, 'पुरुष का भाग्य' के लेखक अज्ञेय और 'दुष्कर्मी' के लेखक इलाचन्द्र जोशी को भी जिस मनुष्य को छोटा और कमीना कहने की हिम्मत न हुई, उसे हमने कहा। क्योंकि हमने मनुष्य को पहली बार उसकी परम्परा, धर्म, दर्शन, संस्कृति से 'उखाड़कर' नये युगबोध और यथार्थ क्राइसिस के नाम पर उसे बिलकुल अकेला और नंगा करके देखा। अपूर्व, नये और आधुनिक। वस्तुतः पश्चिम की आधुनिकता और हमारी उभरती हुई आधुनिकता में बहुत बड़ा अन्तर है। जो इस मूलगत भेद को नहीं समझता वह अपनी सारी प्रतिभा, सामाजिक चेतना के बावजूद अपने रचनाकार की हत्या करता है और समाज को बहुत बड़ी क्षति पहुँचाता है। 'नई कविता' और 'नई कहानी' के क्षेत्र में ऐसी कितनी प्रतिभाएँ चमकीं और झट विलुप्त हो गईं। और आज कितने सुप्रसिद्ध रचनाकार इस कगार पर खड़े हैं, यह कितना करुण है! वस्तुतः किसी देश, समाज की आधुनिकता वहीं की जीवन-चेतना सापेक्ष्य सत्य है—और इसे वही पा सकता है जो वहाँ के यथार्थ जीवन के साथ-ही-साथ वहाँ के श्रेष्ठ मानवीय आदर्शों और मूल्यों में भी जिया हो। और जिसकी चेतना में यह न्यायबुद्धि हो, दृष्टि हो कि मनुष्य केवल यथार्थ ही नहीं है, इसके आगे वह दार्शनिक है और अन्त में वह रचनाकार है और इस तरह वह अपने जीवन-अस्तित्व के संघर्ष में विजयी है।

अपने व्यक्तिगत जीवन के दुख, नैराश्य और अकेलेपन के ही बीच से अर्थात इस मूल्यहीन परिप्रेक्ष्य में रचनाकार जब पूरे मनुष्य को देखने लगता है तो वह कला और जीवन दोनों के प्रति अपराध करता है। क्या इसी सत्य का यह करुण फल नहीं है कि पिछले दशक में अधिकांश नये कहानीकार वास्तविकता और संघर्ष के विधेयात्मक पक्ष को उभारने की जगह निषेधात्मक पक्ष को ही उजागर करते रहे हैं और कहानी-रचना की अपेक्षा वे अपनी पिछली पीढ़ी के प्रतिनिधि कहानीकारों की कठोर आलोचना और निर्मम टिप्पणी करते रहे हैं? क्या इसी का यह करुण फल नहीं है कि उदीयमान कहानीकारों की जो नई पौध इधर उग रही है वह किस भयानक ढंग से 'एंटी स्टोरी' के असामाजिक तत्त्वों के साथ हमारे सामने आ रही है? वस्तुतः रचनाकार का सहज धरातल वह है जहाँ वह अपने व्यक्तिगत जीवन की हताशा और निर्मम पराजय के भीतर से ऊपर उठकर उस महत चेतना और विश्वास में उतरता है जहाँ वह सम्पूर्ण मनुष्य और समाज से अपने हेतु भाव का अटूट सम्बन्ध अनुभव करता है। और तब जिसका यह विश्वास बनता है कि मैं अपने पूरे समाज के व्यक्तियों के प्रतिक्षण सहयोग और उनमें सम्पूर्ण आस्था के बिना एक क्षण भी नहीं जी सकूँगा।

अपने व्यक्तिगत जीवन की सीमाओं से ऊपर उठकर उस महत्तर चेतना की शक्ति ही किसी भी रचना को वह आन्तरिकता प्रदान करती है जिससे सारी 'क्राइसिस' रचना ज्योति से उजागर और प्रज्वलित हो जाती है।

'स्वातंत्र्योत्तर हिन्दी कहानी की शिल्पगत उपलब्धियाँ यों अनेक हैं। किन्तु उतनी विविध नहीं जितनी कि जैनेन्द्र, अज्ञेय, यशपाल और इलाचन्द्र-काल की हैं। इसका एक निश्चित कारण यह है कि उस काल ने अपनी पूरी जागरूकता और कला-कौशल के साथ शिल्प के सफल प्रयोगों में अपना पूरा ध्यान दिया था। हम आज चाहे जितना अपने को उस शिल्पगत परम्परा और विरासत से मुक्त कहें, पर यह सत्य है कि नई कहानी जो अपने विचारगत वस्तुगत तथ्यों में इतने प्रबल वेग से आज के पूरे साहित्य पर छा गई, उसका एक व्यावहारिक रहस्य यह था कि उसे शिल्प की एक बेशक़ीमती विरासत अपनी पिछली पीढ़ी से सहज ही प्राप्त थी। इस भूमिका के बाद हमें अपनी शिल्पगत उपलब्धियों को देखना होगा।

वस्तुत: पिछली पीढ़ी की तरह इस नई कहानी का आग्रह उस शिल्प पर था ही नहीं। सारा आग्रह था जीवन पर इस तरह उसकी अभिव्यक्ति में शिल्प उसके अनुरूप सहज ही जैसे स्वयं निर्मित होने लगा। अर्थात शिल्प और जीवन की चेतना की अभिव्यक्ति दोनों जैसे पूरी कहानी के हेतु के कार्य-कारण बन गए। जो शिल्प पिछली पीढ़ी की कतिपय कहानियों में कृत्रिम और ओढ़ा हुआ लगता था, वह यहाँ पहुँचकर सहज बन गया। इसके आगे यह भी सत्य है कि पिछले अनेक शिल्प-रूपों और रूढ़ ढाँचों को हमने तोड़कर सर्वथा एक नये शिल्प-स्तर पर जीवन को अपनी असीमता, वास्तविकता और विविधता में अभिव्यक्त होने का सहज ही व्यापक क्षेत्र दिया। किन्तु यह वही कार्य है, जो हर नई जागरूक पीढ़ी हमेशा से करती आई है। यही कार्य प्रेमचन्द और प्रसाद-युग ने किया। फिर उस रूढ़ ढाँचे को तोड़कर यही अज्ञेय जैनेन्द्र-काल ने किया।

सो इस शिल्प-उपलब्धि में एक कलागत स्वातंत्र्य का भाव हमने अर्जित किया—यह एक मुख्य बात है। अर्थात कहानी हम आज किसी तरह से भी लिख सकते हैं—धुरी है वही जीवनगत संवेदना, उसकी रचनागत माँग। इसका एक सुन्दर फल यह हुआ कि कहानी एवं इतर कला के अन्य रूपों के तत्त्वों से घुल-मिलकर एक मिश्रित शिल्प का उदय हुआ। 'रसप्रिया', 'एक और ज़िन्दगी', 'एक कमज़ोर लड़की की कहानी', 'परिन्दे', 'दूध और दवा', 'सावित्री नम्बर दो' और इस तरह की अनेक कहानियों में संगीत, चित्र, कविता, डायरी, रेखाचित्र, संस्मरण, रिपोर्ताज तथा और भी कितने रंग मिले हैं।

सांकेतिकता के विभिन्न स्तरों का विकास आज की कहानी की विशेष उपलब्धि है। और मैं समझता हूँ, हर उत्तम कहानी की यह अनिवार्य विशेषता है। इस काल की कतिपय कहानियों में इस तत्त्व का प्रयोग बहुत ही व्यापक और गहन स्तरों पर हुआ है। किन्तु यह सत्य केवल उन्हीं कहानियों में उपलब्धि बनकर आया है जो

लेखक के गहन जीवनबोध, उसकी अर्थवान भाषा और पूरे परिवेश के भीतर उसकी दृष्टि की निजता और पूरे यथार्थ की पकड़ के साथ रचित है।

इसी सन्दर्भ में यथार्थ के खंड के नये-नये पहलुओं को उभारने और उसके अन्दर जीवन की छोटी-छोटी अनुभूतियों के चित्रण की बात आती है। परन्तु आज की अधिकांश कहानियों में इसकी कलात्मक अन्विति नहीं हो पाती। इसका मुख्य कारण है लेखक की अनुभव की निजता और इससे भी ऊपर उसमें किसी बड़ी आस्था और जीवनगत विश्वास का अभाव। किन्तु 'एक और ज़िन्दगी', 'हुस्ना बीवी', 'दूध और दवा', 'परिन्दे', 'कर्मनाशा की हार', 'डिप्टी कलक्टरी', 'सावित्री नम्बर दो' और 'सोत' आदि कहानियों में इस कलातत्त्व की परम सफलता देखी जा सकती है। मेरा विश्वास है इसकी सफलता कहानी में अतिरिक्त शक्ति ही नहीं देती, वरन् इससे कहानी में अनुभूति की प्रखरता और ऊपर से बिखरी दिखती हुई कथा-स्थितियों का हेतु उजागर करने की सहज क्षमता प्रदान करती है।

शिल्प के भीतर वस्तु-योजना की बात आज की कहानी का मुख्य विषय है। निश्चय ही इसकी योजना, भावुकता, काल्पनिकता से दूर जीवन की बहुमुखी 'क्राइसिस' के भीतर से हुई है। यह वस्तु, इस सन्दर्भ में कहीं मात्र 'एक्सपीरियंस' के रूप में पूरी की पूरी कहानी में पिरोयी रहती है, कहीं यह कथा-स्थितियों की प्रक्रिया में उसके भीतर से रचित होती है, कहीं बिलकुल परम्परागत कहानी की ही तरह इसकी अभिव्यक्ति होती है।

कथा-वस्तु के प्रसंग में कहानी की सूत्रात्मकता की दिशा में अनेक सफल प्रयोग हैं। सब कुछ पृष्ठभूमि में घट चुका है, बीत चुका है। कहानीकार बिलकुल एक साधारण-सी बात, घटना, नाज़ुक और लचीला-सा प्रसंग छेड़कर वर्तमान और बीते हुए क्षण और अबाध काल को एक में रँगता हुआ चला जाता है। बीच-बीच में कथा का सूत्र केवल कहीं-कहीं इस तरह झाँकता चलता है जैसे बादलों के बीच कभी चाँद-सूरज दिख जाता है और कहानी में नहीं बल्कि कहीं हमारे मानस में कहानी का सम्पूर्ण सूत्र जुड़ जाता है। 'पक्षाघात', 'एक और ज़िन्दगी' में शिल्प के स्तर से इसकी एक अद्‌भुत छवि है।

साधारण जीवन के साधारण संगठन के विचार की अनुगूँज यह एक अन्य उपलब्धि है। इस प्रसंग में एक बहुत बड़ी 'क्राइसिस' वे लोग उत्पन्न कर रहे हैं जो न जाने कहाँ की वस्तु, आज हिन्दी कहानी में ला रहे हैं और महज़ अपनी छिछली, उधार ली हुई आधुनिकता के फ़ैशन में इस मूलभूत और सहज आधार को ही भ्रष्ट करना चाहते हैं।

भाषा और अभिव्यक्ति की प्रभावोत्पादकता इसका अन्य मूल्यवान सत्य है।

भावुक, रोमांटिक, काव्यमय, लाक्षणिक गद्य तो हमारी विरासत थी ही, पर आज की कहानी ने अपनी भाषा की अभिधाशक्ति को अपूर्व ढंग से बढ़ाया है। ठंडा

और अनगढ़ गद्य, विशेषणों से मुक्त और इसके उपयोग में ज़बर्दस्त संयम—यह बहुत बड़ी बात पैदा हुई है हिन्दी गद्य में, इस नई कहानी के माध्यम से।

स्वतंत्रता के बाद की हिन्दी कहानी ने विचार, शिल्प और वस्तु आदि कई एक स्तरों से बहुत ही मूल्यवान उपलब्धियाँ की हैं। नये सन्दर्भ, नये प्रयोग—पर इन सबसे महत सत्य है वही जीवन, और उसके प्रति रचनाकार की अपनी दृष्टि, जिसके अभाव में वह मात्र अपनी ही रची हुई रूढ़ियों में ग्रस्त होता है और अपने को क्रान्तिदर्शी, अति आधुनिक और आचार्य सिद्ध करने का मोह उसे वास्तविक रचना की मर्यादा से, उसकी अबाध प्रयोगशीलता से नीचे उतार लेता है। और उस स्थिति में फिर वही रचना-शक्तियाँ उभरकर साहित्य की इस महत्त्वपूर्ण विधा पर छा जाती हैं जिनसे, साहित्य और समाज, दोनों की ही बहुत बड़ी क्षति होती है।

['ज्ञानोदय', 1964]

परम्परा का नया मोड़ : रोमांटिक यथार्थ

बच्चन सिंह

यों कहानियों की नई प्रवृत्तियों के लिए मोटे तौर पर सन् 1950 के आसपास का समय निर्धारित किया जा सकता है। इस सिलसिले में शिवप्रसाद सिंह की कहानी 'दादी माँ' जो 1951 के 'प्रतीक' में छपी थी, द्रष्टव्य है। इस कहानी ने लोगों का ध्यान अपनी ओर आकृष्ट किया। मेरा ख़याल है कि इस तरह की कहानियों में गाँव की मिट्टी की जो सोंधी गंध थी, वह ताज़गी से भरी तथा पर्याप्त आकर्षक थी। फिर तो गाँव के अनेक विषयों को लेकर लिखी जानेवाली कहानियों की एक बाढ़ आ गई।

चाहे शिवप्रसाद सिंह की 'दादी माँ' हो अथवा मार्कण्डेय की 'गुलरा के बाबा', सभी की परिणति आदर्शवादी है। ये प्रेमचन्द की परम्परा में पड़ती हैं फिर भी उससे भिन्न हैं। इस भिन्नता के दो कारण हैं : एक तो यह कि किन्हीं अंशों में ये भोगे हुए जीवन की अभिव्यक्तियाँ हैं; दूसरा यह कि गाँव इनके पहले अपने रूप-रंग की पूर्णता के साथ चित्रित नहीं हुआ था। पर दादा, दादी, बाबा, माई के माध्यम से ध्वंसोन्मुखी आदर्शों की प्रतिष्ठा का प्रयास उनके रोमांटिक दृष्टिकोण का परिचायक है। गाँव की पूरी सेटिंग यथार्थ है पर उसे देखने का परिप्रेक्ष्य रोमांटिक है। प्रेमचन्द आदर्शवादी अवश्य थे पर रोमांटिक नहीं थे। गाँव के प्रति इनका लगाव इन्हें बहुत कुछ मोहग्रस्त बना देता है।

मार्कण्डेय ने इस वातावरण में उन प्रवंचनाओं को भी चित्रित किया है जो 'कल्याण मन' और 'महुए का पेड़' हड़प लेने के लिए सचेष्ट हैं। शिवप्रसाद सिंह की दृष्टि परिवार के भीतर के अन्तर्वैयक्तिक सम्बन्धों की ओर विशेष रही है। वे 'बीच की दीवार' तोड़ने के लिए बराबर प्रयत्नशील हैं। इस दीवार के कारण उन्हें सम्बन्धगत जटिलताओं को पकड़ने में अधिक सतर्क रहना पड़ा है। 'वशीकरण', 'शाखामृग' में यह दीवार टूट जाती है। पर 'खैरा पीपल कभी न डोले' में यह टूट-टूटकर बनती रहती है।

इस रोमांटिक यथार्थ का चटकीला रंग 'रेणु' की कहानियों में ख़ूब दिखाई देता है। वे आदिम रस-गन्धों के कथाकार हैं। 'गाँव की धूल-माटी', 'आँगन

की धूप', 'बैलों की घंटियाँ', 'धान की झुकी हुई बालियाँ', 'गमकता चावल', 'गौने की साड़ी' की कड़वा तेल और लठवा-सिन्दूर-मिश्रित गंध, मेला-ठेला, झमकता गीत, हँसी-ठिठोली, गुदगुदाती पीठ, ख़ुशबूदार मुस्कान आदि के वर्णन में गाँव ही नहीं, पूरा अंचल उभर आता है। वे अकले आंचलिक कहे जा सकते हैं। इसके लिए 'लाल पान की बेगम' और 'तीसरी क़सम' विशेष द्रष्टव्य हैं। ये अपेक्षाकृत कहीं ज़्यादा रोमांटिक हैं—'तीसरी क़सम' तो नख-शिख से घटनाओं, वर्णन-विवरण में रोमांटिक है। इनको आधुनिकता नहीं छूती। फिर भी ये निर्विवाद रूप से श्रेष्ठ कहानियाँ मानी गई हैं।

इससे एक सवाल उठता है कि आधुनिकता से अछूती रहकर ग्रामांचल या गाँव के वातावरण में उगती हुई कहानियाँ भी क्या अच्छी कहानियाँ हो सकती हैं? चरित्र के माध्यम से तो बहुत कुछ कहा जा सकता है। लेकिन इन कहानियों की विशेषताएँ कहीं और हैं। कोई भी कहानी गाँव, क़स्बे या कॉफे से सम्बद्ध होने के कारण अच्छी या बुरी नहीं होती। अच्छी होती है जीवन-सम्बन्धी दृष्टिकोण की सफल अभिव्यक्ति के कारण। रेणु की 'तीसरी क़सम' में चरित्र माध्यम है जो आदिम रस-गंधों को उभारता है। यदि इसमें भी चरित्र को किसी आदर्शवादी परिणति पर पहुँचा दिया जाता तो कहानी की मौत हो जाती।

इस प्रकार की कहानियों में आज के युग का संक्रमण (क्राइसिस) नहीं आँका जा सकता। उस स्थिति, उस वातावरण में न यह संकट है और न उसका बोध। अत: उनमें आधुनिक संकट के बोध को चित्रित करना, आरोपित सत्य होगा, अनुमानित सत्य नहीं। चरित्र-चित्रण के माध्यम से भी युगीन संकट अपनी पेचीदगियों में अभिव्यक्ति नहीं पा सकता जब तक वह 'पैरेबुल' के पास न पहुँच सके, यह मेरा अनुमान है, निर्णय नहीं।

मार्कण्डेय की चर्चित कहानी 'हंसा जाई अकेला' रोमांटिक यथार्थ को ही अभिव्यक्त करती है। यह गाँव के शब्दों, मुहावरों में वातावरण को जीवन्त बनाती है। यह जीवन 'ट्रेजेडी' है, यह ट्रेजिक तनाव या टेंशन को नहीं उभारती। शिवप्रसाद सिंह की जो कहानियाँ सर्वश्रेष्ठ मानी जा सकती हैं 'ट्रेजिक टेंशन' के हल्के-तीखे दर्द से अनुप्राणित हैं। उदाहरण के लिए 'नन्हों', 'आरपार की माला' और 'विन्दा महाराज' को लिया जा सकता है। 'नन्हों' में आस्था है, टेंशन है, तीखा दर्द है। 'आरपार की माला' में विवशता, हार, लाचारी का अतिशय मर्मस्पर्शी चित्रण है। इसमें 'टेंशन' नहीं है, आस्था का कोई मुखर स्वर नहीं है। फिर भी समूची कहानी उस व्यवस्था के प्रति एक तीखा विक्षोभ उत्पन्न करती है जो अपने जबड़े में लहलहाती मासूम ज़िन्दगी को ज़िन्दा निगल जाती है। इन कहानियों में लेखक का परिप्रेक्ष्य बदला हुआ है। प्रवृत्ति की दृष्टि से ये कहानियाँ रोमांटिक यथार्थ और युगीन संक्रमण की कहानियों की कड़ियाँ मानी जा सकती हैं। 'विन्दा महाराज' अपने परिवेश के

बावजूद भी उनकी सब कहानियों से अलग है। यह अपनी अछूती थीम के कारण महत्त्वपूर्ण नहीं है, बल्कि इसका महत्त्व इस प्रश्न के उठाने में है कि मानवीय सृष्टि में इन जीवों का स्थान कहाँ है।

परम्परा के इस मोड़-पथ पर ही रांगेय राघव, भीष्म साहनी, शेखर जोशी, अमरकान्त, कृष्णा सोबती, ममता अग्रवाल, श्रीमती विजय चौहान, ओंकारनाथ श्रीवास्तव, शैलेश मटियानी, मधुकर गंगाधर, शानी वग़ैरह-वग़ैरह आते हैं। दूसरे शब्दों में ये प्रेमचन्द की परम्परा को आगे बढ़ानेवाले कथाकार हैं। इनमें शेखर और अमरकान्त में रोमांस की कमी पाई जाती है। 'कोसी का घटवार' रोमांटिक स्पर्श से रिक्त न होती हुई भी अधिक यथार्थ है। अमरकान्त की 'डिप्टी कलक्टरी' तो एक न्यूरोटिक पात्र की कहानी है। 'ज़िन्दगी और जोंक' उस तरह के प्रभावों से मुक्त होकर आधुनिकता के बोध को जगाती है। पर इस कहानी को अपवाद समझना चाहिए। रांगेय राघव की कहानी 'गदल' अपने यथार्थवादी वातावरण, आस्था, नये मूल्यों के कारण काफ़ी दूर तक श्लाघ्य है पर उसका अन्त 'मेलोड्रैमेटिक' हो गया है।

युगीन संक्रमण की मन:स्थितियाँ—ज़िन्दगी का अर्थ

पिछले महायुद्ध के पश्चात जो मन:स्थिति पैदा हुई उससे संवेदनशील व्यक्ति मूलत: दुखवादी हो उठा। ज्ञान-विज्ञान और यांत्रिक प्रगति ने एक ओर पुराने मूल्यों को विघटित किया तो दूसरी ओर नये मूल्यों की सृष्टि नहीं की। राजनीतिक शक्तियों, खोखली नैतिकताओं और व्यावसायिकता ने मनुष्य की स्वतंत्रता को अपहृत कर उसे अनेक प्रकार के यंत्र-तंत्रों का जड़ अंग बना दिया। संवेदनशील व्यक्ति समाज से टूटकर बेगाना और अजनबी हो गया। आज वह गहरी वेदना और अकेलेपन के एहसास के बीच मरकर जी रहा है। अधिक अच्छा होगा कि यह कहा जाए कि वह जीकर मर रहा है।

इस बोध को लेकर लिखी जानेवाली कहानियाँ युगीन संक्रमण के बोध की कहानियाँ हैं। इनमें अँकने वाला जीवन जीवन की 'ट्रेज़ेडी' नहीं है, बल्कि 'ट्रेज़िक' जीवन है। यह समाज का बोध नहीं, बल्कि व्यक्ति का बोध है। ये 'ट्रेज़िक विज़न' और ट्रेज़िक तनाव (टेंशन) की कहानियाँ हैं।

इसका सही विश्लेषण करने के लिए एक ही थीम पर लिखी गई चार लेखकों की कहानियों को देखा जा सकता है। देश के विभाजन से उत्पन्न संक्रान्ति को लेकर अज्ञेय, चन्द्रगुप्त विद्यालंकार, अश्क और मोहन राकेश ने कहानियाँ लिखी हैं। अज्ञेय के 'शरणार्थी' संग्रह की नुस्खों और फ़ॉर्मूलों पर टिकी कहानियों का उल्लेख हो चुका है। विद्यालंकार की 'एक और हिन्दुस्तानी का जन्म हुआ' एक

आसन्न प्रसवा शरणार्थिनी की कहानी है जो मरकर भी पाठकों के दर्द को नहीं छूती और उसके पति के आँसुओं से पाठक तनिक भी नहीं भीगता। अश्क की 'टेबुल लैंड' एक आदर्शवादी कहानी है, रोमांटिक भावुकता से पूर्ण। इनके समानान्तर मोहन राकेश की कहानी 'मलबे का मालिक' रखकर देखने से स्पष्ट हो जाएगा कि उपर्युक्त कहानियों में जीवन की 'ट्रेज़ेडी' अभिव्यक्त हुई है तो इस कहानी में ट्रेज़िक जीवन। प्रथम तीन लेखकों ने बाह्य दर्द को चित्रित किया है तो चौथे ने भीतरी दर्द को। राकेश ने अलगाव और अजनबीपन के भीतर से कोमल मानवीय सम्बन्धों को भी उभारा है। और मलबा?—वहशीपन की चरम परिणति-पागलपन की उपलब्धियों का जीवन्त प्रतीक! पर मलबे का मालिकाना हक किसका है? रक्खे पहलवान का या गुर्राते हुए कुत्ते का? कहना न होगा कि उसका असली मालिक कुत्ता ही है। मलबा कहानी की थीम भी है और उसका प्रतीक भी। किन्तु 'टेबुल लैंड' प्रतीक का लेबुल बनकर रह गया है।

राकेश की ही दूसरी कहानी है—'एक और ज़िन्दगी' जो आज के ट्रेज़िक तनाव को पूरी गहराई में आँकती है। मनुष्य न तो छूटी हुई ज़िन्दगी को छोड़ पाता है और न चुनी हुई ज़िन्दगी को अपना सकता है। दोनों ओर खींचा जाकर वह क्षत-विक्षत हो जाता है। इसमें तनाव की स्थिति (सिचुएशन) का संकेत नहीं है, बल्कि वह कहानी के भीतर से ही संकेतिक हो जाती है जबकि पूर्ववर्ती पीढ़ी के कथाकार स्थिति स्पष्ट करने की ज़्यादा कोशिश करते हैं। लेकिन जब वे इसी टूटन, छोड़ने-पकड़ने की दुविधा को लेकर 'मिस पाल' लिखते हैं तो अपनी सारी बुनावट के बावजूद कहानी भी पाल के व्यक्ति के अनुरूप मोटी रह जाती है।

आधुनिकता को उसकी चीख़ और टेरर को, निर्मल वर्मा ने अपनी कहानियों में अपेक्षाकृत व्यापक फ़लक पर चित्रित किया है। उसको व्यापकता और समग्रता में ग्रहण करने के फलस्वरूप कहानियों का परिपाटीग्रस्त (कॉन्वेंशनल) पैटर्न बिलकुल बदल जाता है। यहाँ पर कहानियों में एक केन्द्रीय भावभूमि की तलाश करनेवाले आलोचकों को निराशा होगी। 'लन्दन की एक रात' में केवल 'लीचिंग' और रंगभेद को देखना उस केन्द्रीय भावभूमि को खोजना होगा जो वहाँ उस रूप में नहीं है। यह आधुनिक युग की विवशता, हार, लाचारी और चीख़ को अभिव्यक्त करती है।

कठिनाई यह है कि निर्मल की कहानियों के 'टेक्स्ट' को समझने के लिए 'टेक्स्चर' का समझना आवश्यक हो जाता है। इसमें परम्परानुमोदित जटिल कथा-वस्तु (प्लाट) नहीं है, विचार या आइडिया को, जीवनानुभूति को नया अनुक्रम देने का प्रयास नहीं है, आकर्षक आरम्भ और चमत्कारपूर्ण समापन नहीं है। इनमें जीवन की आन्तरिक लय को बाँधने की कोशिश की गई है, रूप का स्थान रूपायन (फ़ार्मेशन) ने ले लिया। इनका तंत्र अपवर्त्यात्मक प्रकाश-वृत्तों (मल्टीपल फोकसिंग) का तंत्र है।

'लंदन की एक रात' में जीवन की अनिश्चितता, घुटन, चीख़, व्यर्थता, भेद-भाव, बेगानापन आदि को अनेक सूत्रों में पिरोया गया है। कोई एक व्यक्ति ही 'राटर' नहीं है, बल्कि सभी लोग उस कुंडली चक्र में फँसे हुए हैं, सभी ब्लडी बास्टर्ड हैं। वह ज़िन्दगी के छोटे टुकड़ों का स्नैप लेता है, अनेकानेक दृश्यों के अनुभूत सत्यों को एकत्र करता है, जिनमें से कुछ का अपना महत्त्व है और कुछ प्रतीकात्मक होते हैं।

निर्मल की कहानियों में वर्ग संघर्ष को ढूँढ़ निकालना और उसी पर दृष्टि को केन्द्रित करना उन पर अपनी भावनाओं को थोपना है। यह चित्र का एक टुकड़ा हो सकता है, सम्पूर्ण चित्र नहीं। वह आधुनिकता के संत्रास (हॉरर) को चित्रित करते हैं। 'कुत्ते की मौत' भी इसी प्रकार की कहानी है। उसका फ़लक व्यापक नहीं है फिर भी मौत की पीड़ा का संत्रास गहराई में पैठकर चित्रित किया गया है। आज के मनुष्य के लिए मौत विषम समस्या है, उसे वस्त्रों का बदलना नहीं माना जा सकता।

प्राय: प्रश्न उठाया गया है कि निर्मल को विदेशी वातावरण में ही वह संत्रास क्यों मिलता है? लेकिन यह बात बहुत विशेष महत्त्व की नहीं है। लारेंस डरेल के 'एक्जेंड्रिया क्वार्टरेट' में एक विदेशी वातावरण दिखाई पड़ता है, फिर भी वह अत्यन्त महत्त्वपूर्ण और सशक्त कृति है। महत्त्व वातावरण का नहीं, जीवन-दृष्टि का होता है। इस सिलसिले में कुलभूषण की एक कहानी 'अनुभव का दायरा' का उल्लेख अप्रासंगिक नहीं है। इस कहानी में जो विदेशी वातावरण उठाया गया है वह ख़ुद में पिटा हुआ तो है पर उसके माध्यम से एक ऐसा मूल्य भी उभरता है जो महत्त्व का है। इसमें जीवन—गलित जीवन के भीतर से एक अर्थ उगता है। निर्मल ने जहाँ जीवन को लेकर जीवन को अर्थ दिया है वहाँ यह प्रश्न बेकार हो जाता है। किन्तु उनकी बहुत-सी ऐसी कहानियाँ हैं जहाँ जीवन को छोड़कर उसे अर्थ देने की कोशिश की गई है। दास्तोव्स्की ने एक स्थान पर लिखा है कि 'जीवन के अर्थ को प्यार करनेवाले को पहले जीवन को प्यार करना चाहिए। जीवन से ग़ायब होने पर जीवन का अर्थ सन्तोषप्रद नहीं हो सकता।' 'लवर्स', 'एक शुरुआत', 'पराए शहर में' ऐसी ही कहानियाँ हैं। इनमें जीवन को अर्थ तो दिया गया है, लेकिन जीवन छूट गया है।

युगीन संक्रमण में एक ओर चीख़ और टेरर है तो दूसरी ओर अकेलेपन की ठंडी ख़ामोशी। गलीज़ ज़िन्दगी जीने की विवशता, अन्तर्वैयक्तिक सम्बन्धों को तोड़ लेने की लाचारी। उषा प्रियंवदा की कहानियों में आधुनिक ज़िन्दगी के ये पक्ष चित्रित हैं।

कभी तो मनुष्य अकेलेपन का स्वेच्छया वरण करता है और कभी उससे चुनने के लिए बाध्य हो जाता है। 'मोहबंध' की अचला अकेलेपन का स्वेच्छया वरण

करती है। वह अपने को दूसरे से सम्बद्ध करते-करते भीगी पलकों की दुनिया में लौट आती है, क्योंकि भीगी पलकों की दुनिया उसकी अपनी है, निजी है। 'छुट्टी का दिन' की माया का जीवन एक रेतीला मैदान है जिसका कोई ओर-छोर नहीं है। बन्धन में बँधकर भी मनुष्य अकेला है और न बँधकर भी। अकेलेपन से उसे निष्कृति नहीं मिलती। 'वापसी' के गजाधर बाबू का अकेलापन, आधुनिक जीवन के बीच उभरता हुआ विशेषतापूर्ण अकेलापन है। इसे चुनने के लिए वह बाध्य हैं। 'ज़िन्दगी और गुलाब के फूल' की विवशता, अकेलापन अधिक मर्मस्पर्शी है। सुबोध ज़िन्दगी में असफल, कमाने वाली छोटी बहिन से अपमानित, माँ से तिरस्कृत वह बाहर जाकर भी लौट आता है—मैले कपड़ों की ढेर में, गन्दे बिस्तरे में। वह सोचता है—लानत है ऐसी ज़िन्दगी पर फिर भी उसे यह ज़िन्दगी जीनी ही पड़ती है। गजाधरबाबू अर्थोपार्जन करके असफल सिद्ध होते हैं और सुबोध अर्थोपार्जन न करके! तब क्या ज़िन्दगी दोनों तरह असफल है? उषा में जीवन के प्रति यही दृष्टिकोण है, पर उनमें निर्मल का व्यापक कथ्य और शिल्पगत बिखराव नहीं है। कथा-तत्त्व उनकी प्रत्येक कहानी में मिलेगा। पर निर्मल को अपनी अनुभूति के लिए बिखरा हुआ पैटर्न ही अधिक संगत है।

रामकुमार, विजय चौहान आदि कतिपय कहानीकारों की रचनाएँ आधुनिकता के मेल में हैं।

इस तरह की कहानियों के सन्दर्भ में आस्था का सवाल उठता है। कहा जाता है कि ये कहानियाँ किन ग्रंथों में जीवन को बेहतर बनाती हैं? क्या ये अनास्था, घुटन, लाचारी, विवशता आदि की बँधी गलियों में भटकाकर हमें गुमराह नहीं करतीं? इस भूल-भुलैया के अतिरिक्त जिसे मनुष्य ख़ुद चुनता है, उसके जीवन की कोई और व्याख्या नहीं है? क्या ज़िन्दगी कुछ और के साथ भटकाव नहीं है? या केवल भटकाव नहीं है। ये सवाल सच है और उनसे अधिक सच है वह ज़िन्दगी जिसको लेकर ये सवाल उठते हैं। तो उनको क्यों न चित्रित किया जाए? पर इन सवालों का जवाब बने-बनाए दार्शनिक सिद्धान्तों के नुस्खों में नहीं मिलेगा। इस पर अलग से विचार करने की ज़रूरत है। इन सभी कहानियों में आस्था की कमी नहीं है, कुछ में आस्था का निषेधात्मक रूप मिलेगा। कुछ ऐसी अवश्य हैं जो घुटन को प्रगाढ़ बनाकर उसके प्रति आसक्ति जगाती हैं। ऐसी कहानियाँ रुग्ण मनोवृत्ति की द्योतक हैं।

मध्यवर्ती स्थिति—आस्था का अन्वेषण

कुछ कहानीकार ऐसे हैं जिन्हें आधुनिकता उपर्युक्त रूप में स्वीकार नहीं है। ये अपने परिवेश और वातावरण में नये मूल्यों की खोज करते हैं। उनमें आधुनिकता का ट्रेज़िक तनाव नहीं है पर उसकी क्रूरता, बेगानापन अवश्य है। कमलेश्वर की

कहानियाँ इसी प्रकार की हैं। उनकी बहुचर्चित और प्रशंसित कहानी 'राजा निरबंसिया' जीवन की मार्मिक ट्रेज़ेडी है लेकिन उसका 'विज़न' ट्रेज़िक नहीं है! पर वह नये मानवीय मूल्य देती है।

इस दृष्टि से मार्कण्डेय की 'माई', राकेश की 'आर्द्रा' और कमलेश्वर की 'देवा की माँ' का तुलनात्मक अध्ययन रोचक होगा। 'माई' कहानी स्थूल आदर्शवाद से अनुप्राणित है। उसके मूल्य पुराने हैं कि माँ हर हालत में कपूत (आर्थिक दृष्टि से हीन पुत्र) का साथ देती है। राकेश की आर्द्रा का मूलभूत आधार वही है। यह दूसरी बात है कि राकेश बड़े भाई अर्थात वकील साहब के बदले हुए मानवीय सम्बन्धों को, जो व्यस्तता और यांत्रिकता की देन है, उभारते हैं। भीष्म साहनी के 'चीफ़ की दावत' की माँ की भूमिका मेलोड्रैमेटिक होने के कारण कृत्रिम प्रतीत होती है। किन्तु देवा की माँ में नवीन नारी का दीप्त स्वर सुनाई पड़ता है, जो नये मूल्यों की सृष्टि करता है। इसे अपेक्षित परिप्रेक्ष्य दे देने के कारण कहानी की स्वाभाविकता कहीं भी मारी नहीं जाती। पुराने जीर्ण सम्बन्धों को काटकर वह स्वावलम्बन और श्रम के प्रति अटूट निष्ठा व्यक्त करती है।

'एक नीली झील' जैसी लम्बी कहानी में मानवीय संवेदना अपने विस्तार में अंकित की गई है। इसकी व्यापक परिधि में पराएपन का बोध, मृत्यु की विभीषिका, गहन और अन्तर्वैयक्तिक सम्बन्ध का समावेश करते हुए नवीन नैतिक तथा मानव-मूल्यों को उभारा गया है। कहीं-कहीं दो भिन्न-भिन्न प्रकार की संवेदनाओं को एक साथ रखकर नये ज़माने की क्रूरता और पुराने ज़माने के उच्चतर मूल्य को अंकित करते हुए संकेतित किया गया है कि पुराने मूल्य सब जगह अग्राह्य नहीं हैं। 'खोई हुईं दिशाएँ' आधुनिकता के बेगानेपन को, उससे उत्पन्न गहन अवसाद को उकेरती हुई आज के मानव को सर्वत्र से काटकर अकेला बना देती है। इसमें ट्रेज़िक जीवन अपने शहर के विरोध में पूर्ण व्यथा के साथ उभरता है। इसमें आस्था या मूल्य के प्रति कहीं आग्रह नहीं है—फिर भी पूरी कहानी खोई हुई दिशाओं में दशा-विशेष—अपनेपन का—ज़बरदस्त संकेत देती है। यह 'राजा निरबंसिया' को पीछे छोड़ देती है। पर 'कुछ नहीं कोई नहीं' जैसी कहानियाँ नवीन चेतना को व्यक्त करने में समर्थ नहीं हो पातीं, क्योंकि जिस वस्तु पर वे आधारित हैं, वह ख़ुद नई नहीं है।

राजेन्द्र यादव ने व्यक्ति के माध्यम से सामाजिकता की उपलब्धि की बात उठाई है। पर उसमें न तो व्यक्ति-भुक्ति की संवेदना परिलक्षित होती है और न सामाजिकता की उपलब्धि। 'बिरादरी के बाहर' ही एक ऐसी कहानी है जो नये मूल्यों को स्वाभाविक ढंग से उभारती है, किन्तु इसकी थीम पुरानी पड़ गई है। 'जहाँ लक्ष्मी क़ैद है' अविश्वसनीय अन्धविश्वास पर आधारित है तो प्रतीक्षा 'मनोवैज्ञानिक केस' पर। पहली कहानी में एक स्थूल मूल्य उभरता है तो दूसरी में व्यक्ति के

मानसिक ऑपरेशन में चिपचिपाती जीवन-दृष्टि। यों तो उनकी अधिकांश कहानियों में 'रहिटॉरिक' प्रधान हो उठता है पर इस कहानी में वह अपनी चरम परिणति पर पहुँच गया है। पूर्णत: अन्त:स्थ होने का फल यह होता है कि कलाकार 'टेक्स्चर' के चमत्कारपूर्ण खेलों में उलझ जाता है और वह अपनी कमियों की पूर्ति वैयक्तिक उलझावों (फ़ैंटासमेगोरिया) से करता है।

'एक कमज़ोर लड़की की कहानी' में उपर्युक्त तथ्य और भी पुष्ट हो जाता है। यह सुखान्त और दुखान्त दोनों प्रकार की रुचि रखनेवालों के लिए लिखी गई है, गोया यह कहानी कोई इन्द्रजाल हो। उसमें बताया गया है कि कहानी दूसरे महायुद्ध के पहले की है। यदि दूसरे महायुद्ध के बाद की होती तो क्या महायुद्ध के बाद कमज़ोर लड़कियों की पौध ख़त्म हो गई और इस प्रकार के नेता चुक गए? सारी की सारी कहानी ट्रिकी, चमत्कारपूर्ण है।

इसी शीर्षक की मन्नू भंडारी की कहानी है जो बहुत ही स्वाभाविक पद्धति पर चलती है। इसमें अनुभूति की गहराई के साथ-साथ नया मूल्य भी उभरता है जो युग के सर्वथा अनुकूल है। वह अपने प्रति ईमानदार नहीं है, ऐसी स्थिति में वह जो है वह नहीं है। वह सच के ऊपर पर्दा डालती है। यही सच है, यही वास्तविकता है, किन्तु जहाँ पर वे जानबूझकर कोई मूल्य प्रस्तुत करना चाहती हैं, वही कहानियाँ बुरी तरह असफल हो जाती हैं। 'रानी माँ का चबूतरा' और 'मैं हार गई' ऐसी ही कहानियाँ हैं। उनकी दूसरी कहानियाँ 'कील और कसक', 'यही सच है' आदि एक और प्रश्न उठाती हैं—क्या नारी सेक्स है? न इससे ज़्यादा न इससे कम। क्या मन्नू जी इससे सहमत हैं कि नारी एक जाति होती है, व्यक्ति—इंडिविजुअल—नहीं?

मूड, क्षरण, ट्यूमर और मिथ

इधर कुछ कहानियाँ ऐसी भी लिखी जा रही हैं जिनमें परम्परागत कहानीपन नहीं है। वे भागते हुए विविध मूडों, क्षणों को पकड़ती हैं, ट्यूमर का चित्रण करती हैं या फिर मिथ हो जाती हैं। कुछ लोगों ने इन्हें साहित्यिक कहानियों की संज्ञा दी है, जो बेमानी है, क्योंकि तब तो अन्य कहानियाँ साहित्यिक हो जाएँगी। रमेश बक्षी का लेंस भागते हुए मूडों को पकड़ता है। लेंस सिर्फ़ अक्स देता है। अत: उसके पुन: निर्मित होने का सवाल नहीं उठता।

नरेश, सर्वेश्वर, रघुवीर सहाय, श्रीकान्त वर्मा कवि होने के नाते क्षण-विशेष में भावात्मक विचारों की प्रक्रिया को पकड़ते हैं। नरेश में अपेक्षाकृत कहानीपन अधिक है और वे ऐंटी-रोमांटिक हैं। कदाचित यह उनकी रोमांटिक कविता की प्रतिक्रिया है। रघुवीर सहाय उन्मुक्त और प्रभावशाली क्षणों को टाँक लेने में सतर्क

हैं। पर छोटे-छोटे प्यारे लैंडस्केप बनाते हैं और यदि कहानियों के नाम पर सब कुछ स्वीकार करना अभिप्रेत नहीं है तो इन्हें कहानियाँ कहना संगत नहीं है। हाँ, 'मेरे और नंगी औरत के बीच' में क्षण-विशेष में उत्पन्न विचार-प्रक्रिया को सहज ढंग से बाँधा गया है, जो मूल्य की दृष्टि से भी महत्त्वपूर्ण है।

श्रीकान्त वर्मा की कहानियों को ट्यूमर—ब्रेनट्यूमर—की कहानियाँ कहा जा सकता है। कहीं आत्मग्लानि और झल्लाहट है, कहीं अनिर्णयात्मक स्थिति—एकचित्तता का सर्वत्र अभाव, बेहद बेचैनी और क्षोभ! ऐसी स्थिति में वह झाड़ी कभी नहीं लाँघ सकता, ज़िन्दगी को जीना चाहकर भी प्लेटफ़ॉर्म पर चिपका रह जाता है—न जी पाता है, न मर पाता है। न वह प्रिया के समकक्ष उठकर प्यार करने में समर्थ है और न पकड़ सकता है और न छोड़ सकता है, क्योंकि उर्मि वह स्वयं है। ये सब आधुनिकता की मनोदशाएँ हैं। पर क्या इनके भीतर से कोई मूल्य उभरता है? इसका उत्तर नकारात्मक होगा। इनमें चित्रित झल्लाहट और बेचैनी का हिस्सेदार पाठक नहीं हो पाता। साफ़ है कि लेखक के अपने जीवन की भुक्ति नहीं है। वह उसे कल्पना के स्तर पर उठाता है। ये बुद्धि के स्तर पर भी नहीं उभरतीं। अत: ये छूत नहीं, पास से गुज़र जाती हैं। 'शवयात्रा' ट्यूमर से अलग है जो ड्यूमा की छाया में बुरी तरह धुँधली पड़ जाती है। 'दुपहर' ट्यूमर से मुक्त है, इसलिए वह जीवन की मस्ती और निश्चिन्तता की कहानी बन गई है। इस सिलसिले में शिवप्रसाद सिंह की 'सुबह के बादल', वैद की 'उड़ान' की याद आती है। पर ये तीनों कहानियाँ तीन प्रकार की संवेदनाओं की कहानियाँ हैं। 'सुबह के बादल' से निर्व्याज प्रसन्नता ज़बरदस्त आस्था से जुड़ी है, 'उड़ान' की प्रसन्नता में नये स्वस्थ मूल्य उभरते हैं। 'दुपहर' में सैलानीपन का सहज चित्रण है जो जीवनगत साहस और निश्चिन्तता के आयाम को प्रस्तुत करती है। कुँवरनारायण ने नये ढंग की कहानियों का सूत्रपात किया है जिन्हें 'मिथिकल' कहा जा सकता है। धर्मवीर भारती की कहानियों पर उनका कवि कहीं हावी नहीं होता। उनकी कहानियों में कहानीपन भी मिलेगा, मानवीय मूल्य और संवेदना भी।

कुछ नये दौर

इधर कहानी का एक नया दौर और आया है—सचेत कहानी का दौर। यह नाम उतना ही बेमानी है जितना 'नई कहानी' नाम। इस आन्दोलन में कुछ लोग जानबूझकर सम्मिलित हैं, कुछ को घसीट लिया गया है। कुछ फ़ैशनपरस्त अ-कहानियाँ भी लिखी जा रही हैं। एलेन गिंसबर्ग के मानस-पुत्रों ने भी इस क्षेत्र में प्रवेश किया है। कहानी के सन्दर्भ के नामों-आन्दोलनों का कुछ महत्त्व नहीं है। महत्त्व कहानियों का है। राजकमल चौधरी ने अपनी कहानियों में बीट-संस्थान की विकृतियों को बहुधा

विवृत किया है। सचेतन का लेबुल हटा देने पर भी रवीन्द्र कालिया, मनहर चौहान वग़ैरह की सम्भावनाओं के प्रति हम आशान्वित हैं। एकदम नवीन कहानीकारों की उपलब्धियों के विवेचन के लिए अलग लेख अपेक्षित है।

उपलब्धियाँ

यद्यपि स्वातन्त्र्योत्तर कहानीकारों में पूर्ववर्ती कथाकारों की तरह बड़े व्यक्तित्व नहीं बन पाए हैं फिर भी इधर के कहानीकारों ने कहानी की परम्परा को काफ़ी आगे की मंज़िल पर पहुँचाया है। वस्तु और रूप-सम्बन्धी नये प्रयोगों और नवीन दृष्टियों के कारण इनमें विशेष प्रकार की ताज़गी और सम्पुष्टता आई है। पाठकों के अनुभव का दायरा विस्तृत हुआ है और उनकी संवेदनाएँ समृद्ध हुई हैं।

कुछ कहानियों को छोड़कर इसी पीढ़ी के कथाकारों ने ग्राहम हफ़ के शब्दों में 'लो मिमेटिक' अर्थात अन-हिरोइक कहानियाँ लिखी हैं जो युगीन चेतना के विविध आयामों को चित्रित करती हैं।

ये पुराने कहानीकारों की तरह विचार या आइडिया की कहानियाँ नहीं हैं। इनमें भोगे हुए जीवन को अभिव्यक्ति मिली है। जहाँ पर यह भोगा हुआ जीवन सामाजिक सन्दर्भ पा गया है वहाँ की अभिव्यक्त जीवन-चेतना अधिक व्यापक और गहरी बन पड़ी है। ऐसी कहानियों की संख्या कम नहीं है।

ये उस जीवन और जगत को प्रतिफलित करती हैं जिसमें हम साँस लेते, जीते हैं। ये आज की उदासीनता, तनाव, सन्देह, विकर्षण, अलगाव, बेगानगी, अजनबीपन आदि को चित्रित कर जीवन की जटिलताओं को रूपायित करती हैं।

यह आज के जीवन का यथार्थ है, इससे भागा नहीं जा सकता। प्रश्न होता है इसके प्रति दृष्टिकोण का। यदि इनको चित्रित करनेवाली कहानियाँ आस्था और नवीन मूल्यों से अनुप्राणित हैं और साथ ही लेखक के जीवन की आभोग हैं तो वे निश्चय ही स्वागतार्थ हैं। बहुत-से कथाकारों ने इसके प्रति रोमांटिक दृष्टिकोण अपना लिया है अथवा इसे फ़ैशन के रूप में ग्रहण किया है। ये दोनों स्थितियाँ ईमानदारी के विरुद्ध हैं। पर सब मिलाकर इनमें आस्था और नये मूल्यों का स्वर ही अधिक मुखर है। ये मूल्य कहीं निश्चयात्मक हैं तो कहीं निषेधात्मक।

जीवन की सतह के भीतर प्रविष्ट होकर उसकी आन्तरिक पर्तों को उद्घाटित करने के फलस्वरूप कहानियों का क्रमागत पैटर्न बहुत बदल गया है। कहानियों की बनावट-वस्तु, कथातत्त्व, प्रतीक, मोटिफ—परिवर्तित दिखाई देते हैं जिससे वह जीवन की जटिलता को समग्रत: अपने में समेट सके। भाषा का शब्द भंडार और अभिव्यंजनाशक्ति काफ़ी समृद्ध हुए हैं—विशेषत: गाँवों में प्रयुक्त होनेवाली ठेठ शब्दावली द्वारा। शब्द प्रयोग के रंग-ढंग में अर्थात बनावट, टेक्सचर—अलंकृति,

बिम्ब, सांकेतिकता आदि को नये सन्दर्भ दिये गए हैं, वाक्य-विन्यास भी बदला हुआ प्रतीत होता है। पुराना रूप लगभग टूट चुका है।

अपनी उपलब्धियाँ और ऊँचाइयों के बावजूद भी इस दौर की कहानियों की सीमाएँ दृष्टिगोचर होने लगी हैं। अब समय आ गया है कि हम इस तथ्य को स्वीकार कर नई दिशाओं की खोज करें, अन्यथा इस दौर के कथाकार भी अपने को उसी प्रकार दुहराने लगेंगे—अंशों में यह होने भी लगा है—जिस प्रकार पूर्ववर्ती पीढ़ी ने पिछले डेढ़ दशक में अपने को दुहराया है।

['आलोचना', 1965]

नई कहानी और एक शुरुआत

नामवर सिंह

कहानी क्या सचमुच ही, जैसा उस आयरिश लेखक ने लिखा है, गुरिल्ला लड़ाई है, जो सरहदों पर लड़ी जाती है? हिन्दी में कहानी की इतनी चर्चा, जबकि दूसरे देशों में इस विषय पर एकदम सन्नाटा—आख़िर इस घटना की क्या व्याख्या है? और क्या हिन्दी में भी कहानी का सच्चा संघर्ष इस शाब्दिक संग्राम की बाहरी सीमाओं पर नहीं चल रहा है? एक समय रूस के ऐसे ही सरहद पर चेख़व की कहानियों को लड़ना पड़ा था, और फिर उसके बाद अमेरिकी सरहद पर हेमिंग्वे और उसकी पीढ़ी को। बहरहाल, हिन्दी में उत्तर-शती का पहला दशक निश्चय ही एक नये कहानी-उत्थान के लिए याद किया जाएगा। कुछ तो इस बात के लिए, कि देखते-देखते एक दशक के अन्दर दर्जनों व्यावसायिक-साहित्यिक पत्रिकाएँ निकल गईं, और उनके साथ नये कहानीकारों की एक पूरी फ़ौज खड़ी हो गई; और कुछ इस बात के लिए भी कि हिन्दी में कहानी-सृजन की एक नई सम्भावना दिखाई पड़ी। शोरगुल के बीच यह सृजनात्मक सम्भावना कहीं दब न जाए, इसलिए इतिहास के पूरे परिदृश्य में वस्तुस्थिति को स्पष्ट करना आवश्यक हो उठा है।

आज़ादी के साथ भारत में वह शिक्षित मध्यवर्ग स्थापित, विकसित और संवर्धित हुआ, जो साहित्य के इतिहास में कहानी का जन्मदाता है। शुरू के तीन-चार वर्षों की संक्रमणकालीन अराजकता की स्थिति जैसे ही समाप्त हुई, और संविधान निर्माण के द्वारा देश में जनतंत्र क़ायम हो गया, साहित्य-सृष्टि के लिए एक नया वातावरण मिला। राष्ट्रभाषा हिन्दी ने राजकीय स्वीकृति प्राप्त करके भारतीय साहित्य में एक नई ऐतिहासिक भूमिका शुरू की और लोकप्रिय साहित्य रूप कहानी को स्वभावत: सबसे अनुकूल वातावरण मिला। यह आकस्मिक नहीं है कि जो 'कहानी' पत्रिका सन् 1938 में निकलकर कुछ दिनों बाद ही लड़ाई के कारण बन्द हो गई, उसे फिर निकालने का हौसला सरस्वती प्रेस को 1954 में हुआ। सरस्वती प्रेस की 'कहानी' हिन्दी में इस दशक की कहानी की पहली साहित्यिक पत्रिका ही नहीं, बल्कि एक तरह से इस पूरे कहानी-दशक की शुरुआत है। कहानियाँ 'हंस', 'प्रतीक', 'कल्पना'

आदि पत्रिकाओं में भी छपती थीं, और छपने लगी थीं, निश्चय ही काफ़ी पहले से, किन्तु 'कल्पना' को छोड़कर शेष 1954 आते-आते बन्द हो गईं। इसके अतिरिक्त बिलकुल कहानियों की पत्रिका निकलने की कुछ और ही बात है।

तब तक साहित्य में कहानी का स्थान प्राय: वही था, जो इन साहित्यिक पत्रिकाओं में कहानी को दिया जाता था। नई प्रतिभाएँ मुख्य रूप से अन्य विधानों की ओर उन्मुख थीं। इसलिए जब 'कहानी' पत्रिका निकली, तो आभास हुआ कि कहानी-क्षेत्र में भी कुछ नई प्रतिभाएँ आने लगी हैं, और शायद इसीलिए पूरी एक पत्रिका की आवश्यकता महसूस हो रही है। महसूस तो इस बात को सम्भवत: और लोग भी करते रहे होंगे, किन्तु उस समय इसको पहली बार वाणी दी अप्रैल 1954 की 'कल्पना' में 'साहित्य-धारा' के अन्तर्गत 'चक्रधर' नाम से लिखनेवाले एक नये लेखक ने। वक्तव्य इस रूप में आया कि एक लम्बे समय के बाद छोटी कहानियाँ फिर से अपनी ओर पाठकों का ध्यान आकृष्ट करने लगी हैं। प्रेमचन्द के बाद जैनेन्द्र, अज्ञेय और यशपाल को छोड़कर सहसा पाठक हिन्दी कहानियों में किसी भी ऐसे स्थान पर रुकने को बाध्य नहीं हुआ, जहाँ थमकर एक पीढ़ी ऐसी मिली हो, जिसने छोटी कहानियों की वस्तु और शैली समृद्ध की हो। इधर लेखकों की एक ऐसी पाँत उठ खड़ी हुई है, जो अपनी जगह, रुचि और सामाजिक संस्कार की विभिन्नता के साथ, पाठकों में अपने ढंग से पहुँच रही है। यह कथन वस्तुस्थिति के कितना निकट था, इसकी पुष्टि हुई आगे चलकर 'कहानी' के संचालक-सम्पादक श्रीपतराय के इन शब्दों से कि "युद्धोत्तर हिन्दी कहानी में जो गतिरोध उत्पन्न हो गया था, वह अब जैसे टूट चला है, और स्वस्थ प्रवृत्तियाँ बलशीला हो चली हैं।"

इस प्रकार कहानी में एक नई पीढ़ी केवल आई ही नहीं, बल्कि एक गतिरोध के बाद आई—गतिरोध को तोड़कर। गतिरोध इस प्रकार का था कि "जैनेन्द्र कुमार, यशपाल, अज्ञेय, भगवतीचरण वर्मा, उपेन्द्रनाथ अश्क आदि युद्धपूर्व की बड़ी प्रतिभाएँ मानी जाती थीं, और 1945 तक पहुँचते-पहुँचते इनकी रचना-शक्ति को किसी ने ग्रस लिया। कुछ लोग कभी-कभी अच्छी-न-बुरी कहानियाँ लिखते रहे, पर कुछ बिलकुल ही मौन हो गए।"

यशपाल और अज्ञेय को सम्भवत: अपवाद कहा जा सकता है। नये कहानीकारों ने नि:सन्देह, इनसे प्रेरणाएँ ली हैं। किन्तु क्या इनके परवर्ती कहानी-कृतित्व में सचमुच ही कोई रचनात्मक सम्भावना दिखती है? अज्ञेय ने निश्चय ही युद्ध के मोर्चे से लौटकर साहित्यिक सक्रियता का परिचय दिया। 'प्रतीक' के सम्पादन के साथ उन्होंने कविता और उपन्यास की तरह कहानी रचना की दिशा में भी उत्साह से क़दम बढ़ाया, और वह भी युद्धोत्तरकालीन विविध सामाजिक अनुषंगों का आभास देते हुए। किन्तु क्या 'शरणार्थी' और 'जयदोल' की कहानियाँ स्वयं लेखक के पूर्ववर्ती प्रयासों का परिमार्जन मात्र नहीं हैं? आकस्मिक नहीं है कि कुछ दिनों

बाद 'कलाकार की मुक्ति' के साथ उन्होंने कहानी से एकदम मुक्ति ले ली। जब 'वस्तु सत्य' हेय प्रतीत होने लगा, और 'काव्य-सत्य' अथवा 'प्रतीक-सत्य' श्रेय, तो कहानी की वास्तविक भूमि का छूटना निश्चित था। विचित्र संयोग है कि इस युग में आकर यशपाल और अज्ञेय दोनों ही पुराण-गाथा की ओर मुड़ गए। एकदम दो भिन्न राहों के राही इस मामले में एक मंज़िल की ओर चल पड़े—'प्रतीक-सत्य' की खोज में।

स्पष्ट है कि ये लेखक नये सन्दर्भ से ठीक-ठीक नहीं जुड़ पाए। और यह तथ्य है कि स्वाधीनता के बाद हमारा साहित्य सर्वथा एक नये सन्दर्भ में आ पड़ा। इस सन्दर्भ से जुड़े बिना लेखन तो सम्भव है, लेकिन साहित्य-सृजन नहीं। नये भावबोध पर प्रकाश डालते हुए अज्ञेय ने स्वयं स्वीकार किया है, 'केवल सन्दर्भ नया होता है, और वही नया अर्थ दे देता है। जो नये सन्दर्भ को पहचानने को तैयार है, वह अपने-आप नया होता जाता है, और उसमें से नया अर्थ बोलने लगता है।' और इस दृष्टि से कहना न होगा कि अज्ञेय की तत्कालीन कहानियों में सन्दर्भ के अनुरूप नया अर्थ बोलता न सुना गया। दरअसल, इस पीढ़ी को अपने पुराने पड़ जाने का ठीक-ठीक एहसास तभी हुआ, जब एक नई पीढ़ी का नया कृतित्व सामने आया।

इस एहसास का स्पष्ट पता चलता है पहली बार श्रीपतराय के इस कथन से, जब वे 'कहानी : नववर्षांक-1956' में कहते हैं कि "बीच-बीच में मुझे सन्देह होने लगता है कि कहीं मैं समय की गति से पीछे तो नहीं हूँ, और इसी कारण मुझे हिन्दी कहानी में वह उन्नति परिलक्षित नहीं हो रही है, जिसकी आशा करनी चाहिए। यह स्वीकार करने में मुझे आपत्ति नहीं कि कहानी का स्वरूप बदल रहा है, और मैं शायद अपने पुराने संस्कारों के कारण कहानी से वह माँग रहा हूँ, जो आज उसका लक्ष्य ही नहीं है।"

इस सन्दर्भ में अनायास ही अंग्रेज़ी के प्रतिष्ठित कथाकार ई. एम. फ़ोर्स्टर का वह कथन याद आ जाता है : मैं सोचता हूँ कि जिन कारणों से मैंने उपन्यास लिखना बन्द कर दिया, उनमें से एक कारण यह है कि संसार का सामाजिक रूप इतना बदल गया। मैं पुराने ढंग की, परिवारों वाली दुनिया के बारे में लिखने का आदी था, जो अपेक्षाकृत शान्त थी। वह सब चला गया। और यद्यपि मैं नई दुनिया के बारे में सोच सकता हूँ, फिर भी उसे कथाकृति में नहीं रख सकता।

इस प्रकार की आत्म स्वीकृतियाँ नये-पुराने के लम्बे संघर्ष के बाद सामने आती हैं, और कहना न होगा कि हिन्दी कहानी में वह समय इस संघर्ष की शुरुआत का था।

उस समय हिन्दी कहानीकारों की इस नई पीढ़ी को एक और तरह की कहानियों से मोर्चा लेना पड़ा, जिन्हें उर्दू कहानीकार कृश्न चन्दर की विकृति कहा जा सकता है। 'हंस', 'नया साहित्य' और 'नया पथ' के तत्कालीन अंक इन कहानियों से भरे मिलेंगे। नुस्खे के मुताबिक़ ये 'क्रान्तिकारी रोमांटिसिज़्म' की कहानियाँ कहलाती थीं; वही 'क्रान्तिकारी रोमांटिसिज़्म', जिसकी ख़ामियाँ अब जाकर हंगरी के मार्क्सवादी

आलोचक जार्ज लूकाज़ की पुस्तक 'समकालीन यथार्थवाद का अर्थ' से प्रकट हुई। नई पीढ़ी के बहुत-से कहानीकारों का जन्म इसी दौर में हुआ और कुछ ने स्वयं भी इस रंग की कहानियाँ लिखी थीं। इसलिए इस कहानी-शैली की कृत्रिमता का एहसास भी सबसे ज़्यादा इन्हीं कथाकारों को हुआ। आज़ादी के साथ देश का सन्दर्भ बदलते ही इन कहानियों की अवास्तविकता उघड़ गई। इस मोहभंग का पता तत्कालीन पत्रिकाओं में व्यक्त नये लेखकों की प्रतिक्रियाओं से चल सकता है।

उदाहरण के लिए, अमृतराय की 'लाल धरती' पर मई-जून 1952 के 'प्रतीक' में सत्येन्द्र शरत की समीक्षा का यह अंश : "शैली में कताई का गुण—जिसके कृश्न चन्दर मास्टर हैं, और जो कि उनकी समस्त रचनाओं का एकमात्र सौन्दर्य या आकर्षण है—अमृतराय के इन गद्यांशों में भी मिलता है। यानी तकली पर कपास लगा दी, और तकली चला दी। जब सूत बहुत लम्बा हो गया, तो उसे झटके से तोड़ लिया, और तकली पर लपेट दिया। लीजिए, कहानी तैयार हो गई।" सर्वविदित है कि उस समय ऐसी कताई करनेवाले अनेक अमृतराय थे। और कुछ दिनों तक कहानी के नाम पर ऐसे गद्यांशों का प्रचार था।

शैली के अतिरिक्त विषय-वस्तु में भी कुछ दिनों के लिए हिन्दी कहानी कृश्न चन्दर-शैली की उर्दू कहानियों से आक्रान्त थी। स्वयं 'कहानी' पत्रिका के आरम्भिक अंकों में भी ऐसी कहानियों के अनुवाद भरे रहते थे। हाजरा मसरूर की इसी तरह की एक कहानी 'कोठी और कोठरी' को लेकर अक्तूबर 1957 की 'कल्पना' में एक टिप्पणी निकली : 'साहित्य-धारा' के अन्तर्गत, जिसमें कहा गया है कि किस प्रकार एक ग़रीब की बीवी, धनी सेठ और शराब जैसे चन्द नुस्खों के द्वारा तथाकथित 'प्रगतिशील' कहानी तैयार की जाती है और ग़रीबी के वास्तविक चित्रण की जगह ग़रीबी का मज़ाक़ उड़ाया जाता है। इसलिए "आज नये कहानी पाठक एवं जीवन के प्रत्यक्ष दर्शक के लिए वह एक नकली और बेमानी चीज़ लगने लगती है।"

इन दो तात्कालिक प्रतिक्रियाओं से स्पष्ट है कि हिन्दी कहानी की नई पीढ़ी किस प्रकार पुरानी कथा-रूढ़ियों और नुस्खों से सर्वथा मुक्त होकर वास्तविक जीवन से पुनः जुड़ने के लिए आकुल थी। वैसे 'जीवन' और 'यथार्थ' की बात कौन नहीं जानता! पुराने लेखक भी 'जीवन' और 'यथार्थ' के नाम पर ही यह सब करते रहे। किन्तु कौन नहीं जानता कि जीवन और यथार्थ को पकड़ने के लिए एक युग में जो सूत्र ढूँढ़ा जाता है, वह थोड़े ही दिनों में एक जड़ और मुर्दा फ़ॉर्मूला साबित होता है, और जीवन में गहरे जाने के लिए बेकार नहीं, बाधक हो जाता है। इसीलिए जब कोई नई पीढ़ी नये सिरे से 'जीवन' और 'यथार्थ' की पुकार मचाने लगे तो समझना चाहिए कि चिर-परिचित गोलमोल शब्दों के ज़रिये किसी नये सूत्र की तलाश की जा रही है। इतिहास के नियम से इसी तरह एक युग का सत्य दूसरे युग के लिए झूठ हो जाता है, और झूठ के द्वारा सिर्फ़ लीक पीटी जा सकती है। साहित्य-सृजन के

लिए तो उस झूठ को 'झूठ' साबित करना पड़ेगा। इस समय नये लेखक बार-बार जो सत्य का आग्रह कर रहे थे, उसका यही अर्थ था।

इसी सत्य के आधार पर नये कहानीकारों ने प्रतिष्ठित कहानीकारों से सृजनात्मक होड़ ली, और इस होड़ का साफ़ आईना है, तत्कालीन 'कहानी' पत्रिका! 'कहानी', के अन्दर जिस गति से नई पीढ़ी पुरानी पीढ़ी की जगह लेती चली गई, वह शुरू के दो वर्षों में ही स्पष्ट हो जाता है। पहले नववर्षांक में जहाँ अस्सी प्रतिशत कहानियाँ पुराने कहानीकारों की हैं, वहाँ दूसरे नववर्षांक में अनुपात एकदम उलट जाता है—अस्सी प्रतिशत हो जाते हैं नये कहानीकार। और यह नई पीढ़ी पर अतिरिक्त कृपा या प्रोत्साहन मात्र नहीं है। विशेषांक में नई पीढ़ी का कृतित्व स्पष्टत: श्रेष्ठतर है। इस दृष्टि से 'कहानी : नववर्षांक-1956' का ऐतिहासिक महत्त्व है, और इसका अधिकांश श्रेय कृती सम्पादक भैरवप्रसाद गुप्त को है। हिन्दी जगत में इस विशेषांक की जितनी व्यापक चर्चा हुई, और जैसा सहर्ष स्वागत हुआ, उससे कहानी की नींव पड़ गई। नि:सन्देह इस विशेषांक की नई कहानियाँ परम्परागत कहानी के दायरे से सर्वथा मुक्त नहीं हैं, किन्तु इनसे एक नये समारम्भ का आत्मसजग प्रभास अवश्य मिलता है। इतना ही नहीं हुआ कि नये ढंग की कहानियाँ लिखी गईं, नये कहानीकारों को इसका भी एहसास था कि वे नया लिख रहे हैं। महत्त्वपूर्ण है यह आत्मसजगता!

'कहानी : नववर्षांक-1956' इसलिए भी उल्लेखनीय है कि इसी में पहली बार स्पष्टत: प्रश्न के रूप में 'नई कहानी' की बात उठाई गई।

सम्भवत: इस कहानी-विशेषांक की रचनात्मक सम्भावना का ही प्रभाव था कि अगले वर्ष महाराष्ट्र राष्ट्रभाषा सभा, पूना ने 'कहानियाँ-1955' नाम से एक कहानी-संकलन ही प्रकाशित कर दिया। यह एक घटना है हिन्दी कहानी के इतिहास में। इसे एक तरह से हिन्दी कहानी के नवजागरण का दस्तावेज़ भी कह सकते हैं। 'निकष', 'ज्ञानोदय' जैसे कुछ अन्य पत्रों से थोड़ी-सी कहानियाँ लेने के बावजूद यह संकलन लगभग अस्सी प्रतिशत कहानियों के लिए 'कहानी' के उक्त नववर्षांक का ऋणी है। कहानियों की सूची पर एक नज़र डालने से ही पता चल जाता है कि वर्ष कितना सृजनशील था। 'गदल', 'रसप्रिया', 'गुलकी बन्नो', 'मवाली', 'हंसा जाई अकेला', 'डिप्टी कलक्टरी', 'चीफ़ की दावत', 'बादलों के घेरे', 'सेब', 'एक कमज़ोर लड़की की कहानी' जैसी दस महत्त्वपूर्ण कहानियाँ यदि सिर्फ़ एक वर्ष में लिखी जाएँ, तो उस युग की सृजनात्मकता के प्रति उत्साह का अनुभव क्यों न हो?

यह वही समय है, जब हिन्दी में 'निकष', 'संकेत', 'हंस-अर्द्ध वार्षिक' जैसे बड़े-बड़े साहित्य-संकलन निकाले गए, जिनमें नवलेखन की सभी विधाएँ दृष्टि, वस्तु और शिल्पगत विविधताओं सहित एक साथ प्रकाश में आईं। नई पीढ़ी की कहानियाँ यहाँ नई कविता के साथ-साथ छपीं। ध्यान देने की बात है कि उस समय नई पीढ़ी के बीच 'नई कविता' बनाम 'नई कहानी' जैसा कोई विवाद न

था। 'हंस-अर्द्धवार्षिक' संकलन में जहाँ मोहन राकेश, मार्कण्डेय, शेखर जोशी, हरिशंकर परसाई की कहानियाँ छपीं, वहीं निर्मल वर्मा की कहानी 'परिन्दे' और 'मुक्तिबोध', केदारनाथ सिंह, श्रीकान्त वर्मा आदि की 'नई कविता' भी साथ-साथ पढ़ने को मिली। इसी प्रकार 'संकेत' में अमरकान्त, राजेन्द्र यादव, मोहन राकेश की कहानियों के साथ रघुवीर सहाय की 'खेल' कहानी भी प्रकाशित हुई। यही बात 'निकष' में प्रकाशित कहानियों के बारे में भी कही जा सकती है। सभी जानते हैं कि 'निकष' के सम्पादक 'नई कविता' के पक्षधर हैं, फिर भी उसमें मोहन राकेश, शेखर जोशी, कमलेश्वर, राजेन्द्र यादव, रेणु आदि ने सहर्ष अपनी कहानियाँ दीं। जहाँ उनकी बग़ल में रघुवीर सहाय, मनोहर श्याम जोशी, राजेन्द्र किशोर जैसे लेखकों की भी कहानियाँ पढ़ने को मिलीं, यानी ऐसे लेखकों की कहानियाँ, जिनका सम्बन्ध मूलतः 'नई कविता' से था, और आज जिन्हें 'नई कहानी' के पक्षधर नये कहानीकार तो क्या, कहानीकार-मात्र मानने के लिए भी तैयार नहीं। यह वही समय है जब चिरपरिचित प्रगतिशील लेखकों की ओर से इलाहाबाद से साहित्यकार सम्मेलन (1957) हुआ, जिसमें एक मंच पर सभी विचारधाराओं और विधाओं के लेखक पूरे सद्भाव के साथ विचार-विनिमय के लिए अत्यधिक संख्या में एकत्र हुए। ऐसा लगा कि हिन्दी का पूरा नवलेखन पारस्परिक भिन्नता को पहचानते हुए भी एक नये स्तर पर पुनर्गठित होने की स्थिति में पहुँच गया है।

नवलेखन के इस व्यापक परिवेश को देखते हुए, नई कविता के वज़न पर कहानी में भी नई कहानी का प्रश्न उठना सर्वथा संगत था, और इस पर किसी के चौंकने लायक़ कोई बात न थी। क्योंकि किसी भी साहित्य के लिए यह स्पृहणीय स्थिति नहीं हो सकती कि कविता तो एक भावबोध पर चले, और कहानी-उपन्यास आदि गद्य-कृतियाँ किसी अन्य भावबोध के रास्ते। यदि समूचा नवलेखन एक ही ऐतिहासिक सन्दर्भ के प्रति प्रतिश्रुत है, तो जीवन-दृष्टियों के भेद और वैयक्तिक विशिष्टताओं के बावजूद समूचे नवलेखन के मूल में एक-सी बुनियादी संवेदनाओं का होना ऐतिहासिक आवश्यकता है। और फिर प्रश्न संवेदना का ही नहीं, बल्कि एक-सी सृजनात्मक भाषा का है, जिसके माध्यम से, चाहे गद्य में हो, चाहे पद्य में, नवलेखन की रचना सम्भव होती है। इसलिए जहाँ गद्य समर्थ होता है, वहाँ कविता गद्य से भाषा-शक्ति ग्रहण करती है; और जहाँ कविता में भाषा का निखार पहले हो जाता है, वहाँ गद्य कविता के प्रयोगों से अपनी भाषा को तराशता है। हिन्दी-साहित्य की उस असंगति से प्रायः सभी परिचित हैं, जब गद्य तो खड़ी बोली में लिखा जा रहा था, लेकिन कविता ब्रजभाषा में हो रही थी। किन्तु उस खाई के पट जाने के बाद एक ऐसी भी स्थिति आई, जब कविता की भाषा गद्य से अधिक संवेदनशील हो गई। अब उत्तरशती के कथाकार इसे स्वीकार करने में शायद अपमान का अनुभव करेंगे। जो हो, 1956-57 का समय इस दृष्टि से अत्यन्त महत्त्वपूर्ण है कि बहुत

दिनों तक अलग-अलग रहने के बाद हिन्दी कहानी समूचे नवलेखन से सम्पृक्त होने की स्थिति में आ सकी। इसी सम्पृक्ति के चलते, कहते हैं, मराठी में नई कविता के समानान्तर ही नई कहानी का विकास हो गया, और इस प्रकार नई कहानी मराठी में हिन्दी से पहले आ गई। इसके विपरीत हिन्दी में नई कहानी का विकास कुछ देर के लिए विलम्बित हो गया, तो स्पष्ट ही समूचे नवलेखन से कटे रहने के कारण।

कहना न होगा कि सन्दर्भ से अलग होने का मतलब ही है पिछड़ जाना। और पिछड़ेपन की स्थिति को बनाए रखने की बात वही कर सकता है, जिसे पिछड़ेपन में ही विशेष सुविधाएँ मिलने की आशा हो, क्योंकि सह-भाव में उनकी विशेष सुविधाओं के कट जाने का ख़तरा हो सकता है। क्या नवलेखन से कहानी को अलग रखने का नारा भी यह उद्देश्य ध्वनित नहीं करता? साहित्य के क्षेत्र में भी क्या यह एक अलग नागालैंड या द्रविड़स्थान जैसी माँग नहीं है? बहरहाल साहित्य में 1956-57 के आसपास ऐसी माँग नहीं उठी थी। बल्कि स्थिति इसके एकदम उलटी थी, और इतिहास साक्षी है कि इससे सबसे अधिक लाभ कहानीकारों की इस नई पीढ़ी को हुआ। स्वयं कहानी के अन्तर्गत जो परिवर्तन आया, सो तो आया ही, कहानी हिन्दी-जगत के आकर्षण का केन्द्र हो गई। वस्तुत: केन्द्र में स्वयं कहानी जा नहीं पहुँची, बल्कि जहाँ वह थी, वह कोना ही सहसा रंगमंच का केन्द्र बन गया, और इस तरह केन्द्र-स्थित कविता देखते-देखते एक किनारे जा पड़ी। बहुतों को आश्चर्य हुआ कि एक गौण साहित्य-विधा इतनी प्रमुख कैसे हो उठी!

'नई कहानी' की आवाज़, वस्तुत:, एक रचनात्मक सम्भावना को देखकर उठी थी, जो आज भी नई पीढ़ी के कहानीकारों की पहली कृतियों में साफ़ झलकती है। ये कृतियाँ आज भी ताज़ा मालूम होती हैं, क्योंकि मूल में सृजनात्मक प्रयास है। एक लम्बे अवकाश के बाद हिन्दी कहानी में जीते-जागते आदमी दिखाई पड़े, तो लगा कि कहानी में एक रचनात्मक खोज की शुरुआत हो गई। वैसे, साफ़-सुथरी कहानियाँ उस समय भी कम न थीं, लेकिन आंचलिक रेखाचित्रों की जीवन्तता के सामने वे निष्प्राण प्रतीत हुईं। उल्लेखनीय है कि उसी 'प्रतीक' में राजेन्द्र यादव की कहानी 'खेल-खिलौने' भी छपी, और शिवप्रसाद सिंह की 'दादी माँ' की तुलना में 'खेल-खिलौने' में कहीं ज़्यादा कारीगरी और पच्चीकारी है, लेकिन खुली दाद मिली सीधी-सहज 'दादी माँ' को। दूसरी ओर मोहन राकेश एक अरसे से 'साफ़-सुथरी' कहानियाँ लिखते आ रहे थे, लेकिन पहला कहानी-संग्रह 'पान-फूल' है मार्कण्डेय का, जिसकी ओर हिन्दी-जगत की सहसा दृष्टि गई। यों 'पान-फूल' की तुलना में 'नये बादल' की कहानियाँ कहीं ज़्यादा साफ़-सुथरी और चमत्कारपूर्ण हैं। निश्चय ही इस आकर्षण के मूल में बहुविज्ञप्त आंचलिकता-मात्र न थी। इसी तरह कारीगरी के विपरीत सहजता को दाद देने का मतलब कला के एक पक्ष की जगह दूसरे

पक्ष पर ज़ोर देना-भर नहीं था। इस आकर्षण का कारण एक वस्तु-विशेष या एक शिल्प-विशेष नहीं, बल्कि वस्तु और शिल्प दोनों में निहित एक नई सृजन-दृष्टि थी। दूसरे सफल लेखक जहाँ पहले की अच्छी कहानियों-जैसी एक और कहानी लिखने की कोशिश कर रहे थे, वहाँ नया कहानीकार एक जीते-जागते आदमी, एक नये जीवन-अनुभव को तराशकर कहानी का आकार दे रहा था। कहना न होगा कि इन दोनों प्रयासों में बड़ा अन्तर है। ये दो विपरीत दिशाएँ हैं : एक लीक पीटने या ज़्यादा-से-ज़्यादा 'मजमून छीनने' की तो दूसरी नये सृजन की। जिस प्रकार शेरउड ऐंडरसन की गद्य-कृति 'वाइन्सबर्ग-ओहियो' की आंचलिक कहानियों ने अमेरिकी कहानी के इतिहास को नया मोड़ दिया, उसी तरह हिन्दी में भी ये आंचलिक कहानियाँ एक नये युग का सूत्रपात कर रही थीं।

उल्लेखनीय है कि इस काल की प्रशंसित कहानियों में अधिकांश ठेठ शास्त्रीय अर्थ में 'कहानी' नहीं बल्कि बहुत कुछ रेखाचित्र-जैसी हैं : चाहे वह 'गुलरा के बाबा' हो या 'गदल', 'डिप्टी कलक्टरी' हो अथवा 'गुलकी बन्नो', 'कोसी का घटवार' हो या 'मवाली'। परम्परा के रक्षक चाहें, तो इन्हें 'चरित्र-प्रधान' कहानी के वर्ग में रखकर सन्तोष कर सकते हैं, किन्तु इस ऐतिहासिक परिवर्तन की उनके पास क्या व्याख्या है कि एक साथ पूरी की पूरी पीढ़ी सीधे जीते-जागते चरित्रों के अंकन की ओर चल पड़ी? कहानी के परम्परा प्राप्त फ़ॉर्मूले के प्रति सहसा उदासीनता और सीधे ज़िन्दगी के चरित्रों में इतनी दिलचस्पी लेने का क्या कारण है? जीवन के किसी फ़ॉर्मूले की अपेक्षा स्वयं 'जीता-जागता आदमी' क्यों इतना महत्त्वपूर्ण हो उठा? नये कहानीकारों ने अपने 'निजी अनुभवों' का ही सहारा लेने का निश्चय क्यों किया? इन लेखकों ने किसी बनी-बनाई विचारधारा को ज्यों-का-त्यों मानकर कहानियाँ क्यों नहीं बनाईं? क्या यह एक 'प्रामाणिकता' की खोज नहीं है?

आज इन कहानियों की वास्तविकता के बारे में चाहे जो कहा जाए, लेकिन तत्काल तो इन्होंने अपने 'सच' होने का पूरा एहसास कराया ही। और नहीं तो कम-से-कम इतना एहसास तो अवश्य ही कराया कि ये लेखक के 'निजी अनुभव' पर आधारित हैं। यहाँ चरित्र जिस प्रकार अपने जीवंत परिवेश की सारी बारीकियों के साथ चित्रित हुए, उससे लगा कि लेखक की दृष्टि अपेक्षाकृत 'पूरे सजीव आदमी' पर है, साथ ही स्वयं उसकी स्थिति में जाकर अनुभव करने की क्षमता भी मौजूद है। 'अनुभूति की सच्चाई' और 'अनुभूति की प्रामाणिकता' का एहसास करा देना इनका सबसे प्रमुख आकर्षण बना। नव-अरस्तूवादी समीक्षाशास्त्र की भाषा में ये कहानियाँ 'रेहटॉरिकल' न होकर 'इमिटेटिव' हैं।

और यह विशेषता हमें इन कहानियों के ऐतिहासिक सन्दर्भ की ओर ले जाती है। दरअसल इन कहानियों का भावबोध आज़ादी के प्रथम आवेग की मनोदशा के पूरे मेल में है। यह तथ्य है कि पुरानी पीढ़ी के अनेक लेखक नये स्वाधीन भारत

के सन्दर्भ को पूरी तरह समझने तथा समझकर उसके साथ अपने आप को जोड़ने में असमर्थ रहे। एक ओर वे 'शाश्वतवादी' लेखक हैं, जो तब से आज तक यही दुहरा रहे हैं कि स्वाधीनता प्राप्ति को हिन्दी-साहित्य के इतिहास की विभाजक रेखा मानना ग़लत है, क्योंकि इससे साहित्य में कोई उल्लेखनीय परिवर्तन नहीं आया। (गो, सरकारी पत्रों में स्वतंत्रता दिवस के अवसरों पर 'स्वातंत्र्योत्तर हिन्दी साहित्य' शीर्षक से सबसे ज़्यादा लेख इन्होंने ही लिखे), दूसरी ओर वे 'क्रान्तिकारी' लेखक हैं, जिनके लिए उस समय आज़ादी झूठी थी, लेकिन पीछे लाइन बदल जाने के बाद जिन्होंने सिर झुकाकर फिर स्वीकार कर लिया कि आज़ादी सच्ची है, यद्यपि भीतर से उन्हें तब भी इसका पूरा-पूरा एहसास न हो सका। यह भी एक विडम्बना ही है कि नितान्त 'क्रान्तिकारियों' और 'शाश्वत-वादियों' के निष्कर्ष एक ही थे। विचार के क्षेत्र में प्राय: इसी तरह दो ध्रुवान्त एक बिन्दु पर मिलते हैं; और आकस्मिक नहीं है, जो आज भी 'नई कहानी' के विरुद्ध दोनों एक ही पंक्ति में खड़े हैं। यदि एक के 'चिरशाश्वत' के सामने सारा परिवर्तन असत्य है, तो दूसरे की चरम क्रान्तिकारी छलाँग के आगे हर परिवर्तन नगण्य है। 180^0 का चक्कर लगाकर दोनों दृष्टियाँ अन्तत: एक बिन्दु पर मिलती हैं, और प्रमाणित करती हैं कि दोनों ही अपने वर्तमान सन्दर्भ से एकदम बाहर हैं : एक पीछे है, तो दूसरी आगे; एक अतीत में है, तो दूसरी भविष्य में। प्रत्यक्ष अनुभव से दूर दोनों ही अपनी-अपनी पूर्व-निर्दिष्ट धारणाओं तथा सिद्धान्तों में बन्द हैं।

स्पष्ट ही ये 'सिद्धान्त' प्रत्यक्ष अनुभव के विपरीत पड़ते थे; इसलिए विचारधारा-मात्र के विरुद्ध प्रतिक्रिया हुई, और प्रत्यक्ष अनुभव पर अतिरिक्त बल दिया गया। नये लेखकों द्वारा बार-बार दुहराए जानेवाले 'अनुभूति', 'ईमानदारी', 'सच्चाई' आदि शब्द इसी सन्दर्भ में कुछ अर्थ रखते हैं, और इसी पृष्ठभूमि में नवलेखन की विशिष्टता का उद्‌घाटन होता है। यह मानसिक मुक्ति राजनीतिक आज़ादी की ही देन थी। आज़ादी ने एकबारगी अनेक रूढ़ विचारधाराओं को निस्तार साबित कर दिया। अकेला अनुभव भले ही बहुत दूर न ले जाए, लेकिन उस समय 'निजी अनुभव' ही लेखक को एकमात्र सहारा मालूम हुआ, और उसे लगा कि किसी भी क़ीमत पर अपनी अनुभूति क्षमता को सतत जाग्रत रखना अपने जीवन और अपने सृजन के लिए अनिवार्य है। शेखर जोशी की कहानी 'बदबू' जैसे इसी अनुभूति क्षमता को सतत जाग्रत रखने का सटीक उदाहरण है। कारख़ाने में काम करनेवाले हाथों की 'बदबू', ऐसा न हो कि कुछ दिनों बाद 'बदबू' लगे ही नहीं—मज़दूर की यह चिन्ता जैसे स्वयं नये लेखक की चिन्ता है।

गरज़ कि राजनीतिक आज़ादी से नई पीढ़ी ने सचमुच अपने को स्वतंत्र महसूस किया। उसे लगा कि वह स्वयं अपनी आँखों से हर चीज़ देख सकता है, और अपने दिमाग़ से सोच सकता है। और उसने देखा कि आज़ादी के साथ अँधेरे में से

एक जीता-जागता भारत निकल आया है और यह भारत बड़ा है, घना है, ठोस है, और उसकी इच्छा हुई कि हर चीज़ को अपने हाथों से छूकर देखे कि वह क्या है। बहुत-सी चीज़ें ऐसी थीं, जिन्हें वह अभी तक बड़े-बड़े अथवा गोल-मोल शब्दों के रूप में जानता-सुनता आ रहा था, अब जैसे उसको सभी कुछ स्वयं देखने की आज़ादी मिल गई, और लगा कि ज़िन्दगी जीने लायक़ है। कुछ समय के लिए मन की सारी कड़वाहट कहीं धुल गई, और लगा कि सारी बर्बादियों के बावजूद काफ़ी-कुछ बच भी गया है जिसे अच्छा कहा जा सके। इस एहसास के बावजूद कि ये अवशिष्ट अच्छाइयाँ शायद ज़्यादा दिन न टिक पाएँ, हम उन्हें पाथेय के रूप में सँजोने लग गए इस ममत्व से कि फिर ये देखने को न मिल पाएँगी। उल्लेखनीय है कि बाबा, दादी, दादा आदि को लेकर इस नई पीढ़ी ने अनेक कहानियाँ लिखीं। कुछ लोगों को इस पर आश्चर्य भी हुआ कि यह कैसी नई पीढ़ी है, जो अपने बारे में न लिखकर पुरानी पीढ़ी के लोगों के बारे में लिखना पसन्द करती है। इसी आधार पर किसी ने इसे वर्तमान से पलायन कहा, तो किसी ने रोमांटिसिज़्म। जल्दबाज़ी में यह नहीं दिखाई पड़ा कि पुरानी पीढ़ी के इन चित्रों की छाया में कहीं-न-कहीं नई पीढ़ी स्वयं है। बल्कि सच पूछा जाए, तो पुरानी पीढ़ी के माध्यम से नई पीढ़ी का यह आत्मान्वेषण ही था। इन्हें एकदम रोमांटिक समझना या तो भ्रम है, या अनजाने ही रोमांटिसिज़्म का अर्थ-विस्तार। यदि अपने पिछले रोमांटिक युग की तद्विषयक कहानियों को ठीक से मिलाकर देखें तो यहाँ ऐसी अनेक बारीक रेखाएँ मिलेंगी, जो अपने समग्र प्रभाव में एक विशिष्ट संवेदना उत्पन्न करती हैं। निश्चय ही ये प्रेमचन्द की 'बड़े घर की बेटी' और 'सुजान भगत' जैसी आदर्शवादी-रोमांटिक कहानियों से काफ़ी भिन्न हैं। वैसे तत्कालीन समूचे नवलेखन को देखते हुए ये कहानियाँ सर्वथा अनुरूप भावबोध सूचित करती हैं। क्या नई कविता में भी उस समय इसी प्रकार की संवेदनाएँ व्यक्त नहीं हुईं?

इस संवेदना में भावुकता का रंग अवश्य अधिक है, किन्तु ज़िन्दगी के गहरे सम्पर्क ने आगे चलकर भावुकता से उठनेवाली टीस को यथार्थ की आँच में पकाकर गहरी तल्खी का रूप दे दिया। और सन्दर्भ परिवर्तन के साथ इनमें धीरे-धीरे आत्म-विडम्बना का भी बोध उभरने लगा।

लेकिन आज़ादी के शुरू के दिनों में निश्चय ही सन्दर्भ ऐसा था, जिसमें कुछ आश्वासन, कुछ उत्सुकता, कुछ आशंका और कुछ आशा के मिले-जुले भाव थे। साम्प्रदायिक दंगे शान्त हुए। शरणार्थी किसी प्रकार बसने लगे। सैकड़ों रियासतें ख़त्म हुईं, और भारत का मानचित्र एकरंग हुआ। संविधान बनकर सामने आया। जनता को जनतांत्रिक अधिकार मिले। बालिग मताधिकार के आधार पर पहला आम चुनाव हुआ। पंचवर्षीय योजना बनी। भूमि और समाज-सुधार सम्बन्धी नये क़ानून बने। व्यवस्था का एहसास हुआ। प्रगति की आशा बँधी। 'डिप्टी कलक्टरी'

के शकल दीप बाबू की तरह 'डिप्टी कलक्टरी' की लिस्ट में लड़के का नाम न देखकर भी लोग आशा लगाए देखते रहे कि शायद अगली बार नाम आ ही जाए। अपनी उपहासास्पद स्थिति का एहसास होते हुए भी लोग 'प्रतीक्षा' करने को प्रस्तुत थे। धीरज का बाँध एकदम न टूटा था। पीड़ा-भरी प्रतीक्षा इस काल की कहानियों का मुख्य स्वर है, चाहे वह अमरकान्त की 'डिप्टी कलक्टरी' हो, या निर्मल वर्मा की 'परिन्दे'। वैसे कोई चाहे, तो इस भावबोध को भी 'रोमांटिक' कह सकता है, किन्तु इनमें जीवन का गहरा पीड़ा-बोध है, वह हर तरह की तीव्र रोमांटिक भावनाओं से सर्वथा भिन्न है। जहाँ ज़िन्दगी गम्भीरता से ग्रहण की जाती है, वहाँ आशा और निराशा-जैसे सीधे भाव अनावश्यक हो जाते हैं। उल्लेखनीय है कि चेख़व इस समय हिन्दी कहानीकारों में सहसा लोकप्रिय हो उठा। कुछ दिन पहले जहाँ गोर्की का झंडा बुलन्द था, उसकी जगह चुपके से चेख़व ने ले ली। क्या यह परिवर्तन हिन्दी कहानी में किसी परिवर्तन की सूचना नहीं देता?

यह मन:स्थिति तभी पैदा होती है, जब जीवन की जटिलता का बोध होता है। जब ऐसा लगे कि ज़िन्दगी साफ़-साफ़ चौखटों में बँटी हुई नहीं है तो बेखटके अच्छा और बुरा, सही-ग़लत के रूप में दो टूक निर्णय देना कठिन हो जाता है। अनुभूति की बुनियादी ईमानदारी अन्तत: इस पीढ़ी के कहानीकारों को एक 'उभय सम्भव' की मन:स्थिति की ओर ले गई। इस द्वैध मन:स्थिति के साथ हिन्दी कहानी में एक नये 'नैतिक बोध' का उदय हुआ, जिसकी स्पष्ट अभिव्यक्ति राजेन्द्र यादव की 'एक कमज़ोर लड़की की कहानी और रघुवीर सहाय की 'मेरे और नंगी औरत के बीच' जैसी कहानियों में हुई है। दुविधा की स्थिति का पता स्वयं इन कहानियों का अन्त देता है, जहाँ पहुँचकर लेखक अपना हाथ खींच लेते हैं, क्योंकि सुखान्त या दुखान्त कुछ भी करना अवास्तविक प्रतीत होता है। दो पीढ़ियों के नैतिक बोध का अन्तर समझने के लिए यादव की 'एक कमज़ोर लड़की की कहानी' को जैनेन्द्र कुमार की 'एक रात' के बग़ल में रखकर देखना पर्याप्त है। 'एक कमज़ोर लड़की की कहानी' एक तरह से 'एक रात' की पैरोडी मालूम होती है। जैसे एक वैज्ञानिक विज्ञान के किसी पूर्ववर्ती नियम को असंगत पाकर उसकी अपने प्रयोगों के दौरान असंगतियों को दूर करने की कोशिश करता है, उसी तरह इस कहानी में पूर्ववर्ती रोमांटिक कहानियों के तिकोने प्रेम की असंगति का उद्घाटन किया गया है—एक विडम्बनापूर्ण स्थिति के द्वारा। वैसे यहाँ भी लेखक इस रोमांटिक संस्कार से ग्रस्त है कि उभय-सम्भव की मन:स्थिति को वहन करना कमज़ोरी का लक्षण है। फ़र्क़ है, तो सिर्फ़ यह कि अब इस कमज़ोरी के प्रति विडम्बना का बोध है। स्पष्ट हो जाता है कि समस्या का कोई बना-बनाया हल नहीं है। यह निष्कर्ष ऊपर से देखने पर चाहे जितना निराशावादी लगे, किन्तु इससे परिस्थिति का बोध तो होता ही है। और रोमांटिक भावबोध की तुलना में यह ग़ैर-रोमांटिक भावबोध मानसिक परिपक्वता का सूचक है।

वस्तुतः रोमांटिक कृतियों में हृदय और बुद्धि के बीच एक प्रकार का विच्छेद मिलता है, जिसके बीच समरसता स्थापित करने की कोशिश करके भी रोमांटिक लेखक सफल न हो सके। इस काल में हृदय-बुद्धि का वह विच्छेद बहुत कुछ समाप्त हुआ और विच्छिन्न भावबोध के स्थल पर एक समंजस संवेदना का उदय हुआ। यहाँ अनुभूति विकसित होकर इस प्रकार विचार की सघनता प्राप्त कर लेती है कि पुराने ख़याल के लोगों को 'बौद्धिकता' की शिकायत होने लगती है। किन्तु समंजस संवेदना ने गद्य-लेखकों को ऐसी यथातथ्य, लचीली, सूक्ष्म और व्यंजक भाषा निर्मित करने की क्षमता दी कि व्यक्ति-मन और उसके परिवेश के बारीक-से-बारीक तथ्य अंकित किये जा सके।

इस संवेदना ने झूठी अथवा अतिरिक्त अभिव्यक्ति पर अंकुश का काम किया। पुराने लेखक जिस स्थिति में प्रेम की गुंजाइश न देखते हुए भी प्रेम की अबोध अभिव्यक्ति करते थे, वहाँ नये लेखक ने कहने से पहले यह जाँच लेना ज़रूरी समझा कि ऐसी स्थिति में मन में जो भाव उठ रहे हैं, उन्हें 'प्रेम' का नाम देना ठीक होगा या नहीं। आत्मसजगता इस हद तक बढ़ गई कि बिना जाँच किसी भाव को व्यक्त करना कठिन हो गया। इलियट के शब्दों में, 'गुलाब की आँखों का भाव' उभर आया।

इस समय की प्रेम कहानियों को पूर्ववर्ती युग की प्रेम कहानियों के बराबर रखकर देखें, तो इस दृष्टि से साफ़ और अन्तर मालूम होगा। निश्चय ही यह संवेदना आज के नये सामाजिक सन्दर्भ की उपज है। सामाजिक सम्बन्धों में इतना परिवर्तन आ गया है कि बहुत से पुराने सम्बन्ध अब शिष्टाचार का निर्वाह मात्र मालूम होने लगे हैं। इस बोध के बावजूद बहुत-से लेखक आज भी अपनी रचनाओं में उन शिष्टाचारों को सच्ची भावनाओं के रूप में दिखाते जा रहे हैं। इसके विपरीत नये लेखक शिष्टाचार के ऊपरी खोल को हटाकर तह में छिपी असली भावनाओं को उद्घाटित करने की कोशिश कर रहे हैं। उदाहरण के लिए 'मेरे और नंगी औरत के बीच' में रघुवीर सहाय ने यही किया है। नया लेखक इसी तरह बीच की 'दुनिया' को हटाकर मनुष्य को नंगे रूप में, मनुष्य को निरे मनुष्य के रूप में, स्पर्श करना चाहता है। यह भी एक मानवतावाद है, जो इस पूँजीवादी युग के अमानवीय सामाजिक सम्बन्धों के तीखे बोध से पैदा हुआ है। कहना न होगा कि आज़ादी के बाद भारत में इस नई स्थिति का पहली बार इतना तीखा अनुभव हुआ है। क्या यह टूटते हुए सामन्ती सामाजिक सम्बन्धों और उभरते हुए पूँजीवादी सामाजिक सम्बन्धों के टकराव की अभिव्यक्ति नहीं है?

अन्ततः दो युगों की कहानियों का अन्तर नैतिक बोध के स्तर पर स्पष्ट होता और नैतिक बोध की अभिव्यक्ति सामान्यतः 'सहानुभूति' के स्वरूप में होती है। कोई लेखक किस व्यक्ति-चरित्र को किस स्थिति में और किस प्रकार की सहानुभूति देता

है, और फिर उस सहानुभूति का आधार क्या होता है—इससे कहानी का 'मूल्य' निर्धारित होता है। आज जिस प्रकार व्यक्ति-व्यक्ति के बीच एक अदृश्य और शायद अभेद्य दीवार खड़ी हो गई है, उसे देखकर महसूस होने लगा है कि किसी को अपना दुख ठीक-ठीक बतला सकना अथवा ठीक-ठीक किसी के दुख को जान लेना लगभग असम्भव हो उठा है। अपने ज्ञान और अपनी अनुभूति की सीमा के इस बोध ने सहानुभूति-सम्बन्धी पूरी धारणा ही बदल दी। शायद यह स्थिति भी पूँजीवादी समाज-व्यवस्था की ही देन है। इस स्थिति ने हमारे ऊपर एक नया नैतिक दायित्व डाल दिया है। रघुवीर सहाय की 'सेब', 'जीता-जागता व्यक्ति' आदि अनेक कहानियाँ जैसे इसी प्रश्न से जूझती दिखाई पड़ती हैं। एक स्थिति इससे आगे की भी है, जहाँ लेखक इस बीच की दीवार को तोड़ने की भी कोशिश करता है, और दो आदमियों के बीच सहकारिता का भाव पैदा करता है, जिसका चित्रण निर्मल वर्मा की 'लंदन की एक रात' कहानी में मिलता है।

इसी बोध का विस्तार आगे चलकर उस दायित्व तक होता है, जिसे 'सामाजिक चेतना' कहते हैं। चूँकि नये कहानीकार किसी पूर्वनिर्धारित जीवन-दर्शन द्वारा निर्दिष्ट 'सामाजिक दायित्व' के निर्वाह के ख़तरे से सशंक हैं, इसलिए वे अपने अनुभवों के आधार पर रचना में सामाजिकता को व्यक्त करने की कोशिश करते रहे हैं। इस दृष्टि से यह तो तथ्य है कि प्रगतिवादी दौर की तरह इन कहानियों में सर्वहारा के चित्र नहीं हैं, और न वैसी प्रखर वर्ग-चेतना ही है, किन्तु व्यापक रूप से आज के उपेक्षितों और कल के अपेक्षितों के साथ आत्मीय लगाव अवश्य है—किसी लेखक में कम, तो किसी में ज़्यादा। चूँकि ज़्यादातर लेखक शहरों और गाँवों के निम्न-मध्य वर्ग की उपज हैं, और हर लेखक का ज़ोर साहित्य-रचना में निजी अनुभव पर है, इसलिए रचनाओं की विषयवस्तु के साथ ही दृष्टिकोण का भी निम्न-मध्यवर्गीय सामाजिक स्थिति की सीमा से सीमित हो जाना अनिवार्य है। वैसे आज समाज में इस वर्ग की जो स्थिति और ऐतिहासिक भूमिका है, उसको देखते हुए इस वर्ग का सचेत लेखक प्रखर 'आलोचनात्मक यथार्थवादी' साहित्य की सृष्टि कर सकता है। कहना न होगा कि नई कहानी की परम्परा में सामाजिक आलोचना का यह स्वर काफ़ी प्रबल रहा है।

इस प्रकार लगभग 1956-60 तक इस कहानी-दशक के उभरनेवाले नये कहानीकारों ने अपने अपेक्षाकृत नये सृजनात्मक कृतित्व से हिन्दी कहानी को समृद्ध करने में महत्त्वपूर्ण योग दिया। यह तो नई कहानी के विरोधी भी स्वीकार करते हैं कि अकेले इस दशक में हिन्दी में जितनी अच्छी कहानियाँ लिखी गईं, वह अपने आप में एक मिसाल है। हिन्दी की जो नई प्रतिभाएँ कुछ समय पहले कविता की ओर मुड़ जाया करती थीं, वे तथा वैसी अन्य अनेक प्रतिभाएँ इस दशक में प्राय: कहानी के क्षेत्र में आ गईं। सभी नये कहानीकारों में समान रूप से

नये सृजन की चेतना भले न रही हो, किन्तु इस कहानी-दशक की मुख्य प्रवृत्ति नये सृजन की थी। सब जगह जीवन-दृष्टि भले ही एक-सी स्पष्ट न हो पाई हो, किन्तु प्रायः सभी में अपनी सृजनात्मकता के बीच से ही जीवन-दृष्टि विकसित करने का प्रयास रहा है। हिन्दी-क्षेत्र में इस समय न कोई व्यापक जन-आन्दोलन और न जनता की सशक्त राजनीति पार्टी और न ही साहित्य के क्षेत्र में किसी ऐसी पार्टी की सूझ-बूझ-भरी पहल—इस प्रभाव को देखते हुए इस कहानी-दशक की उपलब्धियाँ काफ़ी महत्त्वपूर्ण हैं।

यह भी एक विडम्बना ही है कि जो कहानीकार सहसा 'नई कहानी' के झंडा-बरदार हो उठे हैं, वे दरअसल नई कहानी के हकदार ही नहीं रह गए हैं। लगता है, जैसे बाहरी नारा भीतरी खोखल को ढकने का एक बहाना-भर है। मुट्ठी की पकड़ जिस तरह झंडे पर कसती जा रही है, उससे लगता है कि ज़रूर पाँवों के नीचे से ज़मीन खिसक रही है। लेकिन ये कहानियाँ कब तक छिप सकती हैं?

मोहन राकेश के बारे में स्वयं राजेन्द्र यादव की राय है कि 'उसने नया शिल्प, नई भाषा या नया कथ्य कम खोजा है, फिर भी जाने वह कौन-सी विवशता है, जिसके कारण इतना और जोड़ा जाता है कि अपने 'पुरानेपन' के बावजूद वह और समर्थ कथाकार है।' नये और पुराने संघर्ष में यह साफ़ समझौतावाद है, और जिस समझौतावाद के कारण 'राकेश दोनों कथा-पीढ़ियों में 'स्वीकृत' है।' 'उसी के शिकार स्वयं राजेन्द्र यादव हो चले हैं। किन्तु एक दूसरी दिशा में, जैसा कि सितम्बर 1964 की 'कल्पना' में 'किनारे से किनारे तक' की कहानियों के बारे में लिखा गया है कि उनमें 'उनमें कुशल व्यावसायिक लेखन के सारे गुण-दोष मौजूद हैं।' कहना न होगा कि जहाँ व्यावसायिकता आ गई, वहाँ नये सृजन की सम्भावना समाप्त। ऐसी स्थिति में शिवदानसिंह चौहान का 'आलोचना-31' का यह सम्पादकीय वक्तव्य क्यों न सहमति प्राप्त करे कि राकेश, कमलेश्वर या राजेन्द्र यादव ने "जो अच्छी कहानियाँ लिखी हैं वे 'नई' से अधिक शुद्ध फ़ॉर्मूलाबद्ध कहानियाँ ही हैं जो नये मसनूई परिभाषा सूत्रों के अनुसार लिखी गई हैं।"

विडम्बना यह है कि यह सारा फ़ॉर्मूलाबद्ध और व्यावसायिक लेखन एक 'नई प्रगतिशीलता' के नाम पर हो रहा है। जो प्रगतिशील जीवन-दृष्टि व्यावसायिकता की घातक है, वही व्यावसायिक हाथों में खेलती हुई प्रगतिशील साहित्य को भीतर से तोड़ने की कोशिश करे! एक बार पहले भी ऐसा हुआ है, और प्रगतिशील कथाकारों की बहुत बड़ी संख्या फ़िल्मी खपत के लिए सस्ता व्यावसायिक साहित्य लिखने के रास्ते निकल गई। सच पूछिए, तो आज राकेश, कमलेश्वर और यहाँ तक कि यादव भी वही करने लगे हैं, जो पन्द्रह-सोलह साल पहले कृश्न चन्दर, ख्वाजा अहमद अब्बास वग़ैरह ने शुरू कर दिया। लक्ष्य वही है, रास्ता चाहे अभी दूसरा हो।

नई कहानी की घोषणा, वस्तुत: कुछ लेखकों के लिए सुविधाजनक उपाधि बन गई। अवसरवादी कहाँ नहीं होते? और वह अवसरवादी क्या जो किसी भी नई स्थिति से लाभ उठा ले? अनाड़ी में कांग्रेस ने 'समाजवादी समाज' क़ायम करने की घोषणा की, रातों-रात हर कांग्रेसी—यहाँ तक कि पूँजीपति भी—तुरन्त समाजवादी हो गए। फिर साहित्य में 'नई कहानी' की आवाज़ उठते ही कुछ पुराने भावबोध वाले लेखक सहसा 'नये कहानीकार हो जाएँ तो क्या आश्चर्य! नतीजा सामने है—इधर कांग्रेस ख़ूब समाजवाद क़ायम कर रही है, और इधर ये कहानीकार भी ठाठ से नई कहानियाँ निकाल रहे हैं।

जैसा कि मुक्तिबोध ने 'एक साहित्यिक की डायरी' में कुछ समय पहले लिखा था, असल में नये और पुराने के प्रति पूरा अवसरवाद अपनाया गया है। इस सुविधाजनक लक्ष्यहीन अवसरवाद के कारण ही साहित्य में भी नये को रूपाकार देने की तलाश नहीं है। 'नया नया', 'नया मूल्य', 'नवीन मानव' में केवल नवीन ही अरूप है, असल में इस नये को अपनी इच्छा पर छोड़ दिया गया है। इसलिए मेरे ख़याल से आपकी सबसे बड़ी आवश्यकता है कि पुराने के प्रति और नये के प्रति अवसर-दृष्टि ख़त्म हो जाए।

ख़ुशी की बात है कि इधर कुछ रचनाकार इस दिशा में आत्म-समीक्षा के लिए आगे आए हैं। इस दृष्टि से 'माया' में 'कहानी पर बातचीत' शीर्षक से मार्कण्डेय की लेखमाला उल्लेखनीय है। यहाँ जिस निर्ममता और जिस आत्मीयता के साथ मार्कण्डेय ने अपनी पीढ़ी के एक-एक कहानीकार का विश्लेषण किया है, उससे स्पष्ट हो जाता है कि इधर चार-पाँच वर्षों में यानी 1956-60 से ही उस कहानी-दशक का समारम्भ करनेवाली नई पीढ़ी सृजन के नये सन्दर्भों से जुड़ने में असमर्थ प्रमाणित हुई है। कारण—विश्लेषण से यह भी पता चलता है कि खोट कहीं-न-कहीं शुरू से इनके बुनियादी रचना-धर्म में ही थी। पुरानी प्रतिष्ठा और नये व्यवसाय से समझौता आकस्मिक नहीं है। जिस 'अनुभववाद' के सहारे इस पीढ़ी ने पुरानी प्रतिष्ठाओं के विरुद्ध विद्रोह किया, वह ज़्यादा आगे ले जाने की क्षमता ही नहीं रखता। एक वैज्ञानिक जीवन-दृष्टि के बिना कोरा 'अनुभववाद' जल्द ही कुंठित होकर वस्तुस्थिति से समझौता करने के लिए लाचार हो जाता है।

समझौते की भाषा, नि:सन्देह, 'क्रान्तिकारी' रहती है; किन्तु निहित विषय-वस्तु होती है अन्तत: वस्तुस्थिति का समर्थन। अजब नहीं है, जो इन नये कहानीकारों ने सहसा 'आस्था', 'कमिटमेंट' आदि की बात शुरू कर दी है। राजेन्द्र यादव ने मोहन राकेश पर लिखते हुए अनजाने ही अपने साथ बहुत-से साथियों के लिए स्वीकार कर लिया है कि यह 'कमिटमेंट' और कुछ नहीं सिर्फ़ नया 'जस्टीफ़िकेशन' है। इसीलिए ये लेखक जब बार-बार 'सामाजिकता', 'जीवन', 'सन्दर्भ', और 'युगबोध' जैसे गोल-मोल, बड़े-बड़े शब्दों का प्रयोग करते हुए अपनी 'सामाजिकता' की

घोषणा करते हैं, तो यह समझने में भ्रम नहीं होना चाहिए कि वे घुमा-फिराकर एक वस्तुस्थिति का ही समर्थन कर रहे हैं। जब वे जीवन से ज़्यादा-से-ज़्यादा ग्रहण करने की बात करते हैं, तो ऐसा प्रतीत होता है, जैसे 'जीवन' कोई बैंक है, जिसमें अनुभवों की रक़म जमा है, और लेखक का सबसे बड़ा लक्ष्य यह होना चाहिए कि जीवन-बैंक का बैंकर बनकर अनुभवों की राशि को निकालता और जमा करता जाए।

मीडियाकर या अधकचरे लेखक अक्सर इसी तरह अपने के 'चालू मुहावरे' बोला करते हैं, और आधुनिकता का आभास देने के लिए युग के फ़ैशन को सबसे पहले स्वीकार कर लेते हैं। इन्हें प्रश्न करने की ज़रूरत महसूस ही नहीं होती; यहाँ तक कि एक बार भी इनके मन में युग की बुनियादी 'प्रतिज्ञाओं को चुनौती देने का विचार तक नहीं उठता। इसीलिए जब ये अपने युग की ज़रा-सी भी आलोचना करते हैं, तो उस आलोचना में धार नहीं होती; और जब किसी नये परिवर्तन को समर्थन देते हैं, तो उसमें हार्दिकता नहीं मिलती। उनका उत्साह तो उनका होता ही नहीं, उनका मोह भंग भी उनका नहीं होता। वहाँ सब कुछ अवसर का तक़ाज़ा भर होता है। इसीलिए इनके मुँह से निकले हुए 'सन्दर्भ' 'संचेतना', 'सामाजिकता' आदि शब्द ऐसे प्रतीत होते हैं, जैसे वे नींद में बोल रहे हों।

आधुनिक युग की कौन-सी ऐसी घटना है, जिसकी इन्हें सूचना नहीं; कौन-सी नई चीज़ है, जिसका इन्हें नाम नहीं मालूम? फिर ज़रा-सा व्यंग्य-रंग का छींटा देते हुए इन तमाम आधुनिक तथ्यों के आधार पर एक क्या, सैकड़ों नई लगनेवाली कहानियाँ नहीं तैयार की जा सकतीं? राजधानी में क्या चीज़ सुलभ नहीं है? खुल जाए वहाँ नई कहानियों का एक कारख़ाना, और फिर देखिए, हर महीने हाज़िर हैं—नई कहानियाँ : मेड इन दिल्ली, नई दिल्ली! उदाहरण के लिए, कमलेश्वर इस नुस्खे की बदौलत अपनी पीढ़ी से भी एक क़दम आगे निकलकर, सहसा इस साठ वाली पीढ़ी के नये कहानीकार हो गए हैं!

दरअसल अपने युग द्वारा कोई लेखक हज़म न कर लिया जाए, इसके लिए बेहद सतर्कता की आवश्यकता पड़ती है। आज स्थिति कुछ ऐसी है कि स्वीकार करने से ज़्यादा इनकार करने का कलेजा चाहिए। बड़ी समस्या ज़माने के भ्रम-जाल से मुक्त होने की है, पाशविक पुतलियों के आकर्षण को रोक पाने की है। यह भी एक विरोधाभास ही है कि अपने युग को ज़्यादा से ज़्यादा नकार के ही कोई लेखक सच्चे अर्थों में अपने युग का होता है। निस्सन्देह लेखक की महानता इस संघर्ष के 'गुण' पर निर्भर है, और एक रचनाकार अपने युग में गहरे उतरकर सृजनात्मक स्तर पर अपने ज़माने से संघर्ष करता है। यहाँ तक कि कभी-कभी अपने युग की सीमाओं से एकदम भाग जाने की कोशिश करनेवाले रचनाकार अन्ततः कहीं ज़्यादा अपने युग के लेखक प्रमाणित हुए हैं। अंग्रेज़ी में डी. एच. लारेंस या फिर जर्मन में फ्रान्ज काफ़्का इसी प्रकार के युगान्तरवादी रचनाकार हो चुके हैं।

कौन जाने इसी तरह हिन्दी में भी जिस निर्मल वर्मा को इधर पलायनवादी कहा जा रहा है,. वे अन्ततः इन तथाकथित 'सामाजिक' कहानीकारों से ज़्यादा सामाजिक और बुनियादी रूप में अपने युग के सच्चे प्रवक्ता प्रमाणित हों। सृजनात्मक कसौटी ही है, जिस पर अपने युग की आलोचना करनेवाला सतही कथाकार एक सच्चे रचनाकार से अलग किया जा सकता है; जैसे अंग्रेज़ी में ऑल्डस हक्सले को जेम्स ज्वाइस से अलग किया जाता है, और माना जाता है कि रचनाकार के रूप में जेम्स ज्वाइस के सामने ऑल्डस हक्सले बेहद घटिया कथाकार हैं; यद्यपि ज्वाइस के साथ-साथ हक्सले ने भी अपने युग की कड़ी आलोचना की, बल्कि ऊपर से देखने पर और ज़्यादा तेज़।

वस्तुतः मौलिक प्रश्न सृजनात्मक दृष्टि का है, जिसे अंग्रेज़ी में कभी-कभी 'क्रिएटिव विज़न' कहा जाता है, जो अपने युग के मर्म को वेधने के साथ अपने युग की मनोगत और वस्तुगत सीमाओं का अतिक्रमण कर सकने में समर्थ होती है। इसका एक पक्ष 'ऐतिहासिक परिदृश्य' अथवा 'पर्सपेक्टिव' की पहचान भी है। आज हिन्दी कहानी की दुनिया में 'सामाजिकता' का सबसे ऊँचा शोर मचानेवाले इसी 'पर्सपेक्टिव' की पहचान के प्रभाव से ग्रस्त हैं। इसीलिए वे कभी सूक्ष्मातिसूक्ष्म अनुभव-तन्तुओं का लम्बा जाल बुनकर रह जाते हैं, और कभी आधुनिक सभ्यता के स्थूल उपकरणों का ब्योरेवार सूचीपत्र प्रकाशित करके अपने कृतित्व की इतिश्री समझ लेते हैं। कमलेश्वर की नई दिल्ली-सीरीज़ वाली नई कहानियाँ, राजेन्द्र यादव की 'प्रतीक्षा' जैसी कहानियाँ और राकेश की 'ग्लास टैंक', 'फ़ौलाद का आकाश', 'सेफ़्टी पिन' आदि कहानियाँ इसी प्रकार के 'नेचुरलिज़्म' अथवा 'तथ्यवाद' की कोटि में आती हैं। निस्सन्देह इस तथ्यवाद के ऊबाऊ असर को कम करने के लिए जगह-जगह रोमान का हल्का पुट भी दे दिया जाता है। किन्तु इन्हें रोमांटिक समझने का भ्रम नहीं होना चाहिए। जैसा कि किसी लेखक ने कहा है, इस प्रकार की रूमानियत वस्तुतः तथ्यवाद की 'अपराधी अन्तरात्मा' अर्थात 'गिल्टी कान्शंस' है। ऊपर से ये लेखक कहानी में कविता का चाहे जितना विरोध करें, अपनी कहानियों में वे स्वयं एकदम रोमांटिक कविता के नुस्खों का बेहद गाढ़ा उपयोग करते हैं। यह 'तथ्यवाद' यदि एक ओर वर्तमान 'समाज-व्यवस्था' को चुनौती देने का नाटक करते हुए भी असल मुद्दे पर कन्नी काट जाता है, तो दूसरी ओर व्यावसायिक रुचि को मज़े से तुष्ट करता है। वहाँ भी भले, और यहाँ भी भले! दोनों लोक दुरुस्त! दोनों हाथ मोदक! सुरक्षित, सन्तुष्ट और निर्भय!

इसके विपरीत परिदृश्य-बोध किसी रचना को किस प्रकार की अर्थ-गरिमा प्रदान करता है, इसका उदाहरण है निर्मल वर्मा की कहानी 'लंदन की एक रात'। कहानी पढ़कर महसूस होता है कि आज का विश्व क्या है, कहाँ जा रहा है, और इस विश्व में हम कहाँ हैं, हमारी स्थिति क्या है।

यह आकस्मिक नहीं है कि हिन्दी कहानी में 1956-60 के आसपास कहानीकारों की जो नई पीढ़ी उभरकर सामने आई है, वह अपनी शुरुआत का नाता निर्मल वर्मा की 'एक शुरुआत' से जोड़ना पसन्द करती है। राकेश, यादव, कमलेश्वर द्वारा विज्ञापित 'नई कहानी' के विरुद्ध इस पीढ़ी के मन में कितना अधिक विद्रोह है, यह इसी से स्पष्ट है कि इन्होंने 'कहानी' मात्र को अस्वीकार करके हिन्दी में 'अ-कहानी' की आवाज़ उठा दी। यदि एक ओर निर्मल वर्मा कहते हैं कि 'कहानी की मृत्यु से चर्चा आरम्भ करनी चाहिए', तो दूसरी ओर रवीन्द्र कालिया का भी यही कहना है कि 'मुझे कहानी के उस स्वीकृत रूप से घोर वितृष्णा है, जिस अर्थ में वह आज कहानी के नाम से जानी जाती है।' 'इस विरोध' को एकरसता की क्षोभ भरी प्रतिक्रिया के रूप में लिया जा सकता है। इस क्षोभ से स्पष्ट है कि इधर 'नई कहानी' के व्रती लेखकों में कितनी एकरसता आ गई है। दूसरी ओर इन नवयुवक लेखकों की कहानियों से साफ़ झलकता है कि वे आज की सामाजिक सतह से नीचे जाकर 'मानव-नियति' और 'मानव स्थिति' सम्बन्धी बुनियादी प्रश्न उठा रहे हैं। लगता है, युग नये सिरे से अपने-आप से भयावह प्रश्नों का साक्षात्कार कर रहा है। वैसे किताबी नुस्ख़े और चालू फ़ैशन यहाँ भी हैं, किन्तु 'प्रश्नात्मक दृष्टि' खरी और तेज़ है। आज के मानवीय सम्बन्धों को अमानवीयता को वेधकर पहचानने की अद्भुत क्षमता इस दृष्टि में है। इसीलिए जिस निर्ममता के साथ सीधी भाषा में ये आज की मानव-स्थिति को कम-से-कम रेखाओं में उतारकर रख देते हैं, वह पूर्ववर्ती कथाकारों के लिए स्पर्धा की वस्तु हो सकती है। कहानी के रूपाकार और रचना-विधान की दृष्टि से ये कहानियाँ एक अरसे से उपयोग में आनेवाले कथागत साज-सँभार को एकबारगी उतारकर काफ़ी हल्की हो गई हैं—हल्की, लघु और ठोस! यहाँ तक कि कभी-कभी कथा-चरित्रों के नाम-ग्राम-परिचय का भी उल्लेख करना अनावश्यक प्रतीत होता है। केवल इसीलिए कुछ लोग इन कहानियों को 'अमूर्त' और असामाजिक तक मान बैठे हैं। ऐसी आपत्तियों के समाधान के लिए फ्रांसीसी कथाकार रॉब-ग्रिए का यह कथन अप्रासंगिक न होगा : "कथाकृति में किसी आदमी का नाम ढूँढ़ने की कोशिश में पसीना क्यों बहाया जाए, जबकि वह ख़ुद अपना नाम नहीं बताता? हर रोज़ हम ऐसे लोगों से मिलते हैं, जिनके नामों से हम वाक़िफ़ नहीं, और हम अपनी मेज़बान द्वारा कराए गए परिचय पर बिना ध्यान दिये एक अपरिचित के साथ बातें करते हुए एक पूरी शाम बिता देते हैं।" ऐसी स्थिति में भी कहानी में नाम का अभाव क्या इतना आपत्तिजनक रह जाता है? और फिर सारी शिकायत क्या अब केवल नाम पर आकर अटक गई है? देखने की चीज वह नई संवेदना है, जो एक वस्तुस्थिति का—चाहे वह कितनी ही अप्रिय क्यों न हो—साहस के साथ साक्षात्कार कर रही है।

ऐसी स्थिति में जबकि यह युवा पीढ़ी स्वयं नामों को इतना महत्त्वहीन समझती हो, एक-एक लेखक का नाम गिनाना विडम्बना ही होगी। वैसे व्यक्ति को विशिष्टता प्रदान करनेवाली रेखाएँ अभी पूरी तरह उभर भी नहीं पाई हैं—किसी की एक, तो किसी की दो या तीन, बस इतनी ही रचनाएँ बन पड़ी हैं, यानी ऐसी कि जिन्हें 'रचना' कहा जा सके। उदाहरण के लिए, प्रबोधकुमार की 'गाँठ', दूधनाथ सिंह की 'रक्तपात', रवीन्द्र कालिया की 'नौ साल छोटी पत्नी', प्रयाग शुक्ल की 'भाषा', विजय चौहान की 'रिक्ति', और काशीनाथ सिंह की 'सुख'। संवेदना और शिल्प की दृष्टि से श्रीकान्त वर्मा के कहानी-संग्रह 'झाड़ी' की कहानियाँ भी इसी कोटि में आती हैं और यह उल्लेखनीय है कि वय में पूर्ववर्ती पीढ़ी से सम्बद्ध होते हुए श्रीकान्त वर्मा ने इसी पीढ़ी के साथ यानी 1956-60 से ही कहानी लेखन आरम्भ किया। निश्चय ही उल्लेख मात्र से इन कहानियों की विशेषताएँ स्पष्ट नहीं होतीं, किन्तु सरहद की ये चौकियाँ हिन्दी कहानी के मानचित्र का कुछ तो आभास दे ही देती हैं। हिन्दी कहानी में वस्तुतः यह एक नई परम्परा है, और न्याय के लिए इस पर स्वतंत्र विचार अपेक्षित है। प्रसंगतः सिर्फ़ इतना कि यह भी एक शुरुआत है—सम्भावनापूर्ण शुरुआत!

['माया', 1914]